国家林业和草原局普通高等教育"十四五"规划教材

碳金融产品创新与应用案例

秦　涛　顾雪松　主编

中国林业出版社
China Forestry Publishing House

内 容 简 介

本教材在"双碳"背景下探讨碳市场发展与金融创新的深度融合，主要内容包括碳交易与碳金融市场体系、碳信贷、碳债券、碳基金、碳保险、碳期货、碳期权、碳信托等，对碳金融产品的概念内涵、产生背景、发展过程、功能特征、运行机制、定价方法、风险因素等进行系统阐述。特别是针对碳市场运行机制和碳资产金融属性，分析不同类型碳资产的融资模式和金融工具，以期解决碳金融服务功能单一和碳金融产品创新应用不足的问题。

作为聚焦于碳市场领域的金融产品创新应用案例，本教材所归集的案例主要涉及碳排放权质押贷款、碳汇预期收益权质押贷款、碳中和债、中国清洁发展机制基金（CDMF）、中国绿色碳基金（CGCF）、林业碳汇价格保险、林业碳汇指数保险、林业碳汇价值保险、欧盟和美国碳期货市场、洲际交易所环境期权、碳资产托管协议、碳排放权绿色信托计划等碳金融产品（工具）。每个案例均包括背景情况、模式创新和推广应用建议等方面内容，可用于碳金融及相关专业和方向的教学参考，也可作为商业银行、农村信用合作社、证券公司、基金公司、信托公司、保险公司等金融机构和相关企业培训的学习资料。

图书在版编目（CIP）数据

碳金融产品创新与应用案例／秦涛，顾雪松主编.
—北京：中国林业出版社，2023.12
ISBN 978-7-5219-2526-5

Ⅰ.①碳⋯　Ⅱ.①秦⋯　②顾⋯　Ⅲ.①二氧化碳-排污交易-金融产品-案例　Ⅳ.①F831.5②X511

中国国家版本馆 CIP 数据核字（2023）第 255923 号

策划编辑：丰　帆
责任编辑：丰　帆
责任校对：苏　梅
封面设计：时代澄宇

出版发行：中国林业出版社
　　　　　（100009，北京市西城区刘海胡同 7 号，电话 83223120）
电子邮箱：cfphzbs@163.com
网　　址：www.forestry.gov.cn/lycb.html
印　　刷：北京中科印刷有限公司
版　　次：2023 年 12 月第 1 版
印　　次：2023 年 12 月第 1 次印刷
开　　本：787mm×1092mm　1/16
印　　张：17.5
字　　数：401 千字
定　　价：59.00 元

《碳金融产品创新与应用案例》
编写人员名单

主　　编　秦　涛　顾雪松

副 主 编　刘宏文　刘　诚　竺　效　彭红军

编写人员　（按姓氏拼音排序）

陈国荣（北京林业大学）

顾雪松（北京林业大学）

刘　诚（北京林业大学）

刘宏文（北京林业大学）

彭红军（南京林业大学）

齐　联（国家林业和草原局产业发展规划院）

秦　涛（北京林业大学）

宋肖肖（北京林业大学）

宿海颖（中国林业科学研究院林业科技信息
　　　　研究所）

竺　效（中国人民大学）

前　言

绿色低碳发展已经成为全球共识，碳中和是当前世界各国关注的重要议题，事关全人类福祉。党的二十大报告将推动绿色发展提升到了更加突出的位置，并特别强调"积极稳妥推进碳达峰碳中和，立足我国能源资源禀赋，坚持先立后破，有计划分步骤实施碳达峰行动"。在这样的背景下，无论是低碳行业的发展壮大，还是高碳行业的转型升级，都面临着前所未有的发展机遇和空间，同时存在着巨大的资金需求。怎样通过机制优化和工具创新为低碳发展提供有效的资金支持，这正是碳金融所要解决的核心问题。

碳市场和碳交易是碳金融得以存在并发展的基础和前提。碳市场（即碳排放权交易市场）作为一种为温室气体排放定价的重要机制，是实现"双碳"目标的核心政策工具，在促进经济和能源低碳结构转型过程中发挥关键作用。全球碳市场机制逐步健全，与碳市场相对应的碳金融产品体系也不断扩大和完善。截至2021年1月底，全球运行中的碳市场共有24个，正在计划实施的碳市场有8个。我国作为全球最大的发展中国家和碳排放国，为应对气候变化挑战和实现经济发展转型，一直积极推进碳市场建设。自2011年起先后在北京、天津、上海、重庆、深圳、湖北、广东、福建等地开展碳市场试点，并于2021年启动了全国碳市场。经过十多年发展，我国碳市场在立法建设和实务操作层面上均取得一定成效，正逐步形成全国和区域、一级和二级、现货和衍生品的多层次的碳交易市场体系，高碳行业陆续纳入全国碳市场，碳市场规模稳步提高。然而，我国碳市场的金融化发育程度还比较低，特别是基于碳交易的碳金融产品体系和市场机制亟待建立。在安全合规的前提下不断提升碳市场的金融化程度，在未来很长一段时间对我国都具有重要的现实意义。

碳金融是旨在减少温室气体排放的各种金融制度安排和金融交易活动，主要包括碳排放权及其衍生品的交易和投资、低碳项目开发的投融资以及其他相关的金融中介活动。我国现有主要的碳金融工具包括碳信贷、碳债券、碳基金、碳保险、碳期货、碳期权和碳信托。随着我国碳市场的稳步发展，对碳金融专业人才的需求也在持续增加。为此，教育部出台《加强碳达峰碳中和高等教育人才培养体系建设工作方案》，指出："鼓励相关院校加快建设碳金融、碳管理和碳市场等紧缺教学资源，在共建共管共享优质资源基础上，充分发展现有专业人才培养体系作用、完善课程体系、强化专业实践、深化产学协同，加快培养专门人才。"目前金融学专业的教材主要讲授通用的金融知识和技能，全面系统介绍碳金融产品和实践的专业教材相当缺乏，这极大地限制了碳金融乃至绿色金融等金融新兴领域的学科体系构建和人才培养。为满足新时代社会对碳金融理论和实务人才培养的迫切需求特编写了本教材。

本教材共分八章，主要内容包括碳交易与碳金融体系、碳信贷、碳债券、碳基金、碳保险、碳期货、碳期权、碳信托等碳金融产品的概念内涵、产生背景、发展过程以及这些产品的功能特征、运行机制、定价方法、风险因素等。

第一章碳交易与碳金融体系。本章对碳交易市场内涵进行了界定和分类，从宏观层面介绍碳市场的交易制度框架，包括市场主体和交易标的，然后梳理国内外碳市场的发展历程和特点，最后介绍碳金融市场的参与主体、监管机构、中介服务机构、交易主体以及主要交易产品种类。

第二章碳信贷。本章首先描述碳信贷的特征、分类和功能，着重讨论碳信贷的一个重要国际标准(赤道原则)，以汇丰银行和花旗银行为例介绍碳信贷的发展历程，然后阐述碳信贷市场结构和运行机制，碳信贷产品的设计原则、流程及其风险管理，最后选择湖北宜化集团、四川恒源纸业公司等国内典型案例进行分析。

第三章碳债券。本章从碳债券概念界定、特征、分类和功能开始，介绍碳债券国内外发展历程，重点讨论存在问题和风险因素，梳理碳债券的发行机制、运行流程以及产品设计、定价原则等，详细讨论了中广核电、深圳地铁、山东核电3个典型碳债券案例。

第四章碳基金。本章首先对碳基金概念、分类、功能和特征总结，然后梳理国内外发展历程和面临的问题，接着介绍其市场结构、运行机制、投资策略，列举了中国清洁发展机制基金、中国绿色碳基金、清洁发展基金等国内外案例。

第五章碳保险。本章讨论了碳保险广义和狭义概念，列举六大产品类别，描述产品特点和功能，梳理其发展历程和国内外创新实践，指出其存在的问题，介绍其运行机制、创新方向、产品设计、定价方法，最后以典型案例比较林业碳汇价格保险、指数保险、价值保险、综合价值保险等碳保险模式特征及其存在问题和制约因素。

第六章碳期货。本章首先对碳期货进行概念界定，分析其作用与功能、发展历程和现状特点，讨论我国发展碳期货的可行性、必要性和发展思路，介绍碳期货市场结构、主要品种、交易制度和产品设计、价格影响因素，最后对欧盟碳期货、美国碳期货进行详细介绍。

第七章碳期权。本章首先介绍了碳期权概念、产品分类、功能和特征、发展历程，分析碳期权市场结构、运行机制、产品设计，重点介绍了碳期权的定价原则、方法和价格影响因素，最后以欧盟排放配额/指标期权、经核证的减排量期权、洲际交易所的4种环境期权以及我国的首笔碳期权交易为典型案例进行讨论。

第八章碳信托。本章依次进行了碳信托概念界定、模式分类、发展历程、未来发展，探讨了碳信托的优化路径，并以英国利兹市碳信托、在湖北签署的我国首单碳资产托管业务、福建碳配额托管等7个国内外典型案例进行了分析讨论。

本教材主要有以下三大特色：

(1)系统性。本教材涵盖了碳金融市场的运行机制和结构构架，详细介绍了7种碳金融主流产品的概念内涵、产生背景、发展过程等，并进一步剖析了这些产品的功能特征、运行机制、定价方法、风险因素等。从理论到产品再到案例，既参考了严谨的学术文献也包含了最新的政策文件和行业信息，有助于学生全面系统地掌握碳金融产品体系，培养学生扎实的理论功底和专业素养。

（2）应用性。本教材聚焦于国内外主流碳金融产品，熟悉这些金融产品的特性可以给相关行业的从业人员提供参考和借鉴。同时将经典理论与实践案例紧密结合，每章均附有丰富的国内外案例，主要挑选各类碳金融产品的首个产品以及影响力广泛、具有较高研究价值和启发性的案例，每个案例包括背景情况、使用效果和未来发展方向等内容，成为课程教学内容的有益补充和不可或缺的组成部分。因此，本教材有助于锻炼学生和相关行业人员的解决问题能力，提高碳金融产品的应用和创新能力。

（3）前瞻性。目前在全国高校和学术界缺乏专门针对碳金融产品创新及应用方面的教材，而本教材把握碳金融发展的新趋势，基于对主流碳金融产品的产生背景、应用效果、面临问题的深入剖析，对碳金融产品体系的未来发展方向进行展望，有助于学生把握碳金融产品的发展方向和学科前沿。

本教材是国家林业和草原局普通高等教育"十四五"规划教材，得到以下项目资助：北京林业大学习近平生态文明思想研究专项计划"生态文明建设背景下碳金融发展模式与产品体系"（编号：2021STWM23）、北京林业大学2022年度"双一流"建设项目"生态产品价值实现机制与碳金融支撑体系"（编号：2022XKJS0305）、北京林业大学教学改革项目"碳金融专业人才培养模式与课程体系设计"（编号：BJFU2022JYZD011）、国家社科基金后期资助项目"中国森林保险需求与供给模式研究"（编号：20FGLB022）、国家社会科学基金一般项目"森林保险精准扶贫效果评估与财政补贴机制优化研究"（编号：19BGL052）、教育部人文社会科学研究青年基金项目"我国森林保险精准扶贫效应评估与机制优化研究"（编号：20YJA790059）、国家林业和草原局业务委托项目"国家公园生态产品价值实现机制与模式研究"（编号：20221710602）、北京市社会科学基金项目"北京市公益林保险产品创新与运行模式优化"（编号：18YJB011）。

本教材的完成归功于北京林业大学林业金融研究院、北京林业大学中国碳金融研究院多年来一直聚焦于碳金融领域的科学研究与实践探索，感谢团队成员邓晶、张宝林、肖慧娟、陈晓倩、幸小云、富丽莎、汤心萌、宋蕊、周瑞原、王姗、朱彩霞、武建辉、朱然、李昊、杜亚婷、席子立、朱庆福、张嘉敏、奇正勋、熊锟、李建华、牛瑞喆、张一鸣、熊佳怡、于溶辉、程军国、郭春艳、崔毓鑫、胡梓源、崔晨旭、于航、邓树文、姚雪、李廷骥、姜卉欣、康乐彤等为教材资料收集和整理的辛苦付出。同时还要感谢中国林业集团、丽水市林业局、信阳市生态环境局、广西北部湾林业产权交易中心、中国人寿财产保险股份有限公司、中华联合财产保险股份有限公司、太平洋财产保险股份有限公司、北京绿色交易所、安华农业保险股份有限公司、北京地林伟业科技股份有限公司、航天信德智图（北京）科技有限公司等机构的大力支持。在教材编写过程中参考了诸多碳金融相关的教材和论著，吸收了许多专家同仁的观点，为了行文方便不便一一注明，书后所附参考义献是本书重点参考论著。在此，特向在本教材编写过程中引用和参考的已注明和未注明的教材、著作、文章的作者表示诚挚的谢意。

尽管我们全力以赴，但由于主客观条件所限，本教材尚有诸多不尽如人意之处，热忱盼望各位专家和读者批评指正！

编　者

2022 年 12 月

目　录

第一章　碳交易与碳金融体系

第一节　碳交易市场的界定与分类

一、碳交易市场界定

(一)碳交易定义

碳交易即"碳排放权交易"，是指买卖双方通过买卖合同或者碳减排购买协议，进行温室气体排放权交易。其基本原理是，政府根据企业的减排承诺，向企业分配碳排放配额。如果企业排放的温室气体低于配额，剩余的配额可在市场出售；而如果排放的温室气体超过碳配额，企业需要为超出配额的部分购买额外配额或缴纳罚款。购买方向出让方购买温室气体减排额，再将购得的减排额用于减缓温室效应，从而实现其减排的目标。碳排放权交易作为应对气候变化的经济措施，不仅可以缓解气候问题，还可实现低成本减排。企业如果排放了少于预期的温室气体，那么就可以出售剩余的额度；而那些排放量超出限额的企业，则必须购买额外的许可额度，以避免政府的罚款和制裁，从而实现国家对温室气体排放的总量控制。建设碳交易市场是中国实现碳中和目标的重要手段，碳交易通过将企业碳排放权"商品化"，允许碳排放权作为商品进行交易，借助市场的力量实现对社会总体碳排量及减排成本的控制。

(二)碳交易的理论基础

二氧化碳等温室气体排放导致的全球气候变暖问题在经济学中被称为负外部性问题。排放这些温室气体的主体虽然给外部带来了危害，却没有支付任何补偿，最终把本应由私人承担的成本转嫁到外部，变成了全社会的成本。对负外部性进行校正，把环境成本内部化到排放主体的成本结构之中，传统上主要依靠政府力量来实现：一是行政管制，即政府直接规定企业的排放量；二是统一征税，即政府对所有排放主体征收所谓的"庇古税"。实践过程中，两种方法都呈现出管制性过强及税率欠缺弹性等明显局限，难以对企业减排产生适度且均衡的激励和约束。英国经济学家罗纳德·哈里·科斯(Ronald H. Coase)等产权理论学者们，则为解决温室效应等环境负外部性问题带来了新的思路。根据科斯定理，产权界定清晰，人们就可以有效地选择最有利的交易方式，使交易成本最小化，从而通过交易来解决各种负外部性问题。如果把二氧化碳等温室气体的排放权视为一种归属明确的权利，则可以通过在自由市场上对这一权利进行交易，从而将社会的排放成本降到最低。碳交易的思想由此萌芽。

(三)碳交易市场起源

在科斯定理基础上，进一步发展出了"限额交易"(Cap and Trade)理论。政府根据环境容量及稀缺性理论设定污染物排放上限，即"总量"，并以配额的形式分配或出售给排放者，作为一定量特定排放物的排放权。1968 年，美国经济学家罗德戴尔（Lauderdale）在此基础上率先设计出了排放权交易体系（ETS）。1972 年，蒙哥马利（Montgomery）用理论模型解释了通过市场方式解决各种污染负外部性成本的问题，进一步增强了用产权理论解决污染问题的影响力。ETS 最初的成功应用是在排污权交易方面，即美国 1995 年开始实施的著名的"酸雨计划"。随后在《京都议定书》谈判过程中，ETS 被用于解决全球变暖问题，确立了排放贸易机制（ET）、联合履行机制（JI）和清洁发展机制（CDM）3 种碳交易机制。ET 是总量控制下的配额交易体系，JI 和 CDM 两种项目产生的减排量则可以用于抵消部分配额，三者结合形成了强制碳交易市场。此外，一些机构及个人出于社会责任目的，通过购买项目减排量实现自身碳中和，在此基础上形成的自愿碳交易（VER）市场，也是碳市场的重要补充。

（四）碳金融市场

碳金融市场指金融化的碳市场。由于欧美金融市场高度发达，金融化的碳市场对于他们而言几乎是不言自明的前提，所以在他们的语境中很少出现"碳金融"等提法。而在 2011 年的《碳金融十年》报告中，世界银行对"碳金融"的描述也几乎与碳交易一致，即出售基于项目的温室气体减排量或者交易碳排放许可所获得的一系列现金流的统称。

国内学者对碳金融概念的界定则分为狭义和广义两个层次。狭义的碳金融指企业间就政府分配的温室气体排放权进行市场交易所导致的金融活动；广义的碳金融，泛指服务于限制碳排放的所有金融活动，既包括碳排放权配额及其金融衍生品交易，也包括基于碳减排的直接投融资活动以及相关金融中介等活动。在国内比较严格的金融管制环境下，碳市场的金融化发育程度还很低；而在我国目前的产业发展阶段，同时又面临着远超过欧美的低碳转型压力，迫切需要发挥市场在资源配置中的决定性作用，通过价格信号更好地引导节能减排和低碳投资。因此，强调突出碳市场的金融化属性并在安全合规的前提下不断提升碳市场的金融化程度，在未来很长一段时间里对我国都具有重要的现实意义。

二、碳交易市场分类

目前的国际碳排放权交易市场可以被划分为以项目为基础的交易市场和以配额为基础的交易市场。其具体划分形式如图 1-1 所示。

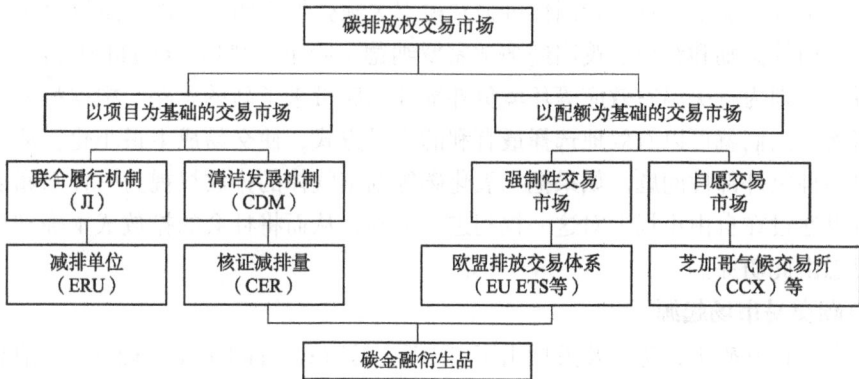

图 1-1　碳交易市场划分

(一)以项目为基础的碳交易市场

在以项目为基础的交易市场中，CDM 和 JI 是其中最主要的交易形式，CDM 项目产生的减排量被称为核证减排量(CER)，JI 项目产生的减排量被称为减排单位(ERU)。

以项目为基础的碳交易市场采用"基准与信用"的原理，买方可向证实降低温室气体排放的项目购买减排信用交易额，即受排放配额限制的国家或企业通过项目投资(如低于基准排放水平的项目或碳汇项目)向发展中国家提供资金、技术及设备支持，购买项目产生的经核证的温室气体减排单位，以抵减其在议定书中的减排任务。这一市场主要包括 CDM 和 JI。根据国际排放交易的分类，CDM 一级市场专指发达国家购买发展中国家 CER 的直接交易市场，CDM 二级市场则指这类排放额衍生品的交易市场。CDM 交易本质上是一种远期交易，通常在双方签署合同时，项目还未开始运行。买卖双方在签订合约后，约定在未来某一特定时间以某一特定价格购买一定数量的碳排放交易权。自 20 世纪 70 年代第一个社会责任投资基金创立以来，与促进社会可持续发展相关的金融工具就不断得以创新。如今，这一理念与 CDM 二级市场成功结合，造就了碳投资基金。它们在《京都议定书》设立的一级市场外，建立起了资金规模庞大且不受国际条约限制的二级市场，并已从环保项目的二级市场投资中收获颇丰，远远超出了议定书初设时的预期效果。

(二)以配额为基础的碳交易市场

与基于项目机制的排放权交易方式不同，在配额机制交易中，购买者所购买的排放配额，是在限额交易机制(Cap and Trade System)下由管理者确定和分配(或拍卖)的。

以配额为基础的碳交易市场中又可以分为强制碳交易市场和自愿碳交易市场。前者是由一些国家和地区强制性的分配减排指标所产生的，参与的企业被强制性参与到这些交易体系中去，如欧盟碳排放交易体系；而后者通常是一些国家或组织自己确立的减排体系，并没有受到《京都议定书》的认可，其参与者是自发地做出减排承诺并出资支付其超额的排放量，自愿碳交易市场交易对象主要是通过实施项目削减温室气体而取得的减排凭证(经国家生态环境主管部门备案的自愿减排量即为"国家核证自愿减排量")。如芝加哥气候交易所(CCX)和"自愿碳减排体系"(VER)。CER 需要联合国的核准，而 VER 则由不同机构以不同标准在推行。近年来，全球各大碳交易所还陆续推出与欧盟排碳配额(EUA)挂钩的期货、期权交易，客观上增加了碳市场的流动性。同时，与 CER 挂钩的期货与期权产品也相继面市，形成了与碳排放权交易市场挂钩的相关金融衍生品市场。

基于配额的碳交易市场具有排放权价值发现的基础功能。配额交易市场决定着碳排放权的价值。配额多少以及惩罚力度的大小，影响着碳排放权价值的高低。当然，由政府管制所产生的约束要比市场自身产生的约束更为严格，因此，受管制的配额市场上的排放权价格会更高，而交易规模也会远大于自愿交易市场。

配额交易创造出了碳排放权的交易价格，当这种交易价格高于各种减排单位(包括 CERs、ERUs 和 VERs)的价格时，配额交易市场的参与者就会愿意在二级市场上购入已发行的减排单位或参与 CDM 和 JI 项目交易，来进行套利或满足监管需要。这种价差越大，投资者的收益空间越大，对各种减排单位的需求量也会增强，这会进一步促进新技术项目的开发和应用。

<h1 style="text-align:center">第二节　碳市场交易制度与市场结构</h1>

一、交易制度

为实现低碳经济的长远发展目标，各国最终需要通过低碳技术的进步来降低温室气体的排放。但要求发达国家近期内、在现有减排技术上再次实现突破还存在一定难度。因此，在技术商业化尚不成熟而减排压力较大的形势下，《京都议定书》建立了3种补充性的"灵活机制"，来帮助各国降低实现减排目标的成本，包括排放贸易机制（ET）、联合履行机制（JI）及清洁发展机制（CDM）。这3种机制促成了包括供需、成本、价格等一系列影响因素在内的碳交易机制，极大地促进了各经济主体通过创新的发展模式赢取竞争优势。

清洁发展机制（CDM）是指《京都议定书》第十二条规范的"清洁发展机制"，针对"附件Ⅰ国家"（发达国家）与"非附件Ⅰ国家"之间在清洁发展机制登记处的减排单位转让。CDM旨在为使非附件Ⅰ国家在可持续发展的前提下进行减排，并从中获益；同时协助附件Ⅰ国家通过清洁发展机制项目活动获得"排放减量权证"（CERs，专用于清洁发展机制），以降低履行联合国气候变化框架公约承诺的成本。

联合履行机制（JI）是指《京都议定书》第六条规范的"联合履行"，系附件Ⅰ国家之间在"监督委员会"监督下，进行减排单位核证与转让或获得，所使用的减排单位为"排放减量单位"（ERU）。

排放贸易机制（ET）是指《京都议定书》第十七条规范的"排放交易"，是在附件Ⅰ国家的国家登记处之间，进行包括"排放减量单位""排放减量权证""分配数量单位（AAUs）""清除单位（RMUs）"等减排单位核证的转让或获得。

除了《京都议定书》规定的3种碳交易机制外，全球的碳交易市场还有另外一个强制性的减排市场，也就是欧盟排放交易体系（EUETS）。这是帮助欧盟各国实现《京都议定书》所承诺减排目标的关键措施，并将在中长期持续发挥作用。

在强制性的减排体系之外，还有一个自愿减排体系。与强制减排不同的是，自愿减排更多是出于一种责任。这主要是一些比较大的公司、机构，出于自己企业形象和社会责任宣传的考虑，购买一些自愿减排指标（VER）来抵消日常经营和活动中的碳排放。这个市场的参与方，主要是一些美国的大公司，也有一些个人会购买一些自愿减排指标。而对于中国企业来说，我们的企业越来越国际化，许多国家会通过市场运作机制对企业提出减排要求，这时候我们的企业要达到要求，就需购买自愿减排量，因此，自愿减排是必经之路。

二、市场结构

（一）碳市场的参与主体

碳金融市场的参与者可以分为供给者、使用者和中介等3类，涉及暂无排放约束和有排放约束的企业或国家、减排项目的开发者、咨询机构以及金融机构等。

1. 碳排放权的供给者

碳排放权的供给者可分为两类，一是受排放限额约束，但持有的初始分配额度使用不完的国家或经济体，它们可通过 ET、JI 或其他自愿、强制市场将手中的富余配额售出。二是暂时不受排放限制约束的国家或经济体，它们可将经核证后的减排量出售给排放量超标的国家或中介机构，以获取经济利益。

2. 碳排放权的使用者

碳排放权的最终使用者是面临排放约束的企业或国家，包括受《京都议定书》约束的发达国家、欧盟排放体制约束下的企业以及自愿交易机制的参与者等。这些使用者根据需要来购买碳排放权配额或减排单位，以确保达到监管要求。

碳排放权的最终使用者对配额体系之外的减排单位的需求，推动了项目交易市场的发展，并吸引了各种企业和机构的参与。在原始排放单位市场上，项目开发者或独立或联合起来进行减排项目的开发；各种投资基金积极寻求机会，或直接投资于某个具体项目，或购买某个项目的原始排放单位。

3. 中介机构

碳排放权配额由于经过核证的减排单位可以进入二级市场(如各种气候交易所)进行交易，因此在无形之中推动了项目市场的发展，并吸引了大量的企业和中介机构参与其中。在二级市场的中介机构中，金融机构(包括商业银行、资产管理公司以及保险公司等)扮演着重要的角色，它们促进市场流动性的提高，提供结构性产品来满足最终使用者的风险管理需要，通过对远期减排单位提供担保(信用增级)来降低最终使用者可能面临的风险等。如运行在 CDM 和 JI 框架内的世界银行碳金融部门(CFIJ)将碳金融理解为应对气候变化的金融解决方案，其服务宗旨在于降低交易成本，支持社会的可持续发展，并使发展中国家从中受益。

(二)碳市场的交易标的

1. 欧盟碳配额

2003 年欧盟建立了以"限额交易"(Cap and Trade)为核心的欧盟排放交易体系(EUETS)，统一对符合条件的单个排放设施进行强制性排放配额控制。欧盟委员会根据"总量控制、负担均分"的原则，首先确定了各个成员国的二氧化碳排放量，再由各成员国分配给各自国家的企业。

欧盟碳配额简单地说就是欧盟国家的许可碳排放量。欧盟所有成员国都制定了国家分配方案(NAP)，明确规定成员国每年的二氧化碳许可排放量(与《京都议定书》规定的减排标准相一致)，各国政府根据本国的总排放量向各企业分发碳排放配额。如果企业在一定期限内没有使用完碳排放配额，则可以出售；一旦企业的排放量超出分配的配额，就必须从没有用完配额的企业手中购买配额。

《京都议定书》的减排目标规定欧盟国家在 2008 年至 2012 年平均比 1990 年排放水平削减 8%，由于欧盟各成员国的经济和减排成本存在差异，为降低各国减排成本，欧盟于 2003 年 10 月 25 日提出建立 EUETS，该体系于 2005 年 1 月成立并运行，成为全球最大的多国家、多领域温室气体排放权交易体系。该体系的核心部分就是碳排放配额的交易。

"限额交易"机制的特点是通过合理计算，同时结合环境目标，预先设定一定时间内温室气体排放的一个总的上限，即总量控制；在此基础之上，再将这一总量划分成若干个小的分量，即"排放额度"，分配给各个企业，作为企业在这段时期内允许排放的温室气体数量。碳排放额由政府发放给企业，企业的剩余指标可以在市场上买卖，目前在我国多为免费发放形式，交易市场累计成交已过百亿。其特点为：从无偿分配到有偿使用，但不会足额排放；每年配额发放比例约90%，要求减少比例在10%以内；配额分配自上而下分配，从中央到地方，地方再分配到企业，最后由地方政府决定。配额分配基准包括历史排放法和行业基准值法，欧美大多用历史排放法，因为更容易监测和操作。

2. 核证减排单位

核证减排单位(CER)是基于CDM项目所签发的碳减排单位，每单位核证减排量相当于减排1t二氧化碳当量(CO_2e/T)，可用于兑现附件I的减排承诺或者作为温室气体排放交易体系的交易单位，也可在交易所二级市场中交易。与欧盟碳配额类似，CER也采用标准化合约的形式进行逐日交割，并采用实物交割的方式。

3. 减排单位

减排单位(ERU)是基于联合国履约机制(JI)所签发的碳减排单位，每单位核证减排量相当于减排1t二氧化碳当量(CO_2e/T)，可用于兑现附件I国家的减排承诺或者作为温室气体排放交易体系的交易单位，可在交易所二级市场中交易。可用于附件I国家之间在监督委员会(Supervisory Committee)的监督下，获得或转让温室气体排放交易权的交易单位。其与CER不同，减排单位的履约主体是具有减排任务的发达国家。

ERU可用于二级市场交易，通常采用标准化合约，逐日交割，并以实物交割为主。2010年，纽约—泛欧交易所集团NYSE Euronext发起其首笔减排单位(ERUs)现货合约交易，交易采用Trayport Global Vision交易所交易系统。而此次现货交易的形成，是建立在NYSE Euronext于2010年1月和9月举行的减排单位拍卖之上的。随后，其他交易所也相继推出ERU现货合约和期货合约。

4. 自愿减排量

自愿减排量(VER)是一种在京都议定书的清洁发展机制的减排量之外的公益的、自发的、可认证的减排信用额度。自愿减排市场最先起源于一些团体或个人为自愿抵消其温室气体排放，而向减排项目的所有方(项目业主)购买减排指标的行为。对项目业主而言，自愿减排市场为那些前期开发成本过高或其他原因而无法进入CDM开发的碳减排项目提供了途径；而对买家而言，自愿减排市场为其消除碳足迹、其实现自身的碳中和提供了方便而且经济的途径。

VER市场是对CDM市场的补充，当项目符合CDM标准，但由于某些原因不能按照联合国气候变化框架CDM执行委员会或国家发展改革委对CDM项目的要求进行开发和销售，这种情况下，可以考虑申报VER，获得额外补偿收益。VER项目比CDM项目减少了部分审批的环节，节省了部分费用、时间和精力，提高了开发的成功率，降低了开发的风险，同时，减排量的交易价格也比CDM项目要低，且开发周期要短得多。

国家核证自愿减排量(CCER)，指依据国家发展改革委发布施行的《温室气体自愿减排交易管理暂行办法》的规定，经其备案并在国家注册登记系统中登记的温室气体自愿减排量，需要经过第三方碳排放核查机构的核证。国家对温室气体自愿减排交易采取备案管理。参与自愿减排交易的项目应采用经国家主管部门备案的方法，并在国家主管部门备案和登记，且由经国家主管部门备案的审定机构审定。自愿减排项目产生的减排量在国家主管部门备案和登记，经备案的减排量称为国家核证自愿减排量（CCER），单位以"吨二氧化碳当量（CO_2e/T）"计。CCER 在经国家主管部门备案的交易机构内，依据交易机构制定的交易细则进行交易。

能够产生 CCER 的项目主要包括风电、光伏、水电、生物质发电等清洁能源项目。CCER 可以在控排企业履约时用于抵消部分碳排放使用，也可以用来交易。根据最新的《碳排放权交易管理办法》，国家核证自愿减排量（CCER）可抵消碳排放配额的清缴，1 单位 CCER 可抵消 1t 二氧化碳当量的排放量。

5. 清除单位

清除单位（RMU）是一种可交易的碳信用额或"京都单位"（Kyoto Unit），其代表附件 I 国家通过去除或碳汇活动吸收 1t 温室气体排放的许可。《京都议定书》条款 3.3 指出"附件 I 国家利用变换土地使用方式、减少森林砍伐、重新造林等方式达成大气中二氧化碳排放量的净减少，即可认定为产生清除单位"。

第三节　国内外碳市场发展状况

一、我国碳交易市场发展状况

目前我国的碳排放权交易市场主要是以项目为基础的交易市场，即 CDM 交易体系。同时，中国也积极创新，根据企业的实际情况，发展适合自己的碳交易项目，如自愿减排项目交易。中国政府以积极的态度，大力推进碳排放权交易市场的建设。

（一）中国 CDM 开展情况

1998 年 5 月，中国在联合国总部签署了《京都议定书》，并于 2002 年 8 月正式核准《京都议定书》，这意味着中国全面启动 CDM 运作。为加强 CDM 项目的有效管理，保证其项目有序进行，中国政府于 2004 年 6 月颁布了《清洁发展机制项目运行管理暂行办法》，2005 年 10 月又对该暂行办法进行了修订，正式颁布了《清洁发展机制项目运行管理办法》。第一个 CDM 项目——北京安定填埋场填埋气收集利用项目于 2005 年 1 月试点成功。而正式成为中国第一个获 CDM 执行理事会（EB）批准的 CDM 则是内蒙古辉腾锡勒风电项目，其于 2005 年 6 月 27 日在 EB 注册成功。自此，中国的 CDM 项目得以顺利开展，领域逐步拓展，2005 年 EB 批准的中国 CDM 项目为 3 个。2012 年我国清洁发展机制项目注册数目出现显著增长，年项目注册量达到 1855 项，几乎是 2011 年 CDM 项目注册量的 3 倍，2012 年全年的项目注册量占我国全部注册项目的近 1/2。但随后自 2013 年，我国清洁发展机制项目注册量出现断崖式下跌，2013 年全年项目注册量仅 67 项，其主要原因在于欧盟碳排放体系对 CDM 项目抵消进行限制，致使占比最高的中国地区 CDM 项目急剧减少。截至 2021 年 4 月 1 日，已注册备案的项目主要集中于风能、水力、生物质能、避免甲烷排放、太阳能等领域，前五大类型共计 6645 个，占比达 79%。从项目分布来看，CDM 注册备案项目主要集中于亚洲、太平洋地区、拉丁美洲等地，占比达94.6%，其中，中国项目数3861个，占比达45.9%，位居全球首位。

我国CDM项目实施中存在着如下问题。第一，项目缺乏规范指导，偏离方法学要求。由于我国实施的CDM项目还处于探索阶段，没有规范的指导守则，国内许多企业在应用相关方法学进行计算时为图省事，常常根据实际容易获得的数据对计算方法进行一些变动，这往往被负责审核的经营实体视为对方法学应用的某种偏离而遭到质疑。在项目的选择上，许多国内的企业忽视了EB对于这些项目规定和提倡的条件要求，没有从根本上了解项目的实际环境意义，从而导致了项目申请注册的命中率不高。第二，推动技术转让的效果欠佳。技术转让是帮助发展中国家实现可持续发展的最有效手段，在气候变化国际谈判中，技术转让总是最重要的议题。一些CDM项目有高昂的商业回报，可以为技术转让提供机会。但在CDM项目实践中，真正能实现技术转让的案例很少，大多数情况下，CDM仅是纯商业交易项目，CERs买卖双方仅出于获得利润的目的，并不关注CDM项目能带来多少技术转让。第三，信息不对称，延误注册时机。《京都议定书》只规定了附件 I 国家2008—2012年的减排义务，因此CDM机制不仅具有国际性，更具有时效性。地方各级政府部门和企业由于缺乏相关知识和处理国际事务的经验，往往在论证CDM的过程中花费了大量精力和时间，错过了注册机遇。第四，管理体制有待进一步完善。我国《清洁发展机制项目运行管理办法》对项目业主的要求仅为中资或中资控股，没有明确CDM项目带来的对可持续发展的影响，对项目参与方，特别是咨询公司和中介公司的资质和行为规范并无明文要求，这在一定程度上也造成了国内CDM市场有些混乱。

(二)中国碳交易所的发展状况

2008年我国成立了3个碳交易所，分别是北京环境交易所、上海环境能源交易所和天津排放权交易所。由表1-1可知，目前这三大碳交易所的业务多集中在二氧化硫、化学需氧量等污染物的排污权交易。

表1-1　中国主要碳交易所

名称	启动时间	交易主体	交易标准	交易流程
北京环境交易所	2008.8.5	个人和企业	熊猫标准"碳源—碳汇"	核证—注册—交易
上海环境能源交易所	2008.8.5	个人和企业	"绿色世博"自愿减排交易机制和交易平台	通过平台来支付购买过程中的碳排放，实现自愿减排
天津排放权交易所	2008.9.25	企业	自愿加入、强制减排	自愿设计规则、自愿确定目标、自愿参加交易

北京环境交易所是以会员制为基础从事环境权益交易的机构，交易所的核心目的和出发点是提供一个专业化、市场化平台，便于从事环境权益的买家、卖家和中介机构等各方在一个公开、公平和公正的市场平台上共同参与交易，搭建降低交易成本、提高交易效率的第四方平台。

上海环境能源交易所为环境能源领域各类权益人、节能减排集成商、科研机构、投资机构等各类企业、科研机构，提供节能减排咨询、项目设计、项目价值评价、经营策划、项目包装、基金运行、项目投融资以及技术支撑等各类资本、经营、信息与技术服务。全力构筑以市场化方法推动节能减排运行的新机制，打造节能减排和环境保护领域各类技术、资本及权益交易的完整的产业链。

天津排放权交易所除了由天津产权交易中心参与外，还引进中石油集团和芝加哥交易所（CCX），三者的持股比例分别是53%、22%、25%，分别以资金和无形资产等形式入股。天津排放权交易所主要借鉴了CCX的模式和有关运行机制。CCX的交易机制不受政府主导，由企业和企业、甚至是个人和个人之间的交易，在CCX类似于资本交易的平台上，交易的是经过核证机构核证的减排量。与CDM框架下包括政府、业主和中间机构的复杂利益链相比，CCX的碳交易是相对简单的"民间活动"。

目前，国内已成立的碳交易所的建立宗旨可以概括为：第一，协助企业低成本高效率地实现二氧化硫和化学需氧量等污染物的环保减排；第二，协助企业管理其环境风险，满足日益提高的环保信息披露要求；第三，为企业全方位参与国际碳排放权市场提供渠道和经验；第四，为市场参与各方提供透明的交易价格；第五，设计一流的环境交易市场和金融创新产品；第六，通过标准化的交易程序保证环境交易市场的公信力；第七，为低成本高效率地控制排放积累经验，健全机制；第八，促进政府管理部门和企业排放管理能力建设；第九，协助国家制订更加完善的环境政策和目标；第十，为排放权交易市场利益相关方提供有关排放权交易的高质量信息、培训和相关服务。

二、国际碳交易市场发展状况

(一)国际碳交易市场的发展现状

为了实现减排目标，《京都议定书》建立了3种基于市场机制的国际合作减排机制。这3种"灵活机制"产生的温室气体贸易市场占全球碳交易市场的绝大部分，称为"京都市场"。而京都体制外的碳交易是全球碳交易市场的一个很小的组成部分。《京都议定书》的3种"灵活机制"使不同发展程度国家之间都可以进行碳排放权交易，有利于实现减缓气候变化国际合作，并且有利于各国在实现全球气候变化问题上费用分配的有效性，使交易的双方国家达到双赢(表1-2)。

表1-2 全球主要碳交易市场

交易市场	启动时间	交易主体	类型
芝加哥气候交易所（CCX）	2003	自愿加入的企业会员	自愿、配额
新南威尔士温室气体减排体系（GGAS）	2003	新南威尔士州电力销售商和其他参与者	强制、配额
欧盟排放交易体系（EU ETS）	2005	欧盟各国的排放实体	强制、配额
美国区域温室气体减排计划（RGGI）	2005	美国东北10个州的电力企业	强制、配额
西部气候倡议（WCI）	2007	美国西部5个州、加拿大4个省及墨西哥分州内企业	强制、配额
联合履行机制（JI）	2008	附件I国家之间	强制、项目
清洁发展机制（CDM）	2008	附件I国家与非附件I国家之间	强制、项目
国际排放交易（AAUs）	2008	附件I国家之间	强制、配额
气候储备方案（CAR）	2009	美国加州州内	强制、项目

芝加哥气候交易所(CCX)于 2003 年正式以会员制开始运营，共有包括美国电力公司、杜邦、福特、摩托罗拉等公司在内的 13 家创始会员。CCX 的交易产品称为碳金融工具合约(CFI)，加入 CCX 的会员必须做出减排的承诺。2003—2006 年为减排的第一个承诺期，要求每年排放量比上一年降低 1%，到 2006 年比基准(1998—2001 年平均排放量)降低 4%。2007—2010 年为第二个承诺期，减排量最终达到基准年(1998—2001 年平均排放量或 2000 年)的 6%。该承诺出于自愿但具有法律约束力。如果会员减排量超过了本身的减排额，它可以将自己超出的量在 CCX 交易或存进账户，如果没有达到自己承诺的减排额，需要在市场上购买 CFI。

澳大利亚新南威尔士体系(GGAS)于 2003 年正式启动，有效期至 2012 年。它对该州所有的电力零售商和其他部门规定了必须完成的份额，参与者必须把各自的温室气体排放减少到规定的水平。对于额外的排放，可以通过购买消减认证来补偿。消减认证由专门认证机构发放核实，可以在市场上流通交易。

欧盟排放贸易体系(EUETS)成立于 2005 年，是世界上第一个温室气体排放配额交易市场，也是目前全球最大的碳交易体系。EUETS 涉及电力行业以及 5 个主要的工业部门：石油、钢铁、水泥、玻璃和造纸。EUETS 为每个部门的排放设施制定了完整的温室气体监测与报告协议。每个排放设施需要按照监测协议对排放数据、排放源、燃料使用方式、测量精度等数据进行详细的记录，并在每年的 3 月 31 日之前，按照协议的要求报告上一年度的排放数据。该数据由政府指定的独立第三方来核查。经过核查的上一年排放量需要在每年的 4 月 30 日之前，由该排放设施持有的排放配额来抵消。如果某个排放设施的排放量超过发放的配额(EUA)，则必须到市场上购买超出的数量。

美国区域温室气体减排计划(RGGI)是由美国东北部及大西洋沿岸中部的 10 个州组成的区域性应对气候变化合作组织，RGGI 仅将电力行业列为控制排放的部门，要求该行业到 2018 年排放量比 2009 年降低 10%。它将该区域 2005 年后所有装机容量超过 25MW 的发电设施列为排放单位，并为其二氧化碳排放量设定了上限，要求它们在 2018 年时其排放量比 2009 年减少 10%。同时对这些电力部门详细定义了各项指标，并对配额分配、履约核查、配额交易、监测报告、减排量购买等进行了完整的设计，并建立了碳排放配额监测系统，记录和监测各州碳减排项目的执行情况。

西部气候倡议(WCI)是由美国西部的亚利桑那、加利福尼亚、新墨西哥、俄勒冈、华盛顿 5 个州于 2007 年发起成立的区域性气候变化应对组织。这一组织的目标是通过州之间的联合来推动气候变化政策的制定和实施，尤其是支持采用市场机制来有效实现减排。到 2009 年底共有 11 个州或省份，其中包括 4 个加拿大省份即安大略省、曼尼托巴省、卑诗省和魁北克省。2008 年 9 月，WCI 提出建立独立的区域性排放交易系统的方案，目标是到 2020 年该地区的温室气体排放量比 2005 年降低 15%。这一系统计划于 2012 年开始运行，每 3 年为一个履约期，涉及 5 个排放部门，电力、工业、商业、交通以及居民燃料使用。这些部门的排放几乎占了该组织成员全部排放的 90%。

气候储备方案(CAR)是一个基于项目的减排量交易机制，它制定一个可开发、可量化、可核查的温室气体减排标准，发布基于项目而产生的碳排放额，透明地监测碳交易全过程，其目标是要建立一个覆盖整个北美的交易系统。目前参与该系统的企业将近400家。CAR负责制定项目开发协议，计划覆盖到4大领域：工业、交通运输、农业与林业。在市场方面，CAR有意排除了可再生能源发电、发电效率提高、绿色建筑等部门，认为这些部门已经被其他标准充分地考虑，CAR没有必要再去涉及。同CDM一样，CAR也强调额外性，具体的开发流程与CDM颇为相似。

从全球碳交易市场的情况来看，配额市场占据了碳交易市场的主流。根据世界银行的数据，截至2021年12月31日，全国碳市场碳排放配额（CEA）累计成交量达1.79亿t，成交额突破76亿元。AAUs市场于2008年开始正式投入运行，全年成交金额为2.1亿美元。另一个以政府管制为基础的配额交易机制RGGI在2008年全年成交金额为2.4亿美元。由参与者自愿成立的配额交易机制的交易额分别为3.09亿美元和1.83亿美元，在所有基于配额的市场中，EUETS占据绝对主导地位。从成交量上看，EUETS是目前最为重要的碳交易市场，其价格和成交量是国际碳金融交易的重要指标。

日本、新西兰等发达国家由于《京都议定书》履约的要求，纷纷筹划国内的配额交易系统，这是未来配额市场发展的主要动力。而基于项目的减排量交易市场发展的动力则主要来自两个方面：一个是发达国家为降低减排成本或完成本国目标而从国外进口减排额的需求可能会不断增加，企业可以有针对性地购买项目减排量；另一个是潜在的自愿减排市场，这一市场主要由企业或组织、个人出于慈善、社会形象或发展战略等考虑的自愿购买需求。

（二）国际碳交易市场的特点

1. 碳交易市场发展迅速

作为新兴的金融市场，碳交易市场在近几年发展迅猛。根据世界银行的数据，2021年，碳市场成交总额刷新历史纪录，达到前所未有的7964多亿美元，而2011年的交易总额超过1760亿美元，10年时间增长超过4.5倍。其中，基于配额的交易占据了绝对主导的地位，占全部碳交易总额的70%左右。此外，以CDM为基础，从事CERs现货、远期和期货交易的二级交易市场发展迅速，2021年10月14~18日，5个交易日碳配额二级市场成交量共计1115.22万t，其中全国碳市场交易量916.1万t，同比上涨79 065.16%。同期，欧盟碳市场交易量为2.77亿t，同比上升23.29%。碳交易市场的迅速发展，大大促进了全球清洁技术的开发和运用，并逐渐成为推动低碳经济发展最为重要的机制。

2. 碳交易市场呈分散状态

目前国际碳交易绝大多数集中于国家或区域内部（如欧盟），统一的国际市场尚未形成。从事碳金融交易的市场多种多样，既有场外交易机制，也有交易所交易；既有由政府管制产生的市场，也有参加者自愿形成的市场。这些市场大多以国家和地区为基础发展而来，而不同国家或地区在相关制度安排上存在很大的差异，形成了国际碳金融市场高度分割的现状。

3. 碳交易价格波动过大

受到交易市场不完善、市场供求关系的影响，碳排放权交易的市场交易价格经常出现巨大的波动。我国CDM项目最初的交易价格在5美元左右，最高上升到15美元，现在稳定在 10 美元左右的交易价格上。相应的，欧盟内部的交易市场的价格波动更为剧烈。2006 年 4 月中旬，欧洲气候交易所创下了每吨 30 欧元的纪录，但在 5 月中旬又狂跌至 10 欧元，2007 年的期货价格则已降到了 4 欧元。

第四节　碳金融市场体系

如上文提到，碳交易是二氧化碳排放权交易或碳排放权交易的简称。碳排放权交易主要是《京都议定书》确立的清洁发展机制（CDM），《京都议定书》规定了主要工业化国家的温室气体减排指标，同时允许难以完成减排任务的发达国家通过提供资金和技术的方式在发展中国家合作开发温室气体减排项目，最后核准的减排量算作发达国家的指标用于完成他们承诺的数额。CDM 的核心在于实现温室气体排放权的自由交易，由于发达国家减排的成本较高，向发展中国家购买排放权降低了总体减排成本，而发展中国家也可以因此获得改善本国能源结构和环境所需的资金和技术，达到互利和双赢。和其他市场一样，碳交易市场也区分一级市场和二级市场，一级市场为生产环节，二级市场为流通环节，这也是金融业主要涉及的环节。依据上述分析，中央政府的主要工作在于一、二级市场上有关碳交易的制度设计。

所谓碳金融是指服务于旨在减少温室气体排放的各种金融制度安排和金融交易活动，主要包括碳排放权及其衍生品的交易和投资、低碳项目开发的投融资以及其他相关的金融中介活动，就是把碳排放当作有价商品进行现货、期货等的买卖活动。碳金融体系的完整和建立是一个有次序的过程。只有在中央政府提供对碳排放权的产权保护和碳交易市场的前提下，各方市场参与主体包括金融机构，才有动力参与碳交易过程，按照市场的要求开发和设计金融产品。中国现有主要的碳金融工具有碳信贷、碳债券、碳基金、碳保险、碳期货、碳期权和碳信托。

一、碳金融市场参与主体

（一）组织管理者

1.《联合国气候变化框架公约》项下的组织管理机构

碳金融市场中的国际公约组织主要包括《联合国气候变化框架公约》项下的组织管理机构和《京都议定书》项下的组织管理机构。

在《联合国气候变化框架公约》项下有 4 个组织管理机构。一是秘书处，为常设机构，负责统筹管理日常事务，地点在德国波恩；二是咨询机构，主要由具有相关知识的各国代表组成，负责为《联合国气候变化框架公约》缔约国会议提供有价值的相关信息和咨询；三是履行机构，主要负责保证《联合国气候变化框架公约》缔约国会议的顺利召开；四是资金机构，在《联合国气候变化框架公约》项下指定了全球环境基金作为资金机构，主要负责向发展中国家提供贷款等，从而帮助发展中国家减少温室气体排放，促进全球温室气体排放的降低。

2.《京都议定书》项下的组织管理机构

《京都议定书》项下有 4 个主要组织管理机构。一是《京都议定书》项下的最高决策机构——《京都议定书》缔约方会议，该机构是由所有《京都议定书》的缔约国组成，每年召开一次会议，就全球的气候问题进行商讨；二是 CDM 项目的监督管理机构——清洁发展机制执行理事会（EB），该机构主要负责制定 CDM 项目的实施细则，以及签发经过核准的核证减排量 CERs；三是由 EB 指定的经营实体，该机构主要是负责对 CDM 项目的审核，审核内容包括对项目业主经营管理水平、减排技术以及项目本身的碳减排量等诸多方面，最终由其向 EB 申请为项目业主发放 CERs；四是国家主管机构，该机构负责对 CDM 项目的立项进行审批，同时，CDM 项目所在国家的主管机构可以与发达国家的相关主管机构开展合作开发。

3. 各缔约国政府

在强制减排的模式下，《联合国气候变化框架公约》和《京都议定书》项下的各缔约国政府，将具体负责本国碳金融市场体系的建设，包括：与碳金融市场相关的法律法规体系、技术支持体系、中介服务体系、交易运营体系、监督管理体系等。因此，各缔约国政府是《联合国气候变化框架公约》和《京都议定书》等国际公约能够被切实有效履行的执行者，也是本国碳金融市场交易的组织管理者，在应对全球气候问题中扮演着重要的角色。

4. 碳交易所

碳交易所是碳金融市场体系中的重要组织管理机构，为碳排放权交易的供需双方提供了一个交易平台，极大地提高了碳金融市场交易的效率，同时也为碳金融交易市场的规范运行提供了有力的保障。主要职能包括：为碳排放权交易双方提供有效信息，设计和创新碳排放权交易产品，制定相关交易规则和流程，制定清算及交割规则和流程。

（二）市场监管机构

1. 注册登记系统监管机构

在碳金融市场交易过程中，各个交易者的碳排放权配额量均需存储于注册登记系统中，该系统设立独立的系统管理员，当碳排放权交易者之间达成交易意向后，需要向注册登记系统的管理员申请转移碳排放权配额量，并由系统管理员对申请的内容进行审核和批准。

2. 碳排放量核查机构

为了保证碳排放权交易的公正性和公平性，需要建立完善的碳排放量核查制度，并设立专门的碳排放量核查机构，负责对企业提交的自身碳排放量监测报告进行审核和调查。碳排放量核查机构工作的原则是要求被核查的企业提供完整准确的自身碳排放量监测报告、经主管部门批准的监测计划等相关信息，据此严格按照相关的法律法规进行核查，然后对被核查企业出具核查意见，包括企业提交的材料是否符合相关规定、是否真实准确等相关内容。碳排放量核查机构工作的主要环节包括：初步审核、风险分析、现场调查、出具内部审核意见、出具最终核查报告。

（三）市场中介服务机构

1. 清算机构

在碳排放权交易的过程中，为了保证交易的公正性和公平性，需要设立独立的第三方清算机构，即对于碳排放权交易的供应方和需求方来说，第三方清算机构既是供应方的需求方，也是需求方的供应方。

2. 信息和技术服务机构

由于随着碳排放权交易的规模不断扩大，交易的制度和规则不断完善和增加，尤其是对于申报 CDM 项目的企业来说，既需要收集和查阅大量的信息和资料，也需要制作专业的申报文件。因此，信息和技术服务机构应运而生，为碳排放权交易的双方提供信息和技术服务，保证碳排放权交易的顺利完成。信息和技术服务范围可大致包括：软件服务、电路设计及测试服务以及信息系统服务等。

3. 金融服务机构

金融服务机构在碳金融市场中有着举足轻重的作用，为碳金融市场的碳减排项目提供信贷资金、风险投资、基金投资，以及为碳金融市场的交易双方提供中介做市商服务、交易担保、财务顾问、信息咨询、创新金融产品等一系列综合性金融服务。金融服务机构具体包括：银行、保险公司、证券公司、基金公司等。

(四)市场交易者

1. 受约束的碳排放企业

在强制减排的模式下，《联合国气候变化框架公约》和《京都议定书》项下的各缔约国政府，均对其国内的碳排放企业进行了总量限制，设定了企业碳排放量的上限和初始配额量。同时，允许受约束的碳排放企业之间可以进行碳配额的买卖，即碳配额富余的碳排放企业可以卖出自身的碳配额，同理，碳配额缺少的碳排放企业可以买入其他企业的碳配额。因此，受约束的碳排放企业是碳金融市场的重要交易者之一。

2. 碳减排项目投资企业

由于碳金融市场是对外开放的市场，并不局限于受约束的碳排放企业，任何有投资意向的企业均可以参与碳减排项目的投资以及碳排放权的交易。因此，碳减排项目投资企业也是碳金融市场中的交易者之一。

全球著名的碳减排项目投资企业包括：RNN 资本公司、Citadel 投资集团、Tudor 投资资本公司、Stark 投资管理公司、MissionPoint 资本伙伴公司、Dexion 资本公司等。其中，RNN 资本公司是专门从事碳金融交易的对冲基金，总部设在纽约；Citadel 投资集团是美国一家大型投资基金，资产规模超过 120 亿美元，并入股参与了欧洲碳基金；Dexion 资本公司推出了一种新的组合对冲基金 Dexion Alpha 策略基金，并以 RMF 投资管理公司为顾问，主要从事碳金融交易、巨灾风险金融工具等。

3. 个人投资者

作为独立的投资个体，尤其是在碳金融市场的二级市场中，个人投资者可以根据自身对于碳金融市场的价格走势的分析和判断，适时进入或退出碳金融市场，即所谓的低买高卖或高卖低买，赚取碳金融市场价格波动时的差价，从而实现盈利。由于个人投资者在碳金融市场中的交易，增强了碳金融市场的流动性，转移了碳排放权交易的部分风险，因此，个人投资者是碳金融市场中重要的交易者之一。

二、碳金融市场交易工具及产品

(一)碳金融市场交易产品

1. 基础交易产品

碳金融交易市场的基础产品是产生碳金融交易行为的最初动力，是将供需双方连接到碳减排活动当中的重要纽带。按照《京都议定书》设定的 3 种交易机制，在进行具体交易行为时主要形成了 3 种基础性的碳金融产品，即分配数量单位(AAUs)、单位减排许可(ERUs)、核证减排量(CERs)。

2. 衍生产品

(1)碳期货产品

碳期货是以碳排放权现货为基础的标准化碳资产期货合约，其本质上是一种承诺。碳期货的购买者在买入该合约后即承诺在未来的交割日以特定的价格买入碳排放权的合约。碳期货产品的引入为投机商提供了套期保值的工具，降低了投机商在碳金融交易市场的潜在交易风险。另外，碳期货交易具有价格发现功能，通过自由、公开的集中竞价机制形成的价格更加真实有效，为碳现货市场的碳排放权价格的确定提供了参考。

(2)碳期权产品

碳期权是一种权利，是指碳期权的交易者在未来某一个确定日期以期权约定的价格买入或卖出碳排放权的一种权利，分为看涨期权和看跌期权两种模式。碳期权产品的创新可以增加期权买方交易的稳定性，降低碳排放权价格波动带来的交易风险。但是，碳期权对交易者的金融专业知识有一定的要求，普通投资者很难控制好期权交易带来的风险。

(3)碳远期产品

基于 CDM 项目的交易本质上可以看作是一种远期交易，项目运作成功后产生的 CERs 是投资该项目的远期回报，但是这种投资模式周期长且缺乏流动性。在碳金融产品创新过程中，可以采用资产证券化的方式提高其流动效率，缩短投资运行周期。但是鉴于各国对推广该类产品的政策限制，碳远期业务没有获得大规模的展开。

(4)碳保险产品

在进行 CDM 项目的交易过程中，由于投资回报周期较长，存在着减排政策变动、减排技术升级、市场价格波动、认证标准修订等多方面的风险。出于化解和分散减排项目风险的考量，项目投资人往往会寻求保险公司的保障，这为保险公司创新碳金融相关的保险产品提供了广阔的市场。

(二)碳金融市场工具

1. 碳信贷

国际热带木材组织关于热带保护问题的热议引出了碳信贷的概念，该组织提议碳信贷的获益方式主要是通过对有关热带雨林的项目建立收费制度。2008 年，国家环保局、中国人民银行和银保监会联合颁布的《关于落实环境保护政策法规防范信贷风险的意见》，标示着我国商业银行开始加速实施碳信贷制度。2009 年 5 月，我国商业银行初步制定了"低碳信贷"的新理念。低碳信贷是对传统信贷模式的专业化，在环境友好型信贷制度的基础之上融入低碳的理念。

2. 碳债券

碳债券是绿色债券的一种，通常指以碳减排收益作融资保证、所融资金用于碳减排项目的债券。从国际上看，2007 年欧洲投资银行发行的气候意识债券，可看作第一笔碳债券，2013 年以来呈爆发式增长。从国内看，绿色债券刚刚起步并迅速发展。国际金融公司（IFC）在 2014 年发行了世界上第一笔人民币绿色债券。2014 年 5 月 8 日，中广核集团风电公司发行了国内第一单"碳债券"，创新性地采用"固定利率+浮动利率"的定价方式，与债券存续期内中广核 5 个风电场的核证自愿减排量收益 CER 挂钩，是中国绿色债券的初步尝试。

碳债券的创设和发行顺应了世界发展清洁能源的潮流，得到了金融市场的充分认可。首张碳债券在银行间交易商市场发行，年利率 5.65%，虽然较同期限 AAA 信用债估值低 46BP，但投资人主体已涵盖了券商、银行和基金等机构投资者，获得了超额认购，而且一级市场的购买者有可能会再次分销，选择的渠道包括公开市场及非公开市场，这充分体现了银行间市场投资人对低碳金融创新的支持，以及对附加碳收益可实现性的信心。

3. 碳基金

碳基金是以减少碳排放为交易和投资标的而建立的基金。目前，中国碳基金的主要种类有中国清洁发展机制基金、中国绿色碳基金、新能源低碳基金、广东绿色产业投资基金、浙商诺海低碳基金等。其中，于 2006 年最早成立的中国清洁发展机制基金到 2010 年 10 月基金份额已经达到 110 亿元人民币，主要从事清洁技术产品的投资。

4. 碳保险

碳金融对金融机构来说也隐藏着传统金融产品不具备的风险。碳金融市场是建立在碳排放约束基础上的，是基于人为制度设计存在而不是自然存在的市场。这种政策不确定性给国际碳金融市场的发展带来了巨大的政策风险。而且，核定减排单位的发放是由专门的监管部门按照既定的标准和程序进行认证，即使项目获得成功，其能否通过认证而获得预期的核定减排单位，仍具有不确定性。在减排量核定后，也存在一些偶发因素使减排目标无法实现，这又增加了支付风险。目前国际碳保险服务主要针对交付风险。2006 年瑞士再保险公司的分支机构——欧洲国际保险公司推出全新的碳保险产品。该产品用于协助一家美国私募股权基金管理其投资于 CDM 项目的支付风险。该产品覆盖了 CDM 项目进行中产生的项目注册及 CER 核定失败或延误的风险，即如果 RNK 因 CER 核定或发放问题而受损，保险公司将提供 RNK 预期获得的 CER 或等值的现金。斯蒂伍斯·艾格纽（澳大利亚顶级保险承保机构）于 2009 年 9 月推出了世界首例碳损失保险。该保险将覆盖因森林大火、雷击、冰雹、飞机坠毁或暴风雨而导致森林无法实现已核定减排量所产生的风险。一旦这些事件发生使森林碳汇持有者受损，保险公司根据投保者的要求为其提供等量的 CER。美亚保险和美国国际集团也都在积极进入碳保险领域。然而，在碳保险的领域，中国市场至今还是空白。

5. 碳期货

碳期货是指在碳金融市场中，以碳减排量期货合约为交易标的，在未来某一约定时间进行清算交割的碳金融衍生品。若按照碳减排量的来源进行划分，可以将碳期货分为基于碳配额的碳期货和基于 CDM 项目的碳期货。碳期货的交易模式以标准化合约交易为主。碳期货标准化合约可以分为碳配额期货标准化合约和核证减排量期货标准化合约。碳期货标准化合约需要在碳交易所进行交易，合约中包括一系列详细的交易要素，来满足碳期货交易双方的信息需求，从而有效提高交易效率。同时，碳交易所也对于碳期货标准化合约制定了详尽的交易规则和流程。例如，欧盟碳排放交易体系中的碳期货产品就是以标准化合约交易为主的，分为基于碳配额的期货产品和基于核证减排量的期货产品。

6. 碳期权

以中美两国博弈为例，提供一个引进碳期权来说明优化碳市场的方案。这个碳期权机制类似于一个双向的期权买卖，中国出售给美国一个看涨期权，同时中国也从美国买入一个看跌期权。美国从中国买入碳期权，中国售出碳期权，但同时也得到一定的期权费。一旦市场价格高于期权执行价格，这个期权将被执行，中国将承担卖出的减排量，并同时获得美国支付的期权价格，在一定程度上也相当于获得了《京都议定书》承诺的对发展中国家的补偿。同时，中国从美国购入一个看跌碳期权，这个期权相当于一个最低卖价的保证。若市场价格低于执行价格，这个期权将被执行，中国可以一个限定的最低价卖出权利，这样可以保证发展中国家获得的最低补偿。因此碳期权的引入一方面无须任何一方作出退让就能达到减排的既定目标；另一方面发展中国家可以获得《京都议定书》所作出的给予补偿的承诺。这就是碳期权机制的设计思想。

7. 碳信托

信托是一种新型金融工具，具有投资领域宽、投资收益高、受益人与资产所有权相分离的特点。在支持低碳发展中，设立碳信托具有重要意义。我国在碳信托工具的应用中也进行了有益探索。最早在碳信托领域进行尝试的是北京国际信托有限公司，该公司于 2009年开展了一项低碳财富循环能源 1 号集合资金信托。2011 年中国 CTI 华测检测技术股份有限公司与英国碳信托标准公司合作，由英国碳信托标准公司为中国公司提供信托审核认证服务。2015 年，中建投信托开展了一项涌泉 1 号集合资金信托。该信托的顺利开展说明中国的民间力量对碳信托有了更深刻的认识。碳信托的投资领域非常广，既可以投资于企业的股票，还可以直接从事低碳行业的直接投资。因此，碳信托的形式可以为低碳发展提供长期的资金保障。我国的碳信托大部分带有公益色彩，因此属于公益信托的范畴，应该在具体的应用中探索其他形式信托的建立，如以低碳项目为基础进行信托融资。

第二章　碳信贷

第一节　碳信贷概述

一、碳信贷概念界定

碳信贷是绿色信贷的一种形式，是其进一步的延伸和细化。碳信贷即在商业银行环境友好型信贷制度的前提下注入低碳的理念，并把原来的信贷模式通过进一步的专业化，系统地分为两个维次的低碳信贷体系，一是针对低碳企业贷款，即在增大低碳产业、低碳企业规模化信贷的投放力度时，大范围普及低碳经济的理念；二是根据碳减排量贷款，即凭借全球碳交易市场发展的平台，对清洁发展机制（CDM）项目下的碳减排量核证进行贷款。碳信贷的核心在于将碳减排的动机转交给商业银行，形成排放交易机制的公共管制的补充。

二、碳信贷基本特征

2009 年以来，我国各大商业银行包括中国工商银行、中国银行、浦发银行、兴业银行、交通银行等都将新能源和新技术领域作为信贷投放的新方向。在短暂的引进、消化、吸收和发展的进程中，我国碳信贷尽管在经济发展中渐渐开始显山露水，碳信贷呈现以下发展特征：

（一）以低碳为背景

碳信贷是低碳背景下的绿色信贷，将传统绿色信贷对企业的融资方式升级为对清洁发展机制（CDM）项目的交易，更注重对企业和组织二氧化碳排放额度的控制与转让。碳信贷通过向企业颁发可交易碳额度实现减排目标，主要工具包括 CDM 项目、核证减排量（CER）和自愿碳减排（VER）等。碳信贷的内容源于《京都议定书》中规定的三大机制，碳信贷主要集中于新能源、林业、有机农业等部门。碳信贷交易是国际市场上企业或组织之间碳信贷额度的买卖与转让。

（二）集中于新能源行业

碳信贷多集中于新能源行业，以顺应全球气候变化的需求。和国际市场类似，目前我国的碳信贷主要用于新能源行业的支持。新能源信贷主要是指对可再生能源开发的信贷，包括太阳能、光电能、风能、沼气、生物质能等各种新型能源。山东、辽宁、天津和上海等地均已开展相关投资项目，如在浦发银行提供的融资项目中，包括了可再生能源项目、提高能效项目等多种可持续发展项目。对于发达国家碳信贷应用的其他领域，如植被保护、设备减排、有机农业、废热发电等却鲜有涉及。

（三）CDM 机制占据绝对优势

CDM 机制在碳信贷中占据绝对优势，CDM 项目远期交易是中国碳信贷中参与最多的一类项目。而且我国大部分停留在"绿色信贷"的浅层次上，仅有少量的低碳理财产品出台，碳交易中介服务、碳指标交易、碳金融衍生品交易则基本没有涉及。

三、碳信贷主要分类

现阶段，从碳资产质押融资的模式上看，我国主要有以碳排放权为主体的质押融资模式和以项目为主体的碳资产质押融资模式。

（一）以碳排放权为主要担保资产的质押融资模式

碳排放权质押融资是指控排企业将碳排放权作为质押物实现融资，是一种新型的绿色信贷产品和融资贷款模式。发展碳排放权质押融资，能有效盘活企业碳资产，促进企业节能减排、绿色转型发展，具有环境、经济双重效益。简单来说，碳排放权质押融资是一种新型的绿色信贷产品和融资贷款模式，控排企业可将自身拥有的碳排放权作为抵押物实现融资。我国首例碳资产质押融资业务是兴业银行于 2011 年开展"排污权金融服务"中的碳资产质押授信业务。该业务主要是银行给客户提供以其自身企业所有的 CDM 项下发生的碳资产来进行质押融资的业务。构建碳资产质押融资的法律制度与运行机制可以稳定和加速我国碳金融市场，并对企业利用碳资产进行质押融资提供法律保障。

依托 CDM 机制的碳排放权质押融资业务，一般是 CDM 项目的业主，在其项目获得注册的前提下，将其项目下的 CERs 作为质押向融资机构贷款，即将 CDM 项目获得签发后进行碳交易所得的资金作为还款担保。2011 年 4 月，福州市闽侯县兴源水力发电有限公司，就以转让项目拟产生的减排量收入作为质押标的，向兴业银行申请了碳资产质押贷，成为国内首笔碳排放权质押贷款项目。

随着碳排放权交易的不断发展，我国碳排放权质押贷款演进成 3 种不同的运作模式，模式对比见表 2-1 所列。

表 2-1 碳排放权交易模式对比

模式	核心内容	融资风险	试点企业（时间）
碳排放权配额（CEAs）质押	单个企业以现有的碳排放权配额为质押物，直接向银行申请贷款	利用现有碳排放权配额质押，可能存在交易市场价格波动风险	湖北宜化集团（2014）、广东佛冈金城金属制品有限公司（2021）、山东熙国能源有限公司（2021）、四川恒源纸业公司（2021）
	单个企业以现有的碳排放权配额为质押物，同时抵押现有的固定资产，向银行申请贷款	有固定的资产做抵押，风险较小	上海东海风力发电公司（2009）、华能武汉发电有限公司（2014）
	单个企业以现有的碳排放权配额为质押物，向银行申请贷款，并购买"碳排放配额质押贷款保证保险"	有"碳排放配额质押贷款保证保险"，能降低履约信用风险	上海申能碳科技有限公司（2021）

（续）

模式	核心内容	融资风险	试点企业（时间）
供应链企业碳排放权配额质押	在核心企业的主导下，有融资需求的供应链以整条供应链企业的碳排放权配额为质押物，向银行申请贷款	利用现有碳排放权配额质押，可能存在交易市场价格波动风险	湖北宜化集团（2019）

（二）以项目核证减排量（CCER）为主要担保资产的质押融资模式

进行 CCER 开发的可行性在于，技术上具备额外性，投资收益可观。该可行性分析的前提条件是采用买家垫付开发模式。具体来说，由买家承担开发期和核查期所有咨询服务和销售服务、垫付全部前期开发费用（主要包括指定经营实体的审定或核查服务费），待项目产生销售收入时，从收入中扣除买家垫付的前期费用，则买家可得到项目净收入的 15%（图 2-1）。

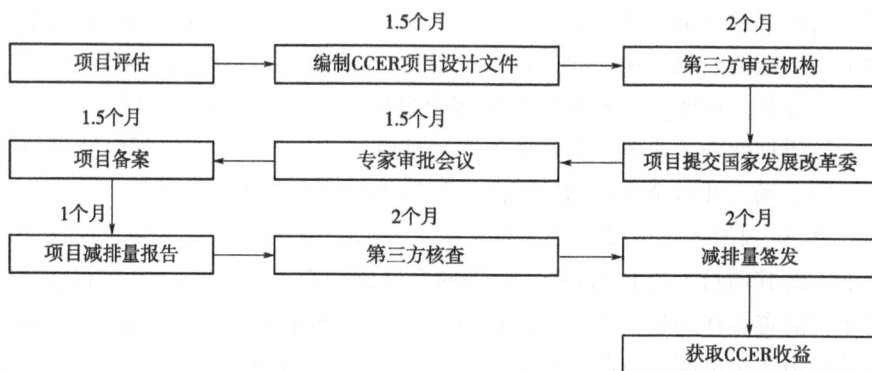

图 2-1　CCER 项目开发流程图

新能源企业 CCER 开发的常见模式有两种，即自行开发模式和买家垫付模式。自行开发模式是指由项目公司自行投入并承担所有前期开发成本，买方以 90% 的市场价格购买。买家垫付模式则是买方垫付开发期和核查期的咨询费和交易费，以 75% ~80% 的市场价格购买。

新能源企业在投资开发 CCER 时，需要在开发战略、合作模式、进度把控和成本控制等多个方面注意风险的防控，且尽可能地选择优质的中介机构以降低公司在投资、政策变动和信息不对称等方面的风险（表 2-2）。

表 2-2　我国两类碳资产质押融资模式对比

主要类型	融资过程	适用企业	共性	特性
配额质押融资	质押现有碳资产，营业收入还款后，赎回碳配额	传统生产制造型工业企业	采用可交易的碳资产作为主要质押品，为企业盘活未来碳资产	短期融资工具，可以拓展配额业务头寸。具有碳价格波动的风险性，但融资成本较低
CCER 质押融资	质押未来碳资产，未来碳收益还款	CCER 项目企业		项目需已获得有关机构注册，碳资产具备可交易性

四、碳信贷主要功能

很多发达国家均已开展以碳信贷为核心的碳金融市场建设。国际社会广泛采用的 3 种碳金融创新工具——碳信贷、碳发展基金与能源税中，碳信贷的功能是比较强大的。通常而言，碳信贷被普遍认为具有以下 4 个功能。

(一)引导功能

商业银行作为经济社会发展的重要中介角色，决定了其在可持续发展中的特殊地位。商业银行根据持续期、规模、剩余额度和风险等要素进行资金的配置，其高效的审贷体系使其在风险衡量和定价方面具有突出优势。因而商业银行推行碳信贷，通过差异化定价引导资金投向有利于环保的产业、企业和项目，可有效地促进可持续发展。尤其是以帮助企业提高经济和环境效益为重点，使企业努力达到环保法律法规的要求，而自觉地进行无害环境的实践，增强控制风险的能力。创造条件积极推行碳信贷，进一步降低资源消耗和减少污染，提高清洁生产水平，也有利于商业银行摆脱过去长期困扰的贷款"呆账""坏账"的阴影。

(二)环境风险管理功能

在我国，一些地区建设项目和企业的环境违法现象较为突出，因污染企业关停带来的信贷风险加大，已严重影响了社会稳定和经济安全。由于各国政府对企业污染环境责任的追究日益严格，银行业若不加强其环境风险管理，一旦给予贷款的企业发生污染事件，不但影响银行的社会形象，其债权的收回也将受损。推行碳信贷，把环境和社会责任标准融入商业银行的经营管理活动中，对环境和社会风险进行动态评估和监控，就为商业银行通过保险和衍生金融市场等转移环境风险提供了可行的路径。

(三)可持续发展功能

中国区域经济现有的发展方式已经不可持续，需要改变的不只是简单的政府宣传或者行政管制，而是根本的发展范式的变化。绿色发展已经成为中国区域经济发展的共识，需要中国从中央到地方进行金融创新，通过金融的手段引导市场配置绿色金融和经济资源，促进区域经济转型。在中国经济增长中，各地高速的经济增长并没有充分考虑环境的成本，造成当前中国环境质量每况愈下的现状。通过碳信贷手段加强对环境资源保护和对环境污染的治理，引导各省份社会资源可持续利用和发展，对区域经济的转型升级具有重要的功能和作用。通过金融资源对产业和企业的选择，对经济转型和产业调整发挥引导、淘汰和控制的作用，金融机构可以利用金融政策和资本市场的资金引导功能和优势，提高信贷率和信贷门槛，抑制高污染行业的过度发展。通过减少对高污染企业的信贷支持，影响其发展规模，避免环境污染问题的严重化，进而实现经济和环境的协调发展。

(四)调整产业结构功能

碳信贷从其本质性的资金供给出发，对不同污染程度、能源消耗程度的企业采取"有保有压"的差别化贷款模式，从而截断了"两高"类污染企业的部分资金流来源，企业扩大规模的资本形成受到阻碍，被迫进行内部的转型升级，因此碳信贷的投放与发展能带动产业结构的调整与升级。但碳信贷调整产业结构功能的真正落实，还需金融行业、实体部门与政府共同推动，碳信贷区域间的协调发展，发挥碳信贷发展对产业结构升级的积极作用，缩小区域间经济金融发展差距，平衡各地区绿色金融发展。首先，应当推动建立差异化"两高"行业退出模式，并利用碳信贷的导向与督导作用指引"两高"企业的退出，进而促进产业结构转型升级。其次，要完善碳信贷与产业政策的对接机制，就要发挥银行等金融中介机构的作用，在碳信贷的审批与发放过程中，应当制定碳信贷发放的标准，并依次对企业进行测评调研，分析项目的生态环保性与可持续发展性，计算项目的环保成本，让企业认识到自己的社会责任并看到可持续发展的利益，推动碳信贷贯穿绿色经济发展。最后，加强信息共享，建立环保部门与银行业之间有效的沟通机制，设立环境数据的收集和交换专员，及时进行信息的公开与披露，以提高碳信贷的可操作性。

五、碳信贷国际标准——赤道原则

低碳经济背景下，金融机构实现可持续发展需要不断承担环境与社会责任，开展金融创新，发展碳信贷。而"赤道原则"为金融机构管理和控制碳信贷业务中的环境与社会风险、履行金融机构社会责任提供了统一的标准。"赤道原则"于 2002 年由各跨国商业银行倡导，根据"赤道原则"要求，金融机构在发放贷款资金时要对项目可能造成的环境影响进行全面评价，以便贷款项目促进环境与社会的协调发展。在国际准则中，"赤道原则"作为项目融资标准被国际商业银行广泛接受，成为大多国际商业银行实施碳信贷的国际标准。

（一）赤道原则的内涵

目前各跨国金融机构都以赤道原则为参考对项目进行投资。赤道原则是依据各跨国金融企业的可持续发展原则而建立的，主要是为了判断、评估和管理融资项目所产生的环境与社会风险，制定风险方案并定期公告的碳信贷实践原则，是推动银行可持续发展以及承担自身社会责任需要遵循的原则之一。根据赤道原则，依据环境与社会风险可以把项目分为 3 类：A 类，指存在潜在重大的具有多样性和不可逆转性的环境与社会风险的项目；B 类，指存在的环境与社会风险是有限的、可逆转的和可弥补的项目；C 类，指存在的环境与社会风险较小甚至没有的项目。赤道原则表明，金融机构应当依据项目可能产生的环境与社会风险对项目进行分类，并对风险项目进行不同程度的环境和社会风险评估；借款企业要针对融资项目中的风险制定有助于降低环境和社会风险的行动计划，同时，借款企业还应当征求受影响的相关利益者的建议或要求。此外，赤道原则还要求银行在贷款期内对项目的整体经营情况进行不间断地监测，并对所监测的信息进行核实，同时定期报告赤道原则的开展情况和积累的经验。

（二）赤道原则主要内容

赤道原则列举了赤道银行在进行投资决策时所要依据的 10 条特别条款和条件，基本框架如图 2-2 所示。

赤道原则是银行业促进社会与环境良性发展的重要标志，最先明确了融资项目中的环境与社会风险评判标准以及相关的风险防范原则，使整个银行业的环境与社会标准得到了基本统一，有效控制社会与环境风险，有利于银行碳信贷业务的开展。从银行角度来看，实施赤道原则的银行会因承担社会责任而树立良好的形象，产生商誉价值；而且，有助于

```
              ┌─────┐   ┌────────────────────────────────────────────────────────┐
              │序言 │───│对赤道原则出台的动因、目的和采用赤道原则的意义作了简要说明│
              └─────┘   └────────────────────────────────────────────────────────┘
              ┌─────┐   ┌────────────────────────────────────────────────────────┐
       ┌──────│适用 │───│规定赤道原则适用于全球各行业项目资金总成本超过1000万美元的所有新项目融资│
  ┌────┐│      │范围 │   │和因扩充改建对环境或社会造成重大影响的原有项目          │
  │赤  ││      └─────┘   └────────────────────────────────────────────────────────┘
  │道  ││─────┌─────┐   ┌────────────────────────────────────────────────────────┐
  │原  ││      │赤道 │   │原则声明是赤道原则的核心部分,列举了采用赤道原则的金融机构做出投资决策时│
  │则  ││──────│原则 │───│需依据的10条特别条款和原则,赤道银行承诺仅会为符合条件的项目提供贷款│
  └────┘│      └─────┘   └────────────────────────────────────────────────────────┘
        │      ┌─────┐   ┌────────────────────────────────────────────────────────┐
        └──────│免责 │───│机构是在没有依赖或求助于国际金融公司或世界银行的情况下,自愿和独立地采用│
               │声明 │   │与实施赤道原则                                          │
               └─────┘   └────────────────────────────────────────────────────────┘
```

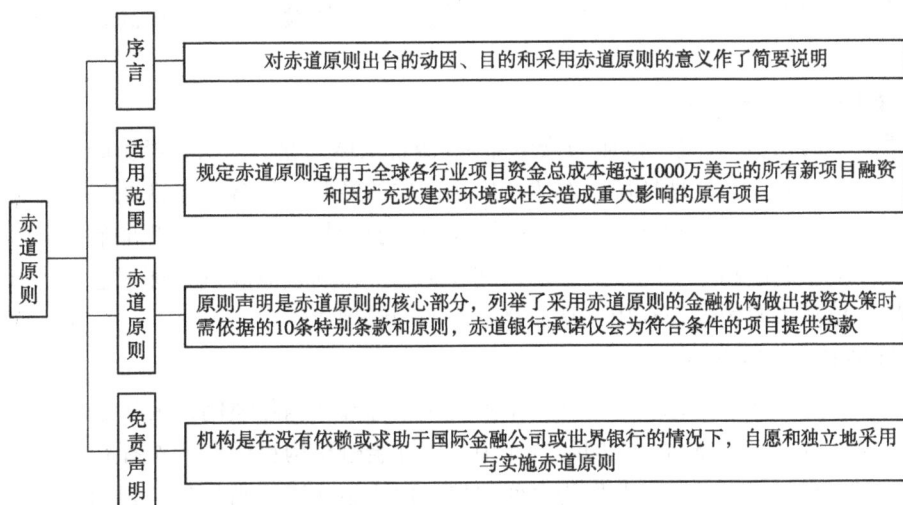

图2-2 赤道原则基本框架

银行规避融资项目中的社会与环境风险，提高银行的风险防范和控制能力。从社会角度来看，赤道原则使环境与社会可持续发展落到实处，使人与自然、人与社会、人与人等达到真正的和谐。

（三）赤道原则的意义

将赤道原则积极应用于国际商业银行的信贷业务审核审批过程中，完善其项目贷款的风险管控能力，可以引导企业重视业务中潜在的环境与社会风险，并帮助企业进行相应的风险控制与管理，增强企业风险管控能力，提升企业的项目投资收益率。赤道原则要求企业对项目中的社会环境风险进行评审与关注，使企业在提升自身经济收益的过程中切实履行相应的环境保护责任，使企业经营实现可持续发展与承担社会责任的有机结合。在将赤道原则贯穿项目管理中对项目实施企业具有以下几方面的积极意义。

1. 降低碳信贷项目风险

当前，国家对环境治理和惩罚力度不断加大，社会民众的环保意识也逐步提高并对社会环境问题给予高度关注，社会环境问题日益成为企业经营和项目运营中无法忽视和回避的重要问题，置之不理或处置不当都会给企业造成不可估量甚至难以挽回的经济损失。对于适用赤道原则的项目融资，赤道银行将聘请具备相应资质与丰富经验的环境和社会专家或机构对项目中可能存在的环境和社会风险点进行扫描、识别和评估，并帮助客户提出降低或消除这些潜在风险的技术方法和管理建议，防范这些风险可能引发的经济风险、政策风险以及声誉风险，提高项目的确定性和安全性，保障项目获得长期稳定的经济效益。

2. 提高企业管理能力

赤道原则在"授人以鱼"的同时更注重"授人以渔"。赤道银行将要求申请项目融资的客户建立和完善贯穿项目周期，并与项目的性质和规模相适应的环境和社会管理系统。这个管理系统通常由社会与环境评估、管理计划、组织能力、培训、社区接触、监督和报告等组成要素构成。一个完善合理的环境和社会管理系统，可以帮助企业识别和评估环境与社会风险，切实强化和提升客户管理、规避环境与社会风险的能力，提高企业的综合竞争力，促进企业经营和项目运作的长期可持续的发展。

3. 降低融资企业成本

赤道原则的《行业环境、健康与安全导则》源自全球工业活动实践经验的总结，借鉴了国际各行各业优秀企业处理环境、健康和安全问题的经验，包含了丰富而实用的管理经验和技术信息。企业的管理和技术人员可以从项目的设计建设、运营和拆除整个运营过程中，学习环境、健康和安全问题的处理措施和工艺，帮助企业改进处理工艺，降低处理能源的消耗，提高资源的综合利用，从而降低企业的管理成本。

4. 便于开展融资合作

赤道原则是全球主要金融机构项目融资的基本标准和国际惯例，国际上85%以上的项目融资交易都遵循赤道原则。在国际合作中，国际金融机构更倾向于选择在环境、安全和社会方面与之有共同理念的企业作为合作伙伴，而实施赤道原则是参与到国际重大融资项目的基础条件。国内企业采用赤道原则管理环境和社会风险的项目易于获得国际知名金融机构的认同，为企业获得海外资金、境外投资上市等各类金融活动带来便利，有助于获得同更多国际金融机构合作的机会和更大的海外发展空间。

5. 树立低碳环保意识

在低碳理念和社会责任意识日益深入人心的今天，树立保护生态环境、积极履行社会责任的形象已经成为企业获得社会认同、提高知名度和增强品牌竞争力的重要内容。赤道原则能够帮助客户与项目所在地的居民以及当地的生态环境建立起良好的关系，获得当地居民的认同和支持，树立起积极保护生态环境、勇于承担社会责任的企业形象，有助于企业获得公众认可，从而提高企业的知名度、增强企业的竞争力。

6. 避免环保低碳政策风险

赤道原则要求项目方遵守当地的环境法规和标准，以及环境、健康与安全指南的要求。随着经济结构的调整转型，我国对自然资源和环境保护的力度不断加大，制定更加严格的环保法律、更高的环境要求和更低能耗标准已经成为必然趋势。目前，我国的环境保护政策和相关标准借鉴了大量的国际先进经验，包括全球金融界所普遍采用的赤道原则，可以说赤道原则在一定程度上指明了我国环境政策的发展方向。对具有长远发展规划和具有战略眼光的企业来说，接受赤道原则的要求有助于企业规避和降低由于环保政策改变带来的风险。

第二节 碳信贷的起源与发展

最早的碳信贷概念源于国际热带木材组织(ITTO)对热带雨林保护问题的热议，该组织讨论通过收费制度让有关国家从保护热带雨林的碳信贷中获益。因此初期的碳信贷市场多集中于林业与能源部门。一直到现在，为了更好地服务于应对气候变化的政策目标，多数发达国家都将碳信贷业务与可再生能源政策相结合。经过短短几年时间，碳信贷从零起步，迄今已经成为国际市场的新通货。

2008年，国家环保总局、中国人民银行和银保监会联合颁布的《关于落实环境保护政策法规防范信贷风险的意见》，标示着我国商业银行开始加速实施碳信贷制度。2009年5月，我国商业银行初步确定了"低碳信贷"的新理念。低碳信贷是对传统信贷模式的专业化、在环境友好型信贷制度的基础上融入低碳的理念。2012年2月银保监会颁布了《绿色信贷指引》指导性文件，其主要目的在于优化当前信贷结构，减少环境污染方面的贷款项目，增加有助于环境保护的项目资金支持，做到合理管控环境等问题造成的项目违约风险，从而推动宏观经济增长模式的转型与产业结构的优化升级。

国际绿色信贷市场高速发展，欧美市场较为活跃。很多发达国家均已开展以碳信贷为核心的碳金融市场建设。自2005年起，欧盟国家就已采用了碳交易制度。美国和澳大利亚已将该计划提上议事日程，荷兰等国的商业银行都根据本国经济的发展目标设计了各具特色的碳信贷产品。2020年国际(不含中国)绿色贷款和可持续发展关联贷款总额约2000亿美元，绝大多数为可持续发展关联贷款。欧洲借款人占比超过60%，其次活跃的是美洲和亚太市场。法国巴黎银行、三菱日联、三井住友是2020年绿色可持续信贷投放最多的三家银行，其中法国巴黎银行的可持续贷款授权额超过110亿美元，约占市场份额的6%。

在上述背景影响下，如何根据企业的自身发展情况，依托赤道原则实现银行业的绿色转型，促进碳信贷业务的发展，已经成为商业银行未来的发展趋势。基于此，此处选取英国、美国的商业银行进行发展现状分析，进一步明确国际碳信贷业务发展的具体实践。

一、英国汇丰银行低碳实践

作为赤道原则实施最广泛的地区，欧洲2017年的赤道银行数量就已经达到38家，占全球赤道银行总数的41.3%。为了减少违约风险，欧洲许多银行以赤道原则为标准，关注项目潜在的环境影响。在碳信贷业务实施过程中，很多商业银行坚持低碳发展理念，不断创新绿色信贷产品，并建立了专门的信贷风险管理程序，如德意志银行和渣打银行的环境与社会风险管理体系等。为进一步了解欧洲各国的碳信贷业务实践成果，以英国汇丰银行为案例，总结其在低碳实践方面的经验。

(一)汇丰银行推出碳信贷产品

英国汇丰银行有限公司始创于1836年，其前身是在伯明翰成立的米特兰银行有限公司。公司以先进科技联接的国际网络，具备快速发展的电子商务能力，致力于为客户提供全方位的金融服务，如财富管理、私人银行、投资银行、企业银行以及个人金融服务等业务。基于环境和社会效益的考虑，2003年公司开始推广赤道原则，将其应用于碳金融方面，并明确列示了不进行贷款支持的行业。2005年至2009年，汇丰银行以赤道原则为基础，先后推行了首家碳中和银行、汇丰气候伙伴以及碳足迹管理等计划，并取得了诸多低碳实践成效。

(二)内部控制与信用评级制度

从内部控制角度分析，审计的权威性和独立性是汇丰银行内部控制体系的特色。具体而言，汇丰银行的内部审计具有两个显著特点。其一，审计日程表的制定方法科学。公司内部审计充分考虑风险特征、分类风险以及个体风险的变化，风险的识别与计量主要通过风险计算器来完成；其二，审计部门地位较高。公司管理层对审计部门的意见极为重视，审计意见必须逐条执行，而且审计部门可以向董事长和管理层直接报告。此外，公司还设立专门的团队实时监控碳信贷的运用状况，同时规定定期向管理层汇报相关信息。从信用评级方面分析，根据信贷项目的特点，公司采用多种方法进行碳信贷业务信用风险评价，如多变量模型法、信用集中风险评估法、财务比率综合法以及要素分析法等。借助上述科学的信用评级方法，充分利用多种定量和定性方法分析碳信贷业务潜在的信用风险。

(三)风险管理与碳信贷产品

在赤道原则的影响下，汇丰银行极为重视碳信贷业务的环境与社会风险管理，并结合自身碳信贷业务的发展状况建立了有效的环境与社会(ES)风险管理框架，具体框架如图2-3所示。可以看出，汇丰银行的ES风险管理框架主要包括以下4个环节。首先，公司根据新客户的发展、审批过程以及客户评价等信息对潜在的ES风险进行识别和分类；其次，通过可持续审查等方式对ES风险进行评估和归档；再次，针对现在的ES风险，组织可持续团队制定相应的决策方案；最后，对达成的方案进行贷后监测，并对方案的实施情况进行评价。

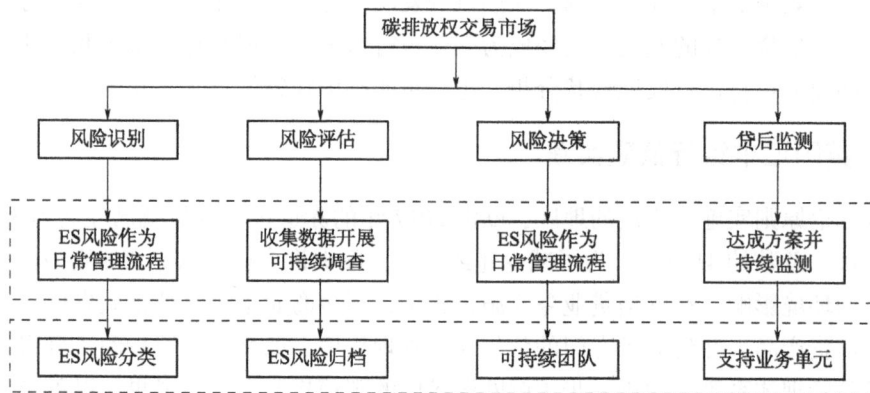

图2-3 汇丰银行"环境与社会(ES)"风险管理框架

从碳信贷产品方面分析，汇丰银行碳信贷产品主要包括绿色节能建筑贷款、生态家庭贷款以及低碳信用卡等产品。其中，绿色节能建筑贷款主要针对节能类商业建筑，为开发者提供优惠的融资服务；生态家庭贷款以家庭能源评估结果为标准，为不同家庭提供差异化贷款利率；低碳信用卡类产品主要面向个人，旨在控制个人的碳排放量。如2008年汇丰银行推出首张环保信用卡"Green信用卡"，使客户在使用信用卡消费的同时支持城市的环保工作。另外，在专业人才的培养上，汇丰银行主要通过聘请环保、金融等领域专家进行人才培养，并定期组织从业人员参加实务操作和专业知识的考核。

二、美国花旗银行低碳实践

在全球92家采纳赤道原则的金融机构中，美洲地区的金融机构数量仅次于欧洲，占全球赤道银行总数的19.6%。就国家而言，美国和加拿大是践行赤道原则较早的国家，如美国花旗银行、加拿大皇家银行等。为了进一步了解美洲各国的碳信贷业务发展现状，以美国花旗银行为案例，总结其在低碳实践方面的经验。

(一)花旗银行创新碳信贷产品

美国花旗银行始创于 1812 年，其前身为纽约城市银行，是花旗集团旗下的一家零售银行，也是美国最大的银行之一。花旗银行主要为政府部门、企业、机构以及个人提供广泛的金融产品服务，并在全球近 150 个国家及地区设有分支机构。2003 年，花旗银行就宣布成立赤道银行，并对赤道原则的践行和推广发挥了重要的作用。2005 年，花旗银行建立了环境与社会风险管理(PSR)体系，不断创新碳信贷产品。

(二)环境与社会风险管理体系

花旗银行 PSR 体系如图 2-4 所示，主要包括审批、信用等级制度和风险预警 3 部分内容。其中，审批制度主要侧重于碳信贷业务的管控和审核，信用评级制度主要侧重于碳信贷业务的信用风险管理，风险预警主要对碳信贷业务的各种潜在风险进行预测、警示以及防控。

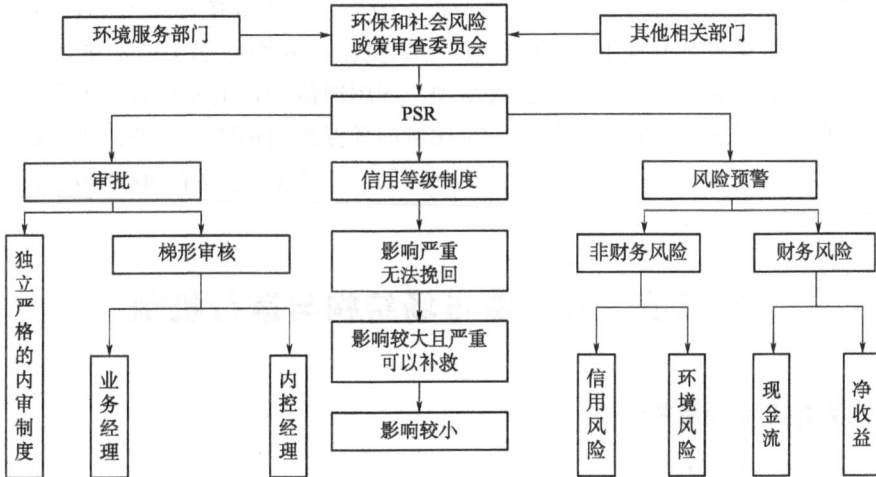

图 2-4　花旗银行环境与社会风险管理(PSR)体系

1. 内部控制现状

结合花旗银行 PSR 体系可以看出，在碳信贷审批方面，银行不仅建立了梯形审核制度，还建立了严格的内审制度。梯形审核制度进一步明确了内控经理和业务经理的权责划分，使两者相互制衡以增强碳信贷业务的审核效果。其中，内控经理主要负责审查抵押品质量、环境风险以及客户信用等级等；业务经理主要负责客户盈利水平和客户业务信息等方面的审查。内审制度方面，银行碳信贷业务实行严格的限额管控，同时增强内审部门的独立性，如果发现异动，内审部门就会重新研究相关业务资料以保证内部控制的有效性。

2. 信用评级制度

根据社会环境影响程度的不同，银行将所有交易归纳为以下 3 种类型。其一，对环境、社会不良影响较小；其二，产生一定程度的不良影响，但是可以补救；其三，造成的影响极为严重，且无法挽回。同时，在科学划分碳信贷业务信用等级的基础上，银行还成立专门的审查委员会。委员会主要由各部门抽调的优秀管理人员组成，负责整个体系的运营以及相关咨询工作。通过 PSR 体系，银行进一步归集咨询、交易等评估结构，严格审查碳信贷相关业务。

3. 风险预警现状

为了最大程度地降低碳信贷业务的各种潜在风险，花旗银行建立了完善的风险预警机制。该风险预警系统主要包括财务风险预警和非财务风险预警两部分内容。财务风险预警重点关注净收益和现金流等相关指标，是整个风险预警体系的关键环节。非财务风险预警重点引用科学评分的策略，旨在对信用风险和环境等因素进行合理评价。

(三)碳信贷产品的创新

2012 年以来，花旗银行不断加大碳信贷产品的投入力度，有效满足了不同客户的需求。花旗银行官方网站的统计数据表明，2012 年银行拥有的碳信贷产品的数量为 8 个，2017 年已发展到 27 个。花旗银行将产品设计与大数据技术相结合，针对不同群体和不同行业的需求差异开发多样化金融产品，产品类型主要包括住房抵押贷款、清洁能源车辆贷款和房屋净值贷款。住房抵押贷款旨在将节油、节电、节水等指标作为信贷审批的因素，为不同客户提供节能差异化抵押；清洁能源车辆贷款主要面向购买清洁能源汽车的购买者，为其提供贷款优惠，并取消相关抵押事项；房屋净值贷款主要针对合理利用太阳能的客户，为其提供便捷融资渠道，并按照一定比例向环保组织捐赠。另外，为了提高碳信贷环境风险评价能力，银行制定了专业人才培训计划，仅 2016 年就有 3000 多名高管人员接受了培训。

第三节 碳信贷市场结构与运行机制

一、碳信贷市场结构

(一)碳信贷参与主体

碳信贷市场上的市场主体可以划分为信贷资金的供给者和信贷资金的需求者两大类，信贷市场的主要功能就是在上述双方间融通资金。

1. 信贷资金的供给者

(1) 商业银行

碳信贷资金市场的资金供给者主要是商业银行，资金融通业务是商业银行的最主要业务。商业银行是碳信贷市场上最活跃的成分，交易量最大，采用的碳信贷工具最多，对资金供求与利率的波动影响也最大。除了参与赤道原则的银行以外，其他商业银行也开展碳信贷业务。目前在我国碳信贷市场上，国有商业银行占据了碳信贷市场绝大部分的市场份额。

随着绿色发展理念的深入，汇丰银行、德意志银行、渣打银行等欧美商业银行纷纷开始帮助那些适应气候变化或者坚持高效节能、可持续发展的低碳项目开发信贷融资，帮助企业进行碳排放权交易，并积极向全球推广气候变化、保护环境的经营理念。

商业银行不仅提供资金供给，还在政府政策的指导下制定内部的碳信贷规章制度，银行在推行碳信贷时也获得了巨大的环境效益。例如，兴业银行作为我国绿色金融领域的领先实践者，积极对碳信贷产品进行创新，在我国首创能源效率贷款产品，应用于循环经济、低碳经济和生态经济。

（2）非银行类金融机构

非银行类金融机构，如城市信用社、金融公司、财务公司、保险公司和信托公司等，也是碳信贷市场的重要资金供给者。在混业经营的金融市场上，这些非银行类金融机构也积极地在碳信贷市场上拓展信贷业务，实现业务和收入的多元化。

非银行类金融机构服务支持节能减排和环境保护，并将其作为自身经营战略的重要组成部分。这类金融机构把握绿色信贷内核，建立有效的绿色信贷促进机制，调整信贷结构，创新绿色信贷产品，采用抵押、质押、保理等方式（如应收账款质押、CDM 项目预期收益质押、股权质押），支持节能减排和淘汰落后产能的企业即节能环保企业，增强其融资能力，增大其融资来源。

（3）企业及个人

企业由于销售收入的集中性会形成企业资金的暂时闲置，它们通过与合适的贷款对象以私下约定的形式向碳信贷市场注入资金。与企业相似，个人也可以通过购买零售类碳信贷产品的方式，将资金间接投向碳信贷市场。

2. 信贷资金的需求者

信贷市场上的资金需求者主要是企业、个人和金融机构。碳信贷是在商业银行绿色信贷制度基础上融入低碳理念，将原有绿色信贷模式进一步专业化为两类低碳信贷体系，包括向低碳企业贷款和借助全球碳交易市场发展平台对 CDM 项目下 CERs 进行贷款。对此，在碳信贷市场上，资金的需求者主要为低碳企业和个人。

（1）企业

项目企业在生产经营活动中会经常出现临时性和季节性的资金需求，企业由于自身的发展也经常产生各种长期的资金需求，且 CDM 项目回收周期长，风险高，融资难度大，需要在碳信贷市场上通过借款的形式来筹集所需的资金。例如，新能源企业是碳资产抵押贷款融资模式中的主要融出方，依托其新能源的研发技术与产品，降低其产生的碳排放量，从而获取碳减排额度的节省量。这部分节省出来的额度就可以通过碳交易的形式为企业获取更多的融资金额，促进资金的运转与低碳环保技术产品的研发。

（2）个人

个人由于大额消费和不动产投资也经常产生短期和长期的信贷需求，他们也经常到信贷市场中通过借款的形式筹集所需的资金。目前已存在的个人碳配额方案中，每个成年人（18 周岁以上）都拥有一定数量可交易的碳配额，每年获得碳配额数量相等，未成年人（18 周岁以下）只能获得部分配额；这些碳配额是免费获得的，为了实现减排目的，这些碳配额每年递减，这些碳配额覆盖了私人交通领域与家庭能源使用领域。

个人在购买能源商品或者服务时，可以通过第三方中介机构，如银行等将其碳排放权证书出售给企业，以获得额外的经济利益。目的是对消费者进行补贴，以弥补能源产品或服务由于碳成本增加导致的价格上升。企业在购买能源商品或者服务的时候，除了支付一定的货款外，还必须支付相应的碳排放权证书，这些碳排放权证书可以向企业购买，同时也可以向个人购买。

3. 中央银行和金融监管机构

中央银行和金融监管机构也是信贷市场的重要参与者。

（1）中央银行

中央银行通常要根据国民经济发展的需要，在碳信贷市场上通过准备金率、贴现率、再贷款等货币政策工具来调控信贷市场的规模与结构。目前，我国的碳信贷市场由中国人民银行发挥中央银行的宏观调控职能。

（2）金融监管机构

金融监管机构作为保证金融机构合规运作业务的主管部门，对银行等金融机构的信贷业务的合法合规性进行监控，防范化解金融业务风险。我国各级政府部门负责制定信贷的法律法规和政策，为我国发展碳信贷提供政策供给，保障碳信贷有序开展，是我国碳信贷发展的政策供给方。具体的政府部门包括国务院、财政部、生态环境部、中国人民银行以及国家金融监督管理总局等。各部门各司其职，国务院等中央政府负责统筹环境保护工作的总战略，生态环境部负责促进各级生态环境部门参与碳信贷，人民银行则督促和监督各金融机构落实碳信贷政策，国家金融监督管理总局为各金融机构提出指导意见和评价指标，重点要求银行业注意控制信贷的风险等。

（3）指定经营实体

指定经营实体（DOE）是碳金融市场上最重要的监督、检验与核证机构，主要针对CDM 和 JI 项目进行监督、检查和核证。项目完成前，需要由满足条件的 DOE 进行第三方独立认证工作；在项目通过审核后，DOE 需要向项目参与各方以及项目的执行理事会提交核证报告并制定标准；在项目完成之后，DOE 负责核实并确定碳减排量。除了这些基本功能之外，某些 DOE 还被授以监督维持碳金融市场秩序的权利，并可以在特定情况下采取措施干预碳金融市场。

（二）碳信贷参与客体

碳信贷市场的参与客体主要指碳信贷产品。碳信贷是绿色信贷的发展趋势，其体系大致可分为以下两个维度。其一，普及低碳经济理念，增大低碳企业信贷投放力度；其二，全球碳交易市场下，根据碳减排量进行贷款。从用途上分析，国内外的碳信贷产品主要有以下类型：低碳信用卡类产品、低碳技术改造信贷类产品、低碳汽车信贷类产品、低碳项目融资类产品、碳排放权质押贷款类产品以及其他类型的碳信贷产品。

1. 低碳信用卡类产品

此类产品旨在实现个人的碳中和，主要通过向绿色组织捐款或提供折扣等方式，引导顾客购买低碳产品，进而控制个人的碳排放量。近年来，国际国内众多商业银行不断创新低碳信用卡类产品，如英国的绿色 VISA 卡、欧洲的气候信用卡以及浙商银行的低碳信用卡等。

2. 低碳技术改造类产品

此类信贷产品首先需要节能企业与设备供应商签订合同，然后由设备供应商对相关技术进行改造。金融机构根据实际情况提供一定数量的贷款，企业将部分节能减排收益付给供应商以支付贷款。对于资金普遍较为短缺的中小企业而言，该类产品为企业信贷融资提供了有效途径。

3. 低碳汽车能耗类产品

此类产品主要针对低油耗汽车生产项目，通过将贷款利率分别与汽车能耗效率和温室气体排放量相联系，促进低油耗技术的普及和发展。从该类产品的发展状况来看，欧洲的低碳汽车保险信贷业务较为成熟，同时加拿大的低碳交通工具信贷产品也是该类产品的发展和延伸。

4. 低碳项目融资类产品

此类信贷产品主要针对生物能源项目、风能项目等低碳项目，通过为其提供优惠利率的方式支持低碳项目的发展。以英国为例，英国银行针对废物处理推出专门的融资项目，并做出贷款年限延长到 35 年的承诺，为低碳项目的发展提供了充足的贷款支持。

5. 碳资产抵押贷款类产品

抵押贷款一般是指借款者以一定的所有财产作为抵押物的保证以获取贷款融资的方式，是银行等金融机构的主要受理业务之一。抵押物的价值需要经过相关机构与银行的审核评定后进行价值估算决定贷款金额。而碳资产因为其所具有的特殊性质，综合考虑低碳经济的相关要求，碳资产抵押贷款可以使抵押债务人按照法定程序与规定，将所拥有的碳排放权、碳汇、低碳技术与低碳设备等碳资产的价值向专门的管理机构进行评估认证之后，在不转移该部分财产占有的前提下，将财产的权利进行抵押作为债权的担保来获得抵押债权人的现金实物。

6. 其他类型的碳信贷产品

碳信贷是以银行为主的金融机构为实现控制温室气体减排而实施的碳金融中的主体。碳信贷涉及的范围非常广，只要是为发展低碳经济、节能减排、环境保护等提供资金贷款的金融活动可全部归为碳信贷。除上述碳信贷产品外，还有部分机制复杂的碳信贷产品，此类产品涉及利益关系复杂，关联多方金融机构，如与低碳项目相关的中间业务。许多商业银行在碳减排实践中，除了提供经济援助和贷款优惠政策，还推出了包括碳交易保理、碳交易及与其相关的理财产品，开展了碳基金托管、信用证结算等业务，让金融服务参与到每一流程，保证低碳项目顺利运行。

(三)碳信贷的业务模式

1. 赤道原则下的能效信贷

(1)赤道原则下的信贷模式

赤道原则下的信贷模式借鉴成熟的国际规则，将环境与社会风险管理植入业务流程，把企业在建设和运营期中需要落实的环保措施列入计划并与贷款合同一起签署，重点管控第一还款来源的有效性，并通过第三方的独立审核建立了科学的环境和社会风险管理体系，全面提升风险管理能力，有效地规避损失。赤道原则推动了能效信贷理念的发展，能效信贷是指银行业金融机构为支持用能单位提高能源利用效率、降低能源消耗而提供的信贷融资。能效信贷包括"用能单位能效信贷项目"和"节能服务公司合同能源管理信贷"两种方式。此种信贷创新模式不仅有利于健康发展国际业务，还有利于通过保护环境改善与客户、当地政府和民众的关系，保护甚至增加市场份额。

专栏1-1

兴业银行案例

2008年10月31日，兴业银行宣布采纳赤道原则，成为国内首家赤道银行。因为赤道原则契合了能效贷款及相关业务环境风险管理理念，也符合节能环保的国际潮流及我国的环保要求，可以成为推动谋求长远发展战略和转型经营模式的重要切入点。而且，在能效融资贷款模式创新的基础上，能够和国际金融机构共用一个标准，有利于拓展国际业务。为此，兴业银行以企业社会责任与可持续金融为价值导向，对已有的信贷模式再次进行了创新，建立了将环境审查、社会责任审查纳入信贷审查的三位一体审批流程。首先，按照赤道原则和国际金融公司(IFC)的绩效标准对拟贷款项目进行融资合规审查和环境与社会风险分类。对A类(高风险)和B类(中风险)项目，借款人要分别完成《环境评估报告》和《环境管理方案》，说明如何解决和管理环境和社会问题。其次，聘请国内外独立专家机构通过现场勘探、文件审阅、人员访谈等方式对拟贷款企业的环境与社会风险系数进行审核。最后，在贷款期内，要求借款人建立环评信息公开披露机制和投诉机制，并对项目建设和运营进行持续监管并定期披露。兴业银行赤道原则下的信贷模式如图2-5所示。

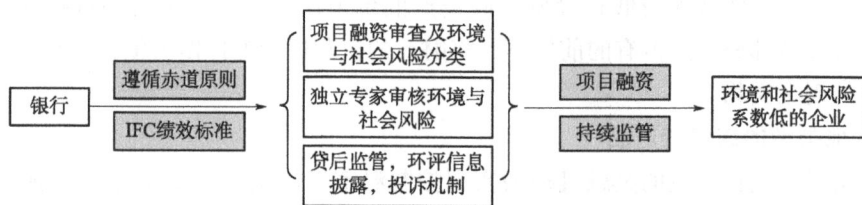

图2-5　兴业银行赤道原则下的信贷模式

兴业银行通过创造8种绿色信贷模式和1种非信贷融资模式("8+1"模式)，分散信贷风险。每种模式适用于不同的融资企业。在8种绿色信贷模式中，有5种是直接面向企业和用户的贷款模式，另外3种是通过节能服务商或金融租赁公司面向企业或客户进行贷款。在这种信贷模式下，贷出的资金用于能效、新能源和可再生能源、碳减排等领域。贷前针对贷款者的技术、实力、可行性、支付能力等进行审核，对企业贷款多以损失分担、销售收入抵押、排污权抵押等作为还款来源，对消费终端客户多以还款能力作为衡量标准，保证利润来源；贷款期间，聘请第三方独立机构持续进行环境风险的监测，及时防范环境风险。此种绿色信贷模式有效缓解了企业或消费者的资金短缺问题，实现了节能减排技术改造、二氧化碳减排、清洁能源推广等环境保护的目的。

(2)引入担保融资的信贷模式

随着对信贷模式进一步深化和创新，在原来信贷基础上，辅以其他非信贷融资模式，降低贷款风险。首先，建立信贷全流程管理模式，把贷款管理流程分为贷款受理、调查、风险评价、贷款审批、签约、发放、支付、贷后管理和资产处置9大环节，提升贷款精细化水平；其次，延续贷前专业机构对技术和实力以及还款能力的审核，确保第一还款来源的有效性；再次，积极丰富担保手段，即进一步标准化收益权质押物，并辅以其他补充担保方式及信用增级手段，尽可能增加信贷资金还款渠道；最后，积极防范信贷风险。整合多方资源，利用政府和社会资本合作的 PPP 模式，有效分散风险；加强贷后风险控制和预警机制，通过设置贷款专户和还款专户动态监测借款人的经营和贷款资金的使用情况，确保贷款资金的安全，提升信贷管理质量。

2. 碳资产抵质押融资模式

(1) 基于碳排放权抵质押融资模式

现行碳排放权抵质押融资中，企业通过碳资产管理平台获取一定数量的初始碳排放权配额，并将其通过碳资产管理平台进行登记，获取碳排放权凭证，具体的碳排放权价格由相关的碳资产评估机构进行评估定价，判定资产的可抵押额度，一并出具给企业。企业将通过碳资产管理平台登记以及评估机构评估后出具的凭证交于商业银行，签订抵押贷款合同获得商业银行的贷款。抵押贷款到期时，如果企业能够按时偿还贷款就能收回抵押的碳资产；如果不能够偿还，银行可以由专门的处置机构对抵押的碳资产进行处置，通过之前由担保机构与企业共同建立的资金回购池提供的保证金弥补亏损，也可以直接交由碳交易市场进行拍卖获取资金。同时设立信用评级平台，根据融资企业能否在贷款期限内按时偿还贷款对其进行信用评级，达到良好循环的效果。

我国现有的碳排放权质押贷款运作流程参考图 2-6。

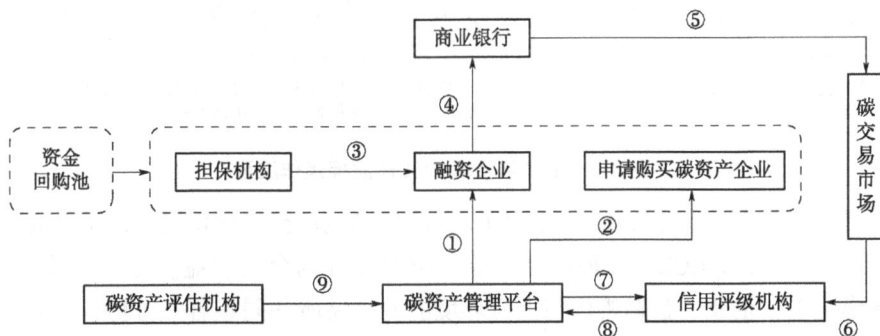

图 2-6 碳排放权抵押贷款融资模式流程

①碳资产管理平台分配碳排放权配额，并对想要申请碳资产贷款的企业的碳排放权进行登记，发放碳排放权凭证。

②担保机构为融资企业的碳资产抵押贷款提供担保。

③将碳排放权凭证作为抵押向商业银行贷款，双方拟定贷款合同。

④如果企业不能够在约定期限内偿还贷款，商业银行可以通过碳交易市场将碳排放权进行拍卖，所得到的收入优先弥补自身亏损。

⑤碳交易市场可以将市场内的碳排放权交易情况传达给碳资产信用评级机构，为企业的碳交易信用度评价提供依据。

⑥信用评级机构定期公布企业的信用情况并传达给碳资产管理平台，碳资产管理平台

可以根据信用评级结果在企业以后进行碳排放权抵押贷款凭证中做出明示。

⑦碳资产管理平台将企业的业务经营状况、碳排放权额度等信息传递给信用评级机构提供评价依据。

⑧碳资产评估机构对碳排放权进行估价，定期传达给碳资产管理平台。

（2）基于项目减排量的 CERs 抵质押融资模式

目前我国的 CERs 以 CCER 形式为主。CCER 质押融资指以 CCER 作为质押物的碳市场创新融资手段。CCER 质押融资的操作模式与碳配额质押融资类似，但有以下几个方面区别。第一，质押物，前者为国家发改委签发的 CCER，后者为地方试点签发的碳排放配额。第二，质押主体，前者一般为拥有 CCER 的企业，既可以为碳资产公司也可以为CCER 业主企业，后者则为试点排放单位。第三，碳资产评估基础，配额资产直接根据既有的配额市场价格进行评估，而 CCER 资产价值评估较为复杂，一方面目前没有公开透明的 CCER 市场价格；另一方面由于各个试点地区对 CCER 使用政策的区别，导致不同项目类型的 CCER 的价格具有较大差异。第四，风险，配额的风险较为单一，主要来自配额价格，取决于试点市场供需状况，CCER 的风险则来自项目类型、CCER 价格、试点和国家政策等多方面影响，所面临风险更为复杂。因此在现行市场阶段，配额质押比 CCER 质押风险小、且操作简单，可复制性强，是更适于企业的融资方式。

以上海为例，上海环境能源交易所公布的 CCER 质押运作流程如图 2-7。

01	02	03	04	05	06	07
申请提交及审核	质押登记	冻结CCER	出具质押证明书	从质权人获得资金	质押解除申请及审核	质押解除

图 2-7 上海碳市场 CCER 质押运作流程

上海环境能源交易所于 2015 年制定了《上海环境能源交易所协助办理 CCER 质押业务规则》，规范协助开展 CCER 质押业务，维护质押双方的合法权益。在上海碳市场 CCER质押业务模式中，企业、金融机构与上海环境能源交易所共同签署三方协议。企业与金融机构就 CCER 质押签订合同后，向上海环境能源交易所申请办理 CCER 冻结登记，由上海环境能源交易所在系统内办理相关冻结手续，实现质押双方信用保证；当质押合同终止时，质押双方再通过上海环境能源交易所办理解除冻结登记手续。

（3）基于林业碳汇项目的碳汇量抵质押融资模式

由于林业碳汇和林权同属于森林资源资产，因此现有林业碳汇项目抵质押融资运作流程基本同林权抵押贷款的制式程序相似，但仍具有以下两点特殊性。第一，林业碳汇项目抵质押融资对林业碳汇价值进行估测，并在此基础上测算其抵押总量；第二，设计林业碳汇作为抵押品贷款的处置机制，从而确保林业碳汇抵押贷款可以有效实施，进而模拟完善林业碳汇抵押贷款程序。我国现有的林业碳汇抵质押融资模式运作流程如图 2-8 所示。

进行林业碳汇抵押贷款，首先，要提出贷款申请。开展此业务的金融机构就贷款的相关内容与借款人进行协商，金融机构初步同意进行该贷款后，委托林业碳汇价值评估机构

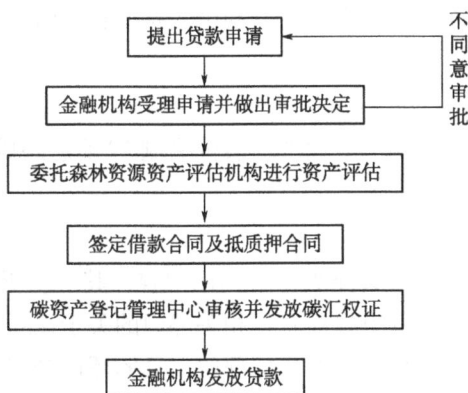

图 2-8　基于林业碳汇项目的碳汇量抵质押融资模式运作流程

对借款人持有林业的碳汇价值进行评估。收到评估结果后，金融机构根据其林业碳汇价值量确定借款人可贷款数额。如果借款人对该贷款数额无异议，则可以签定合同。待金融机构收到碳汇权证后，借款人方可获得贷款。

二、碳信贷运行机制

纵观全局，碳信贷是现代银行业发展的重要趋势之一。自从国家推出了绿色信贷及碳交易相关政策，各家银行就立即开始顺应社会进步潮流，积极响应实施，并初步形成相关运行机制。该运行机制主要由 4 个部分组成，即"碳信贷准入机制""碳信贷管理机制""碳信贷风险预警机制""碳信贷动态退出机制"。

(一)碳信贷准入机制

1. 实行法人客户名册管理

银行业对客户实行名册制度，对积极履行国家环保政策、获得环境保护良好等级的企业，积极的给予信贷支持。而对不履行国家环保政策或者是不能很好地履行国家环保政策的企业，不给予贷款支持。对违反国家环保政策的企业，一律不予任何形式的授信支持，以国家产业政策和环保政策为基础，坚决遏制高耗能、高污染和产能过剩等"两高一剩"行业的过快增长，促进经济结构调整和增长方式的转变。

2. 对环境违法企业进行逐户分析

银行要对环境违法或被环保部门列为重点监察对象的企业展开逐户的调查和分析，以确保所发放的资金的安全性，或者是不予信贷支持。在对违法企业进行逐户排查时，分析的内容主要包括企业环境报告书中所披露的信息、环保部门的评级以及公众对该企业的认同度等。对高污染、高能耗、维修设备较差或存在破坏生态环境隐患的项目一律进行否决，这是促进经济与生态环境建设可持续协调发展的要求，更是银行降低信贷风险，优化信贷结构，实现经济健康发展的内在需求。

3. 严格限制污染企业的贷款

严格对污染企业的信贷限制，能够确保商业银行信贷资金的安全性，防范污染企业污染行为发生时给银行所带来的风险。目前，中国人民银行建立了包括环保信息在内的企业和个人信用信息基础数据库，银行在向企业和个人发放贷款时，可以利用该数据库的环保信息，以此作为是否发放信贷的依据。

（二）碳信贷管理机制

管理机制又分为 4 个部分进行，即"一票否决制""动态跟踪监测机制""信息沟通机制""快速审批通道"。

1. 一票否决制

所谓"一票否决制"，包含了以下两个方面的内容。其一，所有符合国家产业政策和市场准入标准的贷款，必须在贷款申报前获得相关部门的关于该项目用地的预审通过；必须经过项目环保评估，并取得有权审批的环保部门出具的环评合格报告；必须符合区域整体规划和污染排放指标要求。只有全部符合以上"三个必须"的条件的项目才给予贷款，三者缺一不可。其二，审批部门必须在所有贷款申请通过决议前，查询贷款申请人的环保状况，一旦发现贷款申请人在征信系统中存在着环保违法记录或被环保部门实施处罚的记录时，该笔贷款申请一律予以驳回。

环保"一票否决制"的意义不仅在于严格限制高能耗、高污染行业及企业的信贷，同时包含了支持绿色产业的发展和壮大，如风力发电项目。尽管这类绿色项目在当前看，经济效益并不理想，而且项目的偿贷期一般较长，并且项目选址容易受到台风等自然灾害破坏，但考虑到风力发电项目符合国家产业政策，属国家鼓励发展的清洁、可再生能源，对环境保护有着积极的意义，银行信贷对此给予倾斜。

2. 动态跟踪监测机制

"动态跟踪监测机制"是指将环保风险管理纳入日常贷后管理工作中，并逐步理顺预警管理流程，明确了从环保信息收集、分析、核实、预警，到跟踪监督预警企业的环保治理进度、整顿验收情况各个环节，进行全过程评价和风险监控。银行充分发挥信息技术的作用，在日常的信贷管理中通过及时查询人民银行的征信系统，及时更新企业的环保信息，在银行资产管理的计算机系统中标注"企业环保信息"，建立客户环保信息数据库，对生态环境部实施"区域限批"及叫停项目和公布的黑名单企业，国家发展改革委、应急管理部联合下发的环保违规煤矿等进行系统监测。同时，为进一步加大对企业环保信贷的跟踪监测力度，通过建立定期访察制度，积极防范环境违法突发事件带来的信贷风险。

动态跟踪监测机制主要有 3 个方面的内容。一是与各级生态环境部门建立经常性的信息交换制度。与省、市各级生态环境部门建立日常信息沟通机制，确定专门部门日常联系省生态环境部门，及时了解环保新政策、环保执法新情况以及企业环保守法新动态等。二是明确专职人员负责环保信息收集工作，积极拓宽信息渠道，对取得的环保信息制定专门流程进行分析、核实，对可能带来的信贷风险发出预警，形成多层次、全方位的预警信息管理机制，提示有关分支机构及时采取措施控制信贷风险。三是建立定期访察制度。确保及时发现企业在环保方面存在的问题，防范环境违法突发事件带来的信贷风险。

3. 信息沟通机制

银行建立健全环保合规信息沟通协调机制，加强与生态环境部门的合作。同时密切关注新闻媒体报道，形成多层次、全方位的预警信息管理机制。目前，生态环境部已经与国家金融监督管理总局签订两部门的信息交流与共享协议，首次建立国家环保部门与宏观经济部门的信息共享机制。构建包括银行等金融机构、企业及政府部门的一体化信息机制，互通信息、相互监督，做到真正的信息共享。政府环保部门将企业的环境违法信息及时、准确地公布，为银行审查企业信贷的申请提供参考，为企业和银行是否可以享受税收优惠提供依据，防止骗税的现象出现。银行提供使用环境信息的反馈情况，政府部门由此可以了解信贷执行效果，企业因此可以真正推进节能减排与环保。

4. 快速审批通道

对绿色环保、清洁能源、纳入循环经济、降低污染的优质项目，以及严格执行环保审批程序、能够节能降耗的加工项目优先审批发放，必要时启动联合评价程序，提高审查审批工作时效。"十四五"时期，我国生态文明建设进入以降碳为重点战略方向、推动减污降碳协同增效、促进经济社会发展全面绿色转型、实现生态环境质量改善由量变到质变的关键时期，全社会的生产方式、生活方式都会产生重要变化。各家银行践行绿色信贷政策，不仅有利于国家"两高一剩"行业政策实施，促进节能减排，建立环境友好型、资源节约型社会，而且也有利于银行调整信贷资产结构，规避政策风险。

(三)碳信贷风险预警机制

我国的银行加快信贷结构调整，积极实施现有融资客户的结构调整和风险贷款的清收转化工作的契机。在主动对行业龙头企业和优势企业进行适度选择性支持的同时，加快了退出劣势行业及环保不合规客户的步伐。风险预警机制主要包括两个方面。

1. 环保评估报告机制

在整个信贷申请、审批流程中，银行将环保风险评估直接纳入其中，并要求贷款申请人在申请贷款的同时提交独立的环境评估报告。按照银行制定的"绿色信贷"的相关内容执行报告的内容，要求企业按照银行的标准，对申请贷款的项目进行环保风险的分类，且及时提交完整的环保评估报告。与此同时，银行对提交的报告有必要内容的相关规定，要求报告中必须包含根据风险制定的行动计划及管理体系，有公开咨询的意见及申诉综合处理方案，银行依据审慎性、真实性的原则对环评报告实行形式审查。

2. 环保报告实质审查机制

银行不能只是采用环保部门的证明文件进行合规审查，还要自己排除外界干扰因素的前提下，对项目的社会环保情况独立地进行判断。既要关注合规在形式方面的规定，如相关审批(或核准、备案)文件的权威性、完整性以及合法性，又要关注合规在实质方面的要求，包括申请贷款的新项目是否符合国家相关产业政策和发展的趋势，项目环保评估是否与规划的总体要求相吻合等，然后银行再做出在当时政策环境背景下的合理判断。尤其要求重点关注钢铁、火力发电、铁合金、电解铝、水泥、化工、铜冶炼、造纸、纺织等高耗能、高污染行业的环保评估报告的实时性与真实性。

(四)碳信贷动态退出机制

"动态退出机制"是指银行把环保风险作为关注重点，将排污治理已达标但治污能力没有全面覆盖排污量的企业列入退出名单，逐步退出。对存在违反环保法行为和被环保部门处罚的企业，其贷款质量一律按关注类及以下贷款标准管理。对违反国家有关环保规定超标排污、超总量排污、未依法取得许可证排污或不按许可证排污、未完成限期治理任务的企业，暂停一切形式的新增融资。对能耗、污染虽然达标但环保设施运行不稳定或节能减排目标责任不明确、管理措施不到位的贷款企业和项目，不得增加新的融资；对列入"区域限批""流域限批"地区的项目和企业，停止一切形式的信贷支持。对于列入生态环境部"挂牌督办"名单和被责令处罚、限制整改、停产治理的企业，一律不得增加新的融资。

第四节　碳信贷产品设计与风险管理

一、碳信贷产品设计原则及流程

(一)碳信贷产品设计原则

对于碳信贷产品的设计应遵循以下基本原则。

(1)应符合中国人民银行、银监会对有关信贷产品设计的文件规定

因此，碳信贷产品设计在符合国家标准的基础上，应结合我国碳金融市场发展程度，符合环保局、央行、银监会等部门出台的《绿色信贷指引》《关于落实环境保护政策法规防范信贷风险的意见》等相关文件。

(2)适应当前业务发展需要，注重新产品对目标市场的覆盖率

在绿色金融市场日渐开放和完善的潮流中，碳信贷产品设计要顺应"碳中和"的发展导向，结合国家相关政策、客户需求等因素，为助力重点行业的低碳转型、一般行业的低碳发展，提供金融资源的最优配置和支持。

(3)结合实际发展需求和市场前景，注重产品的可复制能力

碳信贷是一项新兴的高速发展的业务，碳信贷产品的落地和应用经验要实现可复制可推广，避免某典型碳信贷产品脱离应用地区就不再具备借鉴价值的经验成本损失。因此，碳信贷产品设计要灵活适应行业实际的低碳发展需求，预测碳市场的未来发展前景，调整碳信贷产品的设计深度，提炼更具普适性的碳信贷资金快速落地的复制规律。

(4)在注重风控的前提下，保障资金安全

银行信贷业务是一项风险性业务，在多重风险的影响下，很可能造成本金的损失。碳信贷业务的核心基础资产存在长周期运营的不确定性，项目碳排放量的评定、减排目标的评估和政府政策的调整等相关工作的结果存在风险滞后性，都会对信贷资金的安全造成影响。

(5)制订信贷产品的配套操作指引，简化产品操作流程

加大碳信贷产品基础资产审核过程的标准化，同时也要力争碳信贷产品申请和应用过程的简单化。

(二)碳信贷产品设计流程及要素

信贷产品的设计研发一般包括产品的设定、产品的操作流程、以及选取分支机构作为新产品的试点等几个步骤，而产品的设定要由产品的定价策略、产品策略以及营销策略综合而定。本节着重围绕产品设计流程和设计要素展开。

1. 碳信贷产品设计流程

(1)市场调研与需求分析阶段

关注以下问题了解碳信贷服务目标市场的需求分布：碳信贷的市场间供应情况和竞争水平、碳信贷服务和产品的变化和创新、资金来源、相关法规和义务。

(2)产品设计与开发阶段

针对客户未被满足的需求提供解决方案。例如，当前的碳信贷需求是现有市场所不能提供的高额度产品，那么产品设计的目标就是弥补这一空缺。这就要求在进行具体的产品设计时考虑以下问题：这个产品面向什么样的需求群体进行推广？这个产品预计的不良率风险有多大？需求群体对产品的期限需求大约有多长？目标项目是否能够形成足够的还贷现金流？这个产品适合采用什么样的风险管理方式？目标项目业主可用于抵押的资产是否合规？在审批过程中如何能够更好地判断项目的预期还款能力？这个产品应该如何定价？产品在利润上是否有利可图？在产品设计的过程中回答以上问题的答案，有助于碳信贷产品在满足客户高额度需求与风险之间找到平衡。

(3)产品测试阶段

产品设计完成后要在小范围内进行市场测试，了解市场的反馈，需要关注以下问题：碳信贷产品面对的目标客户群的接受度是多少？碳信贷产品与市场上基础信贷产品相比，是否有突出的应用优势？产品销售绩效的衡量标准如何确定？信用风险管理措施是否足够？产品全流程中是否有之前没有考虑到的操作风险？如果有，应如何防范？

(4)大范围推广上线阶段

需要进一步明确以下问题：申请流程的服务配合，包括前台、中台和后台部门之间的相互衔接？市场营销策略需要突出什么样的销售卖点和推广渠道？产品的 KPI 考核政策和监控产品的运营指标如何设计，如产品销售总额、每笔借款平均额度、每笔借款平均期限、借款申请通过率、借款办理时效等？

(5)产品评估、反馈与持续改进阶段

产品上线后，需要定期评估产品的市场表现，持续重点关注以下问题：市场的动态变化如何？产品销售业绩是否达到了事先预测？产品风险表现如何？产品营利性如何？

2. 碳信贷产品设计要素

碳信贷产品的设定需要明确借款额度、借款期限、定价(费率)、审批方式、还款方式、是否需要抵押物、提前还款条款、逾期处理条款等要素。其中，产品设计中要包含的重点是：定价、额度、时效。在设计产品的时候，为了突出某个要素，需要对另外两个要素有所妥协。例如，对于资金需求紧急、时效要求高的信贷申请，申请过程需要尽量简化，因为资金能否及时到位是信贷需求方的首要考虑因素，为此需求方也愿意承担相对较高的定价水平。而从信贷机构的角度，由于需要在非常短的时间内对信贷需求方进行快速的审批决策，可能没有足够的时间对其还款意愿和还款能力进行充分的检视和调查，因此这类贷款的风险就相对较高。对这类产品可以采取设定额度上限的办法，以达到快速审批的目的，并且针对风险相对较高的情况，制定与之匹配的定价水平来覆盖可能出现的高风险。因此这类产品的特点往往就是时效快、额度偏低、定价偏高。

再如，有的信贷需求方需要一定的资金来投入某个新建或再建项目，这时候对信贷产品最关注的是能不能借到足够的资金，对时效性的要求就没有那么高，也愿意配合信贷机构的要求准备各种申请资料。由于申请的借款额度较高，要评估运用信贷资金的项目是否能够形成充足且稳定的还款来源，就需要信贷需求方提供详细的借款资料，对基础资产进行充分的评估，以了解信贷需求方的还款能力。甚至是多级的审批，经过较长的审批周期，才有可能获得资金。这类产品的特点就是额度高、时效偏慢、定价相对较低。

但综合整个产品设计过程，定价是产品设计中最重要的一个考虑因素，定价反映机构整体战略、风险管理和客户管理策略，定价过程中要平衡机构的可持续发展、客户的长期关系维系、收益覆盖风险等因素。

二、碳信贷产品价格构成与定价技术

信贷产品定价是指商业银行在发放贷款时的价格条件，是综合其资金成本、营业成本、风险成本、银企关系、区域贷款差异等定价影响因素来确定的最终贷款利率。贷款定价是商业银行提升市场竞争力、优化信贷市场、进行全面风险管理与控制的重要手段。

(一)碳信贷产品价格构成

1. 碳信贷产品价格的构成

贷款定价的内容包括以下4点。

①贷款利率　由银行的贷出资金成本(即可用资金成本)、发放或提供贷款的费用、补偿贷款信用风险而收取可能发生的亏损成本和银行目标利润等4项构成。

②承诺费　指银行对已经答应提供但实际并没有使用的那部分贷款而收取的补偿费用及创始费用，补偿费用通常为1%～5%，创始费用通常为1%～3%。

③补偿余额，又称"贷款回收"　银行要求借款人按贷款金额的一定比例以活期存款或低利率定期存款回存银行，形成变相提高的贷款利率。有些银行则用直接提高利率或增加贷款服务收费来代替补偿余额支出。

④隐含价格　指由银行通过变更借款条件使借款人增加实际成本、降低银行贷款风险形成的贷款定价中的非货币性内容。

此外，商业银行还应考虑到借款人的信用状况、借款人与银行的业务关系、借款人的盈利能力等因素，因人制宜地确定不同的贷款价格。根据上述内容，可总结定价公式为：

碳信贷产品价格=贷款利率+承诺费+补偿余额+隐含价格

其中，贷款利率=资金成本+操作成本+风险成本+目标利润。

2. 碳信贷利率的影响因素

影响商业银行贷款定价的因素有很多，包含企业因素、银行自身因素以及宏观政策等因素，必须全面考虑其影响。根据对先进贷款定价理论的分析和总结，发现影响贷款定价的因素主要有以下几类：商业银行自身的影响因素，包括成本因素、市场及操作风险以及商业银行的目标利润值等；其他因素，如银行间的市场竞争、宏观政策、银企关系等。

贷款成本是商业银行在进行放贷过程中主要考虑的资金成本和营业成本。贷款风险主要指贷款业务中涉及的风险，具体包含信用风险、市场风险以及操作风险等，会贯穿银行的整个经营周期。商业银行预期利润则是指商业银行在充分考虑其发展战略、股利配比基础上，必须保证每一笔发放的贷款预期收益均能弥补可能存在的损失风险。银企关系则是考虑到客户是银行重要的合作伙伴，与银行关系密切，按时还贷且在银行有较大存款业务及中间业务的客户，银行必然要给予一定的利率优惠，这样势必会影响银行的贷款利率定价。另外我国国家制度以及经济体制决定了我国金融市场会受到严格的监管，市场竞争程度、税率政策等宏观因素也会影响到贷款定价。

此处选取几类典型影响因素做具体阐释。

（1）成本

银行提供信贷产品的资金成本与经营成本。资金成本有历史平均成本和边际成本两个不同的口径，边际成本更宜作为贷款的定价基础。而经营成本则是银行因贷前调查、分析、评估和贷后跟踪监测等所耗费直接或间接费用。

（2）风险含量

信贷风险是客观存在的，只是程度不同，银行需要在预测贷款风险的基础上为其承担的违约风险索取补偿。

（3）贷款期限

不同期限的贷款适用的利率档次不同。贷款期限越长，流动性越差，且利率走势、借款人财务状况等不确定因素越多，贷款价格中应该反映相对较高的期限风险溢价。

（4）目标盈利

在保证贷款安全和市场竞争力的前提下，银行会力求使贷款收益率达到或高于目标收益率。

（5）竞争态势

银行应比较同业的贷款价格水平，将其作为本行贷款定价的参考。

（6）客户关系

贷款通常是银行维系客户关系的支撑点，故银行贷款定价还应该全面考虑客户与银行之间的业务合作关系。

（7）存款补偿余额

银行有时会要求借款人保持一定的存款余额，即存款补偿余额，以此作为发放贷款的附加条件。存款补偿余额实际上是一种隐含贷款价格，故而与贷款利率之间是此消彼长的关系。银行在综合考虑多种因素的基础上，开发出了若干贷款定价方法，每种方法体现着不同的定价策略。

（二）碳信贷产品定价技术

1. 碳信贷产品的定价原则

（1）利润最大化原则

该原则显示了商业银行从事信贷业务的目的。信贷收益为商业银行的主要收益来源之一，因此，银行在信贷定价过程中应保证覆盖风险的基础上，保留一定的利润空间，以达到目标收益。

（2）扩大市场份额原则

该原则在利润原则基础上衍生而来，以商业银行提高市场竞争力为目标，实施差别化的贷款利率政策，对促进节能、减少碳排放、改善生态环境的项目和企业提供优惠利率。引导银行业金融机构从高污染、高能耗以及产能过剩行业压缩、退出，引导资金更多投向低能耗、低排放、少污染的环境和社会风险较低的领域，如节能环保产业、新能源可再生能源以及其他绿色产业。

（3）稳定金融秩序原则

该原则指的是商业银行在信贷定价过程中应根据国家政策及时调整信贷利率。在碳金融领域，对于国家重点扶持项目和发展良好的行业企业，商业银行应酌情提供信贷利率减免，助力实现国家的宏观调控目标。

（4）保证安全原则

该原则是信贷定价过程中最重要的原则。绿色产业投资风险难控，回报预期不稳定，受政策、市场和行业发展基础等多方面因素影响，碳信贷的标项目的风险程度较高。考虑到项目建设周期普遍较长，短期内不能进入投资回报期，银行很可能因为借款人无法按时还本付息而蒙受巨大损失，因此碳信贷定价首要任务就是匹配风险和收益，保证资金安全回收。

2. 信贷产品定价的一般方法

在 2013 年以前，我国商业银行因法律法规要求，多以基准利率上下浮动作为信贷定价方式。2013 年后央行逐渐放开利率管制，推进利率市场化进程。目前常见的商业银行的信贷定价方法有成本加成定价法、价格领导定价法和客户盈利分析定价法。

（1）成本加成定价法

成本加成定价法的核心是商业银行的贷款价格要高于贷款成本，这也符合信贷定价的利润最大化原则。该方法中的信贷成本包含其管理费用、资金使用成本、信贷潜在风险等，定价模型的公式：

贷款利率=资金成本+风险补偿+银行预期利润率

成本加成定价法的优点在于商业银行发放贷款时，对各项成本的要求都很明确，能够充分控制各项成本，获得目标利润，从而提高商业银行的市场竞争力。但是这种方法要求商业银行能够估计出每笔贷款的期限风险、违约风险和其他相关风险，用来确定贷款的风险溢价，还要能够精准地测算出非资金性经营成本，并将其分配到每一个客户、每一项业务上，这对于商业银行的贷款风险管理系统和成本管理系统要求较高。另外，成本加成定价法是银行从自身角度出发的，并没有考虑市场利率变动、同业竞争的因素，也没有考虑不同客户给银行带来的不同回报，定价方式较为主观。就碳信贷而言，在新兴市场外加政策扶持的情况下，以往商业银行以历史数据和经验判定风险补偿的方法可能不再适用。

（2）价格领导定价法

价格领导定价法是国际金融市场上普遍采用的一种贷款定价方法。这种方法选择某种利率作为贷款基础利率，然后根据不同客户或不同项目包含的不同风险程度确定风险溢价，即"加点数"或"乘数"，从而确定某笔贷款的实际利率。得益于近些年来货币市场的发展，能够作为基础利率供商业银行选择的利率品种越来越多，如可以选择国库券利率、同业拆借利率、大额可转让存单利率、商业票据利率等。贷款定价计算方法为：

贷款利率＝央行基准利率＋风险溢价点数

价格领导定价法的优点：第一，结合一般利率水平和风险程度来控制信贷价格，兼顾了市场风险和贷款主体违约风险；第二，通过客户经理对贷款企业的财务数据调查主观确定风险溢价点数，操作性强，相对简单。该方法的缺点是未考虑银行经济成本和风险，具体为：第一，定价时仅考虑单笔贷款的收益和风险，未计算银行与客户间的整体关系；第二，主观定价依赖客户经理个人能力和经验，缺乏对位于其中风险的计量；第三，较难估算新贷款市场的风险。就碳信贷而言，项目特有风险的可能损失难以估算。

（3）客户盈利分析定价法

客户盈利分析定价法是一种客户导向型的定价方法，它从银企关系的角度出发，将银行为客户提供服务的总成本、总收入与银行的目标利润进行比较，来衡量定价是否合理。客户盈利分析定价法需要分三步进行。

①确定银行为客户提供服务的总成本　总成本包含以下几项：一是银行提供贷款的资金成本；二是包括存款账户的各种服务费用和管理费；三是因贷款无法收回而发生的违约成本。总成本公式为：

银行为客户提供服务的总成本＝资金成本＋各项费用＋风险成本

②确定银行为客户提供服务的总收入　总收入包含以下几项：一是贷款利息收入；二是为客户提供中间业务的服务费收入；三是客户账户留存资金用于再贷款或投资产生的收入。总收入公式为：

银行从客户获得的总收入＝利息收入＋中间业务收入＋投资收入

③确定银行的目标利润　目标利润是指银行资本从每笔贷款获得的最低利润，将每笔贷款实际获得的利润与目标利润相比较，就可以知道该笔贷款定价是否合理，公式为：

目标利润＝资本/总资产×资本的目标收益率×贷款额度

客户盈利分析定价法克服了成本加成定价法和价格领导定价法忽略银企关系的缺点，充分体现了现代商业银行以客户为中心的经营理念，通过这种差别化定价方法，银行可以识别出对银行综合效益贡献大的优质客户，对这部分客户充分维护，还可以识别出对银行贡献较低的客户，从而进行客户结构调整。

3. 碳信贷产品定价技术——RAROC 定价法

对于绿色信贷定价，目前使用相对较多的定价方法即为风险调整资本回报（RAROC）定价法。RAROC 贷款定价方法最初由美国信孚银行提出，模型设立旨在加强贷款定价中对预期损失及非预期损失的测度，以风险调整后的资本收益率来确定信贷价格，可在一定程度上提高银行的收益水平，对信贷资金的非预期损失进行有效补偿。这个模型最初是用来衡量在特定损失率下为了限制风险敞口的股权数量和信贷资产组合的信用风险。随着该模型的广泛应用，逐渐被用来衡量银行维持经营所需的股权资本。经过 20 多年的发展，到了 20 世纪 90 年代后半期，RAROC 定价模型已经相对完善，国际上越来越多的先进银行采用这种模型进行经营管理，如今 RAROC 定价模型不但被应用于贷款定价领域，还成为全面风险管理的核心技术。在贷款定价的单笔业务层面上，RAROC 定价模型被用于衡量发放一笔贷款所产生的风险与该笔贷款带来的收益是否均衡，从而为是否发放该笔贷款提供决策依据。

碳信贷业务作为新兴业务正处于绿色信贷市场中的产品导入期，且碳信贷业务相较于传统信贷业务发生违约的可能性未知，其非预期损失更加难以准确计量。RAROC 贷款定价模型全面考虑了贷款收益、资本成本、经营成本和信用风险等各因素，而传统的贷款定价方法相对无法完全地将环境风险的评估结果有效反映在信贷利率中。例如，成本加成法无法估计全部的环境风险补偿，基准利率加点法没有历史数据支撑难以计算风险溢价点数，而 RAROC 模型有灵活、开放的特征，其相对标准化的计算方法可以在一定程度上将前两者未涉及的环境风险评估结果反映在信贷利率中，较为有效地降低银行信贷风险。同时 RAROC 模型对绿色项目后期的风险的精确控制在一定程度上降低了信贷风险，提高了信贷利率，增加了商业银行的信贷收益。所以 RAROC 模型可以在一定程度上有助于提升银行收益的同时有效控制信贷风险，相对更适合用于绿色信贷类产品定价，包括碳信贷产品。

(1)模型核心原理

RAROC 是指风险调整后的资本收益率，风险调整后的资本收益率是指商业银行将股东要求的回报和投资的资本都经过风险因素的量化和调整，然后计算出纳入风险因素调整后的资本收益率。风险意味着潜在的损失，商业银行的各项业务都有不同程度的风险，所以说商业银行是一个经营风险的行业。RAROC 贷款定价模型的核心思想是评价某项业务的盈利情况时，必须同时考虑这个盈利是在承担多大的风险下获得的，在将这项业务去掉预期损失之后得到的收益与这项业务弥补非预期损失所需要的资本比较之后得到的评价标准才能适用于不同业务之间的比较。

假设某项业务能为银行带来较多收益，但是该业务的风险较大，占用的资本较多，这时即使该业务能创造较多利润，但是考虑到它所占用的资金，该项业务的资本利润率并不一定很高。衡量商业银行经营成果的指标是股东财富最大化，因此商业银行应该将自己的经营目标设置在一定的风险水平上，将可能的损失与创造的收益结合起来才能衡量某项业务创造的真实利润。应用到贷款定价方面就是在贷款信用风险定价模型中引入风险调整函数，将因风险引起的可预期的未来损失量化为当期成本，再加上运营成本一起对当期收益进行调整，对经过风险调整后的收益进行计量。同时计算为缓冲非预期损失而留有的资本金，进而衡量资本的实际使用效益，即资本收益率，然后通过设定资本收益率来为贷款定价。

(2)模型计算公式

RAROC 贷款定价模型的计算公式：

$$RAROC = 风险调整后收入 + 经济资本 \tag{2-1}$$

①风险调整后的收入　指收入扣除运营成本、资金成本和风险成本后的金额。通常来说，收入包括贷款利息收入和发放贷款产生的手续费收入。但是原银监会"七不准、四公开"明确规定，银行业金融机构不得借发放贷款或以其他方式提供融资之机，要求客户接受不合理中间业务或其他金融服务而收取费用，所以公式中的收入只包括贷款利息收入。

②运营成本　指银行发放贷款发生的全部成本，主要包括参与发放贷款的业务部门发

生的全部运营费用，包括公司金融部、授信审批部的营销、差旅、办公费用及工作人员的工资奖金，运营管理部、前台柜员的工资奖金，贷后管理发生的费用等。

③资金成本　商品经济条件下资金所有权和资金使用权分离的情况下出现的产物，衡量资金成本的基础是资金时间价值，通常资金成本还受投资风险价值和物价变动因素影响。商业银行资金成本是商业银行在筹集和使用各种资金的过程中发生的费用，是商业银行进行贷款定价的出发点。

④风险成本　指商业银行发放贷款的预期损失，银行为了抵御这部分损失风险，通过对历史数据进行分析，从而提取的用于弥补这部分损失的准备金。经济资本是指商业银行在一定时间内、一定置信水平上，为了弥补非预期损失所需要的资本。经济资本反映的是银行承担的真实风险，体现了银行自身的风险特征和内部风险管理的要求。经济资本的配置大小与银行对风险的容忍度有关，与置信度成正比，置信水平越高，则需要覆盖的损失区间越大，经济资本就越多。

设 r 为贷款利率，L 为贷款额度，T 为贷款期限，OC 为运营成本，DC 为资金成本，EL 为风险成本，EC 为经济资本，则公式(2-1)可以表示为：

$$RAROC = (r \times L \times T - OC - DC - EL) \div EC \qquad (2-2)$$

由公式(2-2)可以推导出贷款利率，即

$$r = (RAROC \times EC + OC + DC + EL) \div (L \times T) \qquad (2-3)$$

设 c 为运营成本率，i 为资金成本率，因为发放贷款的金额应该覆盖预期损失，所以贷款金额为银行提供资金与预期损失之和，则公式(2-3)可以转化为：

$$r = [RAROC \times EC + EL + L \times c + i \times (L - EL)] \div EC \qquad (2-4)$$

由于经济资本为正数，所以利率 r 与 RAROC 呈正相关关系。在商业银行贷款的具体运用中，首先要给 RAROC 设定一个基准值，然后通过上述公式计算出贷款利率 r。当 RAROC 是银行股东能接受的最低值时，r 就是银行能接受的该笔贷款的最低利率。

RAROC 定价法的优点就是在分母中创造性地使用了经济资本指标，将非预期风险转化为当期成本，并在公式的分子项抵减了预期的信贷损失，使银行收益提升。RAROC 定价法有效降低了传统定价模型缺失风险资本评估的局限性，使信贷利率能较为准确反映贷款的风险。

(3)模型中各因素的确定

在为碳信贷定价时，RAROC 定价模型中各因素的确定思路如图 2-9 所示。

①运营成本率的确定　计算运营成本通常有作业成本法和综合分摊法两种方法。

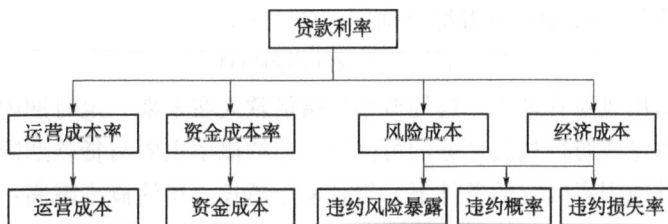

图2-9　RAROC 贷款定价计算过程

作业成本法对银行的管理水平要求较高，通常适合于内部管理相对完善的银行。作业成本法对发放一笔贷款的全部流程进行跟踪，将发放贷款的整个流程划分为若干个作业阶段，对各个作业阶段发生的成本分别进行统计，最后将所有作业阶段的成本进行加总，从而得到该笔贷款业务的运营成本。

综合分摊法体现的一种按贷款金额占比分摊成本的概念，即对于发生的运营成本进行随时记录，直到贷款归还，将发生的运营成本和发放的贷款分别加总求和，然后用运营成本总额除以贷款总额，这样得到的是单位贷款额度占用的运营成本，这样一笔贷款需要承担的运营成本用单位贷款额度占用的运营成本乘以该笔贷款金额即可得到。

②资金成本率的确定　商业银行用于发放贷款的资金有两个来源，一个是权益性资金，即股东投入的资金，另一个是负债性资金，即银行吸收的存款。当银行发放一笔贷款时，无法判断用于发放该笔贷款的资金究竟是来自权益性资金还是来自负债性资金，所以银行在计算资金成本时，需要综合考虑。通常在确定资金成本时，用加权平均成本或边际资金成本来衡量。

加权平均成本以银行过去的经营情况为基础，按资金的性质不同分为对全部资金成本加权平均，对有息资金成本加权平均和对利率敏感性资金成本加权平均。全部资金成本加权平均法是指全部可贷资金的利息除以全部可贷资金金额得出的资金成本。有息资金成本加权平均法是指有息资金的利息除以有息资金金额得到的资金成本，有息资金即可贷资金扣除非付息资金后的部分。利息敏感性资金成本加权平均法，利息敏感性资金成本是与公开市场密切相关的资金成本，这部分资金受金融市场影响而变化频繁，其成本由各银行管理层调节较多。

加权平均成本用公式：

$$C = \sum C_i P_i \qquad (2\text{-}5)$$

式中　C_i——第 i 种资金的成本；

P_i——第 i 种资金占资金总额的比例。

边际资金成本是指银行每增加一个单位的投资所带来的资金成本，与加权平均成本不同，它反映的不是银行过去的经营状况，而是反映当前银行经营情况下的资金成本。在实务中，边际资金成本可以由内部转移价格（FTP）来确定。FTP 是指商业银行内部资金中心与业务经营单位按照一定规则全额有偿转移资金，是达到核算业务资金成本或收益等目的的一种内部经营管理模式。

③风险成本的确定　商业银行的风险成本由借款人的违约概率（EDF）、违约损失率（LGD）和违约风险暴露（EAD）三者综合确定。公式为：

$$EL = EDF \times LGD \times EAD \qquad (2\text{-}6)$$

在商业银行信用风险管理中，违约概率是指借款人在未来一定时期内不能按照合同要求偿还银行贷款本息或履行相关义务的可能性。违约概率主要与贷款期限和借款人的信用等级相关联。在其他因素确定的条件下，贷款期限越长，违约概率越高；借款人的信用等级越高，违约概率越低。目前西方商业银行主要采用基于内部信用评级历史资料的方法和基于期权定价理论的方法测度违约概率。

④经济资本的确定 经济资本通常指在一定风险区间内的商业银行标的为抵御一定置信水平下的可能损失风险所需配置的经济资本额度。目前，商业银行面临的风险主要是非预期信用风险和市场利率波动风险，还有为充分保证银行信贷业务的安全性和不良资产率，业务人员的操作风险也应进行相应的经济资本描述和缓冲。所以，商业银行在开展信贷业务时需要计提上述 3 种风险的经济资本，以降低非预期风险带来的经济损失。当前，商业银行对经济资本的管理大致分为调试、反馈两部分，这两部分形成了一个完整的循环，如图 2-10 所示。

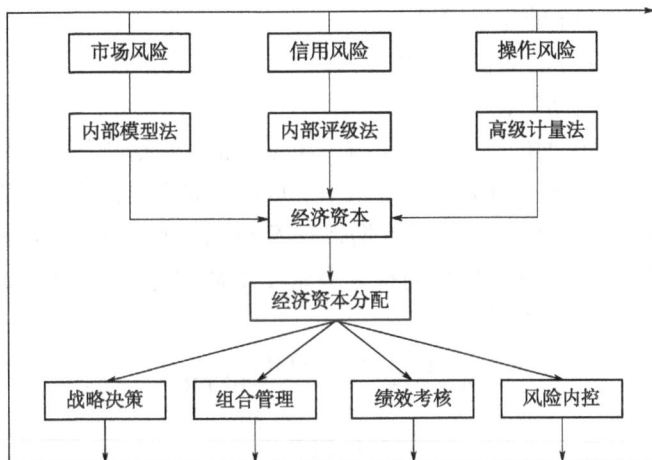

图 2-10 商业银行经济资本管理流程

计算 RAROC 模型中的经济资本可参照银行当前的经济资本管理流程，如图 2-11 所示。

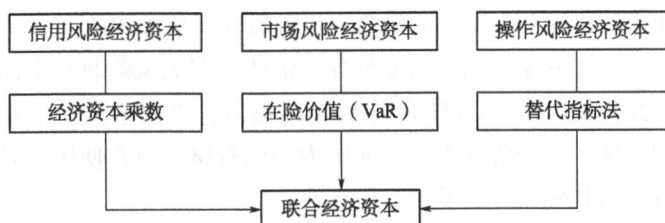

图 2-11 经济资本计算方法

⑤信用风险经济资本的确定 信用风险经济资本通常是非预期损失的数倍，该倍数主要取决于信用经济资本乘数，而该乘数主要受信贷资产损失分布、银行风险管理置信水平影响。在碳信贷 RAROC 定价模型的推导中，该数据可选取贷款银行的碳信贷资产损失率和银行整体置信水平。信贷资产的非预期损失是指实际损失偏离值的不确定，这种不确定性可以用碳信贷损失的标准差衡量。公式为：

$$UL = AE \times \sqrt{PD \times \sigma_z^2 + LGD^2 \times PD \times (1-PD)} = AE \times ulp \tag{2-7}$$

式中 UL——非预期损失；

AE——贷款金额；

PD——违约概率；

LGD——违约损失率；

σ_z——预期损失标准差；

ulp——信用非预期损失水平。

对贷款组合来说，非预期损失计算公式为：

$$UL_P = \sqrt{\sum (UL_i \times UL_j) \times \rho_{ij}}$$

式中　UL_P——贷款组合的非预期损失；

UL_i——贷款项目 i 的非预期损失；

UL_j——贷款项目 j 的非预期损失；

ρ_{ij}——贷款项目间的相关系数。

此外，还需要计算模型的经济资本乘数，用于衡量绿色信贷的非预期损失。该乘数取决于银行碳信贷的损失率密度函数和置信水平。以往研究表明 β 分布可以很好地拟合绿色信贷资产的损失率分布，置信水平可依据以往绿色信贷研究和国内银行实际情况定为99%。碳信贷能否直接按照绿色信贷的损失率密度函数和置信水平的结果进行模型推导，仍待验证。具体的参数估计公式为：

$$\alpha = \frac{ELR^2 \times (1-ELR)}{ULR^2} - ELR \tag{2-8}$$

$$\beta = \frac{1-ELR}{ELR} \times \alpha \tag{2-9}$$

式中　ELR——预期损失率；

ULR——非预期损失率。

⑥市场风险经济资本的确定　在市场风险预测的主流文献中，学者们普遍使用在险价值（VaR）来量化和评估市场利率波动的风险。当前数法计算 VaR 的准确性取决于资产收益率的波动模型构建和条件分布。在本模型推导中需要使用无风险收益率即国债收益率确定利率经济资本，因此需要 VaR 模型计算出 VaR 系数值，进而通过利率波动的在险价值公式计算出碳信贷的市场风险经济资本。目前国内的已有研究通常使用 3 月期的国债收益率日观测值代替银行平均利率支付水平。

⑦操作风险经济资本的确定　该经济资本的主要度量方法来自《巴塞尔新资本协议》，计算方法包含基本指标法、标准法和高级计量法。目前我国银行暂时不具备相关使用高级计量法的条件，因为我国商业银行未建立相关数据库，未实现同业数据互信公开，在数据质量和数量方面存在较大问题。针对上述情况，模型推导过程中可以考虑依据中国人民银行 2018 年发布的《绿色贷款专项统计制度》和《商业银行操作风险监管资本计量指引》，采取文献中常见的替代指标法作为主要计算方法。

根据上述法则，操作风险公式为：

$$EC_{i,t}^{opt} = \overline{L_{l,t}} \times 15\% \times 3.5\% \tag{2-10}$$

式中　L——样本银行；

t——年份；

$EC_{i,t}^{opt}$——操作风险经济资本；

$\overline{L_{l,t}}$——信贷余额算术平均值。

⑧联合经济资本的确定　在绿色信贷业务实际开展过程时，信用风险、市场利率风险和操作风险并未完全独立，存在相关性，所以可以使用"首席风险论坛"上统计的商业银行关于上述 3 种风险之间相关性系数的均值计量联合经济资本，如式(2-11)所示：

$$EC_{joint} = \sqrt{\sum_{i=1}^{t} EC_{i,t}^{cr} \times EC_{i,t}^{irr} \times EC_{i,t}^{opt} \times \rho} \qquad (2\text{-}11)$$

式中　EC_{joint}——联合经济资本；

$EC_{i,t}^{cr}$——信用风险经济资本；

$EC_{i,t}^{irr}$——市场风险经济资本；

$EC_{i,t}^{opt}$——操作风险经济资本；

ρ——相关系数均值。

三、碳信贷产品风险管理

(一)碳信贷的风险来源

碳信贷风险不同于传统信贷风险，它除了具有传统信贷的风险外，还有自身特有的风险。其来源主要包括企业、银行、社会环境以及碳金融市场。

1. 企业自身因素

企业自身因素的碳信贷的风险来源主要包括 3 点。一是企业内部经营管理不尽规范，银企之间信息沟通困难。内部管理不完善主要针对中小型企业，我国中小企业生产经营大都带有"家族式"管理色彩，经营管理水平较低。有的中小企业为了获得贷款提供虚假报表，银行难以准确掌握企业的真实情况。二是企业产品结构不合理，经营效益不稳定。很多企业存在经营粗放、产业趋同、低水平重复建设等问题。三是企业信用状况较差。有些企业信用观念淡薄，有的企业管理者以办企业为名，利用银行贷款购置私有财产，严重挫伤了银行贷款的积极性，还有的企业蓄意借改制之名，行逃避债务、偿还义务之实。

2. 银行内部因素

近几年，国有商业银行的信贷政策有了较大调整。贷款审批权限上收，基层银行放贷权限几乎为零，这无疑增加了企业贷款审批环节与时间，大大削弱了商业银行对企业的支持力度。银行内部因素的碳信贷的风险来源主要包括 4 点。

①绿色信贷投资项目本身存在的不确定性　这种不确定性包括项目本身的可行性、预期成本收益状况以及创新的技术可能性，很多新项目具有周期长、见效慢等特点，这些是客观性因素。

②逆向选择　在绿色信贷市场中，作为委托人的贷方和作为代理人的借方签订信贷合同之前，银行对借方的风险状况的信息缺乏全面的了解，只能根据所有借方的收益与风险水平作为判断标准。

③绿色信贷风险内控制度不健全　目前我国内控制度建立时间不长，尚未形成独立的风险管理体系，稽核部门、风险管理部门的独立、权威性远远不够。

④绿色信贷内部会计和管理控制系统效率不高，手段和技术比较落后　内部制度的建设滞后于业务的发展，再加上"谁污染谁付费"的观念以及银行本身风险意识淡薄，使得银行风险意识更加弱。同时，审计监察深度与银行风险程度不相适应，导致了大部分银行对内控的监管流于形式。

3. 市场因素

（1）碳资产价格

自 2013 年碳市场试点以来，我国碳市场价碳价呈现波动大、区域差异明显、碳价整体走低的特点。2020 年深圳碳交易均价同比上涨 76.24%，上海同比下跌 1.20%，北京同比上涨 10.58%，广东同比上涨 24.19%，天津同比上涨 65.80%，湖北同比下跌 15.08%，重庆同比上涨 171.53%，福建同比上涨 7.50%；2021 年深圳碳交易均价同比下跌 50.48%，上海同比上涨 2.28%，北京同比下跌 30.01%，广东同比上涨 43.39%，天津同比上涨 22.71%，湖北同比上涨 26.00%，重庆同比上涨 15.77%，福建同比下跌 3.28%。受碳排放履约日的影响，碳价呈现履约日前回升、履约日后回落的基本行情，但由于碳配额发放宽松、自愿减排项目大量签发，碳价呈现整体走低趋势。碳价波动增加了碳资产抵质押价值计量的不确定性，若碳资产在抵质押期间价值缩水，碳资产抵质押贷款风险则大大增加。

（2）碳资产流动性

碳市场试点启动以来，国内碳市场交易呈现市场活跃度低、交易量小、履约期前成交量激增的特点。碳市场试点启动以来，湖北、深圳、广东 3 个试点碳市场成交量占总成交量的 80%，天津、重庆碳市场甚至进入年均成交量不足百万吨的尴尬局面。碳市场交易不活跃致使碳资产流动性低、变现能力弱，在碳资产抵质押贷款出现不良的情况下，银行出售碳资产进行变现，若抵质押的碳资产额度大，可能导致巨量碳资产进入市场，进一步引发碳价大幅下跌。

4. 社会环境因素

贷款担保抵押机制不健全。在担保方面，一是担保机构少，二是担保机构的资金有限。担保机构为了防范代偿风险往往要求企业反担保，使企业不仅贷款难，寻求担保更难。在贷款抵押方面，企业需办理评估、登记、保险、公证等多道手续，并且收费很高，这也加重了企业的负担。

（二）碳信贷的风险类型

碳信贷风险和传统信贷风险有相同之处，也有明显的不同之处。传统的信贷风险主要包括：信用风险、流动性风险、市场风险和操作风险，而碳信贷风险在包含了传统信贷风险的基础上，还有碳信贷项目特有的风险，也称环境风险。具体风险类型如下。

1. 信用风险

信用风险指企业因各类原因无法及时或足额偿还银行贷款而发生违约的可能性。由于碳信贷给大部分企业提供了一种新的融资途径，所以不排除企业为了获得贷款而存在信息隐藏和动机隐藏的嫌疑。在碳信贷交易市场中不可避免存在逆向选择，在银行和项目贷款人签订贷款合同之前，银行对项目贷款人的风险状况了解的不全面，相关信息搜集的也不够准确，从而导致了银行只能通过项目贷款人及类似项目贷款人资质的目标客户群的以往信用评价作为参考。并且，考虑到高污染企业为了达到环保标准需要进行技术改造和支付运营成本，企业的现金流和资产负债会因此受到影响，从而降低了企业偿债能力，提高了银行信用风险。因此，在贷款期限内，企业自身碳减排潜力通过政府环境规制力度来恶化贷款期限内的企业各财务指标，从而增加了企业还款时间点的违约风险。

2. 流动性风险

流动性风险指银行虽然有清偿能力，但无法及时获得充足资金或无法以合理成本及时获得充足资金以应对资产增长或支付到期债务的风险。就碳资产质押融资而言，其质押物是碳排放配额，但我国碳交易市场目前不够成熟，不成熟的市场会使得碳交易信息不对称，碳资产流动性低下，交易成本被提高，从而增加银行面临的流动性风险。

3. 市场风险

市场风险指由于市场信息不对称或者是系统自动产生的不可规避的风险，如因股市价格、利率、汇率等的变动而导致未预料到的潜在价值损失的风险。碳信贷市场的不成熟性导致市场风险较其他银行业务市场更大。

4. 操作风险

操作风险指由于内部程序、人员、系统不充足或者运行失当，以及因为外部事件的冲击等导致直接或间接损失的可能性的风险。由于在碳信贷发展初期，完善的风险管理体系尚未建立，引起碳信贷风险内控制度不规范，交易参与者很容易由于对规则的不清楚或恶意欺诈引发操作风险，直接导致的碳信贷业务操作上存在风险。

5. 环境风险

碳信贷的环境风险主要是由于碳信贷项目存在的不确定性，如项目最终产生的碳排放量是否符合标准、政府对项目的认可度、项目建成后能不能实现节能减排的目标等。同时，在环境规制约束下，企业为消耗自然资源和排放污染物支付费用并导致生产成本增加，这一部分成本称为"合规成本"。假定技术和需求等条件保持不变，合规成本的存在会降低企业生产率和利润，同时公司为了满足环境要求而进行污染治理相关的投资也提升了企业生产的机会成本，减少潜在的产出和潜在损失。即企业由于环境管制整改增加了企业债务负担，这是环境问题造成损失的主要原因。因此，碳减排潜力较大的企业在政府环境规制出台时产生环境风险的可能性也较大。

(三)碳信贷的风险防控

1. 加快碳市场建设，完善碳交易机制

一个完善的碳市场以及有效的碳交易机制是开展碳金融业务的前提。从碳市场试点经验来看，建设全国性的碳交易市场需要着力于构建碳市场法律法规体系、建设碳市场基础设施、完善碳市场交易制度以及确定碳市场参与主体等工作。目前我国碳市场法律体系尚未建立，《碳排放权交易管理暂行办法》和《温室气体自愿减排交易管理暂行办法》是指导我国碳市场运行的基本法规。国家层面应尽快制定碳市场相关法律法规，颁布《碳排放权交易管理条例》和《自愿减排交易管理条例》等碳市场赖以运行的规章制度。在总结各地碳排放交易试点经验基础上，建立适用于全国碳交易的机制。在此基础上的碳资产才拥有可持续计量的市场价值，才能够成为碳资产融资的基础资产。

2. 创新碳金融产品，对冲碳信贷市场风险

我国碳市场碳金融产品创新方向主要包括碳远期、碳期权、碳资产证券化等碳金融产品和衍生工具，探索研究碳排放权期货交易。碳期货、碳期权的作用主要体现在碳资产价格发现，碳资产套期保值、对冲风险，碳市场投机功能，为碳市场提供充足流动性等方面。由于碳资产价值的不确定性，碳资产信贷业务中可以充分利用碳期货、碳期权业务套期保值、对冲风险的功能，保证碳资产在信贷融资合同存续期内抵质押物价值的稳定。碳金融产品创新增加了碳市场交易品种，有利于提高碳市场交易活跃度，提高碳资产流动性，降低碳资产流动性风险。

3. 建立多元化碳信贷担保机制，降低碳信贷风险

从国内商业银行碳资产信贷融资业务经验来看，碳信贷担保主要包括纯碳资产抵质押担保和"碳资产+固定资产担保"两种模式。《"十三五"节能减排综合工作方案》中提出健全市场化绿色信贷担保机制，鼓励银行业金融机构以碳排放权、排污权和节能项目收益权等为抵质押的绿色信贷对节能减排给予多元化融资支持。在绿色金融政策支持下，建立以碳资产为基础，地方政府担保平台增信、财政补贴支持以及供应链碳资产融资等多种碳资产信贷融资担保机制，降低银行碳信贷业务风险。

4. 引入碳中介机构，提升碳资产管理能力

碳资产管理的主要目的是实现碳资产的保值和增值，在碳市场初期碳价波动较大背景下，碳资产保值增值的难度更高。碳资产管理通过降低碳资产价格波动风险，实现碳资产保值，通过专业的管理与交易获得投资收益，包括自营碳市场套利交易、做市交易等。由于碳资产价值不仅受碳市场交易因素影响，还受到减排技术、气候政策以及减排项目签发等场外因素影响，商业银行在碳减排技术、政策信息与项目资源等方面往往不具备优势。商业银行在开展碳资产信贷融资业务时，应积极与碳资产管理机构合作，提升碳信贷融资业务中碳资产管理水平，降低碳资产信贷风险。同时商业银行也应提升自身碳资产管理水平，通过碳资产业务能力培训、涉碳信贷人才培养、与碳资产管理机构合作等形式，加快碳资产信贷业务队伍培育。

5. 建立符合碳信贷自身特征和业务特点的信用评级体系

首先，商业银行应建立有效的碳信贷项目的信息收集和处理系统；其次，应建立有效的碳信贷项目的内部评级方法，这一点可以借鉴发达国家大银行的成熟经验，通过严格的统计分析找出真正能揭示碳信贷项目违约率和回收率相关的变量，建立定量化的内部评级模型；再次，要认真考察碳信贷项目的客户企业的各项财务数据和碳信贷项目的特点，进行必要的贷后控制和检查。对企业的财务报表进行认真分析，做到企业的财务数据、股票价格能真实反映企业实际经营状况，加强信用评级的可靠性。

6. 优化碳信贷风险预警管理系统，建立全过程的风险预警机制

商业银行可先从相应业务及流程的信息系统优化入手，配合本行信贷风险管理体系建设的进程，在逐步完善碳信贷项目数据积累和学习使用先进信用风险预警工具和模型的同时，做好对碳信贷项目的数据规划，再进一步开发具有前瞻性的碳信贷风险预警系统。商业银行在开发时应注意碳信贷的独特性，将碳排放和节能减排作为碳信贷风险预警管理系统的主要甄别指标。同时应根据贷前、贷中、贷后业务的不同特点建立全过程的风险预警机制。发现碳信贷项目的借贷企业出现碳排放预警信号(即碳排放量不能达到事先的要求与标准)或财务预警信号时,必须及时报告有关银行项目主管和上级有关部门,并提出防范风险的措施建议。

第五节 碳信贷典型案例

一、基于碳排放权质押融资案例

(一)湖北宜化集团碳排放权质押贷款案例

2014年9月9日,兴业银行武汉分行、湖北碳排放权交易中心和湖北宜化集团有限责任公司(简称"宜化集团")三方签署了碳排放权质押贷款和碳金融战略合作协议。宜化集团利用自有的碳排放配额在碳金融市场获得兴业银行4000万元质押贷款,该笔业务单纯以国内碳排放权配额作为质押担保,无其他抵押担保条件,成为国内首笔碳配额质押贷款业务。

宜化集团是湖北碳交易试点地区中一家控排企业,2014年湖北省发展改革委等相关部门向湖北宜化集团及下属子公司核定发放碳配额400万t,配额市值8000万元。但如何既能实现最大程度的节能减排,又能盘活碳配额资产、减轻资金占用压力,成为宜化集团等控排企业面临的一大难题。

作为国内绿色金融的领军企业,兴业银行根据湖北碳市场发展情况及相关制度安排,创新开发了碳配额质押融资产品,将企业碳配额作为一种全新的担保资源,帮助企业有效盘活碳配额资产。同时,兴业银行武汉分行联合湖北省发展改革委、湖北省碳排放权交易中心等机构梳理和设计了碳配额质押相关操作流程,独家创设了碳配额资产风险管理和价值评估模型,为宜化集团提供了4000万人民币贷款支持。

此次碳配额质押融资业务是兴业银行在碳金融领域的又一次创新尝试,是运用金融手段应对气候变化问题的重要举措,该项业务为企业提供了一条低成本市场化减排的道路,可以有效帮助企业盘活碳配额资产,降低中小企业授信门槛,解决节能减排中小企业担保难、融资难问题。同时,该业务根据项目运行、减排量产出等具体情况灵活设置还款期和贷款额度,有效缓解企业还款压力,充分发挥碳交易在金融资本和实体经济之间的联通作用,通过金融资源配置以及价格杠杆引导实体经济绿色发展。碳排放权交易是低成本、市场化减排的有效手段,目前国内碳交易试点均已具备了相应的交易体系。金融服务作为现代经济的重要支撑,在碳交易市场的建设和运营中将发挥积极的杠杆催化、融通活跃作用。

随着机制的不断完善,兴业银行已经与国内6个碳排放交易试点签署了碳金融合作协议,提供碳交易制度设计咨询、交易及清算系统开发、碳资产质押授信、节能减排项目融资等一揽子产品与服务。同时该行根据国内碳交易试点推进情况,为碳排放权交易市场中各类交易中心提供涵盖国内碳市场交易平台和交易机制设计、碳交易系统开发,以及碳交易清算、结算、全国代理开户、资金管理、配套融资等在内的综合解决方案。

(二)四川恒源纸业公司碳排放权质押贷款案例

2021年9月，乐山市商业银行为乐山市五通桥恒源纸业再生利用有限公司(简称"恒源纸业")发放四川首笔碳排放权质押贷款60万元。此笔贷款以企业拥有的碳资产作为质押物，根据企业持有的碳排放权配额数量，综合碳市场价格、政府监督管理机制、人民银行绿色金融鼓励导向等因素，为该企业核定碳排放权质押额度，提供全流程融资服务。

恒源纸业是乐山本土民营企业，主要经营纸制品制造、销售业务。近期由于企业需要扩大生产经营，急需周转资金，但又缺乏传统抵质押物，企业负责人急得一筹莫展。中国人民银行乐山中心支行在得知企业持有碳排放权配额的情况后，第一时间联系乐山市商业银行共同上门宣传碳排放权配额价值、碳资产保值增值及融资政策、人民银行绿色金融扶持措施等，引导银行充分对接企业融资需求。在中国人民银行的大力支持和现场指导下，乐山市商业银行开辟绿色通道，克服种种障碍，经过多方咨询，全程协助企业打通碳排放权在全国碳交所(武汉)登记确权、全国碳交所(上海)估值等关键环节，在四川金融机构中率先实现了碳排放权配额在中国人民银行征信中心动产融资统一登记公示系统质押登记。基于征信中心动产担保登记证明以及全国碳交所(上海)动态市值监测情况，乐山市商业银行仅用3个工作日即成功发放碳排放权质押贷款60万元。该笔贷款同时使用了人民银行支小再贷款，企业贷款年利率低至3.85%。

近年来中国人民银行乐山中心支行指导乐山市商业银行转变发展方向，将绿色金融作为重要战略纳入该行发展规划，对标运用"赤道原则"国际标准，聚焦节能环保、清洁能源、生态环境产业等6个重点领域提供金融服务，先后发行绿色金融债40亿元，累计投放绿色产业项目贷款近百亿元。本次碳排放权质押贷款落地对创新担保方式、丰富企业融资渠道、促进企业绿色转型发展具有重要意义，为四川省探索绿色金融服务实体经济提供了一条可复制、可推广的新模式，标志着四川省银行业在支持绿色金融发展和乡村振兴方面探索出了一条高质量、可持续发展的新路径。

(三)重庆农商行碳排放配额质押贷款案例

自"双碳目标"提出后，重庆农村商业银行(简称"重庆农商行")积极创新绿色金融服务模式，于2021年6月在全市率先办理"碳排放配额质押贷款"。这是该行加入"赤道银行"后，发挥金融服务优势助力"碳达峰、碳中和"目标的又一有力实践。

重庆农商行此次以碳排放配额质押贷款支持的企业，是一家国家级高新技术企业，更是全国印染行业首批绿色制造示范单位。为发挥金融助力"碳达峰、碳中和"作用，重庆农商行积极创新金融服务模式，携手绿色行业企业共同探索碳金融发展，将企业碳配额作为一种全新的担保资源，进一步开拓融资新渠道，引导金融资源配置向绿色经济领域倾斜。

近年来，作为地方金融机构推动绿色金融发展的"主力军"，重庆农商行认真践行绿色发展理念，响应构建绿色金融体系的号召，切实加大绿色金融资源倾斜和服务创新力度，整合全行资源支持绿色低碳项目。先后支持重庆市"碳汇+"生态环境价值实现平台项目建设，助力实现碳汇经济价值；支持重庆绿色金融改革创新试验区建设，探索绿色金融债券融资新模式，成功发行西部地区首单专用于助力实现"碳达峰、碳中和"战略目标的绿色金融债券，募集资金专用于发放具有碳减排效益的绿色项目贷款。截至 2021 年 6 月，该行绿色信贷余额超过 300 亿元，有力推动了全市绿色经济发展。

下一步，重庆农商行将继续坚持生态优先、绿色发展理念，推动发展绿色金融与支持地方经济建设、服务社会民生实现深度融合，不断加快金融创新步伐，综合运用绿色信贷、绿色租赁、绿色债券等多元化金融服务工具，为全市各类绿色企业提供形式多样、方便快捷的综合化金融服务，举全行之力为重庆建设"山清水秀美丽之地"、筑牢长江上游重要生态屏障作出新的更大贡献。

(四)广州碳排放权交易所碳排放权质押贷款案例

碳排放权交易试验区设立以来，广州在绿色金融组织体系建设、绿色金融产品和服务创新、绿色融资渠道拓宽、环境权益交易市场建设、绿色金融基础设施建设等方面取得积极成效，为粤港澳大湾区发展绿色金融奠定了基础，提供了范本。

截至 2020 年 3 月末，粤港澳大湾区内地九市金融机构绿色信贷余额 7577.5 亿元。广州碳排放权交易所碳排放配额累计成交量达到 1.39 亿 t，累计成交金额 27.2 亿元，两项指标均居全国区域碳市场首位。国家核证自愿减排量(CCER)累计成交量 4267.7 万 t，居全国第二位。

中国人民银行等四部门发布的《关于金融支持粤港澳大湾区建设的意见》(下称《意见》)对于推动粤港澳大湾区绿色金融合作也提出了具体措施。《意见》指出，依托广州绿色金融改革创新试验区，建立完善粤港澳大湾区绿色金融合作工作机制。其中，尤其是在碳排放方面，《意见》指出要充分发挥广州碳排放交易所的平台功能，搭建粤港澳大湾区环境权益交易与金融服务平台。开展碳排放交易外汇试点，允许通过粤港澳大湾区内地碳排放权交易中心有限公司资格审查的境外投资者(境外机构及个人)，以外汇或人民币参与粤港澳大湾区内地碳排放权交易。另外，《意见》还指出，要探索在粤港澳大湾区构建统一的绿色金融相关标准。

2019 年，广东金融学会绿色金融专业委员会联合香港品质保证局、澳门银行公会、广州碳排放权交易所起草《碳排放权抵质押融资规范》，对碳排放权作为合格质押品条件、质押率确定、价值评估、办理流程以及风险控制等方面进行了明确，初步建立起碳排放权抵质押融资标准体系。

所谓碳排放权抵质押融资是指控排企业将碳排放权作为抵押物实现融资，是一种新型的绿色信贷产品和融资贷款模式。发展碳排放权抵质押融资，能有效盘活企业碳资产，促进企业节能减排、绿色转型发展，具有环境、经济双重效益。在此基础上，广东省有关部门印发了《碳排放权抵质押融资实施方案》，为全省开展碳排放权抵质押融资提供了指引。此外，广州市绿色金融改革创新试验区出台绿色金融"1+4"激励政策，明确提出要支持碳排放权抵质押融资，有力推动了碳排放权抵质押融资业务可持续开展。

在推进绿色金融体制机制创新方面，联合广州碳排放权交易所、香港品质保证局、澳门银行公会等单位起草并促成广东省政府有关部门出台碳排放权抵质押融资、林业碳汇生态补偿机制两份实施方案，并在全省推广应用，为大湾区率先开展环境权益抵质押融资创新、林业碳汇业务打下基础。推动广州银行、广州农商银行、创兴银行、广州证券、大业信托等粤港两地 5 家金融机构发起粤港澳大湾区环境信息披露倡议，旨在建立合规、透明的环境信息披露制度。支持广州碳排放权交易所分别与欧洲能源交易所、全球环境信息研究中心 CDP 签订合作协议和合作备忘录。

截至 2020 年 5 月初，广州碳排放权交易所为全省办理了 11 笔碳排放权抵押业务，帮助企业融资 6335.62 万元。碳排放权抵质押融资的开展，开创了粤港澳三地在绿色金融标准建设领域合作的先例，为下一步推出绿色金融的大湾区标准提供了经验借鉴，帮助粤港澳大湾区企业进一步拓宽融资渠道，有利于大湾区实现绿色转型发展。下一步，中国人民银行广州分行将在总行的指导下，按照《粤港澳大湾区发展规划》的总体要求，以贯彻落实中国人民银行等四部门联合印发的《关于金融支持粤港澳大湾区建设的意见》为抓手，加强与其他金融管理部门、港澳地区金融管理部门以及地方政府的沟通协作，加快推进粤港澳大湾区绿色金融发展。

（五）广东金城公司碳排放权质押贷款案例

2021 年 9 月，佛冈农商银行以 25 万 t 碳排放配额为质押向佛冈金城金属制品有限公司（简称"金城公司"）发放绿色金融贷款 350 万元，用于实施节能减排，推进清洁生产。这是清远市首笔碳排放权质押贷款，标志着绿色金融创新取得突破。

在 2021 年实施的清远市高质量发展"十大行动方案"中提出，清远将实施创新驱动发展战略，推动传统工业绿色化改造。碳排放权质押贷款是一种新型的绿色信贷产品和融资贷款模式，通过以碳资产与金融产品的嫁接，最大程度帮助企业盘活碳资产，让企业的资产流动起来，为企业节省了财务成本，也促进了企业节能减排，绿色转型发展。

作为在广州碳排放权交易所挂牌的清远市 14 家企业之一，金城公司拥有一条年产 77 万 t 管线钢（带钢）等产品的生产线，以生产带钢为主，2020 年该公司获得 28 万 t 碳排放配额。佛冈农商银行经过对佛冈金城公司碳排放配额资产风险管理和价值评估模型分析，选取了该公司作为碳排放权质押贷款试点企业，以 25 万 t 碳排放配额发放贷款 350 万元。

佛冈农商银行积极响应国家政策号召，不断完善政策法规，切实保障企业的需求与发展。

（1）积极创新碳金融业务

一是对碳金融业务进行研发，充分考虑市场需求，联合控排企业创新推出节能减排业务，促进自身业务能力的提升，完善产品与服务体系的形成，打造特色服务品牌。二是促进自身流程管理水平的提升，促进一体化业务流程体系的形成，即产品规划、开发、推广、评价以及风险管理等，为碳金融产品和服务的推出提供保障，从而增强自身竞争力。

（2）培养碳金融信贷条线专业人才

佛冈农商银行加强碳金融信贷条线专业人才队伍的建设，以专业标准推进碳金融发展。一是佛冈农商银行可以与行业专家或第三方机构的合作引进知识培训，加大对信贷条线从业人员碳金融业务知识的培训，提升客户经理开展碳金融业务的专业水平。二是人才引进、储备，积极引入碳金融专业领域人才和具备环境、能效、能源等专业人才加入碳金融团队，健全开展碳金融业务所需的业务管理、业务开展以及业务创新等能力建设不断提高碳金融业务发展能力。

（3）解决企业融资问题，优化银行信贷结构

碳排放权作为信贷质押品或抵押品发放贷款，为企业提供了一条低成本市场化减排的道路，有效帮助企业盘活碳资产，降低中小企业授信门槛，解决节能减排中小企业担保难、融资难问题。企业的节能减排行为成为可以融资的有利条件，是对企业进行绿色生产的一种鼓励。对银行机构而言，则有利于优化银行业信贷结构，提升绿色信贷规模，促进金融资产向绿色产业方向配置。

贯彻国家倡导低碳经济的发展战略和落实节能减排工作相关要求，发挥金融在绿色信贷和碳市场中的积极作用，佛冈农商银行推出碳排放权融资产品，积极开展各种与绿色低碳相关的金融业务，帮助企业盘活碳配额资产、调整产业结构升级，最终达到节能减排的目的，以实际行动贯彻落实中央部署的"加大绿色发展的金融支持，做好碳达峰、碳中和工作"。

二、基于核证减排量质押融资案例

目前我国的 CERs 以国家核证自愿减排量（CCER）形式为主。CCER 质押融资指以 CCER 作为质押物的碳市场创新融资手段。CCER 质押融资的操作模式与碳配额质押融资类似。但 CCER 质押和配额质押在质押物、质押主体、碳资产评估基础、风险等方面有所区别。

以上海环境能源交易中的交易案例为例，简要介绍 CCER 质押业务流程。为规范协助开展 CCER 质押业务，维护质押双方的合法权益，上海环境能源交易所于 2015 年制定了《上海环境能源交易所协助办理 CCER 质押业务规则》。在上海碳市场 CCER 质押业务模式中，企业、金融机构与上海环境能源交易所共同签署三方协议。企业与金融机构就 CCER 质押签订合同后，向上海环境能源交易所申请办理 CCER 冻结登记，由上海环境能源交易所在系统内办理相关冻结手续，实现质押双方信用保证；当质押合同终止时，质押双方再通过上海环境能源交易所办理解除冻结登记手续。与碳配额质押融资业务一样，由于 CCER 作为质押物存在一定的法律瑕疵，还有总量不足的问题，且其授信评估相对复杂，风险可控性较碳配额差，所以目前市场落地的 CCER 质押融资项目较少。

（一）上海宝碳公司 CCER 质押融资案例

上海宝碳是一家从事碳资源开发的轻资产企业，核心资产为碳排放量。碳资源开发业务是指为有碳排放的工业生产企业管理碳排放。目前碳市场上碳排放量的价格浮动大，对于买卖价格的分析，需要如宝碳公司这样的企业进行专门管理。但是，宝碳公司管理的碳资源主要来自偏远地带的一些可再生能源项目，包括水电、光伏、生物发电等。作为一家轻资产型企业，在过去几年内，宝碳公司几乎没有收入，无充足的偿债能力。按照常规的贷款操作，凭借诸如碳排放量这类资产，很难从银行获得授信。随着碳市场在我国的迅速发展，国内商业银行开始加快发展并创新碳金融业务。上海银行与上海环境能源交易所签署碳金融战略合作协议，并与上海宝碳新能源环保科技有限公司合作推出国内首单 CCER 质押贷款业务。

1. CCER 质押贷款业务流程

国家发展改革委签发的 CCER 为宝碳集团的融资提供了新的出路。CCER 用于抵消企业和个人的二氧化碳排放量，一是可作为碳金融产品进行投资；二是可用于补充碳交易试点省市配额进行清缴；三是可用于碳中和公益和慈善。宝碳集团以 CCER 作为质押担保，在没有其他抵押担保条件下与上海银行完成了贷款融资业务。由于 CCER 交易具有国家公信力，因此具有一定的市场价值。宝碳集团利用此价值进行质押，为项目获得了贷款。

上海碳市场 CCER 质押业务模式中，企业、金融机构与上海环境能源交易所共同签署三方协议。企业与金融机构就 CCER 质押签订合同后，向上海环境能源交易所申请办理 CCER 冻结登记，由上海环境能源交易所在系统内办理相关冻结手续，实现质押双方信用保证；当质押合同终止时，质押双方再通过上海环境能源交易所办理解除冻结登记手续。业务流程如图 2-12 所示。

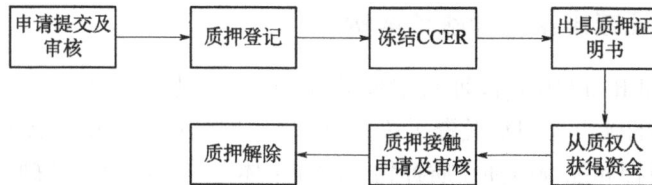

图 2-12　CCER 质押业务流程

2. CCER 质押定价方式

考虑到市场价格的波动，上海银行以北京、上海、深圳、广东、天津、湖北和重庆 7 个碳交易市场配额价格的加权平均价作为 CCER 质押定价参考。截至 2014 年 12 月 8 日，全国 7 个碳交易所的均价为 37.16 元/t，累计成交量为 1460 万 t，累计成交额为 5.4 亿元。此项目的 CCER 质押定价的方式是以过去一年的时间里全国 7 个碳交易市场碳配额价格的加权平均价作为基准价，得出 CCER 的市场价值，再按照一定的质押率折算为质押价。

基于对上述交易点配额指数的分析，上海银行最终以 70% 的质押率向上海宝碳发放了为期一年的 500 万元贷款。上海环境能源交易所在双方签订协议后，为上海宝碳质押担保的 CCER 做了冻结登记。

3. 模式推广建议

（1）经验优势

目前，中国碳交易市场的交易标的分为各地配额的碳排放量和 CCER 两种。碳排放量是各地政府强制允许地方的配给排放量；CCER 由各企业自愿贡献，可以在全国范围流通。要想参与自愿减排的减排量，需经过国家自愿减排交易登记簿进行登记备案。值得注意的是，上海宝碳公司 CCER 质押融资项目仅以 CCER 作为质押担保，此外并无其他抵押条件。这意味着，通过制定完善的业务流程和制度，CCER 质押融资可以成为全新的绿色信贷模式。CCER 质押融资有效降低了中小企业，特别是轻资产特征明显的碳交易公司的授信门槛，有效地盘活了企业所持的碳资产。同时，根据项目运行、减排量产出等具体情况，也可以灵活设置每项业务的还款期和贷款额度，有效缓解了企业还款压力。

（2）推广风险

不同于碳排放配额，CCER 登记备案之后，一经签发便可以在全国流通，具有很强的流动性。相比于政府指定试点、计划额度的碳排放配额，CCER 虽然获得了更强的收益性，但也牺牲了其稳定性。作为一个全新的市场，在没有完整的监管制度下，很难掌控其风险。同时，在形成标准化的管理、定价体系之前，CCER 交易存在巨大的变数。依照每个地区的不同情况，CCER 的评估将会出现较大差异，这将导致 CCER 的价格大幅波动，最终给质押定价的评估带来不便。因此，在出台完整规章制度之前，类似上海宝碳集团的成功案例，实际上是难以复制的。

（二）上海置信公司 CCER 质押融资案例

2015 年 5 月，浦发银行与上海置信碳资产管理有限公司签署了 CCER 质押融资贷款合同。该笔碳资产质押融资业务是国家碳交易注册登记簿系统上线后发放的国内首单 CCER 融资，交易双方完成了 CCER 确权、估值、质押、放款等流程。

1. 项目特点

不同于浦发银行与上海宝碳集团的项目，上海置信公司 CCER 质押融资项目对于 CCER 的定价进行了创新。在综合考虑了 CCER 的市场流动性、法律合规性、业务操作便利性等各方面的因素之后，双方制定了一套新的 CCER 质押融资方案。经过多方的研究、论证，浦发银行决定综合碳排放配额在 7 家交易所当季度的配额收盘价格的加权平均价作为 CCER 的基础定价。同时，项目考虑到 CCER 同碳排放配额的价格相关性、市场价格波动率等因素，在基础定价基础上设置了安全的估值区间，形成一个动态的定价方案。

2. 项目意义

CCER 是国内碳排放权交易市场的主要交易品种之一。但目前多数持有 CCER 的企业尚未建立完善的碳资产管理机制和体系，市场上更缺少可以参考的历史成交价格记录。由于此前国家曾叫停 CCER，目前市场上 CCER 质押融资的成功案例很少。因此，关于 CCER 的确权、登记公示、估值、处置等一系列标准化操作，很难找到参考范式，这对于项目双方是不小的难题。浦发银行的此次创新，为 CCER 的定价提供了新的思路，将 CCER 的价格浮动考虑进去，大大降低了其市场风险，为出质人获得融资提供了便利；同时，对于有分次提款、循环用信需求的碳资产而言，这样的动态定价方案有助于企业及时享受到更加贴近市场价值的押品定价。此次创新再一次帮助企业盘活了存量碳资产、拓宽企业融资渠道，也为各商业银行探索 CCER 等创新类交易市场资产作为银行标准化押品提供了可行的路径参考，进一步拓宽了银行绿色金融的服务半径。

（三）浦发银行 CCER、SHEA 组合质押融资

申能碳科技有限公司由申能集团组建，公司致力于探索市场化的碳资产管理和碳金融创新。上海环境能源交易所于 2021 年推出《上海碳排放配额质押登记业务规则》后，申能公司便寻求在新的业务规则下进行融资。基于《上海碳排放配额质押登记业务规则》与《上海环境能源交易所协助办理 CCER 质押业务规则》，浦发银行上海分行在第一时间提出了碳资产组合质押融资方案，并于 2021 年 5 月携手上海环境能源交易所、申能碳科技有限公司共同完成首单长三角地区上海碳排放配额（SHEA）、国家核证自愿减排量（CCER）组合质押融资，发展基于碳排放权等各类环境权益的融资工具，为企业绿色融资拓宽了渠道，赋予碳资产以金融属性，增加其流通价值。

1. "CCER+SHEA"组合质押融资特征

浦发银行 CCER、SHEA 组合质押融资项目首次实现了 SHEA 和 CCER 打包质押的融资创新。SHEA 是政府分配给企业的碳排放额度，当政府配给的额度大于企业实际需要交纳的额度，就造成配额过剩，企业可以对该部分配额进行买卖交易或进行储备。从企业的角度，这个配额是约束企业碳排放总量，对企业的生产经营会形成外部压力和掣肘。与国家配给的 SHEA 不同，CCER 为企业的自愿减排量，因此在一定程度上，通过签发 CCER，激发了企业内生减排的动力，使企业实现自我主动控制碳排放量。但是目前 CCER 总量不足，且远低于 SHEA。基于 SHEA 与 CCER 的特性，将两种融资方式相结合，实现了"SHEA+CCER"组合融资创新。

2. 碳资产组合质押融资的创新意义

由于 SHEA 和 CCER 两者管理制度和交易路径不同，此前传统的碳资产质押方式均为单一的 SHEA 或 CCER 质押模式，所有的交易也均完成于各自市场。中小型碳资产管理公司生产能力低下，收入不足；同时面临 SHEA 的压力，极大地遏制了其生产潜能。在此种情形下，这些公司难以得到银行贷款。浦发银行的此次创新打破了两者之间的障碍，专注于其互补优势，通过打包 SHEA、CCER 质押为企业贷款增信。在帮助企业获得贷款的同时，通过组合融资鼓励企业对 CCER 的发掘，不仅为企业带来的减排价值，内部消解了生产及节能的矛盾，还释放了 CCER 对于节能减排的社会价值，也发挥了 SHEA 额度较充裕的优势。因此，相较于单一式质押融资，这种组合质押的创新方式是绿色信贷的一次飞跃，同时为解决市场与市场之间、政府与企业之间的矛盾提供了一种新的思路。

三、林业碳汇项目质押融资案例

(一)福建三明林业碳汇收益权质押贷款案例

三明市是福建省级绿色金融改革试验区之一，他们始终高度重视绿色金融服务，积极践行国有大行社会责任。2017 年福建金森公司获得森林经营碳汇项目备案，预计新增碳汇量 354 734 吨二氧化碳当量。已签发的第一个计入期减排量 174 606 吨二氧化碳当量，2018 年 3 月，该期监测减排量在海峡股权交易中心完成交易，实现碳交易收入 230 万元。2021 年 3 月 26 日，全国首笔林业碳汇收益权质押贷款落地三明市将乐县，中国邮政储蓄银行三明市分行向福建金森子公司福建金森森林资源开发服务有限公司成功发放林业碳汇收益权质押贷款 100 万元，助力更多生态资源转化为生态资产。

林业碳汇收益权质押贷款，与以往对既有碳汇收益提供质押贷款不同，这是在林业碳汇生态产品实现货币化的过程中，首次以未来碳汇收益转化支持当前绿色投资。

(1)基本情况

①借款方　福建金森子公司福建金森森林资源开发服务有限公司。

②贷款方　中国邮政储蓄银行三明市分行。

③质押物　金森公司 4252hm² 林业碳汇项目中剩余未售的林业碳汇收益权。

④贷款金额 100 万元。

⑤定价 依照历史成交价定价。

⑥资金用途 该笔资金将用于森林抚育、林分改造、护林防火、病虫防治、采伐更新等各项生产活动，助力企业提高林业固碳能力、增加碳汇收益，实现森林反哺。

（2）特征

①此次林业碳汇项目为全国首笔林业碳汇收益权质押贷款。

②该笔贷款成功将林业碳汇生态产品实现货币化，以未来碳汇收益转化支持当前绿色投资，为企业提高林业固碳能力提供了有力的金融支持。

（3）成功原因

①机制上 三明市辖区内碳汇开发企业主要是从事森林碳汇市场开发，项目周期内每3年至10年可以进行一次项目监测，在监测期内核定且备案的固碳量可在海峡股权交易中心登记上市交易进行变现。

②林业碳汇收益权质押贷款业务 既能提前变现未来资产，有效盘活"沉睡"的绿色资产，又能满足借款主体的资金需求，让更多的生态资源转换为生态资产，具有良好的生态效益、经济效益和社会效益。

（4）项目不足

①收益权价值认定不够专业 林业碳汇市场专业性较强，目前市场上暂无碳排放权价值评估机构，本项目只是由权威机构完成固碳量认定，由交易市场自主决定最终价格，对于项目设计期内的未来收益权价值难以评估。并且本项目的收益权价值是以参照历史市场成交价格、由出质人自评、银行调查核定的方式来认定的，专业性存在一定程度的不足。

②林业碳汇市场定价机制不健全 林业碳汇交易价格虽然是由交易双方根据市场行情自主决定的，但是以历史成交价格作为定价依据，合理性不够。

③林业碳汇收益权质押存在落空的风险 林业碳汇收益权质押登记在中国人民银行"动产融资统一登记公示系统"，而碳汇交易却在海峡股权交易中心进行。如果出质人未经质权人同意进行出售，由于信息不对称，质权人难以掌握其出售情况或监测销售资金回款情况，将面临质权价值降低甚至质权落空的风险。

（二）黑龙江大兴安岭林业碳汇权质押贷款案例

黑龙江省大兴安岭地区是我国面积最大的现代化国有林区，在有林地中，中幼龄林面积和蓄积分别占有林地面积和蓄积的82.79%、79.01%。由于大部分森林属于中幼林，正处于旺盛的生长期，森林固碳能力处于成长期和高峰期，因此发展林业碳汇具有优越的基础条件，潜力巨大。在此背景下，2016年6月，全国首笔林业碳汇质押贷款在大兴安岭农商银行顺利投放，贷款额度1000万元，首开全国碳汇金融之先河。在全球变暖的大趋势下，碳交易市场进一步开放，由此带来的碳交易衍生品市场规模可达万亿元，国内外各金融机构均在寻求合适的碳汇贷款投放项目，碳汇金融发展未来不可限量。

（1）基本情况

①借款方 黑龙江大兴安岭图强林业局。

②贷款方 大兴安岭农商银行。

③质押物　年碳汇量 40 万 t。

④贷款金额　1000 万元。

⑤贷款期限　2 年。

⑥资金用途　主要用于林业生态建设和林下经济及旅游业发展。

(2)特征

①此为全国第一笔最高额林业碳汇质押贷款。

②此次林业碳汇质押贷款的成功发放，标志着我国在推动林业资源型城市和探索碳汇交易有效路径上迈出了重要一步，为我国加快实施森林碳汇交易和发展林业碳汇金融产业提供了有益参考。

③碳汇质押贷款的发放，不仅拓宽了林业碳汇项目开发建设融资渠道，而且为发展林业碳汇产业注入了信心和动力。

(3)成功原因

大兴安岭农商银行积极贯彻国家倡导低碳经济的发展战略，全面落实黑龙江省农村信用社联合社实施绿色信贷工作相关要求，以图强林业局发展碳汇造林项目为契机，抢先抓早，在该局获得国家签发备案函后，第一时间与林业集团公司、图强林业局签署了内容为林业局的 CCER 项目建设、旅游开发、担保类基金建设项目、全民创业、林业员工转型发展、林下经济的碳汇金融全面合作协议。

(三)福建顺昌"售碳+远期售碳"的林业碳汇组合质押模式

闽北森林广袤，拥有丰富的碳汇资源。近年来，福建省南平市顺昌县立足于森林生态资源优势，深入贯彻习近平生态文明思想，积极践行"两山"理念，全面落实中央关于实现碳中和的决策部署，主动融入南平市省级绿色金融改革试验区建设，积极探索生态产品价值实现路径。2021 年 3 月 16 日，海峡股权交易中心与顺昌县国有林场、兴业银行积极探讨沟通，探索将环境权益的回购模式作为一种融资工具，创新生成"碳汇质押+远期碳回购"的碳汇组合融资模式。针对林业碳汇普遍存在的签发周期长、生态价值实现难等问题，提供了新的解决方案，以未来碳减排的收入来支持当前绿色投资，拓宽了林场绿色融资渠道，使得林场不砍树也能致富成为现实，助力实现绿色低碳发展，为全国实现碳中和愿景贡献了福建智慧。此项目是福建省首例以林业碳汇为质押物、全国首例以远期碳汇产品为标的物的约定回购融资项目。配额回购是一种通过交易为企业提供短期资金的碳市场创新安排。控排企业或其他配额持有者向碳排放权交易市场其他机构交易参与人出售配额，并约定在一定期限后按照约定价格回购所售配额，从而获得短期资金融通。

(1)基本情况

①借款方　福建省南平市顺昌县国有林场。

②贷款方　兴业银行南平分行。

③质押物　顺昌县国有林场两个林业碳汇项目(森林经营碳汇和竹林经营碳汇，面积

共 10.4 万亩*) 中剩余未售的 30 万 t 碳汇产品预期收益权。

④贷款金额　2000 万元。

⑤担保方式　远期碳汇交易权。

⑥还款方式　未来碳减排收入。

⑦资金用途　主要用于国有提升林场质量和林业碳汇的增量。

（2）成功原因

第一，丰富的林业碳汇资源。2021 年顺昌县有林地 250 万亩，年可产生碳汇 250 万 t，可交易碳汇 75 万 t。第二，兴业银行南平分行创新采用"售碳+远期售碳"的林业碳汇组合质押模式，成功解决了林业碳汇签发周期长难以变现的难题，其中的回购协议降低了交易者的风险，拓宽了融资渠道。

（四）浙江龙泉"未来收益权+保险单"质押贷款

浙江省龙泉市森林覆盖率高达 84.4%，资源丰富，居全省第二。根据初步核算，2019 年龙泉净吸收 168.59 万 t 二氧化碳当量，林业碳吸收能力居全省第一梯队，减去碳排放量，已经连续 10 年达到"负碳"水平，2021 年 8 月被浙江省碳达峰碳中和工作领导小组办公室列为全省第一批"碳汇能力提升类"试点县创建单位。

2021 年 8 月 15 日，中国人民财产保险股份有限公司龙泉支公司与龙泉市李汉清家庭农场成功签订碳汇林综合保险合同，并与龙泉农村商业银行合作，通过"森林险+碳汇贷"模式为其 80 亩碳汇林提供质押贷款，实现浙江省内首例森林碳汇项目"保险+"模式，对林业碳汇生态产品价值实现进行了积极探索。

"森林险+碳汇贷"模式已经生态环境部门登记的森林经营碳汇普惠项目为标的，综合考虑林业碳汇未来收益权价值及林业商业保险保额确定授信额度，通过林业碳汇"未来收益权+保险单"质押方式贷款，将保险与碳汇质押、碳汇融资有机结合，为碳汇融资放大授信的新模式提供风险保障。

（1）基本情况

①借款方　浙江省丽水龙泉市李汉清家庭农场。

②贷款方　浙江省丽水龙泉农村商业银行。

③质押物　80 亩碳汇林。

④贷款金额　20 万元。

⑤资金用途　主要用于茶叶种植。

（2）特征

①林农贷款　如果林农想要贷款，龙泉农商银行则参照全国碳汇交易平台、浙江省排污权交易网或全国碳市场成交情况预计成交价等信息，对林农想要进行碳汇质押的林地进行未来收益测算，测算依据分别是地上和地下生物量预计 10 年共产生的碳汇量和年均减排量等数据。测算完成后，龙泉农商银行在中国人民银行征信中心动产融资统一登记公示

---

　*1 亩 = 666.67m²。

系统对该笔"林业碳汇"质押情况进行质押登记和公示。

②办理林业碳汇综合保险　在该笔"林业碳汇"质押登记和公示期间，保险公司会开展前期的调研摸底工作，并为符合投保条件的林农办理林业碳汇综合保险，最后银行会根据林农未来收益和保险进行综合授信，为其提供贷款。该保险保费为每亩3元，保额为每亩500元。根据保险协议，保险期内，由火灾、暴雨、台风等自然灾害直接造成保险林木的死亡或损失，且公益林、用材林和竹林损失面积达3亩以上（不含），经济林损失金额达500元以上（不含）时，保险人会按合同约定负责赔偿。

③该业务的落地标志着龙泉农商银行在落实碳达峰、碳中和重大决策部署方面迈出重要一步。

（3）成功原因

①林地充足、定价体系完备。

②贷款有一份保险保驾护航，不必担心中途发生意外。

（五）湖北十堰林业碳汇收益权质押贷款

湖北省十堰市郧阳区地处鄂西北秦巴山区、南水北调核心水源区，这里独特的土壤、气候等资源优势让它成为油橄榄的理想生长地，郧阳区的油橄榄产业已被纳入湖北省乡村振兴战略规划。湖北鑫榄源油橄榄科技有限公司通过引进培育适合汉江两岸种植的油橄榄，采取"生态农业+健康食品+生物科技+农文康旅"全向运营发展模式，经过多年建设，其在郧阳区已建成油橄榄育苗及种植基地6000余亩、全国首例油橄榄精深加工数字化智慧工厂、"一带一路"国际油橄榄文化交流中心。

2021年6月29日，中国农业银行十堰分行在农总行、湖北省分行的指导下，向湖北鑫榄源油橄榄科技有限公司成功发放全国农行系统内首笔"碳林贷"900万元，这也是湖北省金融系统内首笔"碳林贷"贷款。预计后续陆续向该公司发放共3000万元，这是中国农业银行十堰分行创新推出的首个与碳汇相关的绿色金融产品，也是湖北省首笔森林碳汇收益权质押贷款。

"碳林贷"是为从事林木培育、种植或者管理的企业专门设计的创新信贷产品，以植树造林产生的碳汇收入作为还款来源，以预计可实现的森林碳汇收益权作为质押。森林碳汇系指通过造林、再造林，或者优化经营和管理等林业活动，增加森林吸收二氧化碳的能力，而增加的二氧化碳吸收量在经过特定程序认证后，可以在碳市场出售，从而获得相应的收益。"碳林贷"的资金主要用于苗木购买、林地维护、灌溉设施建设等，将充分发挥森林的碳汇功能，助力乡村振兴和美丽湖北建设。

（1）基本情况

①借款方　湖北鑫榄源油橄榄科技有限公司。

②贷款方　中国农业银行十堰分行。

③质押物　预计可实现的森林碳汇收益权。

④贷款金额　900万元。

⑤还款来源　植树造林产生的碳汇收入。

⑥贷款期限　3年。

⑦利率 4.5%。

⑧资金用途 主要用于苗木购买、林地维护、灌溉设施建设等。

(2)特征

①2021年6月，了解到该公司有3000万元资金需求后，中国人民银行十堰市中心支行主动对接并推介"碳林贷"产品，引导中国农业银行十堰市分行通过可实现的碳汇收益权和房地产抵押的组合担保方式为鑫榄源公司授信3000万元，指导在中国人民银行征信中心动产融资统一登记公示系统做好登记。

②产品以植树造林产生的碳汇收入作为还款来源，以预计可实现的碳汇收益权作为质押，是一款专门为从事林木培育、种植或管理企业设计的信贷产品。该产品的落地，成功解决了企业生产经营的资金难题。

(3)成功原因

①中国农业银行十堰分行认真贯彻落实"绿水青山就是金山银山"理念，坚持产品创新、绿色驱动，结合郧阳区的自然资源禀赋，针对湖北鑫榄源油橄榄科技有限公司在企业发展壮大过程中的资金需求难题，创新推出"碳林贷"产品。截至2021年，十堰分行各项贷款余额228.30亿元，较年初净增18.63亿元；涉农贷款余额99.55亿元，较年初新增12.21亿元，仅上半年新增带动贫困人口1.7万余人。

②湖北鑫榄源油橄榄科技有限公司具有优质的种植基地，未来收益可观。

第三章 碳债券

第一节 碳债券概述

一、碳债券概念界定

碳债券是指募集资金专项用于具有碳减排效益的绿色项目的债务融资工具，是发行人为筹集碳减排项目资金向投资者发行并承诺按时还本付息，同时将碳减排项目产生的收益与债券利率水平挂钩的有价证券。碳债券属于绿色债务融资工具(绿色债券)的子品种，需满足绿色债券募集资金用途、项目评估与遴选、募集资金管理和存续期信息披露等4个核心要素。

碳债券的投资标的是能产生碳减排效益的低碳减排项目。碳债券募投领域包括但不限于：①清洁能源类项目(包括光伏、风电及水电等项目)；②清洁交通类项目(包括城市轨道交通、电气化货运铁路和电动公交车辆替换等项目)；③可持续建筑类项目(包括绿色建筑、超低能耗建筑及既有建筑节能改造等项目)；④工业低碳改造类项目(碳捕集利用与封存、工业能效提升及电气化改造等项目)；⑤其他具有碳减排效益的项目。碳债券的目的是通过专项产品持续引导资金流向绿色低碳循环领域，助力实现碳中和愿景。

二、碳债券基本特征

碳债券作为一种债务凭证，核心特征就是将低碳项目收入与债券利率水平挂钩。由于发行目的、产品设计以及运行方式的特殊性，其与传统债券和其他碳金融工具相比具有一定的差异和优势。

第一，与传统债券相比，碳债券具有鲜明的特点。一是，它的投向十分明确，紧紧围绕能产生碳减排效益的项目进行投资，包括清洁能源、清洁交通、可持续建筑、工业低碳改造等绿色项目，这些募投项目应符合《绿色债券支持项目目录》或国际绿色产业分类标准，且聚焦于低碳减排领域；二是，可以采取固定利率加浮动利率的产品设计，将项目收入中的一定比例用于浮动利息的支付，实现项目投资者与债券投资者对于项目收益的分享；三是，碳债券对于包括项目交易市场在内的新型虚拟交易市场有扩容的作用，它的大规模发行将最终促进整个金融体系和资本市场向低碳经济导向下的新型市场转变。

第二，转换成本较低。债券市场作为金融工具产生早期的产物，已经基本上形成了一套成熟的流程。依托成熟的国债与企业债发行机制，碳债券能够在较低的转换成本下实现金融体系内低碳投融资产品的新突破，发挥金融行业对我国发展低碳经济的重要推动作用。与此同时，碳债券设计思路相对简单明晰，易为投资者理解和接受，可满足社会对于低碳经济投资产品的需求。

第三，碳债券有利于改善清洁能源企业融资结构，降低融资成本，推动清洁能源企业快速发展，加快我国产业向清洁能源产业的转型。碳金融活动必须依靠全社会的参与才会有生命力，碳债券的推出将使投资者在经济利益及精神追求两个层面获得收益，能够更好地将投资主体的减排责任意识与受益权利结合起来，这是碳债券作为碳金融发展突破口的重要依据。

第四，按照"可计算、可核查、可检验"的原则，碳债券发行企业需聘请独立的第三方专业机构出具相关评估认证报告。除绿色项目常规内容外，评估认证报告还需披露项目的碳排放、碳足迹等环境效益数值，并着重对二氧化碳减排等环境效益进行定量测算。

第五，为加强存续期信息披露管理，碳债券发行企业需要每半年披露募集资金使用情况、绿色低碳项目进展以及定量的碳减排等环境效益数值，强化存续期信息披露管理，提高资金使用透明度。

三、碳债券主要分类

碳债券按照不同的分类标准有不同的分类方法，一般而言，可按发行主体、偿还期限、利息支付方式、有无抵押担保以及发行范围进行分类。

(一)根据发行主体不同划分

根据发行主体不同划分为碳国债和低碳企业债券。碳国债特指以国家公信力保证发行和收益的有价债券，所筹集资金专门用于碳减排事业专项发展的国债。碳国债的购买和持有者包括国内企业、个人甚至地方政府，也包括外国的政府、企业、个人。碳国债可以是纯资金型债券，还可以是资金与碳资产的组合，即每张碳国债对应一个未来本息现金流及一定数量的 CERs 等碳资产。

碳企业债券则是以企业为主体发行的到期承诺还本付息的债务凭证。随着低碳经济概念逐步被人们所接纳，以企业为发行主体的碳债券数量正在日益增加，在碳债券市场中占据重要位置。目前，各国对碳债券尚未有清晰的分类，但通常按照发行人的属性划分是比较公认的分类方式。

(二)根据偿还期限长短划分

根据偿还期限的长短划分为碳中期债券和碳长期债券。碳中期债券是指期限在 1 年以上 10 年以下的债券，碳长期债券是指在 10 年以上的债券。由于低碳项目的周期长、成本大，应项目之需所发行碳债券的偿还期限均较长，以 5~6 年的中期碳债券为主。其中比较有代表性的有 6 年期的"Eco 3+ Bond"债券、5 年期的中广核风电有限公司附加碳收益中期票据以及 5 年期的欧洲投资银行碳债券等。

(三)根据利率是否变动划分

根据利率是否变动划分为零息碳债券、固定利息碳债券、浮动利息碳债券以及碳混合型债券。零息碳债券到期只需要支付本金，而不需要为占用持有者资金而付出利息费用。固定利息碳债券到期日按固定的利率支付合约期内利息费用。浮动利息碳债券允许利息计算过程中，利率在一定区间内浮动，这种浮动可与碳项目或者碳交易指数挂钩。碳混合型债券则采用固定利率加浮动利率的模式，其中固定利率为了支持低碳项目，一般低于基准利率。

(四)根据有无抵押担保划分

根据有无抵押担保划分为碳信用债券、碳抵押债券和碳担保债券。碳信用债券是指没有抵押品，完全以公司的信誉作为发行债券的保障，通常只有经济实力雄厚、信誉较高的企业才有能力发行这种债券。碳抵押债券要求发行人在发行债券的时候，将其部分财产或现金流作为抵押，一旦债券发行人出现偿债困难，则处置该项财产作为清偿，如碳常规抵押债券是以公司的固定资产和生产可再生能源的现金流作为偿约保证，其中现金流由国家上网电价政策作为保障。碳担保债券是由保证人做担保而发行的碳债券，当企业无法按量履约时，债权人可向保证人追偿。

(五)根据发行市场范围划分

根据发行范围划分为碳国内债券和碳国际债券。碳国内债券是指发行主体在本国范围内以本国货币发行的债券，如中国浦发银行承销的碳中期票据、美国政府的可再生能源债券都属于此类。碳国际债券是指某国的借款人以其他国家的货币为面值，向境外投资者发行的债券，如国际金融公司在香港发行的第一只人民币碳债券。无论使用的货币在哪国发行，其一般都是可以自由兑换的货币，主要是美元，其次是欧元、日元等。

四、碳债券主要功能

债券市场作为基本的融资市场，使得碳债券市场在整个碳金融市场体系乃至社会经济当中占有重要的地位，其重要功能如下。

(1)特定融资和投资功能

碳债券的本质是直接债务融资工具，具有使资金从资金盈余者流向资金稀缺者，为资金不足者筹集资金的功能。碳债券市场作为资金的集散地，能够为资金的稀缺者提供一个直接融资的渠道。而在给资金稀缺者提供资金时，具有特定的方向和类别，仅针对减缓温室气体排放或适应气候变化的项目，在我国则是以 CDM 项目为主。从 2007 年至今，世界银行就连续推出了多种碳债券，支持减缓气候变化的项目和适应项目，如太阳能和风能装置，通过植树造林和避免森林砍伐来减少温室气体排放和碳减排新技术项目。我国首只碳债券则是为核电、风电等可再生能源提供资金。另一方面，碳债券市场为各类投资者进入碳金融市场提供了又一投资渠道，特别是对于寻求一定风险和稳定收益的投资者。

(2)资金流动导向功能

资金在市场中都具有逐利的特性，投资者根据项目的前景、发起人背景以及管理者水平等因素形成对于债券的评估，由此可以甄别特定项目或特定企业的优质程度。通过碳债券市场，资金得以向优势企业聚集，有利于资源的优化配置，降低资金使用的总体风险。反之，对于企业或项目而言，基于效益好的企业或项目发行的债券通常较受投资者欢迎，因而发行时利率低，筹资成本小；效益差的企业发行的债券风险相对较大，受投资者欢迎的程度较低，筹资成本较大。碳债券的发行有利于促使能耗高的产业向低能耗转化。

(3)促进产业政策调控功能

产业政策是政府为了实现一定的经济和社会目标而对产业的形成和发展进行干预的各

种政策的总和。碳债券与国债不同，国债能够作为政府公开市场业务的载体，直接通过减少或增加货币供应量，来缓解经济过热或经济萧条的情况。碳债券的产生受益于国家政策性指引和鼓励，且有针对性地面向碳债券项目。这主要体现在全球气候变暖的趋势下，各国都面临着经济增长模式向"资源节约、环境友好"的转变，特别是对于不发达国家和发展中国家。这将引致可再生能源类、新型能源类行业结构调整，碳债券适时推出能够为这类企业或项目提供多样化的融资方式，促进发挥产业政策调整的宏观功能。

(4)推动金融市场创新发展功能

发行碳债券将有利于丰富债券市场交易品种，促进企业债券的发展，提高我国债券市场的完整性；有利于金融创新，在碳债券的基础上可进一步发展碳债券期货、混合债券期货，进而可以发展期货产品，最终可以为投资者提供多样化的投资品种和风险对冲工具；有利于促进我国证券市场持续健康地发展，弥补碳金融产品的单一性，缓解我国可再生能源企业在 CDM 单一供应机制中定价话语权的劣势，成为低碳技术乃至低碳产业发展的推动力，为低碳经济环境注入新的活力。

第二节　碳债券的起源与发展

碳债券是近年来碳金融市场上的创新项目，起源于绿色债券。欧洲投资银行在 2007 年发行首只"绿色债券"，从此开启了碳债券的破冰之旅。随后，世界银行发行多只类似的债券，并确定了一个绿色主题列表，包括减缓气候变化的项目和适应项目，如太阳能和风能装置、植树造林和避免森林砍伐来减少温室气体排放项目，以及为碳减排新技术提供资金。

随着多只绿色债券的成功，一些国家和政府意识到，绿色债券模式吸引私人资本支持政府节能减排项目具有重要的现实意义。美国、英国、加拿大等国家政府、企业纷纷做出关于绿色债券、环境债券的提议，并推出目标多元、形式多样的碳债券。

一、国际发展现状

(一)国际碳债券实践

1. "The London Accord"项目[①]碳债券

"The London Accord"的方案团队想到指标联系的碳债券，并在 2009 年 5 月把材料递交国际银行国家注资人论坛。指标联系的碳债券将利息的确立同国家碳节能要求、新能源供电的回购电价、中国矿物能源价格与二氧化碳释放权的价格彼此联系。若国际未能实现节能要求或是节能方案商品的价格未能实现政府承诺的价位时，国家需要承担更高的利率，以提高机构完成碳节能要求的积极性。指标联系的碳债券会促进减少长期新能源方案

---

① London Accord 项目为金融投资者免费提供关于气候变化的研究报告，希望能够帮助政策制定者和投资者降低投资低碳行业的风险，项目成员是由学术人士、研究所、投资银行、非政府组织组成的。项目的资助者包括：The City of London Corporation, BP plc, the Z/Yen Group, Forum for the Future and Gresham College。

的风险。绿色资源方案根本上与古典资源方案的风险相同，然而它的方案运作力依赖于国家的方针。在方案运作当中，贸易者难以控制国家无法实现节能要求或是控制回购电价的危机，亦难以控制矿石能源价格下调或是碳商品权价位下调的危机。指标联系的碳债券能够在全程方案当中，达到碳债券的利息同以上危机指标密切关系，当危机出现时，碳债券回报的利率相应提高。碳债券利率伴着危险扩大提高的特长表现在，节能方案的收益率来源于碳交易平台的价格高低，若方案难以达到收益，股票贸易者将负担难以全款索取资本的风险；若碳价格无法实现承诺水平，碳债券利息的上涨能够令新能源的贸易者稳定贸易利润，也就是若碳价格未能实现之前承诺的价格水平，贸易者也能够经由索取更高的利率补偿投资于公司证券、债券的亏损。

2. 国际金融公司(IFC)发行人民币债券支持中国的清洁能源技术项目

IFC 于 2011 年 1 月 25 日在香港发行了第一支以人民币计价的债券，用以支持中国的清洁能源技术。债券的发行意味着从离岸金融市场筹资支持中国大陆项目获得了成功。

这种年利率为 1.8% 的五年期债券筹集了 1.5 亿元人民币(约 2300 万美元)资金，用以支持开发提高能源利用率和减少温室气体排放的新技术。这笔资金将用于帮助北京神雾热能技术有限公司(简称"神雾公司")生产自主研发制造的蓄热式高温空气燃烧炉。该燃烧炉可以减少能源消耗，并将产生的二氧化碳用于钢铁和石油化工生产。通过这种中期债券的发行，使得那些不能直接进入资本市场融资的重点环保项目也能得到资金扶持。

IFC 为神雾公司提供的贷款预计每年可减少 165 万 t 的二氧化碳排放量，并可为北京和湖北省的贫困地区提供 600 个就业岗位。作为长期的投资者和顾问，IFC 还将帮助神雾公司了解全球最佳的工业实践并和其他私人公司共同分享成功的经验。IFC 不仅为神雾公司提供了长期的资金和强大的信誉保障，也使其更好地了解了全球清洁技术领域的标准和最新信息。

这支债券的成功发行与 IFC、中国香港金融管理局和大陆相关部门之间的合作密不可分。在过去的十年间，IFC 在香港的办事机构，一直致力于协调东亚和太平洋地区的事务，并在香港的美元市场建立了良好的信用。

以上项目的实施，为碳债券的进一步发展打下了良好的基础，有信心期待，在不久的将来，世界上会推出设计更合理、融资能力更强的碳债券。

⚙ 专栏 3-1

一、美国政府发行的可再生能源债券

美国财政部在 2009 年的经济刺激计划中通过绿色债券融资 22 亿美元，用于开发可再生能源。这些"清洁可再生能源债券"(Clean Renewable Energy Bonds)为可再生能源项目提供低息贷款，为它们提供了新的融资渠道。这种债券和税收抵免的效果相似，不过区别在于债券作为一种融资方式，倾向于扶持那些计划中、正在筹资建设的新项目，如太阳能或者风电企业。

一般来说，债券发行者需要支付利息，不过在这种"清洁可再生能源债券"模式中，联邦政府以税收抵免的方式对债券持有人支付利息。

二、智利发行碳债券

智利的 Agrosuper 公司出售了 2500 万美元的"碳债券"。在京都议定书的框架下，这家智利最大的家禽肉、猪肉出口控股公司向 Tokio Electric Power（Tepco）和 Canada's Transalta 公司出售这种债券，获得了资金的支持。相应地，Agrosuper 需要在 10 年中每年降低它的工厂的甲烷排放量 400 000 t。通过购买这些债券，能源公司获得了碳排放权利，这比他们按照投资者要求在自己工厂进行等量的碳减排的成本要低。这笔交易是农业公司最大的碳项目，最终的结果是双赢的，也降低了全球性的工业污染。

三、阿根廷的碳债券实现小规模盈利

阿根廷的 SCPL 公司将在未来几年中，通过南美最重要的风电场发行的碳债券获利 120 万美元。这笔交易由 SCPL 公司和日本碳基金公司（JCF）合作完成。

SCPL 公司在阿根廷南部的里瓦达维亚海军准将城建立了一个由 26 个风车组成的风力发电机组，并可为周围两万住户供电。可惜的是，其中只有 16 个符合京都议定书的要求，即在 2000 年以后安装的。在 1994 年里约热内卢的气候变化峰会召开后不久，SCPL 公司首先建立风力发电机组来支持峰会的协议（这个协议是京都议定书的前身）。在里瓦达维亚的这组发电机每年可节约 5160 t 石油和 590 万 m³ 的天然气。日本碳基金公司在两年前签署了合约。

四、欧洲投资银行发行的债券

（1）欧洲投资银行的第一只环境债券

该债券发行于 2007 年，是一只五年期零息债券，总额为 6 亿欧元，由商业银行 Dresdner Kleinwort 发行。筹集的资金已经用于在欧洲投资可再生能源和提高能源效率项目。

（2）欧洲投资银行发行的第二只环境债券

在 2009 年欧洲投资银行发行了第二只环境（气候）债券，以瑞典克朗计价，主要针对斯堪的纳维亚半岛的投资者。债券发行总金额为 22.5 亿瑞典克朗，2015 年 2 月 17 日到期。其中 17 亿瑞典克朗为固定利率，年息 2.95%；5.5 亿瑞典克朗为浮动利率，每 3 个月付息一次，利率为 3 个月瑞典银行同业拆借利率加上 10 个基点。

五、证券公司：野村证券承销北欧投资银行（NordicIB）的 enviro 债券

北欧投资银行发行"环境债券"（environment-related bonds）为环波罗的海的可再生能源项目提供资金。在 2010 年 1 月野村证券在日本市场发售了这种以新西兰元和南非卡特计价的三年期的债券，所得资金将用于可再生能源和许多其他环境项目贷款。日本媒体把北欧债券视为绿色债券在当地的实践。

（二）发行主体

最初，国际金融机构是绿色债券发行的主体，如世界银行、国际金融公司（IFC）、欧洲投资银行（EIB）等。随着市场发展，企业也逐渐展现出潜力。图 3-1 显示，2015 年企业发行总额占比已达 35%。

（三）投资主体

最初投资者以公共机构投资者为主，私人机构投资者、零售投资者也逐渐介入。截至

2014年年底，私人机构投资者、零售投资者数量占比已超过20%（图3-2）。

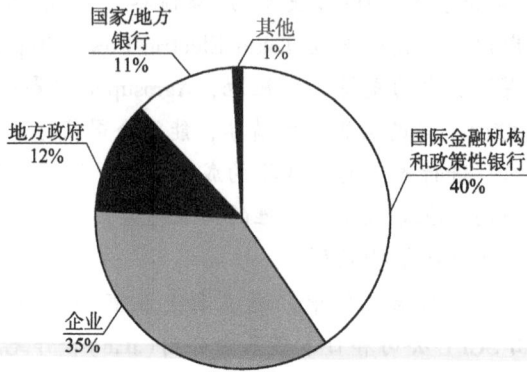

图 3-1　国际市场碳债券发行主体分布

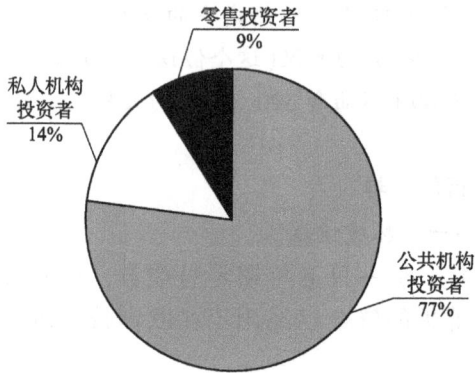

图 3-2　国际市场绿色债券投资者分布

二、国内发展现状

（一）市场规模

碳债券是在碳中和的大背景下应运而生的新品种，作为绿色债券的子品种，它在短时间内已成为绿色债券的重要组成部分。国内的碳债券目前主要以碳中和债为代表。2021年2月7日，首批6只碳中和债发行，发行人包括南方电网、三峡集团、华能国际等大型国企，我国碳债券市场正式拉开发行大幕。2021年3月，交易商协会发布《关于明确碳中和债相关机制的通知》，7月沪深交易所相继发布有关碳中和债的指引，明确了碳中和债的定义以及发行要求。随着政策逐渐落地，碳中和债迎来了发展机遇，截至2021年年末，碳中和债累计发行1807亿元，分布在84个发行主体。由于我国碳债券市场刚刚起步，市场规模仍然偏小，预计在政策的进一步支持和扶持下，未来碳债券的发行与存续规模将进一步提高。碳债券的推出给国内绿色债券市场发展提供了新的契机，同时也有助于实现碳达峰和碳中和目标。

(二)市场结构

1. 发行企业

碳中和债发行主体以国有企业为主。截至 2021 年年末，国有企业发行碳中和债规模占比超过 98%，其中中央企业与地方国企的发行规模分别为 1335 亿元、443 亿元，占比分别为 73.9%、24.5%，而民营企业碳中和债的发行规模不到 30 亿元，有待进一步提高。

从碳中和债券发行主体来看，2021 年一季度央企发行 529.66 亿元，占比为 84.95%，地方国企发行 93.84 亿元，占比为 15.05%，央企碳中和债券发行规模遥遥领先。其中，国家电网、中国长江三峡集团有限公司(以下简称"三峡集团")、中国华能、国家能源投资集团有限责任公司等能源公司分别发行 155 亿元、100 亿元、50 亿元、50 亿元，合计占比达到 56.94%。国家电网、三峡集团在 26 家发行主体中的发行规模较大。

2. 交易场所

中国碳中和债券市场初步形成了以银行间市场为主、以交易所市场为辅的市场结构，银行间市场以一般中期票据为发行主力，交易所市场以一般公司债券为发行主力。

(1)银行间市场以一般中期票据为发行主力

中期票据是指具有法人资格的非金融企业在银行间债券市场按照计划分期发行的，约定在一定期限还本付息的债务融资工具，是银行间债券市场主要信用债品种之一。根据银行间债券实践来看，其发行期限覆盖 1 年期到 10 年期等不同期限，但以中期券种为绝对主体，例如 2021 年前三季度我国中期票据共计发行 1.89 万亿元，涵盖 1/2/3/4/5/6/7/8/10 年期品种，3 年期品种发行额独占 56.87%。根据政策，中期票据系具有一次注册、连续发行的公募形式的债务证券，发行人和投资者可以协商确定如利率、期限以及是否同其他资产价格或者指数挂钩等有关发行条款。

截至 2021 年前三季度，51 家发行人发行碳中和中期票据 71 只，发行总额为 829.47 亿元。涉及国家电网有限公司、中国石油化工集团、中国长江三峡集团等一批大型能源企业以及中广核国际融资租赁公司、四川机场集团、南京地铁集团、苏州高新集团等来自融资租赁、交通运输、房地产等领域国有企业等发行主体，发行期限包括 2/3/5 年期，发行额分别为 221 亿元、497.97 亿元、110.5 亿元，因而客观上有利于支持发行人中期项目建设或者置换项目建设所欠债务，也有利于补充资产流动性。

(2)交易所市场以一般公司债券为发行主力

交易所信用债券市场以公司债券为第一大券种。根据《公司债券发行与交易管理办法(2021)》(简称《管理办法》)，一般公司债券实施注册制，要求具备健全且运行良好的组织机构，最近三年平均可分配利润足以支付公司债券一年的利息，具有合理的资产负债结构和正常的现金流量。一般公司债券由沪深交易所负责受理、审核，并报证监会注册。《管理办法》还强调，公开发行公司债券筹集的资金，必须按照公司债券募集说明书所列资金用途使用；改变资金用途的，必须经债券持有人会议作出决议，这对于引导碳中和一般公司债券发行人将债券募集资金专项用于碳中和相关领域(具有碳减排效益的项目)具有约束作用。

截至 2021 年前三季度，共计 23 家公司发行 34 只、361.5 亿元碳中和一般公司债。这

23 家公司平均每家公司发行的碳中和一般公司债每年产生票面利息 0.56 亿元，有 22 家公司的最近 3 年(2018—2020 年)平均可分配利润(统计净利润+上年末未分配利润，未统计其他转入)足以支付所发行的碳中和一般公司债一年利息。这 23 家公司 2020 年资产负债率 33.01% ~ 85.86% 不等，平均 62.61%。现金流方面，2020 年 17 家公司经营性现金净流量为正，6 家为负(其中有 3 家现金净流量为正)。其中，有 7 只碳中和一般公司债券附带回售、调整利率等特殊条款，发行票面利率也相对较高。

3. 发行期限

碳中和债发行以 3 年及以上的中长期为主。发行期限 1 年以内、1 ~ 3 年期、3 ~ 5 年期、5 年期及以上的发行规模分别为 285.5 亿元、356 亿元、961.9 亿元、204 亿元，占比分别为 15.8%、19.7%、53.2% 和 11.3%。碳中和债发行期限的分布与《关于明确碳中和债相关机制的通知》(简称《碳中和债通知》)中"鼓励发行中长期产品，避免错配"的表述相符。

4. 发行行业

从发行主体所属行业来看，2021 年一季度电力行业发行碳中和债券 447.16 亿元，占碳中和债券市场的 71.72%。电力行业是我国二氧化碳减排的重要领域，我国电力供应严重依赖以化石燃料(煤炭)为原料的火力发电。据国家统计局统计，2020 年我国发电量合计 77 790.6 亿 kW·h，其中火电发电量为 53 302.5 亿 kW·h，占比达 68.52%，火电仍是支撑电力供应的重要和基础力量。

除电力行业外，一季度发行的碳中和债券发行主体还分布于金融、煤炭开采、铁路运输、高速公路、综合等行业。其中，能源类国企旗下融资租赁公司发行了专项用于碳中和的债券。例如，"21 申金安瑞 ABN001 次"由上海申能融资租赁有限公司发行，其融资以该公司在清洁能源行业的融资租赁债权及其附属担保权益作为基础资产。对比来看，刚刚启幕的我国碳中和债券市场明显以支持清洁能源项目为主，以支持清洁交通、绿色建筑等项目为辅，主要为能源行业低碳发展和转型等提供资金支持。

(三)市场规范

1. 发行主体资质

我国碳中和债整体信用资质较高，主体评级几乎全为 AAA 级。从发行主体评级看，所有主体的评级均在 AA 及以上，而 AAA、AA+、AA 主体发行规模分别为 1726 亿元、62 亿元、19 亿元，AAA 级的占比超过 95%。26 家碳中和债券发行主体在 2018—2020 年年底以及 2021 年 3 月底的主体评级报告显示，绝大部分发行主体公开了信用评级，其中 AAA 级占绝对比重，信用等级维持稳定且展望稳定。截至 2020 年 3 月底，在 25 家发行主体中，有 23 家评级为 AAA 级，其中不乏电力、煤炭采掘等行业的头部企业，以及苏州苏高新集团有限公司、内蒙古包钢钢联股份有限公司等涉足房地产、钢铁等领域的地方国企。碳中和债券市场选择国内能源行业头部企业先行先试，有利于发挥大型能源企业通过减碳行动促进碳中和目标实现的示范效应，同时表明大型能源企业在践行双碳目标方面担当重要角色。

此外，主体评级为 AA+级的广西广投能源集团有限公司、AA 级的宜春市国有资本投资运营集团有限公司相继发行碳中和债券，为经营地域范围相对不宽、主体评级不足 AAA 级的企业发行碳中和债券发挥了示范效应。

2. 市场运行机制

从《碳中和债通知》等规则来看，碳中和债券发行和使用管理有一套特色运行流程，如募集资金有专门用途、披露信息内容独特等。通过总结部分案例可以发现，我国碳中和债券市场运行机制实践有以下特点。

①专项用于低碳减排领域　例如"21 三峡新能 ABN001"用于偿还绿色项目有息债务，"21 四川机场 GN001"用于综合性绿色交通基建项目。

②信息披露内容特色化　债券发行主体披露信息除了符合一般券种发行的信息披露要求外，还涵盖定量测算环境效益、披露测算方法与效果等内容。

③部分债券统一注册标识　在 2021 年一季度发行的 42 只碳中和债券中，有 16 只债券简称统一标注"GN"注册标识，被纳入绿色债券认证制度管理。

碳中和债券是为实现国家自主贡献目标和落实双碳重大决策部署的重要创新举措，标志着债券市场率先响应国家低碳发展目标要求，借助资本市场在直接融资支持、价格发现机制、资源优化配置等方面的优势，引导和促进更多资金投向应对气候变化领域。首批"碳中和债券"的成功发行预计将推动信贷、租赁、信托等领域产生更多支持碳减排项目的创新产品，充分发挥绿色金融工具对于低碳发展的支持作用，助力经济低碳转型和双碳目标实现。

三、碳债券现存主要问题

(一)碳债券发行程序复杂

碳债券是以碳资产价值为保证的债券，碳资产价值的准确评估是债券定价以及能否顺利发行的关键。相对于一般资产的价值评估，碳资产评估对象的界定、评估方法的选择、评估参数的确定、评估结论的使用等相对复杂，特别是由于目前碳资产市场不发达，难以通过市场定价确定碳资产价值。首次发行的碳债券在设计、发行与交易上，均沿用了银行间债券市场的一般管理模式，尚未有专门规范文件，这些问题都影响了碳债券发行的时效性和规模。

(二)清洁能源行业面临诸多困难

目前清洁能源全行业主要面临以下困难。

(1)**发展规划问题**

不少清洁能源资源禀赋较好的地区，有电送不出去，暴露出发展规划严重滞后问题。

(2)**市场调控问题**

新能源设备生产能力和产品　哄而上，大大超出市场预期规模，凸显了政府在监管和调控上的不到位。

(3)**政府补贴问题**

政府补贴跟不上，导致清洁能源企业资金链出现断裂，"三角债"正在形成。

（4）产业升级问题

整个清洁能源产业"学习曲线"不明显，低水平大量快速扩张，导致产能严重超过市场容量和低价恶性竞争。

（5）清洁成本的承担机制问题

企业单一依赖政府补贴，政府单向将成本转嫁到消费者，没有同时考虑消费者承受能力，导致企业只能"靠天吃饭"，清洁能源供应少时经营压力较轻，多时则补贴跟不上。碳债价格不仅受减排力度不足以及减排方式市场化不充分的影响，而且受国际能源价格低迷的制约。

（三）CCER 准入标准缺失

1. CCER 项目准入条件不明晰

根据 2012 年国家发展改革委颁布的《温室气体自愿减排交易管理暂行办法》中的有关规定，2015 年 2 月 16 日之后开工建设，采用经国家主管部门备案的方法学开发的自愿减排项目都有资格申请加入 CCER 项目的开发，但暂未颁布配套的相关法律规范从司法解释中对 CCER 项目开发主体提出要求。由于相关法律法规中缺乏对 CCER 项目开发企业资质的要求，CCER 项目备案数量居高不下，其中大多为节能减排效率较低、管理模式陈旧、财务控制能力薄弱的企业，使得国家在项目评估方面损耗大量的人力物力，也降低了 CCER 项目的备案效率。

2. CCER 项目统计数量不明确

由于中国碳交易机制尚不完善，国家主管部门对 CCER 项目的统计准入数量仍不明确。频繁的政策变动对 CCER 项目产生较大的影响。尤其当管理部门通过强制性手段控制 CCER 项目备案数量时，不但直接影响已完成 CCER 前期开发流程项目业主的权益，还造成碳交易市场各主体对未来市场政策的不确定性预期，引发市场各方的担忧，不利于碳交易市场的平稳运行。

以上海碳交易市场为例。为稳定碳价格，加大企业强制性减排力度，上海市发展改革委发布了《关于本市碳交易排放试点期间有关抵消机制使用规定的通知》，规定将 CCER 用于配额清缴时，企业减排量必须为 2013 年 1 月 1 日后产生，这一政策变动造成许多开工建设时间较长的 CCER 项目无法获得 CCER 签发，对 CCER 项目业主的收益产生直接影响。政府企图从严限排的出发点是合理的，但在实践中通过限定减排量产生时间，此类"一刀切"的方式缩减 CCER 项目数量的强制性措施是否合适值得商榷。

（四）CCER 项目开发程序不规范

1. 各试点主管单位自由裁量权过大

国家发展改革委考虑到我国地区发展不平衡，因此分别在不同省份设立了 7 个碳排放交易试点，以适应不同区域发展阶段的要求，形成具有差异性的碳交易市场。由于各试点颁布的相关规定对本省项目有所优待，造成各地区 CCER 项目开发过程中地方保护主义的出现，对 CCER 项目主体造成不公正的待遇。

各碳排放交易试点的发改委颁布具有地方特色的 CCER 项目开发相关管理办法，在促进碳交易市场活跃性的同时也给予了地方政府较多的自由裁量权，容易滋生腐败。碳交易市场的参与主体多数为大型国有企业，政策因素在这些企业的发展中发挥着重要作用。企业高层编织的关系网中不但有掌握法律、法规、政策等拟定修改的官员，也有为法律法规起草提供建议的法律顾问等，他们之间通过各种利益的往来，可能影响到国家相关机构的行政执法活动。

2. 第三方核查机构处罚程序亟待完善

《温室气体自愿减排交易管理暂行办法》中规定，CCER 项目需要经过由国家主管部门备案的第三方核查机构核证，并出具由第三方核查机构核证的减排量核证报告后，才能够向国家主管部门递交减排量核证、监测报告等规定性文件。立法上，《碳排放权交易管理暂行办法》中规定第三方核查机构出具虚假、不实核查报告，核查报告存在重大错误，由其注册所在行政区域碳交易主管部门依法给予行政处罚。实践中，各地碳交易试点地区对于三方监管机构的准入条件差异较大，部分试点地区对于第三方核查机构存在的违法行为，未做出明确的处罚规定。此外，由于《碳排放权交易管理暂行办法》未对第三方核查机构提出明确行政处罚措施，按照中国目前的行政处罚法相关规定，在缺乏明确上位法授权的情况下，地方性法规与政府规章在制定行政处罚相关规定方面都存在一定权限，对加强第三方核查机构的监管造成不利影响。

四、碳债券发行的风险因素分析

碳债券是一个新兴事物，目前在理论上的研究还不够深入，实际发行的数额也较小。如果我国大量发行碳债券用于扶持低碳行业，一旦低碳企业未来的盈利能力不足以偿还债券的本息，国家财政需要补足资金缺口，会对财政造成巨大压力。所以在理论和实践经验不足的情况下，我国发行碳债券要本着审慎稳健的原则，对可能发生的风险进行深入的分析。接下来从宏观风险和微观风险两个角度出发分析我国发行碳债券存在的风险。

(一)宏观风险

1. 政策风险

各国政府对节能减排问题的博弈导致低碳行业的政策风险很大，即使已经进行了多次世界各国的首脑会议，世界低碳减排形势依然不明朗，目前有些机构投资者对于低碳资本市场持观望态度。因此研究低碳经济未来发展潜力，并分析未来低碳市场对低碳转型期经济增长、产业发展、技术开发应用的风险和挑战是十分重要的。

从乐观的角度来看，世界各国在减排问题上加强合作的意愿正在逐渐加强。欧盟在减排问题上依旧态度积极，承诺将于 21 世纪中叶实现"净零排放"或"碳中和"。此外，欧盟还打算将来在配额分配中引入拍卖机制，以提高交易的效率。欧盟一贯的积极态度给美国和澳大利亚等国施加了巨大的政治压力，澳大利亚已于 2007 年 12 月签署通过了《京都议定书》。在 2011 年 12 月结束的联合国气候变化德班会议，取得了一定的成果，此次会议坚持《京都议定书》，对发展中国家最为关心的《京都议定书》第二承诺期问题做出了安排，在资金问题上取得了重要进展，启动了绿色气候基金。然而行业风险依然存在，低碳行业的前景依然不明朗。美国依然拒绝签署《京都议定书》，同时加拿大宣布退出了京都议定书。发达国家在自身减排和向发展中国家提供资金和技术转让的政治意愿不足，是影响国际社会合作应对气候变化努力的最主要因素。

从我国的产业政策来看，碳减排可能在某种程度上限制经济发展的速度，低碳技术的投入产出也存在不确定性。领导层既要保证国家经济增速，又要发展低碳经济。在国家经济增速放缓时，支持低碳的行业政策可能也会相应暂缓。这是低碳行业面临的另一个政策风险。

2. 经济周期风险

宏观经济周期波动显著影响企业的生产扩张和收缩，也间接影响能源消耗和碳排放总量。繁荣期企业生产产品多，能源消耗和碳排放量高，对碳排放权的需求增大，碳价格上升。经济衰退期企业大量削减产量，碳排放量较少，导致碳排放权的需求量萎缩，碳价格下降。另一方面，宏观经济衰退时，低碳设备行业的需求也会受到极大的影响。欧债危机后，欧洲银行对于太阳能行业贷款紧缩，各国对新能源的支持力度大幅下降，导致低碳设备行业遭遇严冬。

3. 市场风险

碳交易市场也存在风险。目前国际碳交易活动绝大多数仅仅在国家或区域内部进行，统一的国际碳交易市场尚未形成。各个碳交易市场在政府管制范围、交易规则和交易品种以及制度安排等方面存在很大的差异，导致不同市场之间难以进行直接的跨市场交易，这种碳交易市场高度分割的情况制约了低碳企业的盈利能力，是影响碳债券市场风险的因素之一。

(1)机制不成熟

清洁发展机制(CDM)是一项成本高昂的减排机制，目前 CDM 存在的问题决定了它暂时还不能发展成一个规模庞大的全球性市场，主要在于以下几点。

①CDM 的各方利益冲突　CDM 是各国通过谈判以期达到利益共赢的目的而达成的机制。然而各国在互相协商时利益会出现摩擦，如发达国家试图压缩 CDM 而发展中国家试图增加 CDM，并且发展中国家之间因为 CDM 收益不均衡等问题而出现了日益增多的矛盾。

②CDM 缺乏有力的管理机构　目前联合国 CDM 的主管机构执行委员会没有能力支持 CDM 市场的全球大规模扩张。

③CDM 市场供求关系过于单一，市场进一步发展存在一定的难度　以中国为例，中国 CDM 的贸易伙伴只有欧洲和日本。日本和欧洲几乎购买了绝大部分已产生的 CER 和潜在的 CDM 项目。中国 CDM 市场对欧洲和日本的依赖性过高。

因此，我国的低碳企业可能遭受面临由于碳交易市场不成熟，导致出售碳排放指标受阻的困难。虽然能够依靠 CDM 项目盈利，但是 CDM 的规模远远不足以满足需求。

(2)价格波动风险

碳排放权价格与能源价格具有较大的相关性，能源价格主要包括原油、天然气和硬煤的价格。实证研究发现石油、天然气和煤的价格对碳排放权价格具有显著的影响，能源价格暴涨暴跌会显著地影响碳排放权价格。

能源价格影响碳价格主要因为发电公司可根据发电燃料的价格在石油、天然气和煤炭之间进行转换。石油价格是天然气价格变化的主要驱动力，天然气的价格变化也可能影响到碳价格的变化。如果发电公司具有转换燃料投入的能力，则能源价格是碳价格最重要的驱动因素。总体而言，碳价格的波动强于原油市场的价格波动。金融危机全面爆发以来，由于工业的能源需求下降，全球碳排放权需求减少，价格疯狂跳水，2009 年年初跌至最低点。

目前由于国际市场刻意压低中国的核定的碳排放权（CER）价格，中国政府对 CER 实行限价政策。假如中国的限价政策撤销，中国的 CER 价格将一落千丈，并且不会有任何议价能力。这个结果的根本原因在于中国没有自己的市场定价机制，中国市场提供了碳排放权产品，但是产品的标准和评估规则都是其他国家制定的，中国市场没有对碳价格的定价权。上述的系统风险导致我国的低碳企业收益不稳定，国家财政投资到低碳企业后，资金的安全会受到威胁。

(二)微观风险

1. 道德风险

碳债券道德风险的特点表现为，代理人的行为不能被委托人所观察，或者即使可以被委托人所观察，它也是不可证实的。风险的制造者都受到利益诱惑并以逐利为目的，风险制造者的风险收益都是对信息劣势一方利益的不正当攫取。"道德风险"并不是指国债的道德风险，而是指企业对国家的道德风险。

我国的碳国债存在道德风险的最根本原因是人的自利性，即人在经济活动中追求个人效用最大化，导致各个经济主体目标不同。其他的因素包括信息的不对称性、环境的不确定性、契约的不完全性，以及经理人的道德水平、法律制度、市场体制等。

(1)引发道德风险的具体原因

①委托人与代理人利益的不一致　委托人的目标是最大化资本增值，代理人的目标是个人利益最大化。利益上的冲突，孕育了激励不相容问题，隐含了代理人的道德风险问题。

②信息不对称　在委托人与代理人签订合同之后，委托人无法直接观察到代理人的某些信息，例如代理人努力程度、资金运作情况等信息。在这种情况下，代理人可能利用信息优势，在可能的范围内最大限度地满足自身利益，同时损害委托人的利益，导致道德风险。

③经济制度的不健全，过低的法律责任弱化了法律的约束。

④代理人业绩的随机性　由于产出具有某种随机性，使得委托人无法通过结果判断代理人的努力程度。存在道德风险的情况下，代理人的业绩是不确定的，这种不确定的业绩是代理人努力程度及外界环境因素共同作用的结果。

⑤产权制度缺失等制度性因素　在国有企业所有权缺位的情况下，难以建立有效的激励约束机制，从而滋生道德风险。

⑥风险和收益的不对等　代理人在不用承担全部行为后果的情况下，为了追求自身效用最大化可能采取高风险的策略，损害委托人利益的行为。

政府为了支持低碳经济的发展，向投资者发行国债，募集了资金后，将资金分配给合格的低碳减排企业进行设备改造、技术升级，以企业的收益来支付投资人的本息。在这个过程中，政府是债券的发行者和还本付息的主体，承担着风险；而企业却拥有资本的使用权，获得了收益。所以，碳国债的这种两权分离、收益和风险不对等的模式可能导致道德风险。

（2）碳债券的道德风险的表现形式

①政府与企业目标的不一致　政府的目的是扶持低碳行业，同时要确保投资人的本息收益，在扶持企业的同时追求稳健；而企业的目标是收益最大化，在发展策略、设备采购等方面可能更加激进、主观愿意冒更大的风险。接受资金的新企业，由于承担有限责任，这种策略可能会更为激进；接受资金的老企业，基本是关乎国家经济命脉的大型国企，国家一般不会允许这样的企业倒闭，所以即使这些国企无力偿还债券本息，也无法进行破产清算，在制度上对这样的企业无法形成强有力的约束。这样，当企业无力偿还本息时，由国家财政补贴投资者损失，就造成了由国家为企业承担风险的问题。

②政府与企业的信息不对称　政府将资金投放给企业以后，企业就获得了资金的使用权，而政府主管部门没有足够的人力监督企业运行的方方面面。企业的某些信息，例如经理人的努力程度、企业运行情况、资金的使用情况等信息都无法直接及时了解。企业有可能不按照融资时与国家共同确定的用途使用资金使政府面临的违约风险增大。如果企业投资于比债权人预期风险更高的项目或进行低效无效投资或不投资，都会损害债权人的利益。在这种情况下，企业经理人可能利用信息优势，在可能的范围内最大限度地满足自身利益，例如将资本挪用，投入到高风险高回报的行业，注重短期效用、忽视长期收益等问题。由于企业业绩是由经理人的努力程度及外界环境因素共同作用的结果，政府主管部门不一定能够判断企业业绩是否合理。

③过低的法律责任弱化法律约束　企业亏损对经理人的惩罚力度不够，可能导致经理人玩忽职守，致使企业亏损。

④产权制度缺失等制度性因素导致了道德风险　在国有企业中，虽然对企业经理人逐步建立了激励机制，但是缺乏有效的约束机制，碳国债募集的资金可能无法得到高效合理的利用。所以，在国有企业所有权缺位的情况下，难以建立有效的激励约束机制，从而滋生道德风险。

（3）碳债券道德风险的影响

①对政府的影响　碳国债的发行主体是政府，而使用主体是节能减排企业。这种资金筹集者和使用者的分离，有可能导致资金的使用者在没有还本付息压力下不注重资金的使用效率，从而产生道德风险，给国家财政带来潜在的危机，特别是当企业挪用资金用于投资高风险行业会对国家财政造成更大的风险。因此，在碳国债的发行和运行期间，要注意采取措施防范这种道德风险的影响。

②对市场的影响　碳国债是一种债券，假如企业的道德风险问题被披露，会导致二级市场上债券价格的下降，对于市场是一个冲击，也不利于新的低碳金融产品的推广。

③对企业的影响　由于无力偿债会极大影响企业的信誉，因此企业投资于高风险资产在损害债权人利益同时也会增加企业自身风险。

④对投资者的影响　目前我国新能源技术的产业规模不断扩大，发展速度加快，但是

产业链尚不完整，技术水平偏低，产品竞争能力弱。企业收益受国际形势、国家政策等多方面因素的影响，所以企业很可能无力支付债券本息，投资此种债券的风险很大。在发生道德风险的情况下，投资者的收益会受到更大的影响。

2. 运营风险

国家通过发行碳国债募集到资金以后，如何将资金分配到具备盈利能力的低碳企业，尽可能降低投资风险，是一个很重要的问题，因为这既关乎国家财政的安全，也关系到如何保证投资者的本息收益。然而，新兴能源企业风险高、资金回收周期长的特点决定了碳债券的认购风险。所以，如何选择发展稳健、具备盈利能力的企业，降低投资风险是一个重要的问题。

由于需要投资的企业和项目众多，国家可能无法准确、高效地评估低碳企业的盈利能力、经营管理水平、公司战略的优劣、企业财务指标和产品的市场占有率等情况。因此无法准确预测低碳企业的运营风险是国家发行碳债券的主要风险之一。我国就存在一个新能源企业运营不良导致大幅亏损的例子：尚德电力控股有限公司，曾经是中国光伏产业产量第一的龙头企业，曾经在美国成功上市，股价最高达到90美元；然而，由于公司运营战略出现了一系列错误，再加上行业的外部环境发生变化，导致公司到2011年年末，股价跌至3美元，濒临破产。其中，公司的战略失误包括：尚德电力在2008年高位囤积过量多晶硅，随后多晶硅的价格一度从300多美元/kg下跌至100美元/kg以下，导致公司的损失巨大；随后公司在中国并购硅片企业，以期自己生产25%～50%的原料硅片，但结果却是自己生产硅片的成本高于从外部购买。这两次巨大的投资失败导致在2010年被称为光伏行业"最赚钱的一年"里，尚德不仅未能盈利，反而出现亏损。最终，由于欧债危机等外部因素导致太阳能行业需求减少，产品严重供过于求，尚德电力处于破产的边缘。

对于外部经济环境的变化，公司无力控制。然而公司的战略决策是可控的，尚德的几个战略失误导致了公司的巨大风险。碳债券募集的资金如果投放给了这样的公司，后果将十分严重。因此如何筛选出稳健、有盈利能力的公司是相当重要的。

第三节　碳债券发行机制及运行流程

碳债券募集资金的流程除投向比较特殊以外，与债券市场上的其他普通债券并无太大差异。例如，债务人筹集所需资金，然后按法定程序发行债券，取得一定时期资金的使用权及由此带来的利益，同时又承担着举债的风险和义务，按期还本付息。故而碳债券市场的参与者、发行机制以及交易流程都可比照普通债券的基本情况，并根据其具体特性进行适当的调整和补充。

一、碳债券基本组成要素

碳债券作为债权人和债务人债权债务关系的凭证，其合约设置的基本要素包括债券的期限、面值、利率和价格。

(一)碳债券的期限

碳债券的期限是指发行人承诺履行合约的期限，即从债券发行到还本付息所经历的时间。碳债券的还本付息期限较为固定，多数为 5 ~ 10 年。对于债券持有者而言，期限不仅明确了持有人收到本金的期限和预期收到利息的日期，期限的长短还会影响债券的收益率和价格的变动。和普通债券一样，一般情况下碳债券的到期期限越长，债券收益率就越大，而债券价格波动也越大。

(二)碳债券的面值

碳债券的面值是指债券在票面上所体现出来的价值，是发行人对债券持有人到期后应该偿还的本金，也是持有人按期获得利息的计算依据。碳债券的面值包括面值币种和面值大小两方面内容。对于在本国范围内发行的碳债券，以本国货币计量，而在其他国家市场发行的碳债券则是以发行地国的货币为面值货币。发行者可以根据其筹资的目标及范围，选择合适币种。

(三)碳债券的票面利率

碳债券的票面利率，又称名义利率。在债券发行时就会标明，通常以年利率形式表示。在债券的存续期内每年支付给持有人的利息值就是票面利率乘以债券本金。利息支付的形式有到期一次性支付、按年支付、按半年支付和按季度支付等多种方式。票面利率的高低取决于债券期限的长短、发行主体的信誉级别、利息支付方式以及投资者对债券的评价等因素。

碳债券的利率可以分为固定利率、浮动利率以及混合利率等形式。固定利率为固定的数值，在债券期限内不发生改变。浮动利率一般以某一利率为基准，与 CDM 项目收益挂钩核定其浮动区间，并定期调整。混合利率指固定利率和浮动利率相结合的形式，即债券的一部分面值采用固定利率，另一部分采用浮动利率。

碳债券的票面利率与实际收益率的关系取决于发行价格和面值。当债券持有者以债券的票面价值购买债券时，两者对等；而以高于票面价值买入债券时，收益率要低于票面利率，反过来也成立。

(四)碳债券的价格

碳债券的价格包括发行价格和交易价格。债券的发行价格是首次公开发售的卖出价，即在发行市场上投资者在购买债券时实际支付的价格。碳债券发行价格的确定方式与普通债券相同，分为平价发行、溢价发行以及折价发行。平价发行也称为等额发行或面额发行，是指发行人以碳债券的票面金额作为发行价格。如某公司债券面额为 100 元，若采用平价发行方式，那么该公司发行债券时的售价也是 100 元。溢价发行是指发行人按高于面额的价格发行债券，这样可使公司用较少的债券筹集到较多的资金，同时还可降低筹资成本。如某公司债券面额为 100 元，若采用溢价发行方式，那么该公司发行债券时的售价可能是 105 元。折价发行是指以低于面额的价格出售债券，即按面额打一定折扣后发行债券，折扣的大小主要取决于发行公司的业绩和承销商的能力。如某种债券的面额为 100 元，如果发行公司与承销商之间达成的协议折扣率为 5%，那么该债券的发行价格为 95 元。

债券发行价格的高低与市场利率水平密切相关，债券的市场利率代表债券投资者对债券要求的最低实际收益率。在债券发行时，若市场利率高于债券票面利率，发行人则可以考虑采用适度的溢价发行，从中获取一部分利差；相反则可以采用折价发行的方式，促进资金的筹集。

交易价格为债券在流通市场(二级市场)上的买卖价格，在行情表上体现出债券的开盘价、收盘价、最高价和最低价。交易价格的高低，取决于公众对于债券的评定、市场利率以及对于宏观经济变化的预期。一般来说，债券的价格与到期收益率成反比，即债券的价格越高，买入债券的投资者所得到的实际收益率就越低，反之亦然。值得一提的是，碳债券的价格往往比商业债券更高。如韩国进出口银行的绿色债券价格远高于其商业债券。

债券的价格是变动的，而债券的面值是固定的。在发行者计息和还本的时候，是以债券的面值作为基准，而不是价格。

通常，债券的发行者大都是通过公告或条例的形式将债券的 4 个基本信息公布给投资者。此外，不同的债券合约还可能包括其他的要素，如现金流序列(即还本付息方式)，是否嵌入选择权，是否与低碳资产收益相挂钩等。

二、碳债券市场参与者

根据债券市场的组成结构，碳债券市场的参与者包括发行人、中介机构和投资者。

(一)发行人

债券发行人是指为筹措资金而发行债券的政府及其机构、金融机构、公司和企业。债券发行人是债券发行的主体，如果没有债券发行人，债券发行及其后的交易就无从开展，债券市场也就不可能存在。碳债券发行市场(一级市场)的发行人主要有以下 4 种类型。

1. 国际组织

国际组织亦称国际团体或国际机构，是具有国际性特征的组织，是 3 个或 3 个以上国家(或其他国际法主体)为实现共同的政治经济目的，依据其缔结的条约或其他正式法律文件建立的有一定规章制度的常设性机构，既包括综合性组织又包括专业性组织。充当碳债券发行人的国际组织专指为促进减缓全球气候变化项目或适应性项目而筹措资金的专业性金融组织。国际组织推动了碳债券在国际碳市场中的产生，并为其他发行人发行债券提供了可供借鉴的经验。最为典型的是世界银行和其下设机构的国际金融公司。自 2008 年以来，世界银行已经通过发行 17 个币种、61 只绿色债券筹集超过 53 亿美元资金，国际金融公司已经发行 34 亿美元绿色债券，其中包括两个基准规模 10 亿美元的绿色债券。这两个机构都有相当规模的气候方案，世界银行在过去三年中批准气候适应和减排项目资金平均每年 55 亿美元。国际金融公司的气候智能型投资组合仅 2013 年就增长了 50%，增至 25 亿美元。除此之外，其他的国际金融组织还包括非洲发展银行、欧洲理事会等。

2. 政府和主权组织

政府指国家的政府主管部门，主权组织则包括州级、省级以及市级政府，可能是国家内的州或者地方政府。由于碳债券发行立足于促进全球气候变化问题，旨在由国际组织牵头促进各个国家政府参与到有关全球环境可持续发展的议题中来，故而中央政府和主权组织构成了碳债券的重要发行人之一。通常，中央政府和具有主权性质的组织为了推动低碳经济的发展，将发展资源节约、环境友好等可再生能源、减缓气候变化的项目列为国家经济刺激计划的重要目标之一，从宏观层面为碳债券的发行提供引领。

3. 银行和其他金融机构

银行和其他金融机构利用碳债券市场为他们的客户提供多样化筹措资金的渠道。比较具有代表性的形式是商业银行与投资银行合作开发与减排单位挂钩的结构性理财产品，挂钩的对象可以是现货价格、原始减排单位价格、特定项目的交付量等，到期支付相应的收益给投资者。目前，发行结构性理财产品的商业银行大都是经验丰富、业务遍布全球的跨国商业银行，如汇丰银行、荷兰银行、德意志银行和东南亚银行等。

4. 减排企业

企业参与到碳债券的发行中，主要是出于达成减排目标或构建低碳项目。减排企业既包括大型能耗性工业企业，也包括清洁能源开发的企业。企业发行者的信用等级参差不齐，既有相当于政府的信用等级，也有低于可投资信用的等级。在国际碳债券市场上，以企业为发行主体的碳债券占比相对较小。对于减排企业而言，发行碳债券一方面创造了新的融资渠道，以创造债券市场差异化的方式，吸引投资者目光；另一方面也可以起到提升营销企业品牌的作用。

通常，企业会根据自身业务特征将其产品与绿色债券进行捆绑设计，因此由私人企业发行的绿色债券类型更为丰富一些。比较有代表性的有联合利华、丰田汽车和 Regency Centers 代表消费品、汽车和地产行业的企业。其中，丰田汽车的绿色债券直接和产品相关联，用于支持消费者贷款购买或租赁包括混合动力车丰田普锐斯在内的"绿色"汽车，相当于丰田金融服务公司将贷款组合卖给了投资者，属于担保债券。

除了由各个发行主体独自发行以外，不同类型和属性的发行人也会相互合作。例如，政策性金融机构可以和私人企业合作，通过风险分担机制带动更多的债券投资者进入绿色债券市场。欧盟委员会和欧洲投资银行合作的"欧洲 2020 年债券信用增级倡议"项目便是其中的佼佼者。对获得该倡议支持的合格项目，欧洲投资银行会认购该项目价值 20% 的次级债券，成为债券的第一损失准备金，以吸引更多的私人投资者。目前，已有 9 个能源和交通项目获得该倡议批准，包括英国和德国的海上风电网连接项目。

（二）中介人

中介人是碳债券市场上不可缺少的参与者。在一级市场中，交易商和经纪人辅助发行人发行债券，负责联系发行人和投资人。新债券发行之后，进入到二级市场上进行交易，中介人则担当撮合交易者的角色。碳债券市场的主要中介人包括代理或零售经纪人、交易商兼经纪人、做市商、承销商以及相关的辅助服务机构。

1. 代理或零售经纪人

代理或零售经纪人是代理商，一方面，其充当代理投资者进行债券买卖的角色，从而赚取佣金作为收入；另一方面，其可帮助投资者和发行人保持匿名往来的形式。

2. 交易商兼经纪人

交易商兼经纪人是为了撮合做市商与对手方的交易，提高市场效率。他们本身不参与自营交易，而是通过提供服务获得小额佣金。其面向对象和运行方式都与零售经纪人不同。

3. 做市商

做市商是存在于特定交易制度——做市商制度或混合型制度之下的参与者，他们的职责是设定债券的交易价格，获利来源于买卖价差。即使市场不存在交易意愿时，做市商也必须承担起报价、买卖的义务。做市商具备自营的权利，能够在自己的账户上进行交易，并形成资金的往来和债券的买卖。二级市场中最大的交易量来自于不同做市商之间。

4. 承销商

承销商一般指具有相当销售实力，承担销售责任的机构。债券承销商是在债券发行中独自承销或牵头组织承销团经销的经营机构，一般由信誉卓著、实力雄厚的商业银行、投资银行及大型证券公司担任，在我国则一般由具有资格的商业银行、证券公司或兼营证券的信托投资公司来担任。在承销商的选择上，需要考虑备选承销机构的资金总量、风险承担能力等因素。我国首只碳债券的主承销商是浦发银行。

5. 第三方中介服务机构

第三方中介服务机构在碳债券市场中提供辅助性服务，主要体现在前期材料的准备、中后期信息披露以及为投资者提供投资信息参考等。第三方中介服务机构主要包括会计师事务所、法律事务所和信用评级机构。

(三)投资者

碳债券市场除了普通的社会公众之外，大多数是金融机构和公司。大型的机构投资者按照设立性质、资金来源可以分为多种类型，这里主要介绍4种重要类型。

1. 商业银行

商业银行是债券市场上的重要投资者，通常购买固定利率债券获取利润，购买浮动利率债券以弥补借贷需求的缺口。碳债券的开发丰富了债券市场的交易品种，同时为商业银行调整投资资产利率结构提供了新型方式，包括固定利率加浮动利率、联动碳资产价格或指数价格的浮动利率形式等。

2. 投资基金

投资基金是投资信托类的基金，一般是依据某种特定的需求而设立，目的是在一定的风险水平下科学地运用募集资金获取收益，且没有偿还利息费用的负担。投资基金作为重要的机构投资者之一，活跃于各类市场寻求适合基金类型的投资产品，碳债券作为碳金融市场中不可或缺的工具，在满足投资基金投资回报需求的同时，也能促进投资基金介入到国际碳市场，分散投资并合理管控风险。

绿色债券通常会吸引一些长期性资本，例如主权基金、养老金、企业年金、保险资金等，以及社会责任投资机构如社会责任投资基金、教会基金等的青睐。比较有代表性的社会责任投资基金包括美国教师退休基金、卡尔弗特基金公司等。

3. 非银行金融机构

非银行金融机构泛指除商业银行和专业银行以外的所有金融机构，主要有信托、证券、保险、融资租赁、资产管理公司以及财务公司等。典型的机构投资者包括全球最大的投资管理公司贝莱德、道富集团。特别是对于财产保险公司、人寿保险公司而言，为控制风险可供投资选择的工具非常有限，因此会依据对应保单的赔付要求结构，选择投资期限和收益合适的碳债券。除此之外，碳债券能够延续衍生产品的开发，如证券机构可以将所购买的碳债券转为基金计划，向投资者发售。

4. 公司投资者

公司投资者一般利用多余现金、养老金之类的财务计划资金投资于债券市场以获取较为稳定的利润。国外碳债券市场相对较为开放，且交易品种较多，公司投资者也有机会参与其中。在我国，已开发的中期票据形式的碳债券只能在银行间债券市场中流通，公司投资者尚不能直接参与碳债券的投资。

三、碳债券发行方式与程序

(一)碳债券的发行方式

碳债券的发行方式按照有无中介机构参与，可以分为直接发行与间接发行两种形式。

1. 直接发行

直接发行是由发行人自行办理碳债券发行的所有手续，并直接向投资者发售债券的形式。直接发行没有中介人参与，因此不需要向相关的代理机构支付代理发行或承包发行的费用。但由于采用直接发行方式的发行人对于某种债券的认识渠道和程度都有限，通常容易导致发行成本的增加，甚至会造成发行失败，因此往往适用于规模较小或定向募集的债券。碳债券募集所针对的项目大多回报周期较长、风险较大，故而直接发行方式在碳债券中使用较少。

2. 间接发行

间接发行也称委托发行，是发行人委托金融中介机构发行债券。碳债券发行过程中，通常采用间接发行的方式。充当碳债券承销的中介机构被称为承销商，可以是单一的承销商，也可以是由主承销商牵头的承销团。他们负责协调发行申报工作，牵头准备发行及备案文件，组织尽职调查工作，设计发行方案，市场推荐，以及组织债券发行与销售工作。

碳债券的承销商一般由大型证券机构、投资银行和跨国银行担任，通常采用单一承销机构形式。采用这种方式，可以通过了解金融知识的专业机构，促进债券迅速稳定地发行，以免延误发行时间。纵观 2010—2013 年国际金融公司发行的 18 只绿色债券情况，其中 16 只采用单一承销商的形式，主要由瑞典北欧斯安银行、野村证券、三菱日联证券、摩根大通担任，其中野村证券承销的债券最多。剩余 2 只绿色债券采用承销团的形式，1 只由花旗银行、摩根大通以及摩根士丹利合作，1 只由美国银行私募股权直接投资，花旗银行、法国农业信贷银行以及瑞典北欧斯安银行合作承销。

根据承销商在债券承销中承担义务大小，可划分为 3 种方式：委托代销、全额包销以及余额包销。

(1)委托代销

委托代销指债券发行人委托承销商代为向投资者推销债券，并向承销商支付一定比例的手续费。该种发行方式要求承销商按合同约定的时间和条款，向投资人代销债券，合约发行期满时，所有未能售出的债券可全部退还给发行人，代理机构没有认购债券的义务。可见，代销过程中，承销商不承担任何的风险，而发行人除了承担全部风险以外，还必须承担手续费用。因此，只有信用程度高、普遍被看好的债券才会选择这种方式。

（2）全额包销又称承包发行

代理发行机构在债券公开发行之前用自己的资金全额购买债券，然后通过债券市场转售给其他投资者，承销过程中的一切风险和费用都由承销机构承担。全额包销按照不同的形式可分为银团承销、协议承销和俱乐部承销。银团承销是最为常见的一种形式，由主要的承销机构牵头，若干个其他承销机构参与，所有的承销机构组成银团，可降低发行成本和承销风险，而承销费用率则根据承销份额确定。我国首只碳债券采用的就是银团承销的形式。协议承销则是通过协议将全部债券份额委托给单个承销机构，发行风险都由该承销机构承担。该种方式下发行债券的额度和承销商实力都需要慎重考虑。俱乐部承销是若干承销机构合作发行债券的形式，包销费、份额和风险都由承销机构平均分摊。后两种承销方式在碳债券的发行中较为少见。

（3）余额包销又称助销发行

承担人担当辅助发行人的角色，承销商与发行人订立合约，在合约截止日期之前由承销商推销债券，若债券发售不完，则剩余部分由承销商全部认购或按等量资金向发债人贷款，保证债券全部完成发行。余额包销的方式相较于全额包销，承销商仅承担部分风险，且发行人可以按照计划筹得全部的资金。

发行人在间接发行方式的选择上，需要考虑一系列的因素，主要是市场情况、发行费用以及发行周期等，具体情况见表3-1所列。

表3-1　间接发行考虑因素

比较内容	市场情况	发行费用	发行周期
委托代销	好	低	长
全额包销	差	高	短
余额包销	中	中	中

从表3-1中可以看出，代销方式在市场较好的情况下使用，且发行费用低，发行周期较长；全额包销由于其发行费用较高，一般在市场表现较差的情况下使用，能够为发行人缩短发行周期；余额包销发行费用排序较为适中，在市场表现不存在较大波动的情况下使用，发行周期适中。

（二）碳债券的发行程序

通常而言，碳债券的发行程序与普通债券相似，主要包括图3-3所示的3个阶段，前期准备阶段、申报审查阶段以及发行实施阶段。

1. 前期准备阶段

发行碳债券的目的是为低碳项目筹措资金，合理地应用资金促进项目运营并获取预期收益。因此，发行申报准备阶段必须收集分析一系列关于项目背景、公司财务状况、运营水平的材料，客观、准确、完整地体现碳债券发行的可行性，并评估投资项目的经济效益和预测还本付息情况。可行性评估的科学性将直接决定债券发行计划能否被批准，此阶段要求承销商、会计师事务所、信用评级机构以及律师事务所的参与，具体内容如下。

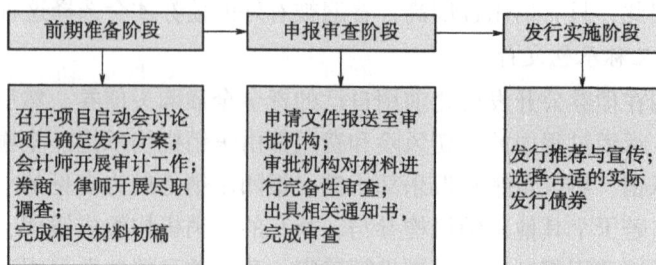

图 3-3　碳债券发行流程

(1)召开项目启动会

项目启动会是碳债券项目正式启动的标志性事件，特别是对于公司债券而言。前期沟通中，发行人与主承销商对债券相关事宜基本达成一致意见，并确定会计师事务所、评级公司和律师事务所等相关机构。除各中介机构外，项目启动会一般需由公司董秘、主管财务工作的副总、财务部、证券部、法律部负责人、主要业务部门负责人参加。主要讨论事项包括碳债券发行时间表、各参与机构的分工合作方式以及项目执行过程中的沟通、重大事项决策机制等。

(2)尽职调查现场访谈

尽职调查现场访谈的目的主要是对于发行主体和相关项目的基本情况进行记录、核实并做出评估。一般由承销商、评级公司提供访谈提纲，通过与发行人的管理层与主要职能部门、业务部门、企业(项目)负责人等进行当面访谈，从而对企业(项目)的管理与经营情况、管理人员与业务人员的素质等有所了解，面谈一般在 2~3d 时间内完成。会计师开展审计工作，对企业(项目)运营的财务状况予以审计。

(3)拟定尽职调查清单

尽职调查清单的参考材料是由承销商、评级公司、律师事务所提供资料清单，由董事会办公室、项目主管办公室以及财务部等相关部门按时间进度提供书面材料。尽职调查清单由中介机构于启动会后提交给发行人，重要书面材料一般要求发行人于一周内反馈，中介机构将根据发行人提供的反馈，再次提交补充尽职调查清单。

(4)完成工作底稿和材料撰写工作

工作底稿是发行人提供给主承销商的各项资料，将作为申报文件用以支持申报文件中的相关论述，并备审核部门审核。工作底稿制作由主承销商负责，将贯穿于全部申报准备阶段，同时也是申报准备阶段的最终成果。除此之外，还需要签署各项协议文件，包括承销协议、受托协议、债券持有人会议规则、担保协议等。中介机构需撰写承销协议、募集说明书。律师机构出具法律意见书。

2. 申报审查阶段

任何国家和政府的发行主体发行碳债券都必须经过相关管理审批机构的审批，未经允许不能擅自出售任何形式的碳债券。在将发行申报阶段的全部材料和工作底稿定稿之后，按规定将申请文件报送相关管理机构，如发行碳债券申请书、营业执照、上级主管部门证明、可行性报告、信用评级材料、财务报表以及要求的其他材料。不同类型的碳债券采用不同的审核方式，在我国首只碳债券为中期票据采用注册制，而中小企业私募债对应备案制，公司债券和企业债券对应核准制。

申报后的备案阶段的重点工作要求主承销商与主管单位持续跟踪和沟通，保证碳债券的顺利备案。除此之外，这一阶段还有一项较为重要的工作就是寻找潜在投资者。

3. 发行实施阶段

在取得发行权以后，发行主体就可进入发行实施阶段。此时的工作重点在于发行推荐和发行时机的确定，需要发行人与主承销商积极配合。发行推荐过程中，主承销商正式寻找本期债券投资人，并充分沟通，积极推荐企业。主承销商的销售实力与寻找潜在投资者的能力直接相关，进而也会对公司最终融资成本产生影响。在相关机构备案后一定时期内，发行人可择机发行债券。通过主承销商对市场走势的判读来确定最佳时期，以较低成本发行本期债券。不同性质的碳债券，其发行场所也不一样，在我国中小企业私募债对应交易所、证券公司，公司债券对应交易所竞价系统，企业债券对应银行间市场和交易所，中期票据和短期融资券对应银行间市场。

(三)碳债券的交易方式与程序

碳债券的交易市场是指买卖已发行债券的市场，又称二级市场或次级市场。债券交易市场中债券持有人提供能够按市价出售的债券，同时为新的投资者提供进入碳债券投资的机会。交易市场的存在增强了债券的流动性，为具有中长期性质的碳债券发行提供了后续偿还的资金保障。

碳债券的交易市场功能主要表现在，一是化短为长，促进债券合理价格的形成；二是调节资金供求关系，引导资金的流向。碳债券交易市场主要包括场外交易市场和场内交易市场，目前我国碳债券的交易市场为银行间债券市场，属于场外交易市场。

1. 碳债券的交易方式

普通债券的交易方式主要有现货交易、期货交易、期权交易和回购协议交易等4种类型。对于碳债券市场而言，最主要的两种形式为现货交易与回购协议交易。

(1)现货交易

现货交易是指在达成成交协议之后，债券的买方和卖方在当日或者较短期限内达成交割的交易方式。交割是交易双方钱、券两清的行为，故又被称为交收。但实际上，债券的交易从成交到最后交割清算，总会有短期内的拖延。通常，根据交割时间的长短，分为当日交割、次日交割以及特约日交割等。

当日交割是指债券买卖双方在交易达成后，于成交当日进行债券和款项的收付，完成交收行为。次日交割是债券的买卖双方在交易达成后，于成交的下一营业日进行券款的收付，完成交收。特约日交割则是债券的买卖双方在交易达成后，约定在未来的某段时间内的某一个特定的契约日进行交割。

(2)回购协议交易

回购协议交易是指以债券回购协议为交易对象的交易类型。回购协议要求债券的卖方在出售债券进行融资的同时，做出向债券的买方在约定期间后按一定价格买回债券的承诺。

对于买方而言，回购协议交易相当于买入现货、卖出期货的交易行为，又称之为逆回购交易。对于卖方而言，回购协议交易相当于卖出期货、买入现货的交易行为。其本质就是以债券为抵押的一种融资行为。回购协议的利率是由交易双方按照回购的期限、货币市场的利率水平以及债券的信用等级等因素确定，与债券的票面利率并无确切的联系。回购的期限有长有短，最短的为隔日回购，最长的为一年左右。对于碳债券而言，回购协议多发生在碳企业债券中，企业出于对自身利润分配政策的控制，而订立了回购协议。

2. 碳债券交易价格形成机制

碳债券市场价格形成机制包括公开竞价制度、询价交易制度以及点击成交制度。

（1）公开竞价制度

公开竞价制度是指对申报的每一笔买卖委托，买卖双方都可以提出购买意愿。碳债券交易所市场中通常采用公开竞价的制度。买卖双方为双向竞价，具体为卖方和卖方之间、买方和买方之间以及买卖双方之间竞价。计算机交易系统按照"时间优先、价格优先"的原则撮合买卖，形成成交价格。买卖以两种情况产生成交价，最高买进申报与最低卖出申报相同，则该价格即为成交价格；当买入申报高于卖出申报时，或卖出申报低于买入申报时，申报在先的价格即为成交价格。

（2）询价交易制度

询价交易方式是指交易双方自行协商确定交易价格以及其他交易要素的交易方式，包括报价、格式化询价和确认成交3个步骤，一般适用于大额交易。报价包括意向报价、双向报价和对话报价3种报价方式。意向报价和双向报价不可直接确认成交，对话报价经对方确认即可成交，属于要约报价。意向报价是指交易成员向全市场、特定交易成员或系统用户发出的，表明其交易意向的报价。受价方可以根据意向报价向报价方发送对话报价，进行格式化询价。双向报价是指交易成员向全市场发出的、同时表明其买入/卖出或融入/融出意向的报价。交易成员可就双向报价产品和资产支持证券发出双向报价。双向报价产品是交易系统事先设定部分交易要素的标准化报价品种。对话报价是指交易成员为达成交易，向特定系统用户发出的交易要素具体明确的报价，受价方可以直接确认成交。报价之后，由交易成员与对方相互发送的一系列对话报价所组成的交易磋商过程，达成成交意愿后即进一步成交，而未能确认成交的则宣告交易结束。

（3）点击成交制度

点击成交交易方式是指报价方发出具名或匿名的要约报价，受价方点击该报价后成交或由限价报价直接与之匹配成交的交易方式。在点击成交交易方式下，报价方式包括做市报价（双边报价）和点击成交报价（单边报价）。做市报价是指报价方就某一券种同时报出买入和卖出价格及数量的报价。做市商和尝试做市机构可对其设定的做市券种进行双边报价。点击成交报价是指报价方就某一券种报出买入或卖出价格及数量的报价。受价方输入的交易量小于等于点击成交剩余报价量的，按受价方输入量成交；受价方输入的交易量大于点击成交剩余报价量的，按点击成交剩余报价量成交。限价报价是指报价方发出的单边买入或卖出报价，该报价不向市场公开，可自动与符合成交条件的点击成交报价成交。限价报价量小于等于点击成交剩余报价量的，按限价报价量成交；限价报价量大于点击成交剩余报价量的，若限价报价方允许报价量拆分成交，则限价报价可与多个点击成交报价成交，直至限价报价量成交完毕，若限价报价方不允许报价量拆分成交，则交易不能达成。

3. 碳债券的交易程序

碳债券的交易场所既包括场内交易市场也包括场外交易市场。场内交易市场是以交易所为平台的市场，比较有代表性的为伦敦证券交易所、纽约证券交易所。场外交易市场是基于较为松散的市场体系建立起来的，也是碳债券交易的主要场所。对于我国而言，碳债券主要在银行间债券市场流通。

(1) 碳债券场内交易程序

在交易所内部，交易程序都是由交易所立法规定，具体交易流程包括委托、成交、清算交割和过户。

①委托　在场内债券市场中，投资者都具备相关交易账户资格。投资者在开立账户后，不能直接参与债券的买卖，而是与经纪人建立交易委托代理关系，这是普通投资者进入场内市场必经的程序，也是碳债券交易的必经程序。在确立委托关系之后，投资者就可以向经纪人发出"委托"指令，一般可采用电话委托和当面委托两种形式。具体的委托办理遵循，首先，与经纪人办事机构取得联系；其次，填写委托书，确定委托意愿（委托数量和委托价格）；再次，将委托书信息传递给经纪人相关交易员；最后，交易员代替投资人执行委托内容。

②成交　执行委托内容之后，通过市场交易制度促成既定价格、既定数量债券的成交。碳债券场内市场采取公开竞价的方式进行。公开竞价中，买卖双方为双向竞价，即买方之间、卖方之间以及买卖双方之间的竞争，直至买卖双方申报价格一致时，达成交易。此时，遵从"时间优先"和"价格优先"的原则。

③清算交割　碳债券的清算是对同一经纪人公司在同一交割日对同一种债券的买卖相互抵消，确定最后需要交割的债券余额和应当交割的价款余额，然后按照"净额原则"办理债券和价款的交割。"净额原则"目前普遍被国外市场采用。具体而言，一般由清算机构在闭市之后，依据当天"场内成交单"记载的经纪商买入和卖出某种债券的数量和价格，计算出应收应付价款相抵的净额以及各债券相抵后的余额，编制当日"清算交割表"，并在规定的交割日办理交割手续。交割是将债券所有权由卖方向买方让渡，将价款由买方向卖方转移。按照交割日不同可以分为当日交割、普通日交割以及约定日交割3种。其中，T+1交割是债券交割的主要形式。

④过户　过户是指债券的所有权从一个所有者转移到另一个所有者名下。碳债券原所有人在完成清算交割后，可携过户通知书和债券到经纪公司处，在手续齐全之后，原债券所有者相应的债券数额会被注销，同时在其现金账户上会增加这笔交易款项。对于债券的买方，其证券账户会增加相应的债券数量，现金账户上减少总价款。

(2) 碳债券场外交易程序

从国际经验来看，碳债券交易中绝大多数都是依托已有的债券交易系统进行，场外交易市场也是其主要的参与场所。由于交易制度有所不同，场外交易市场交易程序与场内交易市场略有不同，场外交易市场碳债券交易程序包括提出买卖意愿、成交、清算交割和过户。

①提出买卖意愿　在场外交易市场中，投资者可以采用自营买卖或代理买卖的形式进入市场。自营买卖是指投资者将个人买卖意愿传递给做市商。代理买卖中，在确立与代理机构委托关系之后，投资者就可以向做市商发出"委托"指令，对买卖债券的数量和报价进行描述，再由代理人代为执行委托指令。

②成交　做市商交易制度下，做市商作为报价主体，报出买价和卖价，并按其提供的价格接受投资者的买卖要求，以其自有资金和债券与投资者进行交易，从而为市场提供即时性和流动性。投资者在买卖意愿和报价符合做市商所提出的双向报价和债券余额时，即可达成交易。

③清算交割和结算　碳债券的清算是对做市商、证券公司以及投资者在同一交割日对同种债券的买卖相互抵消，确定最后需要交割的债券余额和应当交割的价款余额，采用"净额原则"办理债券和价款的交割。这一步骤，由清算机构在闭市之后完成。计算出应收应付价款相抵的净额以及各债券相抵后的余额，编制当日"清算交割表"，在规定的交割日办理交割手续，并依照"清算交割表"中的汇总数据完成结算。

④过户　债券和资金的所有权从一个所有者转移到另一个所有者名下，债券所有权由卖方向买方过渡，价款则反方向转移。原债券所有者相应的债券数额会被注销，同时在其现金账户上会增加这笔交易款项。

第四节　碳债券产品设计与定价原则

世界银行成功发行了多支绿色债券，这已经吸引了许多国家政府的注意，一些政府已经意识到，绿色债券模式是一种让私人资本支持政府节能减排项目的有效方法。例如，2009 年 3 月，美国国会议案提出筹建"美国绿色银行"用以对清洁能源和提高能源利用率的项目进行资金支持，资金来源由美国财政部发行"绿色债券"来解决。议案还提出美国财政部应首期发行 100 亿美元的绿色债券，为绿色银行筹资。

英国政府计划发行绿色债券。英国 2010 年 6 月公布了气候融资计划草案，草案提出了"提供确定性和激励机制，吸引私人部门投资绿色技术"的绿色投资银行的设计框架。该草案还计划发行绿色债券。

加拿大关于绿色债券的提议。2009 年 1 月，一个有影响力的加拿大环保组织 PowerUP Canada（由 4 名前总理支持）呼吁发行一个 410 亿美元的"绿色"刺激计划，由政府发行绿色债券。绿色债券将仿照现有的加拿大储蓄债券模式，并会支付相同的利息。一个加拿大的私人管理公司——VCI 绿色基金管理公司，已发表了绿色债券公共政策建议书。

根据联合国气候变化公约制定的发展中国家的碳减排债券建议，联合国气候变化公约主席 De Boer 先生曾发表过多次讲话，提议由发展中国家发行绿色债券，由发达国家的投资者购买债券，债券收益由销售温室气体减排额来实现。债券的设计原则是未来收入现金流的证券化。目前，De Boer 先生正在寻找可行的方案，他偏好的方案之一是这种"碳债券"或"环境债券"。债券由政府发行，卖给有意建立碳减排项目的非银行金融机构。这些减排项目建立并运行以后，机构通过出售可交易碳信用赚取现金来偿还投资者本息。出资人只需要和政府打交道，而不需要考察具体的风电、太阳能企业等新兴能源企业。

一、碳债券设计原则

(一)规模适量原则

规模适量原则要求碳债券发行人在确定发行债券规模的时候处于适度水平，适度的水平可以从两个层面来衡量。一是，根据低碳项目或企业每期投入的资金量与既有资金的缺口，确定举债的总体水平，或根据总体项目或企业投入资金总量，平摊到各个生产阶段，再扣除预期可投入资金数得出。二是，从公司资本结构安全性考虑，债务资本占举债公司的资本结构维持在国家规定范围之内，将财务风险有效控制。

(二)成本合理原则

成本合理原则要求碳债券的发行人在设定票面利率和相关条款的同时，考虑资金成本，以及对投资者的吸引力，将票面利率保持在合理范围之内。在资金成本方面，考虑债券期限、市场利率、信用等级、利息支付方式等客观参数，并考虑项目方或企业的资金承受能力的主观因素。在投资者吸引力方面，一方面通过参考具有相同等级的债券发行，另一方面通过市场调查了解投资者的需求情况，保证投资者取得适当的报酬。

(三)联动低碳资产原则

碳债券的核心特征是将债券收益与项目运行状况挂钩，因此设计时要考虑与低碳资产的联动问题，使得项目运行状况越好债券收益越高，从而激发投资者进入减缓和适应气候变化项目的积极性。联动低碳资产有多种形式可选，如设置浮动利率累进区间，根据收益水平分档进行调整；设置浮动利率调整方式，根据收益水平和调整系数进行调整；将浮动利率与碳交易指数挂钩等。

二、碳债券设计思路

债券的设计既要满足资金筹措需求，又要满足投资者的回报要求。不同的经济金融环境，不同的资金报酬来源，对债券的设计有不同的要求。

通常，债券产品设置基本思路主要是从期限结构、利率决定、担保条件等基础条款着手。而对于碳债券而言，它是以可再生清洁能源为目标的债务融资工具，其核心特点是债券的设计应与 CDM 项目收益挂钩。

(一)与碳减排项目挂钩

碳债券的设计思路中，将碳债券与项目本身的实际收益、回收期、项目资产及折旧、企业现金流等情况挂钩，确定碳债券的利率、期限结构、债券担保、利息支付方式等债券主要条款。特别地，在甄别项目的时候，优先考虑发行国家、世界主流社会所倡导的、在技术和经济等方面都优秀的、能够经过有效的核证减排认证程序的节能减排项目。

(二)考虑嵌入低碳资产

嵌入低碳资产的债券，更加集中于可再生能源行业。主要有两种方式，一是碳债券设计根据低碳企业股本结构、银行信贷比例等情况，进行合理的期限结构、利率水平设定，引导并调动更多的低碳资金尽快进入低碳经济领域，参与碳减排事业和利益分享；二是碳债券承载不同形式的碳金融资产，如以债券作为基础，构建利率产品，构建附带核证减排额指标（CER）产品，构建附带低碳企业股票转换权的可转换债券等，或者将到期交付碳资产实物和到期交付碳资产行使权利嵌入到碳债券合约中。

（三）采用灵活交割方式

交割方式包括实物交割和现金交割。在实物交割的情况下，碳债券在设定到期日按每张碳债券交付一定数量的核证减排量（CERs）涉及；而在现金交割情况下，交割的对象是该数量指标所对应的市场价值，该市场价值由预先设定的计算方式确定。灵活的交割方式的采用，能够考虑到期交付碳资产和其相应的对价。到期交付碳资产指在碳债券条款设定的交付日期交付指定的碳资产，包括排放权指标、行使购买排放权指标的权利等。灵活的交割方式赋予债券持有人选择的权利，从而可以减少和降低交割风险，提高债券流动性。

（四）增加与其他市场的关联度

碳债券设计的市场定位有很多选择。从内容上，与碳债券相关的资产有很多，债券合约条款也很多，碳债券可以设计成复杂的债券型资产组合，以碳债券作为媒介连通债券、CER现货、期货、期权等市场，以其为依托衍生出其他种类的关联性产品。从形式上，碳债券可以简单设计成企业债券，也可以设计成新型绿色债券。根据低碳企业股本结构、银行信贷比例等情况，进行合理的期限结构、利率水平设定，引导并调动更多的低碳资金尽快进入低碳经济领域，参与碳减排事业和利益的分享过程。

综上所述，除了传统的分期付款债券、一次性还本付息债券可以运用到碳债券的设计当中以外，其他债券类型如可转换债券、分离交易的债券、抵押债券等仍可以适用于碳债券。国际上正在研究中的运行模式包括，碳零息抵押债券、与通货膨胀或者碳排放价格相关联的碳指数关联债券以及碳常规抵押债券。

三、碳债券设计流程

完整的碳债券产品设计流程主要包括市场需求分析、可行性分析和产品设计。设计流程承接发行程序，在此之后通过市场营销，债券进入发行市场，继而进入二级市场流通。同时，由债券市场反馈的产品交易数据，也为碳债券产品的下一步再设计或增发提供参考资料。

（一）市场需求分析

碳债券产品设计的首要工作是完成设计目标的确定，即通过了解客户的预算约束和成本约束，从中提炼出具体的、可操作性的目标。这有赖于充分的市场调研与需求分析。具体而言，对产品的目标市场群进行确定的市场细分与定位，如进行风险偏好、目标客户群的收入情况等划分。根据客户的需求，以及对市场潜力、销售前景等因素的判断，发行商才能规划出碳债券产品的开发思路，对于是否嵌入低碳资产、是否加入选择权等条款做出评估，设计差异化的结构性产品。

(二)可行性分析

可行性分析通常是由碳债券发行商的产品设计部门完成，是对市场调研和市场需求信息的汇总和提炼。根据所取得的客户需求、产品建议等信息，综合成本收益、政策监管、市场前景、风险管理、营销宣传等因素设计、开发相应的产品结构。这一阶段，发行商除了负责结合理论与实际市场情况完成对产品定价、收益测算、风险属性评估等以外，还要负责与市场部门协同进行可行性分析、产品风险等开发论证工作，并最终形成产品说明书及可行性分析报告。

(三)债券产品设计

碳债券产品设计阶段是产品合约形成的关键阶段，具体包括产品结构设计、产品定价、风险收益特性分析、产品结构参数设计以及标准化。产品结构设计是在政策约束、市场约束和技术约束条件下，对于产品是复合还是单一形式，复合的程度有多深等问题进行评估和选择。一般而言，产品结构越简单，交易双方的信息越对称，越容易被市场所接受。产品定价是最关键的设计环节，应用债券定价的基本原理和特定条款的定价方法，对相应的产品做出合理评估。风险收益特性分析则是对已定价的新产品进行风险收益特征分析，情景分析法、VAR方法和数据模拟法等是常用的分析方法。在完成了产品定价和风险收益特征分析后才能够对具体的产品参数进行设定，还有一个重要环节就是标准化，对交易单位、计价单位、信息披露、交割方式、期限、仲裁机制等进行标准化，为在债券市场交易提供便利。

四、碳债券设计方案

碳债券的产品设计方案主要针对其四个基本要素展开，即债券期限、债券面值、票面利率以及债券价格。基本要素的确定都是权衡发行人自身的运营状况的主观因素和市场运行情况的客观因素做出的决定。针对每个要素的含义和对债券发行交易的影响，有不同的参考要点，具体如下。

(一)碳债券期限确定

碳债券的期限决定了资金的使用期限，即资金从获得到偿还的期间长短。故而，发行人确定碳债券发行期限通常要考虑资金的运用周期、资金市场利率走势以及碳债券市场的流动性。

具体而言，对于资金运用周期的考量，在于预估债券关联项目的开发期间以及资金运用周期，并保证债券期限与项目资金运行周期相匹配。既可以采用债券期限覆盖整体项目运行期间的形式，也可以采用多次发行债券以使得债券期限总和与项目运行期间对等。对于资金市场利率走势的预测，有助于控制资金成本，如果预期利率下降，则应考虑采用发行短期债券的形式，反之则发行中长期债券。对于碳债券市场流动性的测度，可采用具有相同或相似信用等级碳债券在市场中的交易频率作为参考，债券交易市场流动性越低，应尽量考虑发行较短期债券。例如，中广核风电在国内发行的首单"碳债券"发行期限为5年。

(二)碳债券面值确定

碳债券的面值相对于其他基本要素而言，其设置弹性最小。面值的设定一般考虑既有的设定惯例和投资者可接受度两方面的情况。

设定惯例是从以往相同债券或同类债券的发行的经验中总结得出，是多次调整后得出的最为适宜的绝对数。如果发行的债券没有既有的惯例可循或者需要做出相应的调整，那么投资者的可接受度将成为需要考虑的核心问题。投资者的可接受度决定了碳债券是否能够有效发行，是否能在流通市场获得足够的流动性，是否对投资者有吸引力。投资者的可接受度可以通过承销商对发行人的会谈调研报告来确定，或以对二级市场的流动性预测结果作为参考。目前，碳债券的面值一般较大，如世界银行 2013 年发行的绿色债券，债券面值为 1000 美元。

(三)碳债券票面利率确定

碳债券票面利率受发行债券本身的性质、期限、信用等级、利息支付方式以及对市场供求状况等因素影响，同时发行人还需要权衡自身能力和投资者可接受度，在不违反相关主管部门规定的前提下确定。具体而言，有以下几个要点。

①债券的期限因素　碳债券的期限越长，票面利率就越高；反之，期限越短，票面利率就越低。这是因为债券偿还期限越长，资金占用的期限越长，潜在的风险水平就越高。这些风险包括信用风险、利率风险、宏观经济风险等，而投资者承担的风险越大，就需要越高的利率给予回报。

②市场利率水平因素　市场风险水平包括银行储蓄利率水平和流通市场上其他债券的利率水平。如果当前货币供应量偏紧，市场利率可能会逐步提升，银行存贷款利率及其他债券的利率水平较高，此时债券发行人应考虑制定较高水平的票面利率；相反情况下，债券发行人就可确定较低的债券票面利率。

③债券信用等级　债券的信用等级是对债券发行人背景、关联项目质量等因素的综合化评定指标，能够在一定程度上代表发行人到期支付本息的能力。信用等级越高，意味着投资人承担的风险水平越低；反之，信用等级越低，投资人承担的风险就越高。

④挂钩资产或项目的运营状况　碳债券的核心特征就是将债权的利率与相关的资产或项目相挂钩，以项目产生的现金流作为债权还本付息或利息浮动的保证，现金流的大小会直接影响到投资者的收益水平。在其他条件一定的情况下，与运营状况预期较好的资产或项目挂钩，投资的风险相对较小，债权的票面利率可设置更低的数值；反之，如果运营状况预期较差，票面利率就要设置更高的数值。

⑤利息支付方式　利息支付方式包括折扣利息以及本息合一方式等。折扣利息，即通过以低于债券票面额的价格进行发行(即贴水发行)，到期后按票面额进行支付，其中的折扣额即为持券人的利息。本息合一方式，即通过债券到期后的一次还本付息而支付利息。采用不同的利息支付方式，对投资人的实际收益和发行人的筹资成本都有着不同的影响。一般情况下，单利计算的债券票面利率应该高于按复利计算的票面利率，一次还本付息的票面利率应高于分期还本付息的票面利率。

⑥投资者接受程度和发行者的承受能力　一般来说，高票面利率更能够吸引投资者踊跃购买，但会增加发行者利息偿还的压力，使得筹资成本增加；而票面利率过低，对投资者的吸引力则会降低，不利于债券的发行。因此，在确定债券的票面利率的时候，发行人必须评估投资者接受的程度(特别是目标投资者)，并根据自身的成本承受能力，加以权衡

比较，决定利率水平。

⑦主管部门的相关规定　碳债券的票面利率反映了实际的低碳项目或企业融资市场的供需关系。为了稳定金融市场秩序、保持金融市场的融资结构以及配合相关的宏观调控政策，主管部门通常会给票面利率的设置框定范围，采用直接政府指导利率或设置最高上限的形式。干扰票面利率设置的国家行为更多出现在市场较不完备的发展中国家，对于欧美国家而言，管制较为宽松。

2014 年 5 月 12 日中国中广核风电在国内发行的首单"碳债券"利率的确定，正是考虑了上述因素。该笔债券利率采用"固定利率+浮动利率"的形式。其中，浮动利率部分与发行人下属 5 家风电项目公司在债券存续期内实现的碳资产收益即中国核证自愿减排量（CCERs）正向关联，浮动利率的区间设定为 5 ~ 20BP（BP 为基点，1BP=0.01%）。基于碳债券的创新性和吸引力，此次"碳债券"发行利率为 5.65%，较同期限 AAA 信用债估值低 46BP，这也充分体现了投资人对附加碳收益的信心。

(四)碳债券价格确定

碳债券的价格包括发行价格和交易价格，其中交易价格是由二级市场或流通市场供求关系决定。因此，碳债券设计当中价格的确定实际上指发行价格的确定。发行价格往往受到碳债券票面利率和市场利率水平的直接影响，票面利率的核算方法在产品设计之初就已经决定，而市场利率随行就市的变动将使得碳债券发行价格的确定复杂化。

一般来说，如果实际发行时市场利率低于碳债券的票面利率，按票面额发行会使得实际收益率高于市场收益率，此时债券发行人的筹资成本增加。反之，发行的市场利率高于碳债券的票面利率时，投资者实际收益水平低于市场收益率，此时债券也就失去了吸引力。因此，需要根据两种利率的现实差异和金融市场的变化趋势，并同时考虑期限、发行方式、付息方式等因素对价格进行调整。发行价格的基本计算公式为：

$$p_i = \frac{p_f \times (1 + i \times T)}{1 + r \times T} \tag{3-1}$$

式中　p_i——发行价格；

p_f——债券的面额；

i——票面利率；

T——偿还期限；

r——市场利率。

总的来说，碳债券的发行价格参照债券的内在价值，根据不同的计息方式，不同的条款界定，其具体的内在价值都会有所不同。当市场利率水平和碳债券的票面利率比较接近时，一般会以债券的面额作为发行价格，发行价格与市场利率水平成反比。

第五节　碳债券典型案例

一、中广核电发行碳债券

2014 年 5 月 12 日，国内首单"碳债券"——中广核风电附加碳收益中期票据（10 亿元），采用"固定利率+浮动利率"的形式，在银行间交易商市场发行成功，债券一经发行凭借其在诸多方面具创新，立刻引发社会广泛关注。

（一）发行特点

（1）该债券利率采用"固定利率+浮动利率"模式，固定利率部分利率只有 5.65%，较同期限 AAA 信用债估值低 46BP。按常理，新债券品种估值往往会偏高，但此次发行利率低于市场估值，充分体现了市场投资人对碳交易市场和发行人附加碳收益可实现性的信心，也实现了通过发行碳债券降低融资成本的目标。

（2）浮动利率部分收益与发行人下属 5 家风电项目公司在债券存续期内未来 CCER 交易实现的碳资产收益正向关联。

利率由固定利率和浮动利率两部分构成。固定利率 5.65% 作为发行利率，这部分由发行日记簿建档确认，主要由发行人评级水平、市场环境和投资者对碳收益预期来判定。浮动利率与发行人下属 5 家风电项目在债券存续期内实现的碳交易收益正向关联，浮动利率的区间设定为 5～20BP。此处碳交易指国内自愿碳市场开展的对国内核证碳减排量（CCER）的交易。浮动利率的定价机制是，当碳收益率等于或低于 0.05%（含募集说明书中约定碳收益率确认为零的情况）时，当期浮动利率为 5BP；当碳收益率等于或高于 0.20% 时，当期浮动利率为 20BP；当碳收益率介于 0.05%～0.20% 区间时，按照碳收益率换算为 BP 的实际数值确认当期浮动利率。碳收益率＝每期碳收益/本期中期票据发行规模×100% 这一定价机制保证了债券投资者对发行人碳交易收益的分享，而市场对这一债券的反应一定程度上表现出投资人对碳交易市场发展和债券附加碳收益的信心。浮动利率挂钩发行人特定风电项目碳收益率，也突破了以往浮息债只与定存利率、Shibor（上海银行间同业拆借利率）和回购利率等基准利率挂钩的常规，开创了国内挂钩"非常规标的"并推广低碳概念的先河。

（二）发行机制

（1）固定利率设定

固定利率部分比同期 AAA 债券低 46BP，这主要是根据市场同期、同信用级别债券发行利率，并预计浮动利率部分收益以及市场对碳债券概念接受程度等因素后反推的结果，也因发行方与承销商沟通情况而异。

（2）浮动利率形成

当期碳债券的浮动利率依赖于当期碳收益实现情况。碳收益是将每个协议约定的 CCER 交付价格乘以 CCER 交付数量，扣除 CCER 核证与备案过程中发生的注册咨询费、签发咨询费、审定费、核证费、交易经手费和所得税后，所获得的 CCER 交易净收入的合计数。其中，当期 CCER 交付数量为经国家发改委备案的每个减排期内的核证自愿减排量，交付价格根据买卖双方约定的计算法则，与碳交易所特定时间内成交并公示的 CCER 市场参考价格正相关挂钩。

（三）项目选择

为促进碳减排，推动国内碳市场发展，发行人将本债券浮动利率部分与下属 5 个风电项目的碳交易收益挂钩，项目选择基于以下考虑。①风电项目已经投产，年运营数据相对稳定可预期，可产生相对平稳的碳减排收益；②部分项目已经在国际清洁发展机制（CDM）合作中实现收益，有可以参考适用的方法学；③项目对应的碳交易平台已经确认，交易风险相对可控。综合上述因素，最终确定的5个风电项目分别是：装机均为4.95万kW的内蒙古商都项目、新疆吉木乃一期项目、民勤咸水井项目、乌力吉二期项目以及装机为3.57万kW的台山（汶村）风电场项目。

（四）投资人利益保护

由于国内碳交易市场尚在发展初期，该期"碳债券"在产品设计上特别安排了保护投资人的特殊机制。如在碳交易买方违约、减排额已形成但尚未核准等情况下，发行人仍有义务以约定方式模拟计算期间内碳收益额，以此来保证投资人的权益，并督促发行人在债券存续期内进一步规范碳资产的经营和交易，控制碳交易市场风险向债券投资人传导。此外，鉴于企业未来碳收益部分包含了一定企业收益权的特征，通过借鉴中国银行间市场交易商协会对资产支持票据产品的信息披露要求，发行人与主承销商对产品执行更为严格的信息披露标准。

（五）产品优势

该次碳债券的发行利率为5.65%，较同期限AAA信用债估值低46BP，充分展现出产品存在的相对优势。①债券采取跨市场要素的投资人收益共享模式，帮助投资人在实现债权的同时分享发行人部分未来碳资产收益；②债券采取的类期权结构帮助发行人提前锁定成本，有效控制碳交易市场风险；③债券设计了特别的投资人保护机制，还设计了证券化思路的信息披露标准，提高了债券本身的安全性，得到市场投资者的普遍认可。

（六）发行意义

（1）为清洁能源提供了重要而独特的融资方式

中广核集团风电公司发行的10亿元5年期中期票据，利率采用"固定利率+浮动利率"，其中浮动利率部分，与发行人下属5家风电项目公司在债券存续期内实现的碳资产收益正向关联，浮动利率区间设定为5~20BP。债券附加的碳排放权于债券发行后3年交割，并可分离交易。根据评估机构的测算，经核证的碳减排份额市场均价区间在8~20元/t时，上述项目每年产生的碳收益都将超过50万元的最低限，最高将超过300万元。截至2016年3月23日，该债券已累计发行10亿元，同时还将按计划进行经核证的减排指标交割。尽管累计融资总量不多，但无疑是清洁能源融资方式的重要创新，一定程度上能够同时实现融通资金、固化财务成本、销售期货或期权合约、增加排放权交易对象、连接债券市场、活跃碳市场等多重目标。

（2）赢得了市场的广泛认可

碳债券的创设和发行顺应了世界发展清洁能源的潮流，得到了金融市场的充分认可。首张碳债券在银行间交易商市场发行，年利率5.65%，虽然较同期限AAA信用债估值低46BP，但投资人主体已涵盖了券商、银行和基金等机构投资者，获得了超额认购，而且一级市场的购买者有可能会再次分销，选择的渠道包括公开市场及非公开市场，这充分体现了银行间市场投资人对低碳金融创新的支持，以及对附加碳收益可实现性的信心。

(3)丰富并活跃了碳市场交易

中国的排放权交易所自成立以来，一直面临着交易对象不足、市场不活跃等问题。碳债券为交易所、投资银行、会计和律师事务所等整个产业提供了重要的服务对象，带动了碳金融产业和清洁能源企业、投资基金公司等相关企业的快速发展。2014年发行首张碳债券以后，由债券合约又衍生出其他交易对象，相应数量的排放权指标也随之转移到碳现货市场，形成了碳排放权在金融体系中良性循环，在碳市场和债券市场间架起了互通的桥梁。碳债券与其他碳金融产品的发行与创新，也为排放权交易所提供了新发展动力。目前深圳排放权交易所的主要交易品种为配额（SZA）和中国核证自愿减排量（CCER），截至2016年3月23日，深圳碳市场配额总成交量10 821 573t，总成交额407 960 532.12元；CCER总成交量3 128 371t。深圳碳试点市场配额流转率也在全国最高的水平下继续提高，2013年履约年度流转率为5.23%，2014年为8.53%。

二、深圳市地铁集团有限公司碳中和债

(一)发行条款

深圳市地铁集团有限公司发行的碳中和债具体发行条款见表3-2所列。

表3-2 深圳市地铁集团有限公司2021年度第三期碳中和债发行条款

本期债务融资工具名称	深圳市地铁集团有限公司2021年度第三期绿色中期票据(碳中和债)
发行人	深圳市地铁集团有限公司
主承销商及簿记管理人、存续期管理机构	中国银行股份有限公司
联席主承销商	中信建投证券股份有限公司
企业待偿还债券余额	截至本募集说明书签署日，深圳市地铁集团有限公司待偿还债券余额为618.5亿元(包括超短期融资券70亿元、中期票据110亿元、企业债228.50亿元以及公司债210亿元)
本次注册金额	人民币陆拾伍亿元整(RMB 6 500 000 000元)
本期发行金额	人民币壹拾亿元整(RMB 1 000 000 000元)
注册通知书文号	中市协注[2021]MTN286号
绿色中期票据期限	5年
绿色中期票据面值	本期绿色中期票据面值为100元
发行价格	本期绿色中期票据按面值平价发行
发行方式	本期绿色中期票据由主承销方组织承销团，通过集中簿记建档、集中配售的方式在银行间市场公开发行
发行对象	全国银行间债券市场的机构投资者(国家法律、法规禁止购买者除外)
承销方式	余额包销
票面利率	本期绿色中期票据采用固定利率方式，由发行人与主承销方根据集中簿记建档结果协商一致确定，在债务融资工具存续期内固定不变

（续）

计息天数	闰年 366 天，非闰年 365 天
公告日	2021 年 6 月 18 日
发行日	2021 年 6 月 22 日—2021 年 6 月 23 日
缴款日	2021 年 6 月 24 日
起息日	2021 年 6 月 24 日
债权债务登记日	2021 年 6 月 24 日
上市流通日	2021 年 6 月 25 日
还本付息方式	本期绿色中期票据每年付息一次，于兑付日一次性兑付本金。本期绿色中期票据的付息和兑付将通过托管人办理（到期日如遇法定节假日，则顺延至随后的第一个工作日兑付，顺延期间不另计息）
付息日	2022 年至 2026 年每年的 6 月 24 日为付息日，如遇法定节假日，则顺延至随后的第一个工作日兑付，顺延期间不另计息
兑付日	2026 年 6 月 24 日（如遇法定节假日，则顺延至其后的第一个工作日，顺延期间不另计息）
兑付价格	按绿色中期票据面值兑付
偿付顺序	本期绿色中期票据的本金和利息在破产清算时的清偿顺序等同于发行人的普通债务
信用评级机构及信用评级结果	中诚信国际信用评级有限责任公司给予发行人的主体信用评级为 AAA，本期绿色中期票据的信用级别为 AAA
信用增进情况	本期绿色中期票据无信用增进
集中簿记建档系统技术支持机构	北金所
登记和托管机构	上海清算所
税务提示	根据国家有关税收法律、法规的规定，投资者投资债务融资工具所应缴纳的税款由投资者承担

（二）碳中和债符合性分析

本次绿色中期票据募集资金拟投放的项目均为城市轨道交通类项目，属于电气化铁路，具有节约用地、运能大、速度快、安全环保等优势。因此，本次绿色中期票据募集资金拟投放项目同时符合生态环境部等五部委发布的《关于促进应对气候变化投融资的指导意见》（以下简称《气候投融资意见》）、中国金融学会绿色金融专业委员会编制的《绿色债券支持项目目录（2015 年版）》（以下简称《绿债目录》）、国家发展和改革委等七部委发布的《绿色产业指导目录（2019 年版）》（以下简称《绿色产业目录》）和中国人民银行等三部委发布的《绿色债券支持项目目录（2021 年版）》（以下简称《绿债目录（2021 年版）》）中相关条目。经审核，未发现本期绿色中期票据募投项目存在与认证标准不符合的情况。

(三)环境效益分析

中诚信绿金通过定量与定性两个维度对本次债券募集资金拟投项目的环境效益进行评估。计算参照原中国银行保险监督管理委员会《绿色信贷项目节能减排量测算指引》中"5.2.3.2 城市轨道交通项目"计算公式计算项目的年协同减少二氧化碳排放量、节能量。在定性方面,轨道交通类项目可构建低耗高效、安全便捷的交通系统、减少污染物排放,改善大气环境,改善居民出行条件。在定量方面,本次债券募集资金对应的项目可实现每年协同减少二氧化碳排放量 94.78 万 t、节能量 45.07 万 t 标准煤。考虑本次债券募集资金与项目总投资的比例,本次债券募集资金可实现协同二氧化碳年减排量 9.16 万 t、年节能量 4.35 万 t 标准煤。具体环境效益情况如表 3-3 展示的是本次债券募集资金拟投放轨道交通项目环境效益实现情况,表 3-4 展示的是本次债券募集资金环境效益实现情况。

表 3-3 本次债券募集资金拟投放轨道交通项目环境效益实现情况

序号	项目名称	减排 CO_2(万 t/年)	节能量(万 t 标准煤/年)
1	深圳市城市轨道交通 3 号线四期工程	36.89	17.54
2	深圳市城市轨道交通 8 号线二期工程	2.26	1.08
3	深圳市城市轨道交通 11 号线二期工程	29.76	14.15
4	深圳市城市轨道交通 13 号线二期工程(北延)	25.87	12.30
	合计	94.78	45.07

表 3-4 本次债券募集资金环境效益实现情况

序号	项目名称	减排 CO_2(万 t/年)	节能量(万 t 标准煤/年)
1	深圳市城市轨道交通 3 号线四期工程	2.00	0.95
2	深圳市城市轨道交通 8 号线二期工程	0.72	0.34
3	深圳市城市轨道交通 11 号线二期工程	5.28	2.51
4	深圳市城市轨道交通 13 号线二期工程(北延)	1.16	0.55
	合计	9.16	4.35

(1)减少污染物排放,助力双碳目标

轨道交通是一种先进的城市快速交通系统,它以电力驱动,无大气污染及水环境污染等环境问题,并由于能替代部分地面交通而减少了汽车尾气排放,有利于改善城市的大气环境,是一种绿色交通工具,相比常规燃油小汽车更符合绿色出行理念,并对于建设绿色循环低碳交通发挥着积极的作用,进而推动低碳经济的发展。本次债券计划募集拟投项目,预计可实现年协同二氧化碳减排量 94.78 万 t,为我国 2030 年碳达峰、2060 年碳中和的目标作出一定贡献。

(2)构建低耗高效、安全便捷的交通系统

本次债券募集资金对应的绿色轨道交通项目符合当地城市及交通总要求,并已纳入省级及市级的规划中,轨道交通系统与传统小汽车、公交系统相比具有低耗高效、安全便捷、舒适环保等特点。项目的实施可有效地减少乘坐私家车产生的燃油消耗,有效地缓解

交通领域对石油的依赖，相比同等客运能力的小汽车，预计每年可实现节能量 45.07 万 t
标准煤。

（3）改善居民出行条件

本次债券募集资金对应轨道交通类租赁项目，客运量大且轨道交通建设具有不受地面
交通堵塞影响的优势，因此能够合理输送客流、满足区域出行需求、改善市民出行条件，
有利于缓解当地中心城区交通拥堵、减少公共客运压力、提升城市形象。

（4）提高土地利用率

轨道交通较大部分为地下铺设，对土地的占用量较小，有效节约了城市土地资源的地
面使用面积，缓解土地资源紧张的问题。同时，地铁上开发建设，有力地盘活了周边商
业、居住的活力，带来经济的增长，将极大提高土地的利用效率，也有利于拓宽城市轨道
交通建设资金筹集渠道，缓解地方财政压力。

三、山东核电有限公司碳中和债

债券名称：山东核电有限公司 2021 年度第九期绿色超短期融资券（碳中和债/专项乡
村振兴）

注册资金：人民币 80 亿元

第三期发行金额：人民币 6 亿元

第三期发行期限：252 天

信用评级机构：联合资信评估股份有限公司

（一）发行条款

山东核电有限公司发行的碳中和债具体发行条款见表 3-5 所列。

表 3-5 山东核电有限公司碳中和债的发行条款

本期债务融资工具名称	山东核电有限公司 2021 年度第九期绿色超短期融资券（碳中和债/专项乡村振兴）
发行人	山东核电有限公司
发行人及下属子公司待偿还债券融资余额	截至本募集说明书签署之日，发行人及下属子公司待偿债券余额为 45 亿元，其中 15 亿元系发行人发行的"21 山东核电 SCP003"，15 亿元系发行人发行的"21 山东核电 SCP004"，5 亿元系发行人发行的"21 山东核电 SCP005"，6 亿元系发行人发行的"21 山东核电 SCP006"，4 亿元系发行人发行的"21 山东核电 SCP007"
《接受注册通知书》文号	中市协注［2021］SCP1 号
本期发行金额	人民币陆亿元（RMB 600 000 000 元）
超短期融资券面值	人民币壹佰元（RMB 100 元）
本期绿色超短期融资券（碳中和债/专项乡村振兴）期限	252 天
发行价格	按面值发行
计息年度天数	非闰年 365 天，闰年 366 天

（续）

发行利率	本期绿色中期票据采用固定利率方式，由发行人与主承销方根据集中簿记建档结果协商一致确定，在债务融资工具存续期内固定不变
发行对象	全国银行间市场的机构投资者（国家法律、法规禁止的购买者除外）
承销方式	组织承销团，主承销商余额包销
发行方式	通过集中簿记建档、集中配售方式发行
主承销商及簿记管理人	中国农业银行股份有限公司
兑付方式	本期绿色超短期融资券（碳中和债/专项乡村振兴）到期日前5个工作日，由发行人按照有关规定在主管部门认可的信息媒体上刊登《兑付公告》。本期绿色超短期融资券（碳中和债/专项乡村振兴）的兑付按照中国人民银行的规定，由上海清算所代理完成兑付工作，到期一次性还本付息

（二）资金用途

截至 2021 年 3 月末，发行人及子公司有息债务为 510.67 亿元，其中短期借款 66.90 亿元，长期借款为 290.66 亿元，一年内到期的非流动负债为 31.11 亿元，长期应付款 47.00 亿元，其他流动负债 75.00 亿元，存续募集说明书出具日，发行人存续债务融资工具金额 45 亿元。

发行人本期短期融资券计划募集资金 6 亿元，募集资金拟全部用于偿还公司山东海阳核电一期工程项目前期金融机构借款，全部用于绿色项目和乡村振兴领域，具体明细如表 3-6 展示的是本次超短期融资券募集资金拟偿还借款明细。

表 3-6　本次超短期融资券募集资金拟偿还借款明细　　　　　　　　亿元

借款银行	借款金额	到期日	是否提前还款	拟使用募集资金	投放项目	区域	项目投资规模	进展
银团贷款	6.95	2021.9.20	否	6	海阳核电一期工程项目	山东海阳	535.9	已并网商运
合计	6.95	—		6				

山东海阳核电一期工程项目选址工作启动于 1983 年，2003 年中电投集团正式启动海阳核电项目。项目规划容量 6×1250MW 压水堆核电机组，留有 2 台扩建的余地。厂区一次规划，分期建设，其中一期工程设计容量为 2×1250MW 机组，总投资 535.9 亿元人民币。山东海阳核电项目一期工程已取得相关批复文件，项目建设合法合规，于 2009 年 9 月正式核准，于 2009 年 12 月主体工程全面开工建设，并于 2018 年 8 月首次并网发电、2019 年 1 月一期工程 1 号、2 号机组全部投入商业运行。

（三）碳中和债认定

联合赤道环境评价有限公司（简称"联合赤道"）接受了发行人的委托，对本期债务融资工具进行发行前独立评估认证。评估认证内容包括：绿色项目的筛选标准和决策程序，募集资金用途、资金使用计划、信息披露与报告制度，募投项目碳减排效益分析等。

联合赤道的评估工作遵循的标准包括但不限于：

①《非金融企业绿色债务融资工具业务指引》。

②《绿色债券评估认证行为指引(暂行)》。

③《绿色债券支持项目目录(2021年版)》。

④《绿色产业指导目录(2019年版)》。

⑤《绿色债券原则》(GreenBondPrinciples，GBP)(2021年6月版)。

⑥《关于明确碳中和债相关机制的通知》(中国银行间市场交易商协会)。

⑦中国银行间市场交易商协会相关自律规则。

⑧《联合赤道绿色债券评估认证方法体系》(LEIS0002-2021)。

本期碳中和债募投项目为"清洁能源"类绿色低碳产业项目。光伏发电项目对照《绿色债券支持项目目录(2021年版)》，项目选用的电池组件的光电转化效率、衰减率等参数满足《绿色债券支持项目目录(2021年版)》中的限定条件要求，属于"三、清洁能源产业－3.2清洁能源－3.2.2可再生能源设施建设与运营－3.2.2.2太阳能利用设施建设和运营"；对照《绿色产业指导目录(2019年版)》，光伏发电项目属于"3.清洁能源产业－3.2清洁能源设施建设和运营－3.2.2太阳能利用设施建设和运营"。对照国际资本市场协会制定的《绿色债券原则》(2021年6月版)，属于"可再生能源(包括其生产、传输、相关器械及产品)"类。

(四)环境和社会效益评估

本期超短期融资券募投项目属于清洁能源类绿色产业项目。联合赤道根据相关规范、标准及导则要求，对本期超短期融资券募投项目的环境效益、社会效益进行了测算，产生的环境和社会效益主要包括以下方面。

(1)环境效益分析

根据联合国环境署发布《2019年排放差距报告》显示，为实现2015年《巴黎协定》设定的目标，将21世纪全球平均气温上升幅度控制在2℃以内，在2020—2030年间，全球碳排放每年需减少2.7%；而要实现将升温限制在1.5℃的目标，在2020—2030年间，全球碳排放每年需减少7.6%。2020年全球二氧化碳排放量有所下降，同比降幅约为7%，即使全球经济活动受疫情巨大影响仍然未完成既定目标，世界仍朝着截至本世纪末升温突破3℃的方向发展。2020年我国煤炭消费总量和在一次能源中占比将分别达到38.6亿t和55.3%，电力行业二氧化碳排放在我国碳排放总量中的占比超过40%，根据中国电力企业联合会发布的《中国电力行业年度发展报告2021》，2020年度火力发电约占全部发电量的56.6%，全国单位火电发电量二氧化碳排放约832g/(kW·h)。核电是重要的清洁能源，对国家调整能源结构、减缓和适应气候变化等方面均有积极的推动作用。相较于火力发电，核电项目不排放二氧化碳等温室气体，对于早日实现碳中和目标意义重大。山东海阳核电一期工程项目2020年实际上网电量为178.3亿kW·h，参考结合国家发改委《CM-001-V01可再生能源发电并网项目的整合基准线方法学》、生态环境部公布的《2019年度减排项目中国区域电网基准线排放因子》及原银保监会(现国家金融监督管理总局)发布的《绿色融资统计制度》(2020版)中的绿色信贷项目节能减排量测算指引，相关测算公式如下：

$$CO_2 = \omega_g + \alpha_i \qquad (3\text{-}2)$$

式中　CO_2——二氧化碳当量减排量，tCO_2/a；

ω_g——项目年上网电量，MWh；

α_i——清洁能源发电项目所在地区区域电网的二氧化碳基准线排放因子，tCO_2/MWh。

根据 UNFCCC《电力系统排放因子计算工具(5.0版)》，对于非风电和光伏清洁能源项目 $\alpha_i = 50\% \times EF_{grid,OM,y} + 50\% \times EF_{grid,BM,y}$。

募投项目位于山东省，属于华北区域电网，对应的电量边际排放因子和容量边际排放因子分别为 0.9419 tCO_2/MWh、0.4819 tCO_2/MWh，则 α_i 组合边际排放因子为 0.7119 tCO_2/MWh。经过测算，本期碳中和超短期融资券募投项目与同等火力发电上网电量相比每年可减排二氧化碳 1269.32 万 t。

山东核电本期碳中和超短期融资券拟发行规模为 6 亿元人民币，本期碳中和超短期融资券募集资金拟用于归还公司山东海阳核电一期工程项目前期金融机构借款。根据项目总投资及发行金额比例测算，本期碳中和超短期融资券对应的募投项目每年可减排二氧化碳 14.21 万 t。燃煤火电在我国电力结构中占据主导地位，将核电与燃煤发电对比，产出同等电量，核电不产生大气污染物，间接减少 SO_2、NO_x、烟尘等污染物排放，同时节约了煤炭资源。根据中国电力企业联合会在《中国电力行业年度发展报告 2021》中公布的火力发电标准煤耗及单位火电发电量污染物排放量计算，本期碳中和超短期融资券募投项目与同等火力发电上网电量相比，每年可实现节约标准煤 543.64 万 t，减排 SO_2 2852.80 t，减排 NO_x 3191.57t，减排烟尘 570.56t。根据项目总投资及发行金额比例测算，本期碳中和超短期融资券对应的募投项目每年可实现节约标准煤 6.08 万 t，减排 SO 231.94t，减排 NO_x 35.73t，减排烟尘 6.39t。

综上分析，本期碳中和超短期融资券募投项目具有显著的碳减排环境效益。

（2）社会效益分析

募投项目属于"清洁能源"类绿色低碳产业项目，项目的建设运营有助于全面落实国家核电技术发展战略，有利于我国核电设计自主化和设备制造本地化，提高我国核电装备水平，有利于保障国家以及山东省的能源安全。对于满足山东电力需求发展需要，进一步优化能源结构，保障能源供给，构建清洁低碳、安全高效的现代能源体系均具有十分重要的意义。同时，项目的建设能够有效增加当地就业岗位，从而带动和促进地区国民经济的全面发展和社会进步。综上分析，本期超短期碳债券融资募投项目具有良好的社会效益。

第四章　碳基金

第一节　碳基金概述

一、碳基金概念界定

碳基金(Carbon Funds)是由政府、金融机构、企业或个人投资设立，以改善全球气候为目标，主要业务为从事购买碳信用或投资于温室气体减排项目和交易，从而获取回报的投资工具。碳基金是碳金融市场重要的中介组织、交易主体和主要的资金来源，是碳金融市场不可缺少的组成部分。

关于碳基金的界定，目前并没有完全统一的概念。英文著作中"碳基金"(Carbon Funds)和"碳工具"(Carbon Vehicle)都是指碳基金。国内外也有不少学者从碳基金的设立目的、资金来源以及运行模式等方面进行考察。比较有代表性的有两种：一是认为碳基金是一种共同投资体制，向投资者募集资金从事碳信用购买或减排项目投资；二是认为碳基金是促进碳交易活动，推动全球减排和增加碳汇吸收所设立的专门融资方式。

从世界碳基金运行实践来看，碳基金的定义有广义和狭义之分。广义上的碳基金是指由政府、金融机构、企业或个人投资设立的专门资金，利用《京都议定书》建立的灵活机制，致力于全球范围购买碳信用或投资温室气体减排项目，经过一段时期后，或给予投资者碳信用或现金回报，或寻求较小的减排目标，以帮助应对全球气候变暖。包括狭义碳基金、碳采购工具(Carbon Procurement Vehicle)和政府购买计划(包括项目机构，也称碳机构的采购计划)。狭义的碳基金是指通过预付资金或股权投资的方式资助碳减排项目，达到获得碳信用或现金回报的目的。其本质上是证券投资基金，通常由私人投资者投资。狭义碳基金、碳采购工具与政府采购计划间既存在相似之处，又有不同的侧重点(表4-1)。

表4-1　狭义碳基金、碳采购工具和政府采购计划比较

	狭义碳基金	碳采购工具	政府采购计划
投资方式	资助碳减排项目或进行股权投资	不限于投资，更专注于专业知识和管理手段的输入	直接购买或直接管理项目
投资目的	以资金促进碳减排项目的顺利进行	以资金和技术帮助碳减排项目顺利进行	专门帮助《京都议定书》附件B国家(集中于欧洲)
投资主体	主要为私人投资者	主要为私人投资者	不对私人投资者开放
典型代表	欧洲碳基金	日本温室气体减排基金	荷兰 ERUPT 计划

①在投资方式方面　狭义碳基金、碳采购工具和政府采购计划的做法非常相近，均以碳减排项目作为投资对象，但碳采购工具不仅限于直接购买或股权投资，更专注于向减排项目输送专业的技术。

②在投资目的方面　狭义碳基金和碳采购工具均以促进碳减排项目顺利进行为目标，而对于碳减排项目属于哪些地区、哪些国家并没有特殊的偏好。而政府采购计划支持的项目所属国家更为集中，专门为附件Ⅱ的欧洲国家提供帮助。

③在投资主体构成方面　私人部门是狭义碳基金和碳采购工具的主要投资者，而政府采购计划不对私人投资者开放。

在3类基金的典型代表中，欧洲碳基金是一个私人投资、资本驱动型碳基金主要投资于欧盟框架下面向未来合同和项目开发商的CDM和JI项目。日本温室体减排基金则专门用于开发和购买碳减排项目，并对项目中后期认证与核证给予专家经验支持。荷兰ERUPT计划通过招标的形式签订大批减排合同，实现政府的采购职能。

无论是狭义的碳基金、碳采购工具，还是政府采购计划，其本质上都实现了资金募集和分散投融资的职能。虽然侧重点各有不同，但运行机制和目标都非常相近，体现了投资工具的特性。本章对于碳基金的讨论建立在广义的基础上。

二、碳基金主要分类

(一)按资金来源划分

(1)公共碳基金

公共碳基金是完全由政府部门承担出资的碳基金类型。常见的形式有政府出资和政府征收环境保护税出资。其中，由政府通过征税的方式出资，主要在英国实行，这种方式的优势在于收入稳定，而且能源使用税的价格杠杆能够限制对能源的过分使用，促进节能减排。无论是强制性还是非强制性，公共碳基金主要是通过碳基金的运作来达到节能减排的目标。

一般由政府部门出资设立的碳基金规模在千万美元以上，具体规模随各国减排任务变化而变化。数额较少的如芬兰碳基金，为1000万欧元，数额最多的为世界银行创立的原型碳基金(Proto-type Carbon Fund，PCF)，总金额达到1.8亿美元。其他较为典型的有：加拿大政府设立的生物碳基金(耗资3000万~5000万美元)、丹麦碳基金(总金额为1.2亿欧元)、德国碳基金(2500万~5000万欧元)、日本碳基金(5480万欧元)。英国则每年拨款约6600万英镑的气候变化税给碳基金管理使用。

(2)私人碳基金

私人基金是完全由私人部门自行募集资金。在此过程中，私人部门更期望通过设立碳基金来购买或出售碳排放量，以达到盈利或避免高额罚款的目的。故而，私人部门一般为能源供应商或者大型能耗的工业企业，特别是在欧盟内部交易体制(EU-ETS)下背负着减排目标、被限制温室气体排放的公司，除此之外还可能会间接通过与从事核证减排量(CERs)的中间商交易获得盈利。比较有代表性的为Merzbach夹层碳基金。

（3）公私混合碳基金

公私混合碳基金是由政府和私人部门按照一定比例出资的碳基金，是碳基金最常见的一种资金来源方式，在碳基金的构成中占有较大份额。最具代表性的为世界银行的国别基金，如丹麦碳基金（Danish Carbon Fund，DCF），是由丹麦政府气候与能源部发起成立的公私合营的基金，总资本为9000万美元，其出资方是丹麦政府气候和能源部、丹麦DONG能源公司、NORDJYSK EL-HANDEL A/S公司、马士基（Maersk）石油天然气公司、Aalborg Portland集团公司，私人资本占78%。

专栏4-1

浙商诺海低碳基金

2010年1月，浙商诺海低碳基金（下称"诺海基金"）成立，这是全国首个以"低碳经济"为投资主题的私募股权投资基金，是浙江民间资本与国家产业政策的一次成功对接。"浙商基金"是浙商创投旗下的第六只基金，也是我国唯一一只以低碳领域为投资方向的基金。它主要的投资方向为低碳经济领域的节能、环保、新能源等行业中具有自主创新能力、自主知识产权的高成长性企业。

"诺海基金"为合伙企业制基金，诺海低碳基金与浙商创投旗下其他5只基金一样，其运作手法将以"PE为主、VC为辅"相结合。根据常规，此类基金一般投资3～5年就能看到投资成效，通常不超过7年，因此，诺海基金的续存期是7年，无论个人还是企业投资门槛均为400万元。基金发起不到一个月时间里，意向认购金就达到了1.5亿元，而根据已经签订协议的情况，大多数的单笔投资均在千万以上，仅有一两笔投资是刚好达到400万元。"诺海基金"的盈利模式很简单也很清晰：投资低碳领域高成长性的企业以获得股权，然后培育企业上市，最后通过出售股票的途径实现退出并获利，收益通过合伙人的出资份额来进行划分。同时，诺海基金不对未来的收益作保底承诺。

低碳经济主要分为3类，即高碳改造、低碳升级和无碳替代，这3类细分之下将包括300多个行业。不过，诺海低碳基金选择投资对象时并非一网打尽、来者不拒，而是根据一定标准而有所筛选的。"诺海基金"设定了极为严格的投资规则，如刚进入研发阶段的不投、产业链末端或非核心设备的不投、产能过剩的领域不投、非主流技术不投，以及"概念性、公益性、公用事业的产业"不投等。在此基础上筛选，最终为"诺海基金"圈出了新能源、环保、节能、智能电网、储能等低碳经济行业作为主要投资方向，尤其是具有自主创新能力、高成长性的未上市企业，如核电、风电的主部件生产商以及智能电网、大型储能电池组生产商等，都有望成为"诺海基金"的意向投资对象。

（二）按发起人和管理人划分

以发起和管理人划分，可分为政府发起并管理的碳基金，政府发起、委托银行或世界组织管理的碳基金，私营企业发起、企业化管理的碳基金，政府和私人部门合作发起、商业化管理的碳基金等。

（1）政府发起并管理的碳基金

采用这种管理形式的政府大都是期望通过购买碳信用来抵消本国超限排放的部分，也有部分是为了实现商业盈利目的，多见于发达的工业国家。如芬兰 JI/CDM 试验计划、奥地利地区信贷公共咨询公司(KPC)支持的相关项目等。其中，奥地利政府创立的奥地利地区信贷公共咨询公司(KPC)为奥地利农业部、林业部、环境部以及水利部实现 CDM 项目，已在印度、匈牙利和保加利亚完成减排项目。

(2)政府发起、委托银行或世界组织管理的碳基金

国际组织在全球碳减排项目中起到至关重要的作用，最初的碳基金就是由国际组织牵头与各国政府或银行合作促成的。世界银行的社区发展碳基金专门针对贫困地区和贫困国家，澳大利亚、比利时、加拿大、丹麦、意大利、卢森堡等国家陆续参与到其中，此外还有 17 个公司和金融机构参与其中，社区发展碳基金的日常管理由世界银行进行。与此相类似的碳基金有丹麦碳基金、西班牙碳基金等。

(3)政府发起、企业化管理的碳基金

企业化管理模式是指基金的薪酬分配、经费开支、投资等决策全权由董事会完成，主要代表为英国碳基金和日本碳基金。英国碳基金是由政府发起、企业化管理的基金，政府并不实际参与碳基金的管理，而是授权给董事会完成。

(4)政府和私人部门发起、国际组织托管形式的碳基金

最典型的代表是最早的世界银行基金——原型碳基金(PCF)，资金总额为 18 亿美元，由世界银行集团的国际复兴开发银行(IBRD)担任基金的托管人，作为碳基金的执行机构负责基金运营的细则，而其出资人大会和出资方委员会则作为碳基金管理权力机构，对基金的总体运营提出意见、评估基金的运作情况、授权支付基金运营成本等。

(5)政府和私人部门合作发起、商业化管理的碳基金

该类碳基金是由政府和私人部门共同发起，且由特定的机构采用商业化理念经营管理的碳基金。最为典型的代表是德国复兴信贷银行(KFW)和日本的碳基金。德国复兴信贷银行碳基金是由德国政府、德国复兴信贷银行共同设立，而由德国复兴信贷银行负责日常管理；日本碳基金的资金来源于 31 家私营企业与日本国际协力银行(JBIC)和日本政策投资银行(DBJ)，这两家银行代表日本政府投资与管理该基金。

(6)私营企业发起、企业化管理的碳基金

私营企业多为背负减排任务的能源供应商或者大型工业企业，通过直接作为碳基金的大股东及参与碳交易等方式，获取碳信用，完成企业减排目标。或者间接参与核证减排量(CERs)的中间交易获取盈利。由于其完全由私人部门自行筹集资金，故而采用企业方式管理。有代表性的是隶属于英国气候变化资本集团的碳基金(即气候变化资本碳基金)，它是私募股权基金，主要致力于核证减排量(CERs)的全球采购。

专栏4-2

英国碳基金

英国碳基金是一家由政府投资并以企业模式运作的独立公司，公司的目标是通过帮助工商业和公共部门减少二氧化碳排放，捕获低碳技术的商业机会，从而帮助英国走向低碳经济。其工作重点集中在减少碳排放量，中短期重点是提高能源效率和加强碳管理，中长

期重点是投资低碳技术。碳基金的主要资金来源是英国的气候变化税，资金使用主要有 3 个领域：一是促进研究与开发，二是加速技术商业化，三是投资孵化器。在低碳技术的选择上，碳基金注重技术评估的科学性，主要筛选标准是碳的减排潜力和技术成熟度，并注重成本效率；在企业选择上，碳基金主要关注年能源成本在 300 万 ~ 400 万英镑以上的大企业，因为大企业的排放多、能源消耗高。

以企业模式运作的英国碳基金，有着严格的管理和制度保证。一是由 17 人组成碳基金董事会。其成员来自政府部门、企业界、工会、学术界、非政府组织等，具有广泛的代表性，并且只有在企业界的董事占多数时才能召开董事会，以保证企业的利益不被忽视。二是碳基金公司获得拨款前须提交工作计划及优先领域，然后与政府协商，以保证政府的导向得到体现。三是聘请独立机构进行评估，确保资金使用效率。四是运作的服务导向，使企业在接受服务中受益，自愿节能降耗。五是在低碳技术的选择下注重技术评估的科学性，用科学的技术筛选方法降低市场风险。尽管碳基金的规模不大，但其运作卓有成效。

(三)按投资对象划分

以基金获取信用的投资项目来划分，可分为单纯项目碳基金、混合项目碳基金以及其他项目碳基金。

(1)单纯项目碳基金

单纯项目碳基金是指通过投资单一减排项目获取信用的碳基金，包括 JI 项目、CDM 项目或自愿减排项目。故而，单纯项目碳基金根据获取碳信用的项目的具体类型又可以进一步划分为单纯 JI 项目碳基金、单纯 CDM 项目基金以及单纯自愿减排项目基金。其中，单纯 CDM 项目碳基金大约占单纯项目碳基金总量的 4/5，而单纯 JI 项目碳基金和自愿减排项目碳基金平分余下的份额。

(2)混合项目碳基金

混合项目碳基金是指通过投资两种或两种以上的减排项目获取碳信用的碳基金，根据基金获取碳信用项目的具体类型，又可以进一步划分。CDM 和 JI 混合项目碳基金，CDM 和自愿减排混合项目碳基金，CDM、JI 与自愿减排混合项目碳基金。其中，以 CDM 和 JI 混合项目碳基金占比为首，大约为碳基金总量的 1/2。

(3)其他项目碳基金

其他项目碳基金是指通过投资套汇项目、由减排产生的相关衍生工具等获取碳信用的基金类型。由于国际减排项目大都基于《京都议定书》的三大减排机制展开，可供投资的其他项目非常有限，故而其他项目碳基金在碳基金总量中占比微不足道。

(四)按投资目标划分

以投资目标为划分依据，可分为减排承诺驱动碳基金、投资获利驱动碳基金、自愿减排驱动型碳基金以及国际公益性驱动型碳基金。

(1)减排承诺驱动碳基金

减排承诺驱动碳基金是以通过 CDM 项目和 JI 项目购买碳信用，缩小本国《京都议定书》限排量和国内潜在减排量之间的差距为驱动的碳基金。该类基金主要为解决企业和公共部门减少二氧化碳排放量而设立，提高能源运用效率和有效的碳管理水平。不论采用何种经营形式，该类基金的投资目标都相同。由于代表了国家公众利益，因此该类基金通常都是由参与国政府设立的碳基金，如奥地利 JI/CDM 项目（Austrian JI/CDM Programme）、芬兰政府 JI/CDM 试验计划（Finnish CDM/JI pilot Programme）。

（2）投资获利驱动碳基金

投资获利驱动碳基金是以投资获利为主要投资目标的碳基金。该类基金主要通过获取碳信用重新投向二级市场交易，赚取初级市场和二级市场差价作为基金的回报。由于该类基金主要以盈利为目标，因此大部分由私人机构和企业设立，也有部分由政府部门建立。

（3）自愿减排驱动型碳基金

自愿减排驱动型碳基金是以通过获取碳信用来抵消自身经营活动产生的碳排放为驱动的碳基金。该类基金获取碳信用可以来自初级市场，也可以来自碳排放权的二级市场。服务性行业的机构投资于自愿减排驱动型碳基金，为其从事的服务活动承担减排任务。如 2009 年由 BMO 集团与 TD 银行创立的公司投资 1.23 亿美元设立的加拿大基金致力于购买碳信用，用于加拿大国内希望抵消碳排放的公司。

（4）国际公益性驱动型碳基金

国际公益性驱动型碳基金是以促进实施跨国界的减排任务为驱动的碳基金，通常具有国际公益性质，不以具体的某一国家和地区为促进减排的限制。如发展碳基金（Development Carbon Fund）、瑞典政府的 CDM/JI 碳项目（Swedish Goverment's CDM/JIProgramme）等。其中，发展碳基金建立的目的就是为发展中国家的 CDM/JI 项目提供资金，基本模式是以销售项目获得的核证减排量获取资金，资助发展中国家。

（五）以投资策略划分

按碳基金的投资策略划分，碳基金主要有 4 种类型：信用购买型、混合投资策略型、风险投资型、自愿减排型。

（1）信用购买型

这部分碳基金的投资策略集中围绕在如何从 CDM/JI 项目获取碳信用上。碳信用获取的渠道通常为初级碳市场和减排量购买协议（ERPAs）方式。ERPAs 是 CDM 项目中确定 CER 买卖双方权利义务的法律依据，也是整个 CDM 项目的核心内容之一，ERPA 目前主要为世界银行和荷兰政府制定的标准版本。传统信用购买型碳基金通过 ERPAs 协议购买碳信用。信用购买型的碳基金通过减排量购买协议获得来自 CDM/JI 碳减排项目产生的碳信用，这些碳信用不仅可以从二级碳市场通过出售来获取利润，还可以用于抵消强制碳减排的任务。信用购买型碳基金是最早出现的碳基金类型，占碳基金数量百分比最大，为 55%，资金占比也是最多，为 62%。如摩洛哥碳基金（The Carbon Capital Fund Morocco）是典型信用型碳基金，其在 2008 年由摩洛哥储蓄管理金融机构（CDG）建立，基金运营由 CDG 旗下股权投资公司管理。该基金的投资额为 2650 万欧元，CDG 拥有 50% 的股份，欧洲投资银行拥有 25% 的股份，法国 CDC Climat 拥有 25% 股份。摩洛哥碳基金的作用是帮助 MOTC 业主发展清洁发展机制项目，并获得碳排放额度。实施期限从 2008 年到 2017 年。投资项目主要包括可再生能源、能源效率、废物管理、森林和再造林项目等，是非洲法语地区最大的碳基金项目。

（2）混合投资策略型

这部分碳基金的投资策略是对多个碳市场采取了广泛的投资策略，占碳基金数量百分比第二，为24%，占资金百分比为25%。这类碳基金的典型是艾卡碳基金（Arkx carbon fund），成立于2007年12月，计划投资20亿澳元，50%资金投资于上市公司的可再生能源项目，25%直接投资CDM项目，20%用于买卖欧盟排放权配额与核证减排量，5%用于投资澳大利亚国内各类型碳项目。

（3）风险投资型

这部分碳基金的投资策略是为减排项目提供直接投资，并介入项目全程管理提供专业技术和管理经验，以便更充分地开发碳减排项目。其占碳基金数量百分比为23%，资金占比为13%。这类基金一般由项目开发管理公司管理，能够对联合履约与清洁发展机制的减排项目发挥关键作用。可以通过碳信用进入初级碳市场的整合度来识别是信用购买型碳基金还是风险投资型碳基金。近些年，风险投资型碳基金增长迅速，主要原因是：第一，风险投资型碳基金可以用相对较低的价格获取较高碳信用；第二，碳信用市场价格的不断上涨，碳基金向获利更高、风险更大的投资策略改变；第三，大型建材项目受信用购买型碳基金青睐；第四，碳基金投资开始向风险更高的减排项目投资，所需资本更多。如德夏碳基金（Dexia Carbon Fund），成立于2008年，由德夏公司设立和管理，基金计划注资1.5亿欧元，主要投资于CDM、JI和自愿减排项目，主要关注澳大利亚和新西兰等新兴碳交易市场。

（4）自愿减排型

这部分碳基金的投资策略是单一自愿减排。其占碳基金数量百分比最小，为1%，资金占比非常小，可以忽略不计。

（六）其他碳基金

除上述划分标准以外，还存在几种不常见的碳基金类型，例如基金的基金、对冲碳基金以及针对特殊区域与行业的碳基金。

（1）基金的基金（Funds of Funds）

作为世界银行创新碳基金类型，主要用于基金的重建与开发，因此被称为基金的基金。最典型的为伞形碳基金工具（Umbrella Carbon Fund Facility），该基金接受的资金来源于国际复兴开发银行（Inter national Bank for Reconstruction and Development，IBRD）的碳基金以及其他管理者的碳基金，且已募集7.76亿欧元。其他种类基金的资金来源于其他的碳基金，包括原型碳基金，多边碳信用基金（Multilateral Carbon Credit Fund）以及亚太碳基金（Asia Pacific Carbon Fund）。这种基金结构提供了多元投资组合，分散投资风险，有利于大型减排项目的投资。

（2）对冲碳基金（Hedge Carbon Funds）

该基金通过碳互换机制、碳现货与期货等方式对冲投资性资本或投机性资本，从而避免或降低风险。2008年以后碳基金管理者加大对碳信用额度的购买，以对冲为目的的碳基金出现。如曼投公司推出50万美元套汇基金，通过买卖期货合约，调整碳配额价格、碳信用额度和其他能源商品价格。英国气候变化投资集团管理者投入近10亿资金用于碳信用投资。

(3)针对特殊区域与行业的碳基金(Carbon funds specialising in a geographical area or business sector)

在碳基金当中,有部分基金是针对某一特定区域投资和购买信用。例如 2008 年印度政府建立碳风险投资基金,注资 3 亿美元,投资收购印度 CDM 项目并获得碳核证减排量;2010 年韩国政府投资 1800 万美元建立碳基金,由韩国投资信托管理公司及奥贝托公司管理,投资开发韩国 CDM 项目。这类基金多见于由单一国家主体发起和设立的基金。此外,还有部分基金专门针对特定行业或部门进行投资。例如,2009 年成立的塔拉贝拉碳基金(Terra Bella Carbon Fund)专门资助农林部门的减排项目,这类基金对于基金资产的特定用途都有详细的说明和限制。

三、碳基金功能和特征

(一)碳基金的功能

碳基金在运行过程中,通过支持 CDM 项目、JI 项目等实现其核心的减排功能。在为相关项目提供资金支持的同时,其也会面临着技术成熟度不足、企业参与不积极、技术转化资金缺乏、技术替代成本高等低碳技术推广中的常见问题。针对这些问题,碳基金提供资金支持的功能又可进一步划分为提供解决方案、支持技术创新推动产业化、商业投资、战略研究以及信息支撑等,为低碳技术进入市场提供便利。

(1)引导企业产品结构调整

在企业层面,碳基金主动为重点减排企业或项目制订碳能效管理计划的执行。开展工作前,碳基金通过出资帮助目标企业做能源调查,为每个企业列出一定数量的推荐优先节能和提高能效的领域,针对重点高能耗机构,碳基金则开展了直接合作,有针对性地制订了若干碳能效管理计划。这种情况下,企业只需要提供人力配合,没有负担,更容易接受碳管理。

在此基础上,碳基金为企业和相关项目提供必要的资金支持,用于碳能效管理计划的执行。在行业或国家层面,碳基金围绕低碳技术制定标准和认证程序。碳基金依据国际标准化组织的 ISO16064 标准和温室气体排放协议,开展了"碳足迹"的研究和管理活动,对"碳足迹"的情况进行测度和管理,并推动"碳标签"的应用。2008 年 10 月,碳基金资助的 PAS2050 碳足迹标准,为碳标签的实施提供了科学依据。PAS2050 的发布得到了大多数欧美国家的支持,并有可能转化为国际标准。近年来碳基金还制定了碳能效认证框架,包括 51 个改进的认证指标和 61 个新认证指标。

(2)支持节能减排技术创新

碳基金对应用低碳技术的企业进行投资,包括股权投资或具股权性质工具投资。这些资金主要用于节能减排技术的改造和升级实现低碳生产。碳基金支持技术创新是在直接提出解决方案的基础上派生出来的功能,其通过与高校、科研机构构成产学研一体化的合作平台,研制有替代性、高效率的低碳技术,包括共同发展微型热电联产、生物质供热、海洋能源以及海上风能等技术。

（3）推动产业结构向低碳行业转型

针对成熟、具有明确应用前景的新能源技术，碳基金也通过建立企业的方式推动技术应用。例如，2006 年碳基金建立了可再生能源合资公司，计划在 5~8 年内投入 5 亿英镑，在英国公共机构所拥有的土地上，开发总发电量达到 500MW 的可再生能源项目。在资金来源方面，基金除了直接投入推动产业化以外，也吸引各方面投资为企业提供支持。2008 年，与汇丰银行下属的环境基础设施基金达成协议，对可再生能源合资公司投入 1800 万英镑的股权投资，并提供 1 亿英镑的融资资金。

（4）战略研究和信息支撑

碳基金面向低碳经济发展的重点问题，同时也担当战略研究和公共宣传的角色。目前，针对欧盟排放贸易计划、海上风能、全球气候变化的企业影响等问题已经出版了研究报告，为企业和公共机构提供适应低碳经济的参考资料。除了专题性内容以外，碳基金还依据自身的知识储备为目标企业和公司提供丰富的信息支撑，帮助其完成繁杂的核证手续。

（二）碳基金的特征

碳基金通过市场化的机制募集资金，并由专业机构进行管理、投资和获取收益，与投资基金具有一致性。故而，其与投资基金相同，具有集合理财、专业化管理、独立托管等特点，而这也构成了碳基金与其他碳金融工具的主要区别。另外，与投资基金相比其投资组合的构建更具有专业性。具体如下：

（1）投资主体的多元化

与其他碳金融工具相比，碳基金涉及主体不仅局限于投资人和发行人双方，还包括托管人或基金管理人。不同的组织结构决定了碳基金的基本运营模式有别于其他碳金融工具，其采用的是"集合理财、专业化管理以及独立托管"的基本思路。通过将众多投资者的资金汇集起来，并委托基金管理人进行共同投资，体现出集合理财的特点；基金管理人对资金池的投资和管理，依赖于自身所具备的专业投资研究人员和强大的信息网络，对低碳项目进行合理评估和专业指导，以实现专业化管理；基金管理人负责基金的管理和操作，而基金财产的保管则是由特定的独立于基金管理人的托管人负责，履行相互制约、相互监督的职能保证投资者的基本收益权。

（2）投资目标的特殊性

通常所说的投资基金，一般是指证券投资基金，即以股票、债券等为投资标的的基金类别，而碳基金的投资标的既可以是实业部门（低碳项目方），也可以是与节能减排相关的股票或碳信用。与证券投资基金相比，碳基金更具有专业性。由于投入低碳项目具有周期长、风险大的特性，因而在资金安排和策略选择方面也有所不同，更多的会与期限更长的基金匹配，属于风险投资型基金。在这个过程当中，也体现了碳基金和资金赞助方是双向互利互信的关系。

（3）投资方式的多样性

碳基金的投资模式也更为灵活，不仅可以通过注资或者股权投资的形式，支持低碳项目的开发和运行，还能依靠丰富的项目开发经验和灵敏的信息网络为项目开发方提供专业的知识指导和信息搜集帮助，从事项目的价值投资。此外，根据碳基金的收益目标，碳基金也会在碳交易的二级市场从事碳信用的交易，从价格波动中赚取利差。

第二节　碳基金的起源与发展

一、碳基金起源

碳基金源于遏制全球气候变暖和减少温室气体排放的大背景，与国际碳金融市场和国际社会各方密切合作相关。碳基金在碳市场运行初期开始出现，而国际碳市场的繁荣直接推动了碳基金的发展。

2000 年，世界银行建立了全球第一个碳基金，即原型碳基金（PCF）。原型碳基金是由世界银行集团的国际复兴开发银行（IBRD）担任基金托管人，由投资者集体出资，专职的经理团队负责管理和运作，并通过订立《关于建立原型碳基金的修改决议》确立基金的法律地位、内部管理结构以及职权分配等。从本质上看，碳基金是以低碳项目、企业或碳信用为标的的投资基金。

随着国际碳金融市场的进一步发展，各类碳减排、碳投资与碳交易活动日益活跃。2001 年开始，国家政府部门、私人部门陆续参与到碳基金的设立当中，特别受到欧美国家的广泛关注。2001 年 4 月英国组建了第一个以政府为发起人的碳基金——英国碳基金，且采用企业化的运营模式，总资本规模 6600 万英镑/年，主要用于公共部门减少二氧化碳的排放。随后，世界银行又陆续参与多只碳基金的管理，包括社区发展碳基金（CDCF）、荷兰清洁能源发展机制基金（NCDMF）、生物碳基金（BioCF）等，用于支持落后的国家和地区、核定的减少温室气体排放的生态项目以及特定国家区域内的低碳项目。其中，社区发展碳基金（CDCF）是由 9 个政府组织（比利时、澳大利亚、德国、加拿大、意大利等）和 16 个公司（如德国化工企业巴斯夫（BASF）公司）共同出资，私人投资比例为 45%。

私人部门在碳基金中的参与推动了基金市场的发展，2003 年第一只由企业发起的碳基金在荷兰创立，名为荷兰减排公司碳基金（NERCOF）。2005 年底，全球碳基金总数已增至 37 个，总规模为 41.12 亿欧元，仅仅 5 年时间就形成了发起人主体、出资形式以及管理模式多元化的市场结构。截至 2013 年末，世界银行已经支持 75 个国家 145 个项目，仅当年募集资金增量就达到 64 亿美元。

碳基金作为 CDM 项目碳信用的最大买家和 JI 项目碳信用的第三大买家，在 CDM/JI 项目融资方面发挥了举足轻重的作用。通过资助具有减排潜力的国家或项目，不但缓解了 CDM/JI 项目的融资问题，而且推动了 CDM/JI 项目东道国低碳经济的发展。

专栏 4-3

生物碳基金

生物碳基金（Biocarbon Fund, BioCF）于 2004 年 5 月由世界银行发起，6 个政府部门组织和 13 家公司出资建立，资金规模达到 12 860 万美元。生物碳基金投资及各项情况见表 4-2 所列。

表 4-2 生物碳基金情况

项目	项目类型	个数	投资额/亿美元	减排量/万 t 当量	私人投资比重/%
一期项目	EPRAs 已签约项目	16	0.1891	459.61	51
	已进入 UNEP 官方统计的项目	1	0.0605	110.0	
二期项目	EPRAs 已签约项目	6	0.1160	262.48	44
	已进入 UNEP 官方统计的项目	3	0.0362	82.5	

生物碳基金提供的资金用于隔离或封存森林和农业生态系统中的温室气体。通过聚集于生物碳汇，对许多少有机会参与清洁发展机制的发展中国家，或者对处于经济转型期的国家通过联合履约机制提供碳融资。生物碳基金验证和演示如何对土地、土地利用变化和林业(LULUCF)活动产生的温室气体减排进行高质量的监测，同时提供长期和可持续的环境保护和生计改善方式。这只基金的设立用来保证发展中国家有机会从碳金融中获利。

生物碳基金一期项目已签约 16 个，投资总额为 1891 万美元，减排量相当于 $4.6×10^6$ t 二氧化碳当量。一期项目分布在全球各个地区，其中 25% 投资于非洲撒哈拉地区，该地区占全球碳排放量的份额非常低。生物碳基金的执行委员会承诺，今后主要将向造林/再造林和 REDD+ 项目投资，它们的比重分别为 93% 和 7%。二期已签约项目为 6 个，总投资为 1160 万美元，减排量 $2.6×10^6$ t 二氧化碳当量，与第一期项目分布相似，二期中有 31% 在非洲撒哈拉地区，且项目类型分布上 96% 的种类为造林和再造林项目，只有 4% 项目类型为可持续土地管理、农业土壤碳汇以及 REDD+ 项目。

二、碳基金国内外发展现状

目前，全球碳基金的规模和投资能力迅速发展，在规模和数量、股东结构以及地理分布方面呈现出一系列的特征。

1. 碳基金数量和规模急剧扩大

自 2000 年世界银行设立首个碳基金以来，到 2010 年国际碳基金总数已达 96 只。以世界银行碳基金为例，截至 2013 年年末，世界银行已经是 15 项碳基金计划的受托人，前 10 个基金资本达到 23 亿美元，支持了超过 75 个国家的 145 个低碳项目，通过项目减少的二氧化碳排放量高达 18.7 亿 t。世界银行最近的 6 只基金着重于支持以市场为基础的碳排放活动，总额超过 10 亿美元，其中 5 亿美元用于技术支撑。仅仅 2013 年，新增的碳基金募集资金量为 64 亿美元。除了世界银行运营的基金以外，在英国、奥地利、芬兰、德国、日本等国也设立了国家碳基金，专门用于解决本国或附近地区低碳项目的融资。

2. 股东结构逐渐由政府投资过渡到私人投资为主

碳基金的资金来源循着由公共基金到公私混合基金，再到私人基金的路径。早期的碳基金均为公共基金，2000 年推出首只公私混合基金，而私人基金于 2003 年才出现。随着碳基金的发展，私人基金以及公私混合基金占碳基金的比例得到了稳定的增长，而公共基金数量增幅正在萎缩。

3. 支持项目涵盖减缓气候变化的多个领域

这些领域包括化石燃料、运输交通、可再生能源、垃圾及废物管理、能源效率提升、农业与林业以及无组织排放。截至 2013 年，世界银行通过签订 ERPAs 协议或类 ERPAs 协议获取碳信用的项目中，以可再生能源为主，占比 33%；废物管理、能源效率提升以及农林业次之，占比分别为 21%、19% 和 17%；还有少部分的非组织排放、化石燃料以及交通运输项目，占比分别为 8%、1% 和 1%。

4. 投资项目地理分布

欧洲是最早设立碳基金的地区，也是碳基金的聚集地，超过半数的碳基金都是在欧洲设立运营，欧洲一直是碳信用指标的最大买家。而对于投资项目来说，其资助的区域远不止欧洲地区。截至 2013 年，拉丁美洲和加勒比地区占比为 29%，东亚和太平洋占比为 21%，欧洲和中亚地区占比为 19%，非洲地区占比为 13%，南亚地区占比为 13%，中东和北非地区占比为 5%。主要国家设置的碳基金见表 4-3 所列。

表 4-3　国外碳基金主要模式

发起人/管理者	基金名称	成立时间	投入
世界银行	世界银行原型碳基金 PCF	2000	18 000 万美元
	世界银行社区发展碳基金 CDCF	2004	12 860 万美元
	世界银行荷兰清洁发展机制碳基金 NCDMF	2004	4400 万欧元
	世界银行荷兰欧洲碳基金 NECF	2004	18 000 万美元
	世界银行意大利碳基金 ICF	2004	8000 万美元
	世界银行丹麦碳基金 DCF	2005	7000 万美元
	世界银行西班牙碳基金 SCF	2005	17 000 万欧元
	世界银行伞形碳基金 UCF	2006	25 000 万美元
	世界银行欧洲碳基金 CFE	2007	5000 万欧元
	世界银行生物碳基金 BioCF	2007	9190 万美元
	世界银行森林碳伙伴基金	2008	1.098 亿美元
	世界银行碳伙伴基金	2009	2500 万美元
国家政府	芬兰碳基金 JI/CDM 试验计划	2000	1000 万欧元
	奥地利碳基金 JI/CDM 项目	2003	7200 万欧元
	CDM 基金(瑞典、挪威、奥地利、丹麦、芬兰)		
"政府+企业"模式	英国碳基金	2001	6600 万英镑/年
	德国碳基金	2005	6000 万欧元
	德国复兴信贷银行碳基金 KFWF	2005	6000 万欧元
发达国家与联合国机构共建	日本碳基金(国际合作银行与日本开发银行)	2004	1 亿美元
	千年发展目标实现基金(西班牙政府和 UNDP 建立)	2006	6 亿欧元
国际复兴开发银行管理	国际复兴开发银行清洁技术基金	2004	10 亿美元
	国际复兴开发银行战略气候基金	2008	11 亿美元
	全球减灾与恢复基金	2009	100 万~150 万美元

（续）

发起人/管理者	基金名称	成立时间	投入
多国银行和企业合作	碳排放交易基金(法国兴业、瑞士信托、英国汇丰)	2006	1.35 亿英镑
	欧洲碳基金(法国信托银行和比利时、荷兰富通银行)	2005	1.43 亿欧元
亚洲开发银行	亚太碳基金 APCF	2006	1.5 亿美元
欧洲投资银行	欧洲投资银行 2012 碳信用基金	2008	1.25 亿欧元

在我国，从 2006 年设立全球第一家卖方减排认证的交易中心——中国碳基金以后，诸如中国绿色碳基金、中国清洁能源发展机制基金、国家低碳产业基金等碳基金也不断涌现，由于各类碳基金的侧重点不同，碳基金的投资职能和范围得到极大的丰富和完善。2014 年 10 月，深圳设立了首只私募碳基金，即嘉碳开元基金。在此过程中，碳基金的投资领域和策略的外延也在不断扩展，交易形式由不能自主进行碳减排量的买卖交易向实现碳减排量的灵活交易转变，交易标的由 CDM 项目产生的 CER 交易扩展向允许以碳配额作为投资标的的交易转变。随着我国的碳基金的业务运行方式与国内碳市场的耦合度的提高，碳基金作为重要的投资主体在我国起着越来越重要的作用(表4-4)。

表4-4　国内碳基金主要模式

基金名称	成立时间	性质	作用
中国清洁发展机制基金（CDMF）	2006	政策性基金	支持国家应对气候变化工作，促进经济社会可持续发展
中国绿色碳基金（CGCF）	2007	公募基金	支持中国应对气候变化的活动、促进可持续发展的一个专业造林减排基金
清洁发展基金（CDF）	2010	公募基金	全国首个专门从事应对气候变化环境保护事业的清洁发展基金
浙商诺海低碳基金	2010	私募股权投资基金	全国首个低碳私募股权投资基金
汇丰晋信低碳先锋股票型基金	2010	私募基金	首只"低碳经济"主题投资基金
新能源低碳基金	2012	外资合作	首个具有外资背景的该类基金，用于捐助中国西部省份的新能源与低碳经济工程
碳谷基金（节能创新投资基金）	2012	私募基金	华中地区首支低碳创投基金，建设 10 个低碳节能示范园区扶持 100 家高新节能企业，实现产值逾 200 亿的创投基金
凯泰清洁能源产业投资基金	2012	私募股权投资基金	国内首只非常规天然气产业投资基金专业投资国内非常规天然气的技术、勘探、服务等产业链核心领域
中国绿色低碳产业基金	2013	私募基金	为我国绿色低碳产业发展提供金融服务与资金支持
华碳基金	2014	私募基金	中国第一只自愿减排核证量低碳项目开发扶持资金

（续）

基金名称	成立时间	性质	作用
嘉碳开元基金	2014	私募基金	嘉碳开元投资基金投资于新能源及环保领域中的CCER项目；嘉碳开元平衡基金—国内首只私募碳基金基于当下试点省市中的广东、湖北和深圳3个试点市场配额买卖的专项私募基金，通过密切关注各试点市场的行情走势，低买高卖进而实现赢利
碳排放权专项资产管理计划基金	2014	公募基金	"排放权专项资产管理计划"基金是国内第一个在监管部门备案的碳基金
海通宝碳基金	2015	公募基金	首个大型券商参与的针对中国核证自愿减排量的专项投资基金
招金盈碳一号排放投资基金	2015	私募基金	国内首只碳排放信托投资基金
宝武碳中和股权投资基金	2021	公募基金	投资方向主要聚焦清洁能源、绿色技术、环境保护、污染防治等方向，深度挖掘风、光等清洁能源在发展地区和投资市场上优质的碳中和产业项目
武汉碳中和—新能源基金	2021	公募基金	重点关注绿色低碳先进技术产业化项目，用于企业节能减排设施设备的建设配置，如养殖场的沼气设施建设，以及节能减排技术创新的投入
中金协鑫碳中和产业投资基金	2021	私募基金	对移动能源产业链上下游优质项目和重点平台企业进行股权投资，并借助新能源汽车出行平台实现向充换电平台的导流
碳中和技术产业基金	2021	私募基金	该基金也是目前国内首只由绿色科技企业携手创投机构成立的百亿规模碳中和技术基金，将积极与企业和政府合作，打造碳中和技术创新生态

三、碳基金发展面临的问题

《京都议定书》对于2012年以后国际碳减排的制度安排、延续问题以及中国需要承担的减排责任都有着一定的不确定性，直接关系到中国的碳基金发展模式和发展方向。虽然中国碳市场有巨大的发展潜力，但是总体来说中国碳基金市场的运行情况并不乐观，碳基金市场运行机制还存在诸多问题，具体表现如下：

（一）CDM/JI市场交易风险较大

CDM/JI市场存在很多不确定性，这给碳基金的投资带来很大的交易风险。第一，CDM/JI项目规模与难度不断加大。目前，在全球CDM项目市场上，CERs买方倾向于低成本、低风险、可产生大量CERs的HFC23和N_2O分解项目，这类项目只需在现有设备基础上进行较小的技术改进，就可实现大量的温室气体减排，而且投资回收期短、盈利大。然而，急待开发的可再生能源和能效提高项目，因为属于资金密集型项目，前期需要大量的投资，减排成本较高，风险较大，投资回收期长，产生的CERs较少，碳基金不愿涉足。

第二，CDM 项目审查程序严格复杂。碳基金投资 CDM 项目一般要经历 7 个基本步骤。每个阶段都有对应的风险，例如，DM 项目审批程序复杂，复杂的审批程序可能会给最后的结果带来不确定性。复杂的程序和诸多不确定性，提高了碳基金的投资成本。

(二)碳交易试点难以发挥规模效应

中国选定 8 个省(直辖市)作为碳排放权交易试点，表明中国政府正积极发挥市场机制以控制温室气体减排，推动低碳经济发展。虽然各试点都明确了交易范围，设定了总量控制目标，建立了交易平台、注册等级系统和碳排放核查体系，但是试点运行以来，仍然存在一些问题：

(1)个别交易试点动力不足，年交易额低

重庆碳交易所开业后一段时间仅在开业当天有一笔交易。北京试点活跃度和履约率均较高，但是年交易额也仅为 2.36 亿元。可见探索碳交易模式的动力不足，湖北交易所交易额居 8 个试点之首，也仅有 3 亿元。

(2)各交易试点之间难以对接

中国企业目前还只能在本省(直辖市)的试点交易所交易，各碳交易市场相互分割，交易价格有明显的差距，甚至跨度可达 24 ~ 80/t 碳。特别是各试点在交易制度、交易门槛、准入条件等方面差异较大，因而单个碳市场的业务量受到限制，碳交易的广度、深度和活跃度不足，市场之间也难以进行对接，很难发挥规模效应。

(3)新履约期配额分配政策不明确

在未来政策尚不明确的情况下，企业参与碳交易的热情就会降低，机构或个人投资者会暂时处于观望状态。以深圳碳试点为例，新履约期的政策和配额分配情况需要在 2016 年上半年确定，因而 2015 年 6 月是深圳排控企业完成 2014 年度履约义务的最后截止日期，所以大部分排控企业往往会选择在 6 月末之前完成任务，还有部分企业的配额盈余也在这个履约期结束前集中涌入市场，造成市场成交价格的走低。

(三)流动性不足

银行等金融机构若存在流动性不足，为规避风险，会影响到他们的碳融资业务状况。另外，由于流动性趋紧，私人资本流入碳基金的速度可能放缓推出新基金的步伐，碳投资者的筹资能力受到掣肘。此外，金融市场信贷紧缩还会改变投资者的风险偏好。如在风险投资决策中，投资者因财力有限，往往会成为挑剔的风险厌恶者，而不愿涉足风险较大的 CDM/JI 项目。

第三节　碳基金市场结构与运行机制

一、碳基金参与主体

(一)碳基金的运作主体

1. 碳基金发起人

碳基金的发起人指发起设立基金的机构，它在基金的设立过程中起着重要作用。碳基

金的发起人可以是政府、私人企业，也可以由私人企业和政府共同承担。发起人拥有申请设立基金、出席或委派代表出席基金持有人大会、取得基金收益、依据有关规定转让基金单位、监督基金经营情况、获取基金业务及财务状况的资料、参与基金清算、取得基金清算后的剩余资产以及法律法规认可的其他权利。

2. 碳基金的管理人

碳基金的管理人是负责基金经营管理的专业性机构，在整个基金的运作过程中起着核心作用。其基本职能包括与基金托管人签订"信托契约"负责基金设立发行、支付收益等一系列基本业务事项，制定基金的运营方式和投资策略，定期编制、公布有关基金的财务报告。在基金管理人管理基金的过程中，其固有的资产与基金资产不得混同使用，公平、公正地处理和面对基金收益和风险。碳基金管理人主要包括政府机构、私人金融机构、商业银行、国际组织以及其他私人机构等。碳基金的发起人和管理人通常分别由不同机构担任。

3. 碳基金的托管人

碳基金的托管人是依据基金运行的"管理与保管分开"原则，对基金管理人进行监督和保管基金资产的机构。其与基金管理人关系的建立来源于托管协议的订立，在保管基金资产的同时也收取一定的报酬作为回报。在基金运作中承担资产保管、交易监督、信息披露、资金清算与会计核算等相应职责，是基金持有人权益的代表，通常情况下碳基金托管人由商业银行担任。

4. 碳基金的持有人

又称基金的投资人，是基金的出资方和所有者，依法享有转让所持基金份额的权利。基金运行期间，有权利获取基金业务及财务状况资料等，评估基金管理人的运营情况、监督基金总体运营。基金的持有人可以是法人，也有可能是自然人。对于碳基金而言，除了国家政府机构和金融机构以外，企业、公众、国际组织和机构等也是碳基金交易中的持有人。

碳基金份额的持有人、管理人和托管人通过基金契约的方式，确立投资者出资、享有风险和收益，管理人负责管理基金资产，托管人负责保管基金资产的信托关系，如图4-1所示。

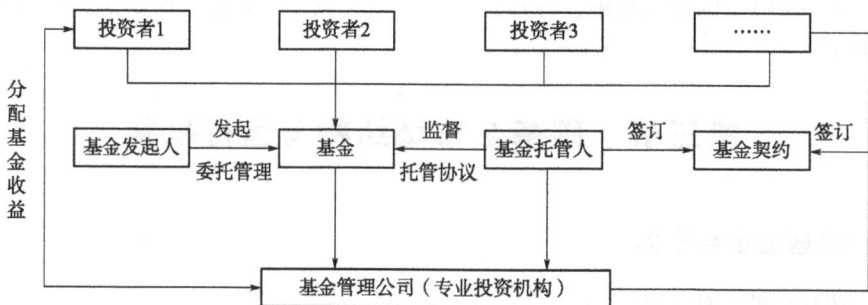

图4-1 碳基金持有人、发起人、管理人与托管人的关系

专栏 4-4

武汉"碳中和—新能源"基金

武汉"碳中和—新能源"基金成立于 2021 年 8 月，由武汉知识产权交易所牵头，下属控股湖北汇智知识产权产业基金管理公司作为管理人，联合国家电力投资集团、盛隆电气、正邦集团一起成立。募集规模 100 亿元，首期募集 20 亿元，重点关注绿色低碳先进技术产业化项目，用于企业节能减排设施设备的建设配置，如养殖场的沼气设施建设，以及节能减排技术创新的投入。

国家电力投资集团、盛隆电气、正邦集团作为我国电力、农业行业的龙头企业，都面临着节能减排重任，同时也都拥有高质量的知识产权和支撑节能减排方面的技术创新。正邦集团的生猪养殖，其排泄物能用于沼气发电，国家电力投资集团、盛隆电气的光伏发电、沼气发电等，相关技术都离不开知识产权的创新创造。而武汉知识产权交易所是全国唯一通过清理整顿交易场所部际联席会议验收的知识产权交易所，到 2020 年年底，已完成各类知识产权、技术交易超过 420 亿余元。知识产权运营参与其中，凸显知识产权交易绿色科技主题，有助于实现碳中和基金价值最大化。设立的"碳基金"未来必将促进当地绿色低碳产业快速发展，尤其在碳汇产品开发方面将大大加快前期湖北试点成果的复制推广。

(二)碳基金的投资主体

从碳基金的运作实践来看，各类主体参与到碳基金投资和交易活动中的诉求各有不同，期望从中获得的回报形式也不同。主要参与主体包括政府、金融机构、国际组织和机构、中介服务机构、企业和个人。

1. 政府

《京都议定书》对碳排放的总量目标和阶段目标做出了明确的规定，特别是对附件 I 的国家的温室气体排放量做出了定量的法定约束。由于缔约国必须完成 2012 年以前的减排任务，使得通过碳基金获得相应的碳信用，或通过碳基金收益购买碳信用来抵消本国的碳排放指标，成了各国政府青睐的方式。

2. 国际组织和机构

作为温室气体减排的倡导者，如世界银行、国际货币基金组织等，承担了推广、普及温室气体减排的责任，设立并投资碳基金参与到涉及发展中成员国家、减排技术条件较弱的地区项目中。同时，低碳发展投资的前景、潜在收益率对国际资本产生了吸引力，国际机构也加入碳基金交易的行列中。

3. 金融机构

参与碳基金交易的金融机构既包括开发银行、商业银行，也包括基金管理公司等非银行性金融机构。金融机构参与的碳基金项目大都能收到互利共赢的效果，在帮助投资方履行减排义务的同时，解决发展中成员国家 CDM 项目业务前期融资困难。典型的有亚洲卡法银行管理的亚太碳基金专门投资于亚洲发展中成员国潜在清洁发展机会项目，其由亚洲开发银行管理并向其发展中成员国的 CDM 项目提供前期融资，购买 2012 年之前产生的

CERs。

4. 中介服务机构

碳基金市场中的中介机构概括起来主要有碳资产管理公司、碳信用评级公司、碳审计服务公司、碳交易法律服务机构、碳经纪商、碳金融信息服务机构、碳交易保险服务机构等。中介服务机构拥有专业咨询优势、融资优势，能够指导项目运行后各参与方按照项目属地政策要求，准备 CDM 项目的可行性和相关申报材料，确保能够顺利通过国内审批。

5. 企业

企业是温室气体的直接排放主体，也是碳市场中数量最庞大的交易主体。一旦被选为控排企业，必须承担一定数量的碳排放的减排任务。当减排技术无法满足要求或者技术改进需要高昂成本的时候，碳基金交易中获取的碳信用就能抵消企业的减排量。反之，企业有富余碳排放指标的时候也可以通过碳基金交易将企业的碳信用转化为资金，用于节能减排项目和低碳技术的开发。

6. 个人

个人也是碳基金投资的主体，是相关国家法律规定具有投资于碳基金资格的自然人，投资资格既包括对于自然人行为能力的规定，也包括对基金投资门槛的限定。当投资主体从机构投资者扩展到个人投资者时，标志者碳排放权交易市场的日益完善。目前，有少量特定的碳基金向个人投资者放开了门槛，允许个人通过交易的形式参与碳基金获取收益。

专栏 4-5

碳谷基金

"碳谷基金"是一个私募基金，成立于 2012 年 6 月，由湖北省节能公司、湖北集源循环经济投资公司、湖北鼎正能源服务公司等 10 多家业内骨干企业共同发起设立。据湖北省发改委相关部门确认，这是湖北以低碳产业为投资方向的创投基金。碳谷基金由初始发起人出资 1650 万元人民币，然后募集资金 5000 万元人民币，2012 年 7 月开始运作，5 年后基金规模将达 20 亿人民币。这些资金将由招商银行武汉分行托管，用于建设 10 个低碳节能示范园区，扶持 100 家高新节能企业，实现产值逾 200 亿元。

"碳谷基金"专注于低碳节能方向，将主要用作股权投资，投资于湖北省内非上市和预备上市的节能公司股权、已上市节能公司定向发售的股权，采用普通股、可转债、优先股和各种附有选择权的股权工具等多种方式。投资对象是节能高新技术企业、节能产品型企业、节能装备型企业、节能服务型企业，以及低碳技术应用型企业、各类低碳技术示范园区等。

"碳谷基金"为培养和扶持湖北省节能低碳产业中具有技术创新能力的先进企业提供了强劲驱动力，对大力发展湖北节能服务产业、推行 EMC 模式开创了独特的投融资模式。该基金通过吸引社会资金投资参与，一是可以通过股权投资的方式为节能企业提供资金和智力支持，二是将募集的资金与政府节能引导资金合作成立节能投资担保公司，以第三方的形式向节能服务企业提供节能项目投资和银行融资担保。

二、碳基金运作机制

碳基金的市场运作包括碳基金的发起与设立、发行与认购、上市与交易、集合管理、收益分配等多个环节，其运行机制如图4-2所示。

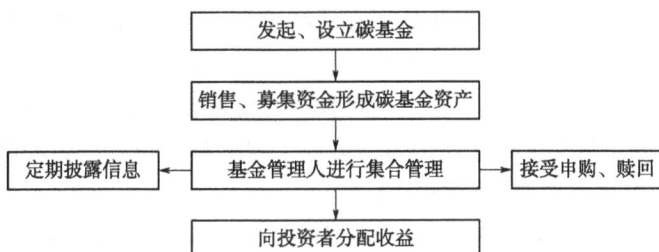

图 4-2　碳基金市场运行机制

(一)碳基金的发起与设立

通常，各国法律对碳基金的发起人做出一定的资格条件限制，只有具备一定条件的私人部门和公共部门才能作为基金发起人申请设立基金。大部分国家实行的是审批制，即设立碳基金(属于投资基金)必须经证券监管机构的审查批准。对于基金的发起人，既可以是具备发行融资工具资格的政府，也可以是减排企业、碳资产管理公司或者国际组织和机构等。

在英国，要发起基金，必须首先成为基金行业协会的会员，而能否获得会员资格，要看是否符合"适当会员资格与要求"。例如，基金发起人有健全的组织机构和管理制度，财务状况良好，经营行为规范；有完善的内部风险控制、监察与稽核、财务管理及人事管理等管理制度；有明确可行的基金发起计划；有明确、合法、合理的投资方向；有明确的基金组织形式和运作方式；基金托管人、基金管理人近一年内无重大违法、违规行为等。

碳基金的设立一般可以包括如下流程。

第一步，发起人根据当前节能减排的现状、碳交易市场的状况以及投资人偏好程度，选取合适的碳基金的投资侧重点以及具体的基金形式。

第二步，发起人根据碳基金的所属类别和性质，以及第三方参与人(注册会计师、律师、投资顾问等)，选择确定基金管理人、托管人并形成与他们的委托协议。

第三步，由发起人自己或委托基金管理人、托管人制定基金文件。

第四步，发起人向主管机构递交设立碳基金的申请。申请资料一般包括，申请报告、基金的设计方案和可行性研究报告、信托契约、基金章程、公开说明书以及相关国家主管机构规定的其他所需材料。申报时应提交的主要有申请报告和发起人情况，其中申请报告内容包括基金名称、拟申请设立基金的必要性和可行性、基金类型、基金规模、存续时间、发行价格等基本基金信息，发起人情况包括发起人的基本情况、法人资格与业务资格证明文件。

第五步，主管机构审批通过后，发起人在规定时间内发行基金的收益凭证。

专栏4-6

海通宝碳基金

"海通宝碳基金"全称"海通宝碳1号集合资产管理计划",成立于2014年12月30日,是由海通资管与上海宝碳新能源环保科技有限公司(简称"上海宝碳")在上海环境能源交易所的帮助和推动下成立、规模为2亿元的专项投资基金。

"海通宝碳基金"是迄今为止国内最大规模也是国内首个大型券商参与的中国核证自愿减排(CCER)碳基金。提升了碳资产价值,填补了碳金融空白,所具有的突破性和创新性对整个碳金融行业有着深远的意义和影响。

"海通宝碳基金"由海通资管对外发行,海通新能源和上海宝碳作为投资人和管理者,对全国范围内的CCER进行投资。该基金的成立有助于活跃碳市场,激发更多金融机构掀起碳市场的投资热情,加大资金对新能源和节能减排项目的支持力度,为全国碳市场的发展提供坚实基础。

国内各大金融机构积极参与国内碳市场。11月,华能集团与诺安基金在湖北共同发布了全国首支经监管部门备案的"碳排放权专项资产管理计划"基金,首期规模设计为3000万元,将全面参与湖北碳排放权交易市场的投资。中信证券则于近日在北京参与国内首单碳排放配额回购融资协议。

金融机构参与到碳市场,对市场的流动性提升以及对碳配额价格的发现起到至关重要的作用。随着全国碳交易市场的发展,预计将有更多金融机构进入该领域,促进碳金融的发展。

专栏4-7

凯泰清洁能源产业投资基金

凯泰清洁能源产业投资基金(下称"凯泰基金")成立于2011年11月25日,首期规模为5亿元,是中国首家非常规天然气产业投资基金,专注于投资中国非常规天然气的技术、勘探、服务等产业链核心领域。基金的40多位LP中,绝大多数是浙江省内的富裕个人,包括一些民营企业家。凯泰基金只用了2个月便完成募集,杭州银行担当了基金的托管人角色。基金首期规模为5亿元,论"个头"并不出众,但其"个性"很鲜明,一亮相便引起了业界的关注——它是国内首只非常规天然气产业投资基金,专业投资国内非常规天然气的技术、勘探、服务等产业链核心领域。

凯泰基金"切口"如此之小,昭示着当今PE投资低碳经济的新动向,即领域越来越细分。在其中一个基金创始合伙人眼里,低碳经济俨然是一座风投的"富矿",投资"钱景"诱人:其细分行业近400个,高碳改造、低碳升级、无碳替代等领域无不蕴含着大量的投资商机,像核电管道、风电配套设备制造、环保治理、绿色建筑等项目,不仅低碳"含金量"成色十足,而且每个项目还可衍生出许多子项目、子领域,低碳风投的空间非常大。

(二)碳基金的发行与认购

1. 碳基金的发行

碳基金的发行是将基金证券或受益凭证向投资者销售的行为，是基金运行过程中最基本的环节。基金的发行市场又称基金的一级市场，作为基金市场最基本的组成部分。基金的发行内容包括确定发行对象、发行日期、销售方式、发行价格、发行面额以及发行区域。

按照碳基金的发行对象和发行范围的不同，基金的发行方式可以划分为公募和私募两种形式。公募发行是指基金向社会公众发行的方式，私募发行则是向少数特定的投资者或投资范围发行，由于对象较为局限，通常发行费用较低。

按照碳基金的销售渠道，基金的发行方式可以分为直接销售法和承销法两种。直接销售法是不通过任何专门销售组织直接向投资人销售，又称私募。承销法是通过承销商来发行基金的方式，承销商通常由投资银行、综合性券商或信托投资公司来担任。承销商先按净资产价值购入基金凭证，然后再加上相应的销售费用，公开将基金凭证发售给投资者。根据承销商的构成由不同承销商承担部分和集团承销，其中集团承销通常由几个承销商组成销售集团的基金销售任务。

碳基金的发行价格是指基金收益凭证在发行市场出售的价格，一般由基金面值、发行费用与销售费用3个部分构成。

2. 碳基金的认购

碳基金的认购是与基金发行相对应的概念，指投资者在基金的发行期内按照基金的认购流程向基金发行管理公司购买基金单元的行为。通常认购价是基金份额面值加上一定的销售费用，认购的最低金额标准各不相同，初始认购金额应为个人最低认购金额的整数倍。但一般不超过最高认购金额。认购期内，投资者可以单次或多次认购基金。

认购费用和认购金额的基本计算公式：

净认购金额=认购金额/(1+认购费率)

认购费用=净认购金额×认购费率

认购利息=认购金额×同业存款利率×期限(以年为单位)

认购份额=(认购金额−认购费用+认购利息)/基金份额面值

专栏4-8

招金盈碳一号碳排放投资基金

2015年4月，由招银国金发起成立的招金盈碳一号碳排放投资基金(下称"招金盈碳一号")在湖北碳排放交易中心启动，这是国内首只碳排放信托投资基金。招金盈碳一号将专注于碳交易试点地区的配额一级、二级市场，以及我国自愿减排量的一级、二级市场中的交易机会，将积极参与全国碳市场的交易。作为国内首支面向公众募集的碳信托产品，碳排放投资基金引导社会闲散的资金聚集起来，为具有良好减排项目开发潜质的企业提供资金需求，一方面能够大力推动我国碳交易市场的完善，另一方面也能够为节能减排融资，促进我国低碳经济的发展。

专栏4-9

宝武碳中和股权投资基金

2021年7月15日，中国宝武钢铁集团有限公司携手多家公司共同发起设立宝武碳中和股权投资基金。该基金是目前国内市场上规模最大的碳中和主题基金。宝武碳中和股权投资基金募集规模500亿元，首期规模100亿元，投资方包括国家绿色发展基金、太平洋保险和建信金融；城阳区碳中和产业股权投资基金、中航成都碳中和产业基金和武汉碳中和基金等募集规模都在100亿元，具体LP名单当中多来自产业资本，如中航产投、成都产业集团等单位。为了助力国家经济绿色低碳高质量发展，宝武碳中和股权投资基金将聚焦清洁能源、绿色技术、环境保护、污染防治等方向。参与长江经济带的转型发展，跟踪国家清洁低碳安全高效的能源体系建设，深度挖掘风、光等清洁能源潜在发展地区和投资市场上优质的碳中和产业项目，助力国家经济绿色低碳高质量发展。

(三)碳基金的上市与交易

碳基金发行认购以后，有部分类别可以在市场上进行买卖活动，处于封闭期和开放期的基金，其上市交易的形式有所不同。

1. 封闭式碳基金的上市与交易

封闭式碳基金在首次发行后等同于将基金资产封存起来，投资者在基金存续期内不能将持有的基金受益权凭证赎回，而只能在证券交易市场挂牌交易，等同于上市的证券。封闭式基金的单位交易价格是基于基金单位的资产净值，取决于市场的供求关系。这类基金发行的基金单位通常为固定的数量，随着市场需求的变化，基金交易过程中会出现折价和溢价(相对于基金净值)现象。对于碳基金而言，由于其资金运用方向多为促进低碳项目开发和低碳技术创新方面，这类项目通常具有资金使用周期长、对资金配合度要求高等特征，故而碳基金通常选用封闭的形式，或设置较长的封闭期，保持资金可利用的存量数目。

2. 开放式基金的申购与赎回

对于开放式碳基金而言，其在经历了封闭期之后，都允许进行申购或赎回基金份额，这类交易实际上是在投资者和基金公司之间进行。

申购价格通常以申购当日的基金单位净值作为基础进行计价，按照一定金额进行申购，基金管理人在扣除申购者应得份额和费用以后，根据申购当日的基金单位净值计算投资申购费用和申购份额的基本计算公式如下。

净申购金额＝申购金额/(1+申购费率)

申购费用＝申购金额−净申购金额

申购份额＝(申购金额−申购费用)/基金份额面值

与基金申购相对应的行为是基金赎回，与基金的认股、申购不同，它是以基金份额为单位提交申请，赎回的计价标准也是以基金净值为基础。

赎回总额＝赎回份额×赎回当日基金单位净值

赎回费＝赎回份额×赎回当日基金单位净值×赎回费率

赎回金额＝赎回份额×赎回当日基金单位净值−赎回费

赎回后的剩余基金份额不能低于基金公司规定的最小剩余份额，且未被基金公司确认的份额也不能用作赎回业务。

(四)碳基金的集合管理

碳基金的集合管理包括运行和管理碳基金的组织结构集合及运行机理，其核心为基金内部管理系统的内在联系、功能及运作机理。根据国际上现有的碳基金的运作模式和管理方式，碳基金的运作模式在运行架构、业务管理和风险管理方面具有明显的特征。

1. 碳基金的运行架构

碳基金主要以信托公司、股份公司、有限责任公司的风险投资形式运行，大部分通过信托的方式在基金管理公司和基金投资者之间建立起托管人与受益人的关系，而非建立普通合伙、有限合伙、企业集团、寄托保管或其他除信托之外的法律关系。采用信托的方式，将基金的运作委托给具有丰富经验、专业技术的机构，能够借用专业机构的关系网络、经验和技能，节约出资方成本，降低碳基金运行中的风险，提高其运行效率。

图4-3为碳基金的运行架构，虚线方框内为碳基金运行的内部结构。碳基金的组织管理结构具备权力机构、监督机构以及执行机构3个层面。通常设置出资方大会作为碳基金的权力机构，由负责出资的政府或私营机构构成，担负决定基金重大规划、重大事项的责任。由出资方大会选举出资方委员会，作为碳基金管理权力的常设机构。

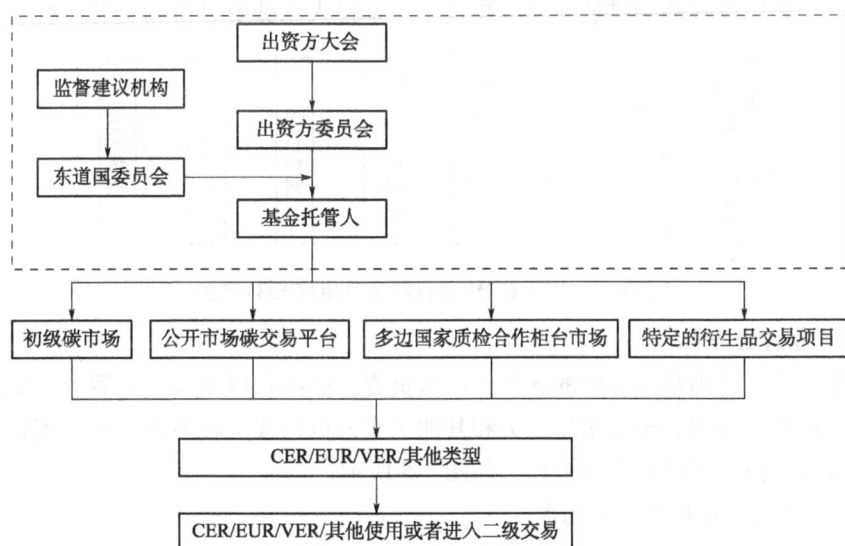

图4-3　碳基金运行架构

值得注意的是，由于碳基金的投资范围涉及跨国家、跨地域的项目，碳基金中特设东道国委员会担任监事会的职责，减排项目代表国参与。东道国委员会具有向托管人和出资人提出减排项目标准、碳排放量、项目执行以及利益共享等方面建议的权利，即仅仅局限于项目的选择和执行。

出资方委员会委托基金管理公司进行基金的日常运行和管理。基金管理公司作为执行层，通常由国际双边或多边组织和专业的基金管理公司担任，独立于碳基金。基金管理公司通过设立基金管理团队，负责基金的管理和日常运营。

碳基金运行的最终目的是获取既定形式的碳信用。碳信用包括由清洁能源项目产生的CER、由联合履约项目产生的 EUR、由自愿减排项目产生的 VER 以及其他类型，既可以通过碳交易市场获得，包括碳交易平台(二级碳市场)、国家质检合作柜台市场(OTC 市场)或特定的衍生品交易项目(与碳交易相关联)，还可以通过直接投资于低碳项目或签订减排量购买协议(碳信用初级市场)获取。碳基金主要投资于 ERPAs 协议项目，即作为中间人将资金用于交易碳项目所产生的碳信用，但近来直接投资的方式开始出现，即通过直接融资的方式将资金投资于碳项目的开发，而这往往被碳市场中具备丰富经验的机构所采用。

对于在项目中获取碳信用，其运行的复杂性、影响因素的多边性远胜于由市场交易获得。此处，以清洁发展机制(CDM)项目运行为例，如图 4-4 所示。CDM 项目需要经历较长的时间周期，通过项目设计和描述、国家批准、审查登记、项目融资、项目监测、核实认证和签发核证 CER 等 7 个流程，最终产生 CER。在这个过程当中碳基金不但为项目运行提供资金支持，还会依据自身的专业积累和信息优势为项目提供适当的指导和咨询服务。

碳基金在获取碳信用之后，会根据投资者的需求对碳信用做出适当的处置，主要包括两种方式：一是用以弥补碳排放量超额缺口；二是投入到碳交易市场交易，获取收益。

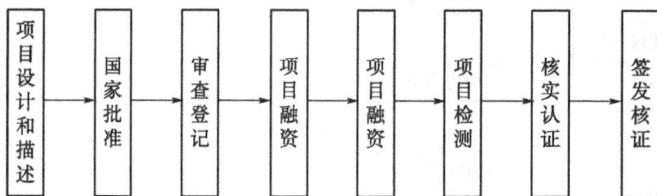

图 4-4 基于 CDM 项目的碳信用(CER)产生

2. 碳基金的业务管理

碳基金的业务管理是由专业的碳基金团队负责，团队隶属于基金托管人。碳基金的专业管理团队由基金经理、核心工作人员和其他工作人员构成。在专业团队的支持下开展碳基金融资服务、技术支撑和业务推广，如图 4-5 所示。

(1)碳基金的专业技术团队构成

基金经理作为团队的首席执行官，对基金的日常运行全权负责，包括确保基金运行中项目选择符合相关的标准；监督项目的选择，对项目执行、运行做出评估；收集、组织、管理和传递基金托管人在基金运行中获得的信息和知识；代表基金与出资方、东道国进行接洽，并签订碳信用购买协议；选取基金工作人员，监督基金的日常运营。

核心工作人员是基金运行的核心团体，负责基金的投融资提供所需要的技术支持，并提出碳基金运行的发展方向，故而必须具备一定的专业知识，包括基金管理知识、商业化运行知识、金融经济学知识、环境法律知识、环境资源知识、组织管理知识和财务知识，

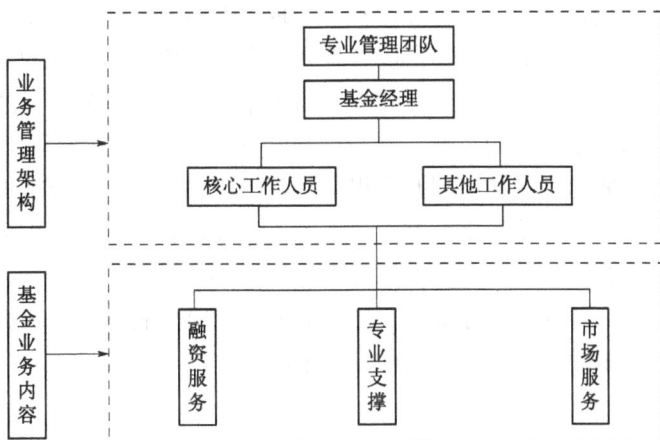

图4-5 碳基金业务管理架构

才能胜任 CDM 项目单一或组合式管理、国际碳市场和排放量管制分析、项目和金融重组等任务。一般来说，工作人员的数量非常有限，且各自具有不同的专长，如欧洲碳基金的团队只由 6 名工作人员构成。

其他工作人员作为碳基会专业团队的必要组成部分，负责团队内事务的协调、准备项目评估，执行和运行的前中后期材料、集合项目信息和知识等工作。

（2）碳基金的业务管理内容

融资服务是碳金融业务中的关键部分，其基本含义是碳减排项目提供相应融资服务。不同性质的碳基金所提供的融资服务的类型是不同的，一般可以分为 3 类，一是碳减排项目产生的碳信用在交付的时候，支付购买资金；二是提供碳减排项目检期申请阶段的相关费用，如 CDM 项目中指定经营实体（Designated Operational Entity，DOE）审定费用、DOE EB 的注册费用以及核证费用；三是在支付前期申请阶段费用的同时，按照约定支付部分预估的购买减排项目碳信用的费用。碳基金资金来源的不同决定了碳基金为项目提供融资服务的类型，通常私有碳基金只为碳减排项目提供第一项融资服务，公共基金和混合型基金会为碳减排项目提供第二项融资服务，但是也有少数的公共基金会为项目提供第三项融资服务。

专业支撑是为了帮助碳减排项目的开发者开发出合格的碳减排项目，减少碳基金在减排项目中的风险，对减排项目开发提供综合型的专业技术指导。专业支撑业务提供的服务包括项目识别和筛选、项目开发、审定注册、项目执行和监督、项目开发方和项目出资方的能力建设等。日本温室气体减排基金设立的相关部门专门指导碳减排项目的开发和执行。相比之下，开发银行旗下的基金由于项目经验、人力资源水平更高，故而其专业支撑部门结构和职能更为明晰。世界银行管理的碳基金的专业支撑由独立的专家顾问组完成，对基金运行的技术方面做出客观评估。专家顾问组由来自政府组织的个人专家组成，以专家的个人能力和技术专长为标准甄选，搭建结构合理的专家队伍，对碳基金技术相关的问题提供反馈和建议。亚洲太平洋碳基金也开设有技术支持部门，帮助发展中国家建设持续从碳市场获益的稳定的项目流，并提高开发碳减排项目的能力。由此提供的服务涵盖项目选择、审批和核证，项目开发、执行和监督，管理开发四大综合性专业支撑。

市场服务的目标是帮助碳减排项目的开发者以合理的价格和最优的条款出售碳减排项目中产生的碳信用额度，为项目的开发者提供市场服务。市场服务针对项目开发方部分购买碳减排项目产生的信用额度的情形，当项目开发方全部从市场购买信用额度的时候，市场服务一般是没有必要的。例如亚洲开发银行管理的亚洲太平洋基金就提供市场服务，由亚洲开发银行推选若干名合适的第三方人员作为出售方代表，由市场服务代表辅助选取符合条款最优、价格最合适的碳中介商。碳出售方代表和市场服务者在 CER 交易成功后获得一定的劳务费用，二者收益的标准化文件由亚洲开发银行制定，且亚洲开发银行监督碳出售方代表和碳市场服务代表在交易中的合作情况。

3. 碳基金的风险管理

碳基金是一种集中资金、定向投入、专业管理的机制，基金运行过程中面临的风险有市场风险、项目运行风险、管理能力风险、技术风险等。

(1) 碳基金的风险类型

碳基金的良好运行取决于两大因素，一是国际碳排放权交易市场的状况，这在很大程度上取决于国际社会关于气候变化问题的谈判结果及主要发达国家的温室气体减排政策，即政策性风险。二是 CDM/JI 项目中投入资金是否能够回收的风险，即项目运行风险，包括 CDM/JI 项目各个环节中的风险。以 CDM 项目为例，完整的项目流程从启动到形成 CER 需要经过 7 个环节。

在项目前期，CDM 项目确立过程中面临着审批风险、审查风险以及注册风险。审批风险包括 CDM 项目的有关内容与东道国的有关政策和经济发展目标不吻合所导致的风险，审批时间过长、环节过多所带来的不确定性等。而这种不确定性与审批项目的复杂性成正比。审查风险的含义是指定经营实体 (DOE) 按照有关审核 CDM 项目时，对不合规定的项目申请材料反复修改所带来的风险，一般采用征求公众意见和专家意见的方式。注册风险是项目业主申报拟实施 CDM 项目后，若多个专家提出不同意见，就要对拟实施项目的有关材料进行认真反复审核所造成的风险。

项目实施的中期和后期面临着核证风险、交付风险和价格风险等。核证项目实施的中期和后期面临着核证风险，主要由 DOE 对检测计量的管理方法不科学、不规范而导致，程度轻者会造成 CER 核证数据不准确，重则会使得 DOE 资格被取消。CER 的价格风险是指由于 CER 的市场价格波动对 CER 的卖方、买方可能带来的不利影响。CER 交付风险是 CDM 项目实际产生的 CER 不符合要求从而无法按照约定交付的风险。交付风险大的主要原因，一是 CDM 项目的审批程序复杂、标准严格、周期长，CDM 项目技术发展不稳定。二是项目出资方和东道国环境政策协调的复杂性。CDM 项目在程序和方法学方面的复杂性会导致项目交易成本的上升，较高的设计费、包装费等将为项目业务带来巨大的沉没成本。

除此之外，碳基金还面临其他的风险，如针对项目的融资风险以及 DOE 风险。首先，项目的融资风险主要来源于，一是项目现金流不匹配，现金流流入以碳信用交付为标志，而项目实施前期缺乏稳定的现金流作为借款资金的保证。二是项目所获得的现金流大小取决于项目业主对碳信用的议价能力，且议价能力与现金流大小成正比。以 CDM 项目为例，其大部分都发生在发展中国家，而这些国家的项目业主在碳信用(CER)议价方面能力往往较弱，导致最后能够获得的现金流较小，增加融资风险。三是与传统能源项目相比，项目的投资周期长、审批程序复杂、影响因素多，导致项目自身的运行风险较大，易于传染给金融机构等融资主体，导致融资风险较大。项目较大的融资风险在一定程度上会影响其可持续发展，进而对碳基金的发展造成不利影响。其次，第三方审定/核查机构风险。在 CDM 项目中指定经营实体(DOE)充当第三方核定/检查机构，由于 CDM 项目的交易涉及项目的跨国审批和技术认证问题，DOE 按联合国清洁发展机制执行理事会的要求负责 CDM 项目的注册和实际碳减排量的核实，而目前缺乏对 DOE 的有效监管措施，导致一些 DOE 在项目的材料准备和核查过程中发生一定的道德风险行为，甚至提供虚假信息。

(2)碳基金风险管理措施

鉴于上述可能面临的风险，碳基金运行中要密切关注国际气候政策变化以及国际碳市场运行状况，控制好项目运行各阶段的风险，明确项目各参与方不同时期的风险承担问题。通常采用风险分担机制，充分利用外部专业力量，应对气候政策变化风险和项目运行风险，特别是对于国际气候谈判政策变化。具体措施如下。

①项目卖方风险控制　对于项目实施的地质条件、生产状况、市场需求等情况，企业的发展情景和经营能力等而言，项目合作方处于信息劣势地位。选取项目方作为风险承担，能够有效地制衡、防止道德风险，强化其化解风险的能力。具体包括，项目实施条件变化风险、技术可行性和先进性风险、碳信用的交付风险，项目卖方在审批风险(国内)也应当承担相应的职责。

②项目买方风险控制　项目买方承担的风险主要有项目运行风险、碳信用价格波动风险和汇率风险。对于项目中财务风险、运营风险等传统经营风险，特别是针对碳信用价格波动风险和汇率风险，可以运用诸如信用交付保证、气候衍生品等创新类保险产品，以及碳期货碳期权等金融衍生品，以风险对冲或者碳保险的形式，有效分散和降低传统经营风险。

③依托专业化中介机构，降低项目运行期总体风险　通过利用专业化中介机构，发挥其专业咨询优势、融资优势，并指导项目各参与方按照本国政府对项目的政策要求，准备项目的可行性论证和相关申报材料，确保能够顺利通过国内审批，控制项目运行中的风险。

(五)碳基金的收益分配

碳基金投资收益的形式比较特殊，除了现金收益外，还包括碳减排项目产生的碳信用。它不是资本的直接增值，而是通过投资获得碳信用、碳信用直接被受益人(投资人)用来抵消碳排放量，或者由碳基金转售给受益人(投资人)或在二级市场上出售以获得利润。投资人根据出资比率和契约约定来决定收益的形式、主体、金额和顺序。

在分配形式方面，常见的有分配现金、分配基金单位以及不分配 3 种形式。在碳基金当中以现金分配是较为常见的一种方式。分配基金单位是将等额的新基金单位送给投资者，实际上增加了基金的资本总额和规模。不分配的方式下将净收益列入本金再投资，基金单位净值增加。从分配主体来说，投资人、管理人各分得一定比率的收益，用于支付基金管理运营中的薪酬费用，另一部分投入基金中作为出资，支持基金的下一阶段运营。

以我国清洁发展机制基金为例，其根据《清洁发展机制项目运行管理办法》对基金收益进行的分配而言，清洁发展机制项目因转让温室气体减排量所获得的收益归我国政府和实施项目的企业所有。其中国家政府对在清洁发展机制项目中所取得的收益按照比例收取费用，具体征收比率为：①氢氟碳化物（HFC）和全氟碳化物（PFC_2）类项目，国家收取转让温室气体或排量转让额的65%。②氧化亚氮（N_2O）类项目，国家收取转让温室气体转让额的30%。③《清洁发展机制项目运行管理办法》中的重点领域以及植树造林项目等清洁发展机制项目，国家收取转让温室气体减排量转让额的2%。这部分费用主要应用于支持与气候变化相关的活动，由财政支持国家环保事业，剩余的归企业所有。

购买信用的不同的投资策略下，管理人期望获取的收益的形式会有所不同，基金管理人倾向于获取项目中产生的碳信用，用于弥补减排目标和潜在减排能力的差距。而风险投资性策略的基金管理人更倾向于通过投资项目的股权和债务，并提供专业化的技术支撑，获得更宽广的收益空间。

（六）碳基金的估值与绩效评价

1. 碳基金的估值

在碳基金的运作当中，基金的单位价格会随着基金的资产净值和收益的变化而变化。为了较为准确地对基金进行计价和报价，使得基金的价格能够反映出其真实的价值，必须对某个时点上基金每单位实际代表的价值予以估算。

碳基金资产净值是基金评估中的关键性概念，它是按照公允价格计算的基金资产的总市值在扣除负债后的余额，表示基金单位持有人的权益。计算公式如下：

$$基金资产净值=基金的总资产-基金的总负债$$

$$基金单位净资产值=基金资产净值总额/估值的基金单位的总发行数$$

其中，碳基金的总资产是指基金所拥有的全部资产的总额，按照公允价值来计算；总负债是指基金运行和融资过程当中所形成的负债，包括首期发行费、交易费、中介费、管理费以及托管费用等开支。

基金净资产的估值方法按照投资对象不同有所差异，主要包括以下几种情形：

第一，以上市低碳公司证券如股票、认股权证等作为投资对象的碳基金，其资产净值按估值日当天证券市场的收盘价（以这种方法计算出来的基金单位净值称为未知价或事前价），或以估值日前5个交易日所投资对象的收盘价平均值计算基金资产总值（该价格为已知价或事后价），估值结果由注册会计师审核签注。

第二，以未上市的低碳公司的股权作为投资对象的碳基金，其资产净值根据基金面值加上自认购日到计算日所产生的投资收益，或由指定的会计师事务所或资产评估机构估算。

第三，以具体的低碳项目为投资对象的碳基金，其资产净值由指定的会计师事务所或资产评估机构估算。

2. 碳基金的收益

碳基金的主要收益形式如下：

（1）股权投资收益

股权投资收益包括股息和红利。股息是碳基金为购买公司的股权而享有对该公司净利润分配的权益，确切比率按照事前约定指定。碳基金还会采用股权投资的形式，投资于非上市或预备上市的低碳公司股权、已上市低碳公司定向发售的股权，包括普通股、可转债、优先股和其他各种附加选择权的股权工具等。

（2）碳信用形式收益

碳信用形式收益是以碳信用作为基本收益计价单位的收益形式，包括来自于 CDM 项目、JI 项目以及自愿减排项目产生的碳信用。碳基金通过签订 ERPAs 协议或以项目融资的形式促进项目的顺利进行，到项目结束和碳信用核证通过后，获得项目方交付的碳信用。这种收益形式是碳基金的特有收益形式，有别于其他投资基金，且对于以满足国家或企业减排目标为设立初衷的碳基金尤为重要。

（3）资本利得收入

资本利得收入即买卖碳信用的差价收入。碳基金通常通过初级碳市场获取碳信用（碳配额或自愿减排项目碳信用），或在二级市场购入碳信用，再根据基金的投资策略于合适的价格出售，从而获取买卖价差收入。

值得注意的是，以上收益不是基金投资者直接获得，而是包含在基金单位资产净值当中，通过基金单位资产净值的增长按照基金契约的分配方式给予投资人。对于开放式的碳基金而言，其收益主要来自净值增长和分红收益。净值增长来源于基金对于股权投资所获得的红利和股息收入，基金份额净值上涨以后，投资者赎回基金份额所得是扣去认购、申购和赎回的费用之后的买卖价差。分红收益通常来自符合国家法律规定的情形，进行收益分配。

3. 碳基金的绩效评价

基金业绩评价的传统方法主要包括考察基金的单位净资产、投资收益率、回报率、净资产价格比等。这些指标考虑了基金组合式投资特性，却未能进行系统和合理的量化分析。资产组合理论和资本资产定价模型提出来以后，陆续出现了一些业绩评价综合指标，其中最典型的有特雷诺指数、夏普指数以及詹森指数。在此基础上，基于对风险的不同计量或调整方式不同，其他的风险调整衡量方法也相继被提出，包括多因素绩效评估模型、信息比率以及 M^2 测度。

（1）特雷诺指数（Treynor ratio）

特雷诺指数是对单位风险的超额收益的一种衡量方法，以基金收益的系统风险作为基金绩效调整的因子，反映基金承担单位系统风险所获得的超额收益。该指数最早由杰克·特雷诺（Jack L Treynor）于 1965 年在《美国经济评论》上发表的《如何评价投资基金的管理》一文中提出，也是首个评价基金业绩的综合指标。

在该指数计算中，特雷诺认为有效的投资组合能够完全消除单一资产的所有非系统性风险，剩下的系统性风险能够较好地刻画基金风险，故采用单位系统性风险系数所获取的超额收益率来衡量投资基金的业绩。而超额收益率被定义为基金的投资收益率与同期的无风险收益率之差，计算公式如下：

$$T_i = \frac{R_i - R_f}{\beta_i} \tag{4-1}$$

式中　T_i——特雷诺指数；

$\quad\quad R_i$——i 基金在样本期内的平均收益率；

$\quad\quad R_f$——样本期平均的无风险收益率水平；

$\quad R_i - R_f$——i 基金在样本期内的平均风险溢价；

$\quad\quad \beta_i$——i 基金投资组合承担的系统性风险。

特雷诺指数表示的是基金承受每单位系统性风险所获取超额收益的大小。无论市场是上升还是下降，指数值越大，表明承担单位系统风险所获得的超额收益越高，则基金具有较好的业绩。但指数隐含了非系统性风险被消除的假设，因此只能反映基金经理的市场调整能力，而不能反映基金经理分散和降低非系统性风险的能力。如果非系统性风险不能被完全消除，指数就会带来错误的信息，这也是该指数的局限性。

（2）夏普指数（Sharpe ratio）

夏普指数把资本市场线作为评估标准，是在对总风险调整基础上的基金绩效评估方式，反映了单位风险基金净值增长率超过无风险收益率的程度。该指标由威廉·夏普（William F. Sharpe）于 1966 年在美国《商业学刊》上发表的《共同基金的业绩》一文中提出，计算公式如下：

$$S_i = \frac{R_i - R_f}{\sigma_i} \tag{4-2}$$

式中　　S_i——夏普绩效指标；

$\quad\quad R_i$——i 基金在样本期内的平均收益率；

$\quad\quad R_f$——样本期内的平均无风险收益率；

$\quad R_i - R_f$——i 基金在样本期内的平均风险溢价；

$\quad\quad \sigma_i$——i 基金收益率的标准差，即基金投资组合承担的风险。

夏普指数和特雷诺指数一样，都能够反映基金经理的市场调整能力。特雷诺指数只考虑系统风险，而夏普指数同时考虑系统风险和非系统风险，即总风险，因此夏普指数还能够反映基金经理分散和降低非系统风险的能力。

如果夏普指数为正值，说明在衡量期内基金的平均净值增长率超过了无风险利率，夏普指数越大，说明基金单位风险所获得的风险回报越高，反之则说明了在衡量期内基金的平均净值增长率低于无风险利率，基金的投资表现不佳。当夏普指数为负时，按大小排序没有意义。

夏普指数尽管计算简单，但在具体运用中仍需对其适用性加以注意：第一，用标准差对收益进行风险调整，其隐含的假设就是所考察的组合构成了投资者的全部，故而只有在众多基金中选择购买某一只时，夏普指数才能作为重要依据。第二，夏普指数必须以相同的无风险利率借贷假设作为基础。第三，夏普指数是线性的，但在有效边界上，风险与收益之间的变换并不是线性的，因此，夏普指数在对标准差较大的基金的绩效衡量上存在偏误。第四，夏普指数未考虑组合之间的相关性。第五，夏普指数的计算结果与时间跨度和收益计算的时间间隔的选取有关。虽然夏普指数在运用中受到诸多限制，但由于其计算简单和不需要过多的假设依旧被广泛采用。

（3）詹森指数（Jensen ratio）

詹森指数是以资本资产定价模型为基础的评价基金业绩的绝对指数。该指数由詹森在美国《财务学刊》上发表的《1945—1964 年间共同基金的业绩》一文中提出。计算公式如下：

$$J_i = R_{i,t} - [R_{f,t} + \beta_i(R_{m,t} - R_{f,t})] \tag{4-3}$$

式中　J_i——詹森绩效指数；

　　　$R_{m,t}$——市场组合在 t 时期的收益率；

　　　$R_{i,t}$——基金在 t 时期的收益率；

　　　$R_{f,t}$——t 时期的无风险收益率；

　　　β_i——基金投资组合所承担的系统风险。

与特雷诺指数和夏普指数不同，詹森指数是综合考虑风险和收益的绝对数来评价基金业绩，表示基金的投资组合收益率与相同系统风险下市场投资组合收益率的差异。当指数值大于零时，表示基金的绩效优于市场投资组合绩效，而运用于基金间的比较时，詹森指数越大越好。詹森指数奠定了基金绩效评估的理论基础，也是至今为止使用最广泛的指数模型之一。但是，詹森指数评估基金总体绩效时隐含了一个假设，即基金的非系统风险已通过投资组合彻底分散掉，指数模型只反映收益率和系统风险因子之间的关系，而如果基金的非系统性风险没有完全分散掉，詹森指数可能给出错误信息。

（4）信息比率（information ratio）

信息比率是以马柯维茨的均值方差模型为基础，可以用于衡量均异特性。计算公式如下：

$$IR = \frac{D_P}{\sigma_D} \tag{4-4}$$

式中　$D_P = R_P - R_B$——基金与基准组合的差异收益率；

　　　　　R_P——投资组合的收益率；

　　　　　R_B——市场基准的收益率；

　　　　　σ_D——差异收益率的标准差。

基金收益率相对于基准组合收益率的差异收益率的均值，反映了基金收益率相对于基准组合收益率的表现，基金收益率与基准组合收益率之间的差异收益率的标准差，通常被称为跟踪误差（Tracking Error），反映了积极管理的风险。信息比率越大，说明基金单位跟踪误差所获得的超额收益越高，因此信息比率较大的基金的表现要优于信息比率较小的基金。

（5）M^2 测度

M^2 测度指数是对于夏普指数的修正指数，最早由弗兰克·莫迪格利安尼（Franco Modigliani）和李·格利安尼（Leah Modigliani）在美国《资产组合管理学刊》上发表的《风险调整的业绩》一文中提出。他们将国债引入基金的实际资产组合，构建一个虚拟的资产组合，使其总风险等于市场组合的风险，通过比较虚拟资产组合与市场组合的平均收益率评价基金业绩，计算公式如下：

$$M^2 = R_{P^*} - R_m = S_P \cdot \sigma_m + R_f - R_m = \frac{\sigma_m}{\sigma_P}(R_P - R_f) + R_f - R_m \tag{4-5}$$

式中　M^2——测度指数；

　R_{P^*}、R_m——基金 P 在 σ_P、σ_m 水平下的平均收益率；

　σ_P、σ_m——市场组合 M 和基金 P 的标准差；

　R_f——无风险收益率。

该指数的基本思想就是通过无风险借贷，将被评价的组合（基金）的标准差调整到与基准水平相同的水平，进而对基金的相对基准指数的表现做出考察。由于测度实际上表现为两个收益率的差，比夏普指数更容易被人们接受，但测度和夏普指数对基金绩效的排序是一致的。

专栏 4-10

嘉碳开元基金

2014 年 10 月 24 日，"嘉碳开元基金"结束了在北京的路演活动，这是该基金全国路演的最后一场。"嘉碳开元基金"共在深圳、广州、武汉、北京四地举行了路演，其中武汉场次的投资者表现最为积极。"嘉碳开元基金"由深圳嘉碳资本管理有限公司（以下简称嘉碳资本公司）发行，产品包括"嘉碳开元投资基金"和"嘉碳开元平衡基金"，分别针对 CCER 和配额市场，前期募集在 11 月初结束。

根据募集简章，"嘉碳开元投资基金"和"嘉碳开元平衡基金"（以下分别简称"投资基金"和"平衡基金"）的规模分别为 4000 万元和 1000 万元。其中，"投资基金"有限合伙人认缴点为 50 万元，一般合伙人（嘉碳资本）的出资额则为 40 万元。运行期限 3 年，经投资人同意最多可延长 2 年。这笔基金将用于投资 CCER 项目，而保守和乐观估计的年化收益率达到了 28.0% 及 45.0%。而另一项针对配额市场的"平衡基金"，有限合伙人认缴点则为 20 万元，运行期限 10 个月，保守和乐观年化收益率分别为 25.6% 及 47.3%。保守估计的收益率来自二级市场直接出售 CCER 获得的收益计算，而乐观情况则来自于以掉期方式换取配额出售，并预计配额价格为 50 元。

同时，基金 CCER 项目来源有直接购买和投资开发两种模式。其中直接购买为在一级市场直接购买已签发 CCER，投资开发则是自行投资 CCER 项目开发，再将获得签发的 CCER 进行市场运作。

"嘉碳开元基金"基于中国碳市场的巨大发展空间，募集资金投资于国内一、二级碳市场、新能源及环保领域中 CCER 项目，对于活跃碳交易市场、促进国内温室气体减排具有积极推动作用，充分体现了投资者对碳市场的信心，是碳金融领域的一次创新之举。可以说，作为国内首只成立的碳基金，嘉碳开元基金的成功设立是资本市场的一件大事，也是中国碳市场的又一里程碑。

第四节　碳基金投资策略

碳基金的投资策略是对投资项目根据不同的需求和风险承受能力进行安排、配置，包括选择投资项目类型、配置投资项目比例、安排投资周期等内容。不同种类的碳基金对应于不同的投资策略，常见的投资策略包括购买信用、风险投资、自愿减排以及混合投资等。其中，购买信用和风险投资是最主要的策略类型，这两种投资策略的最终目标是获得碳信用。

一、碳基金投资原则

碳基金作为一种常见的碳金融工具，与碳市场上的其他金融工具相同，管理和运营需要遵循收益性、安全性和流动性原则。除此之外，由于其投资领域的特殊性，它还必须兼顾公益性原则。

(一)公益性原则

绿色发展和可持续的低碳发展已成为当今世界的时代潮流，转变经济发展方式，从高污染、高耗费的经济增长模式转变为资源节约、环境友好型经济增长模式是不容逆转的趋势。碳基金的产生源于用经济手段解决环境问题的必要性，专注于支持绿色能源项目的研究、开发和推广，这是碳基金日常投资管理中的首要原则，体现了碳基金与其他基金工具的区别。

(二)收益性原则

碳基金的收益性是指其基金的投资要获得一定收益作为资金运用的回报。碳基金的收益形式有别于其他投资基金，它是以碳信用或碳信用交易的资本利得作为回报。收益性原则要求碳基金在投资过程中要按照约定的投资目标获取足额的碳信用，富余资金可进入碳市场获取价差收益。

(三)安全性原则

碳基金的安全性是指其按期实现收益的可靠性，可靠性越高，安全性就越高；可靠性越低，则安全性越低。安全性原则要求碳基金在做投资决策的时候必须对项目的预期收益和预期风险做出合理的评估，预先做出投资的风险提示和准备。

(四)流动性原则

碳基金投资的流动性是指投资标的转化为现金的能力。流动性原则要求碳基金在投资标的的选择方面，要兼顾其转变为现金的能力。

投资原则之间呈现对立统一的关系。基金投资的安全性和流动性呈正相关，和收益性呈负相关，流动性和收益性呈负相关。一般情况下，基金的安全性越高，其流动性则越强。由于基金收益与风险呈正向关系，基金的风险越高，收益性越强，基金投资的安全性也就相应降低；反之，基金安全性越高、流动性越强，收益性就越低。

由于碳基金种类繁多，不同类别的碳基金在各原则的权衡中有所倚重。公益性毋庸置疑作为投资原则之首，强调了碳基金的设立目标和用途，对于所有碳基金而言，其设立和投资的初衷都体现对低碳经济和减少碳排放的支持。而对于那些有进取性质的碳基金而言，其会将收益性作为较为重要的原则。无论对于何种碳基金，流动性和安全性原则都是需要恪守的准则，是基金顺利持续运行的基本保证。

专栏 4-11

汇丰晋信低碳先锋股票型证券投资基金

汇丰晋信低碳先锋股票型证券投资基金（下称"低碳先锋基金"）成立于 2010 年 6 月，是汇丰晋信发行的一个股票型的开放式基金。该基金主要投资于受益于低碳经济概念、具有持续成长潜力的上市公司，通过积极把握资本利得机会以拓展收益空间，从而寻求资本的长期增值。"低碳先锋基金"为股票型基金，投资范围包括国内依法发行上市的股票、国债、金融债、企业债、央行票据、可转换债券、权证、资产支持证券以及国家证券监管机构允许基金投资的其他金融工具。若法律法规或监管机构将来允许基金投资其他品种，基金管理人在履行适当程序后，可以将其纳入投资范围。

"低碳先锋基金"认可的低碳经济概念包括：①清洁能源板块：主要包括从事太阳能、风能、核能、地热能、生物质能等清洁能源的生产、传输、使用方式及服务等环节的相关上市公司。②节能减排板块：主要包括与减少能源浪费和降低废气排放相关的上市公司以及通过帮助传统高碳排放行业完成或加快产业升级、降低单位产出能耗的相关上市公司，主要集中在工业节能、建筑节能、汽车节能、智能电网、环保设备等相关领域。③在中国向低碳经济、低碳生活方式转型过程中，为产业结构升级、消费生活模式转变提供相关配套支持的相关上市公司。

专栏 4-12

"碳排放权专项资产管理计划"基金

2014 年 11 月 26 日，湖北省碳金融创新项目签约仪式在湖北碳排放权交易中心举行。仪式上，全国首只证监会备案的"碳排放权专项资产管理计划"基金正式宣布成立，并启动运行。其中华电湖北发电有限公司与民生银行武汉分行签署规模达 20 亿元的全国最大碳债券意向合作协议，另外建设银行湖北省分行与华能武汉发电有限公司，光大银行武汉分行与湖北金澳科技化工有限公司分别签署了总额 4 亿元的碳排放权质押贷款协议。

"碳排放权专项资产管理计划"基金由诺安基金子公司诺安资产管理有限公司对外发行，首期募集资金 3000 万元已经全部到位。华能碳资产经营有限公司作为该基金的投资顾问，将参与碳排放权交易市场的投资。该基金的成立表明碳市场受到资本市场的关注和认可，预示着碳市场与金融市场全面接轨。此次碳基金对外发布、碳债券意向发行和碳排放权质押贷款签约，标志着湖北碳金融创新和碳市场培育迈出了更为坚实的一步。

二、风险投资策略

风险投资策略并非单纯给减排项目签订购买协议提供资金，还向减排项目提供专业技术支持和管理经验，促进碳减排项目的充分开发，且针对新型碳市场或小型低碳减排企业。该策略更倾向于对项目的价值投资，因此能够对减排项目的启动、开展和完成起到重要的作用。

风险投资策略对技术专业性和管理水平要求较高，需要拥有丰富经验的项目开发管理公司主持碳基金，而它们也通常作为碳信用的中间商。其中比较有代表性的国际金融集团公司、国际能源系统公司(荷兰)RWE 能源集团。荷兰国际能源系统公司(ESI)是 CDM 项目的发展商和咨询商，即中介兼买家，已经利用多种技术在中国开展 CDM 项目并将获得的 CER 出售给那些承担《京都议定书》和欧洲交易机制减排义务的参与者。

采用风险投资策略的碳基金的典型代表为德夏碳基金和气候变化投资碳基金。德夏碳基金由德夏公司创建和管理，基金主要投资于 CDM、JI 和自愿减排项目，专注于诸如澳大利亚和新加坡等新兴的碳市场。气候变化投资碳基金由第一气候变化资产管理公司创建，基金承诺投资 1.09 亿欧元。专注于传统 CDM 和 JI 项目的股权资本与债务的投资，并通过收取碳信用获益。投资项目地点主要在拉丁美洲国家以及印度、中国和东南亚地区等。

近年来，采用风险投资策略的碳基金增长迅速。主要基于以下原因：首先，由于采用风险投资策略的碳基金直接参与项目的运行，能够以相对较低的价格获取较高碳信用。其次，碳信用市场价格上升，促使碳基金向风险程度更高的项目型风险投资策略转变。第三，难以获得信用型碳基金的小型碳减排项目业主为采用风险投资策略的碳基金提供了一片蓝海。

碳基金集中于投资温室气体减排项目或碳信用，从中获得回报并达到减排的效果，回报形式为碳信用或现金。碳基金一般是大规模的资金投入，为大型减排项目提供资助，通过基金管理者专业性的挑选、组合与开发减排项目获益，在资助项目时根据项目风险程度提供碳信用购买报价。由于碳基金设立方式不同，其预期达到的目标也各不相同。根据碳基金设立的驱动力不同，可以分为实现减排承诺、盈利性投资以及自愿减排等。其中实现减排承诺为碳基金设立的主要目标，而以自愿减排或其他目标设立的碳基金只占总量的很少部分。

(一)实现减排承诺

以实现减排承诺为设立目标的碳基金，通过投资 CDM 和 JI 项目获取碳信用，缩小《京都议定书》中规定的本国减排目标与国内潜在减排量之间的差距，帮助企业和公共部门减排，实现碳减排数量承诺。而由此获得的附加效应是促进低碳技术的研发，并加强碳管理技术。该类基金通过提供技术和资金的形式促进项目的开发，具有价值投资的特性。由于这类投资目标的资金着重于减排国家范围内的碳减排问题，涵盖以企业为主的私人部门以及公共部门，公益性较强，因此大都是由政府部门设立。

(二)盈利性投资

以盈利性投资为设立目标的碳基金，通过从初级碳市场获收碳信用，并将其重新投入到二级市场中交易，从中赚取两个市场的差价，即高出原始购买价的部分作为利润。由于这类基金以获得商业利润为目标，因此大部分由私人机构和企业设立，也有部分是政府部门设立。

（三）自愿减排

以自愿减排为目标设立的碳基金，通过购买碳信用抵消自身经营活动中所产生的碳排放量实现"碳中和"，主要有购买补偿项目和购买碳信用两种方式，购买补偿项目通过投资进入已开发为 VER 的项目，形成买卖协议，一般补偿项目所产生的 VER 会有较为固定的价格；购买碳信用利用该基金投资开发 VER 项目或碳投资碳汇项目，已实现碳中和。这类基金管理机构多由私人部门、社会团体和公司组成。由于其设立依附于具备自愿减排意识和能力的主体，因此数量很少。值得注意的是，银行、基金机构等金融服务型行业主体纷纷投资于以自愿减排类的碳基金，同时为其承担一定的碳减排责任。例如绿色能源行动加拿大基金，该基金致力于购买碳信用，用于加拿大国内希望抵消碳排放的公司，由BMO 集团与 TB 银行投资 1.23 亿美元成立。

（四）其他目标

除了上面提到的 3 类以外，还存在具有其他投资目标的碳基金，如从全球碳减排格局出发，增强发展中国家从减排市场中的收益能力，确保碳金融在致力于缓解全球环境问题的基础上能够贡献于可持续发展，世界银行参与设立和管理的碳基金都有世界银行政策的烙印，其除了完成本国的目标以外，还需要与世界银行合作完成其战略目标。联合国规划署与富通银行合作的碳基金、世界银行社区发展碳基金等基金都具有这类性质。

专栏 4-13

中国绿色低碳产业基金

2013 年 1 月，以建设美丽中国为愿景创立的由高灵能源主导发起的中国绿色低碳产业基金成立。中国绿色低碳产业基金专注于为我国绿色低碳产业发展提供金融服务与资金支持，打造国际绿色金融体系。中国绿色低碳产业基金致力于为低碳能源投资、低碳科技投资、为低碳产业快速发展打通产业链，打造建设美丽中国必需的绿色低碳金融平台，主要投资于区域集中能源供应、绿色低碳高新技术产业中成长性和技术性领先的优势企业，以及城镇化建设中绿色低碳产业优秀项目。

中国绿色低碳产业基金通过建立绿色产业金融服务专项平台，打造与国际接轨的绿色金融体系，致力于投资区域城市整体节能减排、区域集中能源供应优秀的节能减排新技术、新材料及在绿色低碳领域的高成长性企业，从而推动前海成为中国绿色低碳国际示范区落地，引导中国绿色产业的发展走向，最终形成具备国际竞争力、自身可持续高速增长的绿色产业链，实现我国绿色低碳产业的整体腾飞及全球示范效应。

中国绿色低碳产业基金基于国家批复的前海跨境人民币业务先行先试的综合政策优势，以香港为窗口与国际大型金融机构进行对接，直接利用跨境融资、跨境贷款及证券业务为中图绿色产业的发展提供国际性的金融服务，成为境外人民币回流的重要渠道，吸引外资支持中国的绿色低碳产业发展。同时通过深度把握中国城镇化建设和绿色低碳产业发展历史性机遇，助推地方政府快速响应中央精神，规模化推进绿色低碳产业基础设施及城镇化项目全方位合作，整合资本、项目、技术，帮助政府快速落地，搭建发达国家先进发展模式的输出渠道，帮助地方政府在新一轮的国家发展中发挥特色优势，走出独特的低碳城镇化道路，成为低碳城镇化的领航旗帜。

三、购买信用投资策略

购买信用投资策略专门通过签订减排购买协议获得来自 CDM/JI 碳减排项目产生的碳信用，主要包括两个环节，第一个环节按照签订购买协议的规定从 CDM/JI 减排项目（初级碳市场）获取碳信用，第二个环节将获取的碳信用用于抵消强制碳减排的数量或进入二级市场出售碳信用获取利润。由于购买信用策略进入初级市场的程度较浅、风险较小且能够满足碳基金的设立目标，因此是碳基金最早采用的投资方式，在碳基金策略选择中占比也最大。

摩洛哥碳基金是采用购买信用投资策略的典型案例。该基金于 2008 年由摩洛哥储蓄管理金融机构（CDC）建立，由旗下股权投资机构管理运营，总投资额为 2625 万欧元，由 CDG、欧洲投资银行以及法国 CDC Climate 控股，其中 CDG 持有最大比例的股份。该项基金致力于在 2008—2017 年从摩洛哥 CDM 减排项目中获取碳信用额度，故而其将投资目标细化到可再生能源、能效提高、废弃物管理处置以及森林再造项目等，并与确定的项目签订购买协议，约定交付的碳信用形式和数量、超额碳信用的处理方法、排放检测以及履约不足等事项。在碳信用核证后由碳基金支付相应的金额，项目方交付完成购买的过程，碳基金再将获取的碳信用投入实际的减排量的抵消或二级市场交易中。

四、混合投资策略

混合投资策略采用非单一化的投资策略，整合购买信用，风险投资、自愿减排以及套汇交易等多种投资策略。该策略下的碳基金可以根据总体投资回报目标和风险控制要求，分配不同投资策略所占份额，投资策略的选择通常在基金设立之初就已经做出了具体的规定。混合投资策略相较于前两种策略，在具体投资过程中灵活性较高，这表现在不同投资策略可有多种组合方法上，同时风险分摊程度也较高。

风险投资和信用购买混合策略基金的典型代表为碳资产基金 2 号。该基金由 Planetree 资产管理公司管理，Planetree 资产管理公司是一家专业投资私人股权的投资公司。该基金的投资目标包括两大部分，一是投资于项目关联方公司的股权；二是从美国在拉丁美洲的可再生能源项目购买 CDM 项目碳信用。基金总体投资目标是 5000 万~7000 万欧元。

多种混合投资策略的典型案例为艾卡碳基金。该基金始建于 2007 年 12 月，总计划投资金额为 20 亿澳元。在投资策略的选取上，其采用了整合可再生能源项目、CDM 项目、买卖欧盟碳排配额以及澳大利亚本土各类碳项目的广泛投资策略。其中，投资于可再生能源项目的资金量占总额的 50%，投资于 CDM 项目的金额为 25%，剩余的资金中，80% 用于买卖欧盟碳排放配额与核证减排量，20% 用于澳大利亚本土各类碳项目。

专栏 4-14

德国复兴信贷银行碳基金（KFWF）

1. KFWF 的建立

复兴信贷银行（KFW）是德国最大的银行之一，总部位于法兰克福，2006 年年末资产总额已经超过3600亿欧元。KFW与欧洲投资银行(EIB)共同发起的德国复兴信贷银行碳基金(KFWF)致力于在全球范围参与CDM项目，并以有竞争力的价格购买碳减排量(CERs)。KFWF的业务涵盖所有CDM项目领域。对于符合条件的CDM项目，可以通过融资支持、预付部分文件编制和审定费用等方式降低项目开发的风险。作为有国际声誉的银行集团，KFWF期待在中国与政府、咨询公司以及业主建立长期的合作关系，共同开发CDM项目(图4-6)。

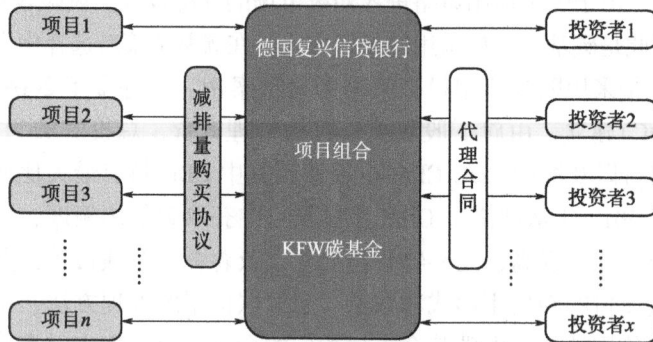

图4-6　德国复兴信贷银行碳基金项目流程

2. KFWF 的投资策略

混合投资策略，没有特殊限制和排外条件，以《京都议定书》及排放交易系统协议为准，具体是：在风险和回报方面建立平衡的项目结合；主要衡量标准：交易风险(项目、国家、交易对手、《京都议定书》)和每吨二氧化碳的价格。项目申请第一阶段(初选阶段)：项目申请书(项目信息说明、背书函、项目申请人财务报告)；第二阶段(提交完整的建议书)；建议书(项目设计报告、验证书、政府复批书)。

第五节　碳基金典型案例

一、国外碳基金典型案例

(一)世界银行碳基金成立的背景

世界银行的宗旨是帮助发展中国家加速经济增长、减轻贫困以及实现"千年发展目标"。全球气候变化有可能对较贫困的国家产生深远而严重的影响，对所有社会和经济生活产生负面影响。因此，世界银行减轻贫困和推动可持续发展的使命就不可避免地与气候变化和减轻气候变化产生的不利影响联系在一起。为此，世界银行的发展和气候变化战略框架包含了若干行动领域，如国家领导的气候行动制定过程、调动新的优惠融资、支持市场化的融资、资助私营部门资源、推动政策研究和能力建设、提供一系列广泛的低碳技术组合、开发新型技术以及融资手段和工具。

世界银行碳基金开展的主要目的是减少燃烧化石燃料形成的废气的排放，运用碳基金提供的资金，通过清洁发展机制和联合履约机制，帮助发展中国家的企业获取减排必要的资金支持以及发达国家之间进行温室气体排放配额的交易活动。从全球范围来看，要想减少温室气体的排放，必须有一个全球性的减排机制，这是一个共同的活动。世界银行碳基金正是以全球性的视野来开展减排行动，它跨越了国家和主权的界限，以应对全球气候变化为己任，成为防止地球变暖和环境恶化的推动力量。世界银行碳基金组织活动的不断开展，会带动更多的组织来为防止气候和环境恶化而采取行动。

世界银行最初建立碳基金的作用是促进全球碳减排市场的发展，但碳基金实现的融资目前已经被看作是世界银行在激励客户国家向低碳发展道路转变方面所使用的重要手段之一。世界银行在20世纪90年代末就成立了第一个碳基金，即原型碳基金。碳融资在世界银行的碳基金中运作了十多年之后，进入了成熟期。2011年，世界银行托管了10只碳基金，2012年又增加了2只碳基金。这些基金的注资总额为25亿美元，其中已承诺资金额为19亿美元。世界银行通过其碳基金管理着22亿美元资金，24个国家政府和政府机构以及63家私营企业向这些基金捐赠了资金。在与碳融资伙伴建立合作关系方面，世界银行与基金参与方、捐赠国或捐赠机构及资金接受国开展合作并共享成果。碳基金通过购买项目减少的碳排放量，为发展中国家减少温室气体排放的项目提供融资。

(二)世界银行碳基金的组成和结构

世界银行管理的12只基金分别是原型碳基金、社区发展碳基金、生物碳基金、荷兰清洁发展机制基金、荷兰欧洲碳基金、意大利碳基金、丹麦碳基金、西班牙碳基金、伞形碳基金、欧洲碳基金、森林碳伙伴基金和碳伙伴基金，其中前10只基金运作较早。世界银行碳基金的结构如下。

1. 由主权国家投资的基金

这是由单一主权国家和世界银行签订协议委托世界银行管理的基金。该基金的一部分资金来自政府，同时也向国内各种实体开放募集资金。这样的基金包括荷兰清洁发展机制基金、荷兰欧洲碳基金、意大利碳基金、丹麦碳基金、西班牙碳基金。此类碳基金的具体情况如下。

(1)荷兰清洁发展机制基金

该基金由荷兰住房、空间规划与环境部投资成立，支持《框架公约》成员国中的发展中国家根据清洁发展机制规定的项目减排。

(2)荷兰欧洲碳基金

由荷兰经济部投资成立，基金只从联合履约机制项目购买减排量，目的是促进私人资本参与可持续发展性项目，增加参与者在联合履约机制和碳金融方面的意识，并以其作为工具降低完成《京都议定书》规定责任的成本。

(3)意大利碳基金

该基金由意大利环境、土地和海洋部发起成立，基金从发展中国家和处于经济转型期国家购买温室气体减排项目，这些项目必须是经过《京都议定书》中的清洁发展机制和联合履约机制认证的。

(4)丹麦碳基金

该基金是由丹麦政府气候和能源部发起成立的1只公私合作关系的基金，旨在动员新的和额外的资源来解决全球气候变化和促进可持续发展。该基金对所有发展中国家的清洁发展机制项目开放，平等对待所有地区，不偏袒其中的特定地区，旨在通过联合履约机制促进转型期国家缓解温室气体排放。基金投资组合采取了务实和灵活的态度。基金参加者关注特别容易受到气候变化影响的小社区，使其能从清洁发展机制中获得可持续发展所需的资金资助。因此，该基金的一部分资本（512.5 万美元）也参与世界银行社区发展碳基金。

（5）西班牙碳基金

该基金开始是以西班牙政府财政资金进行运作，后来对公共和私人实体参与者开放，形成了公私合作关系的基金组织。针对发展中国家和经济转型国家，基金从可再生能源、能源效率以及其他对可持续发展有重要意义的项目中购买温室气体减排。该基金的主要目标是以具有竞争力的成本购买温室气体减排量，实现西班牙的减排目标；促进发展中国家和经济转型国家开展可再生能源和能源效率项目；掌握碳融资知识和经验，并与基金的参与者和利益相关者分享这些经验。

2. 综合型的碳基金

综合型的碳基金主要指多个国家政府和实体企业参与投资，委托世界银行管理的基金。世界银行碳基金在成立的初期都是采用这种形式，这种类型的基金包括原型碳基金、社区发展碳基金、生物碳基金和欧洲碳基金。

（1）原型碳基金

该基金由 6 个政府部门和 16 家公司共同出资组建，主要投资于发展中国家和处于经济转型期的国家，目的是通过碳金融活动来为这些国家可持续发展项目提供资金，减少温室气体的排放。

（2）发展碳基金

该基金由 9 个政府组织和 15 个公司共同出资，目的是通过在一些世界最贫穷的国家开展小规模的碳金融项目，将减少贫困与可持续发展联系起来，形成一种减缓气候变化与减少贫困的共赢模式。

（3）生物碳基金

该基金由 6 个政府组织和 13 家公司出资，提供的资金用来隔离或封存森林和农业生态系统中的温室气体。通过聚焦于生物碳汇，对许多很少有机会参与清洁发展机制的发展中国家，或者对处于经济转型期的国家通过联合履约机制提供碳融资。生物碳基金验证和演示如何对土地、土地利用的变化和林业（LULUCF）活动产生的温室气体减排进行高质量的监测，保证发展中国家有机会从碳金融中获益。

（4）欧洲碳基金

该基金由 3 个政府组织和 2 家公司出资，旨在帮助欧盟成员国和欧洲私营部门兑现其对《京都议定书》和欧盟减排交易方案所作出的承诺。基金由世界银行和欧洲投资银行共同管理，世界银行提供碳市场的专业知识和经验，欧洲投资银行提供欧洲经济方面的知识以及发展中国家的项目渠道。该基金直接面向欧盟成员国和欧洲私营部门，帮助项目出资人开发旨在减少温室气体排放的项目，代表参与方获得减少的温室气体排放量。基金购买的碳信用要符合《京都议定书》的清洁发展机制和联合履约机制资格要求，并与欧盟减排交易方案兼容，以方便带有欧盟减排要求的私营公司参与。

3. 集合型的基金

集合型基金是由多个基金和其他参与机构的资金统筹在一起组建的一种基金，由世界银行统一管理。这种类型的基金包括伞形碳基金、森林碳伙伴基金和碳伙伴基金。

伞形碳基金将 5 只世界银行碳基金和 11 个外部实体的资金统筹在一起，在建立之初打算多批次地为各种参与者团体从大型项目(超过 1000 万 t 二氧化碳当量)中购买减排量。第一批的伞形碳基金(UCFTI)要求只购买超过 1000 万 t 二氧化碳当量的减排项目，低于该数量的项目将被淘汰。2008 年 3 月，伞形碳基金(UCFT2)将一批小到中等规模的项目打包，这些项目使用不同的技术，分布在多个国家和地区。

世界银行碳基金分别投资不同的减排项目，主要包括减少温室气体排放提升能源效率、开发新能源以及开拓 REDD+活动。投资区域主要是通过清洁发展机制为发展中国家提供减排需要的资金，也有较少的部分是通过联合履约机制为欧洲一些处于经济转型的国家提供减排资金。

(三)世界银行碳基金的发展

为了在《京都议定书》的有效期(2012 年)之后的下一代碳市场中发挥领导作用，世界银行的碳基金主要在扩大规模和延长时间方面进行了努力。世界银行在 2008 年成立了两个新的碳基金，即旨在减少从森林砍伐和森林退化造成的碳排放(REDD)的林业碳伙伴基金(FCPF)以及旨在扩大利用碳融资推动减少碳排放的碳伙伴基金(CPF)。

1. 林业碳伙伴基金

林业碳伙伴基金成立于 2008 年 6 月，世界银行作为碳基金的信托人，由 14 个政府和组织提供资金，对 REDD 参与国提供技术、政策、环境和社会保护的指导。基金专注于减少因毁林及森林退化所致的排放，以及通过森林保护、可持续的林业管理、造林、再造林等活动增加森林碳汇的活动(简称 REDD+)。林业碳伙伴基金帮助热带和亚热带国家发展 RDEE+的系统和政策，并根据减排绩效提供资金。基金通过展示 RDEE+如何应用在国家级层面，为《框架公约》补充了 REDD+条款。

林业碳伙伴基金的管理结构是一个包括 28 名成员的参与者委员会，成员从 51 个 REDD 参与国、资金支持方、依赖森林生活的原著居民和其他森林居住者(选出 6 名观察员)、非政府组织、国际组织，非 REDD 项目、联合国气候变化框架公约秘书处和私营部门中提名产生的。世界银行行使托管机构和秘书处的职能。在 2009 年，有 37 个国家成了 REDD 参与国，14 个政府和组织为碳基金提供资金。2008 年 6 月 25 日开始了功能性运作，13 个捐助机构为"碳基金"提供了 1.098 亿美元，有 5 个机构为碳基金作出了大约 5000 万美元的贡献。

林业碳伙伴基金的目标是建立 REDD+能力，并为以后更大规模地建立激励体系和资金流做准备。为了实现上述目标，建立了两个独立的机制。一是准备机制。基金初期活动与 REDD+的技术支持和能力建设联系在一起，这些活动在横跨非洲、东亚、太平洋、南亚、拉丁美洲和加勒比地区的热带和亚热带国家开展。同时，基金帮助这些国家进行森林碳储量以及碳排放的可靠估计，制定因毁林及森林退化所致排放的国家参考依据，采纳和完善基于此的国家战略，制定出针对 REDD+ 的国家措施、报告及可证实的系统。二是碳融资机制。被选择为基金资助项目的国家，通过拥有的 REDD+ 项目，向基金管理方展示若拥有适当的减排检测能力并且采纳了可靠的参考方案，将获得基金的资助。所有这些基于可证实的 REDD 项目。可在这两个机制中寻找一种现实的、有效的工具来处理森林采伐，防止气候变暖，减少贫困，管理水资源以及保护生物多样性。世界银行通过扮演碳基金的信托人，作为基金的秘书处，对 REDD 参与国提供技术、政策、环境和社会保护的指导。

2. 碳伙伴基金

碳伙伴基金是世界银行新建立的一只基金，目前仍在接受资金的捐助，它将采用买家和卖家均衡参与的治理结构。东道国政府和捐助者将以管理顾问身份直接参与碳伙伴基金的管理。政府以及公共和私营实体都可以作为捐助者，合作各方在碳市场未来发展方面形成密切伙伴关系，使碳融资在减缓气候变化和促进社会发展方面成为一种更有效的工具，并提供一个独特的机会和操作层面使参与各方交换意见和讨论共同关心的问题，从而投资于与减少温室气体排放相关的长期项目。

碳伙伴基金成立的目的在于支持 2012 年后对碳排放的长期购买，改变发展中国家排放密集型的部门和资助新的私营部门融资，推动引进前沿技术，为碳减排活动提供支持。随着《京都议定书》在 2012 年结束，未来国际气候制度存在一个不确定的时期，发达国家为达到法令要求的碳减排标准而建立的买方市场在短期内会受到影响。同时，清洁发展机制和联合履约机制带来高昂的交易成本，难以为密集型产业的碳排放提供大型资助方案。为了应对长期的大规模碳减排投资，需要买家和卖家之间建立持久的伙伴关系。另外，2012 年后监管框架的缺乏，限制了碳资产的购买需求。碳伙伴基金的成立，把个别项目方法推广到方案方法，以支持在不确定市场环境下对碳减排的长期投资。碳伙伴基金包括两只信托基金。一是为准备碳减排方案提供融资的碳资产开发基金，该基金将为开发碳资产、创造需要的有利环境、对基金及其活动的管理提供融资，也可以为高成本的活动例如碳捕获和碳储存项目的编制提供资金支持。二是从碳减排方案库中购买碳信用额的碳基金。碳基金的托管职能限制为票据管理及资金提取、为碳购买合同形成的碳资产提供支付、碳资产管理和登记。基金针对有巨大潜力来缓解今后碳排放量的项目进行长期投资。

(四) 世界银行碳基金的作用

1. 用系列基金实现多元化功能

世界银行的系列碳基金是从经济合作与发展组织 (OECD) 国家的政府和企业获得资金，在发展中国家和转型国家购买节能减排项目产生的温室气体减排额度，从而实现 3 个重要目标，分别是"增强发展中国家从温室气体减排市场中受益的能力""确保碳金融在致力于全球环境问题的基础上能够对可持续发展作贡献""有助于建设、保障和发展温室气体减排市场"。

世界银行用系列碳基金实现多元化的目标，其中 4 个特别基金的主要功能在于培育京都机制下碳市场的形成和发展，6 个国别基金的主要功能在于帮助相关工业化国家和地区履行《京都议定书》约束下的减排目标，2 个面向 2012 年以后的碳基金的主要功能在于推广近年得到重视的"从减少采伐森林和森林退化中获得减排的机制"（REDD）以及为后《京都议定书》时期的碳金融进行示范和探索。

2. 帮助发展中国家提高发展碳减排项目的能力

世界银行建立了综合性的能力建设和技术援助计划，以增强发展中国家参与温室气体减排市场的能力。1997 年世界银行与相关工业国政府发起了"国家战略学习计划"（NSS），在《京都议定书》生效之前就开始辅导部分发展中国家了解并熟悉清洁发展机制减排项目的程序和规则。2000 年开始随着原型碳基金、社区发展碳基金和生物碳基金的发起设立，与这些基金直接相对应的能力建设计划（包括 PCF-plus，CDCF-plus 和 Bio CF-plus）也开始运行。2005 年至今，世界银行开始运作"碳基金辅助计划"（CF-Assist），整合了上述各个能力建设计划，用以协助对《京都议定书》CDM 和 JI 机制感兴趣的国家发展减排项目。实际上，作为世界银行于 2000 年设立的世界上第一个碳基金——原型碳基金，其本身也是一种对市场各方进行能力培育的机制。

3. 调节碳减排项目在地区和类型上的分布

世界银行碳基金尽力实现减排项目在地域和技术方面的平衡分布，与世界总体的项目分布相比，世界银行碳基金参与的项目在地区上更加均衡。根据世界银行的研究报告，世界整体 CDM 和 JI 项目数不均衡地分布在东亚（50%）、南亚（25%）、拉美（17%）、东欧（2%）和中东（5%），而世界银行碳基金的减排项目数量则相对均衡地分布在东亚（21%）、南亚（13%）、拉美（26%）、非洲（21%）和东欧（18%，含中东的少部分项目）。世界银行碳基金减排项目在技术类型分布上与总体 CDM 和 JI 项目在地区分布上基本相同，包括水电（24%）、填埋气体（14%）、甲烷回收利用（8%）、造林和再造林（18%）、其他可再生能源（6%）和能源分配（5%）。

4. 示范和带动私营资本进入碳市场

世界银行碳基金的运作在很大程度上是希望能带动减排项目东道国对于低碳经济的投资。碳基金作为买方对其他资本方有示范和带动作用，当世界银行碳基金介入后，项目主会更容易得到当地金融机构的贷款，也会有更多的企业主对发展节能减排项目产生兴趣。世界银行碳基金的 CDM 项目中，碳基金（占 21%）对节能减排项目启动后，外国投资（占 17%）、当地政府（占 13%）和私营资本（占 49%）会相继跟进。

二、国内碳基金典型案例

（一）中国清洁发展机制基金（CDMF）

1. CDMF 的建立和宗旨

中国清洁发展机制基金由国务院批准建立，是政策性与开发性兼顾，公益性、长期性、开放式和不以营利为目的的国有独资基金。基金单独核算、独立运营。基金管理的目标是为国家应对气候变化工作提供可持续的资金支持。基金由财政部牵头组建。在历时一年半的基金筹建过程中，我国政府各部委和各部门通力合作，密切配合。

2006 年 5 月，财政部、国家发展和改革委、外交部和科技部向国务院呈交了关于建立此项基金的联合请示。2006 年 8 月，国务院批准建立中国清洁发展机制基金及其管理中心。2007 年 3 月，基金管理中心在国家事业单位登记管理局完成注册登记。2007 年 4 月，基金审核理事会第一次会议召开，审议通过《中国清洁发展机制基金及其管理中心章程》和《中国清洁发展机制基金管理办法》。同月，基金进入初期业务运行。

中国清洁发展机制基金的宗旨，是在国家可持续发展战略的指导下，支持和促进国家应对气候变化的行动。基金的业务将始终坚持"科学发展观"，支持和促进"资源节约型、环境友好型社会"建设和"和谐社会"构建等基本国策的实施。在应对气候变化行动中，压力、挑战、机遇和资源并存。减轻压力、应对挑战、赢得机遇和开拓资源需要开展全局性的系统应对气候变化国家行动。基金将在国家应对气候变化工作的统一部署下，积极引导、支持和推动国家应对气候变化工作，包括支持应对气候变化的能力建设、公众意识提高、减缓和适应气候变化等方面的活动，以及推动《中国应对气候变化国家方案》的实施。

应对气候变化是全球和全社会的事业，必须调动各种资金资源予以支持。基金除了使用好自身拥有的资金外，更重要的是作为一种创新资金机制，将国际援助与合作资金、政府资金和社会资金紧密串接起来，在应对气候变化行动中充分发挥资源、资金合作平台和行动合作平台的作用，促进该领域资金体系中各方资源的协同和合作，推动提高资源的总体使用效力和效率，从而促进部门之间、国内与国际之间、公营事业与私营事业之间的交流与合作。

2. CDMF 的运行机制

中国清洁发展机制基金的组织机构由基金审核理事会和基金管理中心组成。基金的主管部门是财政部，基金审核理事会是关于基金事务的跨部门议事协调机构，由国家发展和改革委、财政部、外交部、科技部、农业农村部、生态环境部和中国气象局组成。基金业务一般事项由基金审核理事会决策，基金业务重大事项由基金审核理事会理事单位联合审批决策。基金管理中心是基金的法定管理机构，是财政部的部属事业单位。在基金存续期间，基金管理中心开展基金章程规定的业务活动，负责基金的收取、筹集、管理和使用。

基金管理中心根据基金业务战略和阶段性业务重点，制定包含基金年度业务预算在内的年度业务工作计划。除特殊情况外，基金项目的申请和受理应执行年度业务工作计划的安排。拟使用基金的项目申请由与气候变化相关的政府业务部门提出，由国家发展和改革委受理。基金管理中心也可根据政府业务部门的委托或根据需要提出项目。基金管理中心下设 5 个业务部门：办公室(人事部)、财务与风险管理部、收入管理部、研究发展部、项目开发部。中国清洁发展机制基金管理中心组织结构如图 4-7 所示。

图 4-7　中国清洁发展机制基金管理中心组织结构

项目申请人应就拟使用基金的项目向国家发展和改革委提供项目申请书和其他相关文件，同时抄送基金管理中心。国家发展和改革委将受理并经基金管理中心审核合格的项目申请上交基金审核理事会审查。项目申请人应满足《中国清洁发展机制基金管理办法》规定的资格条件。

经基金审核理事会审查通过后，获得基金资助的项目由我国政府有关部门发文公布。基金管理中心对基金审核理事会审批通过的项目立项实施，并对基金资助的项目实行合同管理，以及对项目实施进行指导和全程监督管理。项目实施人按照合同约定完成项目实施计划，并提交完整项目成果和项目成果信息后，向基金管理中心申请项目验收。项目验收由基金管理中心组织进行，验收合格后，项目结束。基金管理中心建立项目备案制度，对项目的申请、立项、实施、成果、评估、后评价等情况进行备案。

基金的资金来源包括：

①国家从清洁发展机制项目收益中按规定的比例取得的收入；

②世界银行、亚洲开发银行等国际金融组织的赠款和其他合作资金；

③基金管理中心开展基金业务取得的营运收入；

④国内外机构、组织和个人的捐赠和其他合作资金；

⑤国务院批准的其他来源收入。

其中，清洁发展机制项目国家收益是基金的主要资金来源。《京都议定书》下的清洁发展机制合作对发达国家和发展中国家合作方是一个"双赢"机制。我国政府对清洁发展机制下的国际合作持积极态度。2005年发布的《清洁发展机制项目运行管理办法》为我国相关工作的顺利开展奠定了基础。这一管理办法规定，国家从 CDM 项目转让温室气体减排量所获得的收益中收取一定费用，用于支持与应对气候变化相关的可持续发展活动。为了收取、管理和使用好这笔资金，更好地支持国家开展应对气候变化的工作，我国政府决定成立中国清洁发展机制基金及其管理中心。

中国清洁发展机制基金是国家应对气候变化的一个创新资金机制。通过基金的使用，体现为国家应对气候变化的一个行动机制，为实施国家可持续发展战略和应对气候变化的政策，特别是为落实《中国应对气候变化国家方案》做出了积极努力。基金的使用采取赠款、优惠贷款和其他工具相结合的方式。具体用途如下。

①支持国家应对气候变化的能力建设；

②支持国家提高应对气候变化的公众意识；

③支持国家开展与减缓气候变化相关的、包括清洁发展机制项目在内的活动；

④支持国家开展适应气候变化的相关活动；

⑤为基金的保值增值进行资金使用；

⑥服务于基金宗旨的其他业务活动；

⑦国务院批准的其他业务活动内容。

基金项目是开展基金业务的主要载体，在基金的业务领域和业务规划下进行安排。基金业务分4个领域，共7项规划，见表4-5所列。

表 4-5　中国清洁发展机制基金的业务领域和业务规划

业务领域	业务规划
能力建设和公众意识提高业务领域	第 1 项业务规划：加强能力建设
	第 2 项业务规划：促进公众意识提高
减缓气候变化业务领域	第 3 项业务规划：促进能效提高和节能
	第 4 项业务规划：促进可再生能源的开发和利用
	第 5 项业务规划：促进其他具有显著减缓气候变化效益的活动
适应气候变化业务领域	第 6 项业务规划：促进对气候变化的适应
服务于基金可持续	第 7 项业务规划：基金投资业务中的金融活动

针对第 1 项加强能力建设业务规划，基金以赠款方式支持国家开展与应对气候变化相关的能力建设，其中包括为支持国家参加气候变化国际谈判和相关国际合作需要开展的研究和活动、为支持国家和地方应对气候变化而需要开展的研究和活动，包括促进国家和地方之间为应对气候变化而进行的沟通和协调为拓展基金业务而需要开展的研究和活动。

针对第 2 项促进公众意识提高业务规划，基金以赠款的方式支持在国内开展的提高气候变化公众意识的活动，以实现促进全社会对应对气候变化的关注、理解和支持，包括在主流教育系统中促进开展与应对气候变化相关的教育，从而促进全社会，尤其是关键部门和行业的从业人员或未来从业人员，建立积极应对气候变化问题的意识和能力，树立基金的社会公益形象，为基金的业务发展创造良好的社会氛围。

针对第 3 项促进能效提高和节能业务规划，基金将遵循国家发展和改革委于 2004 年颁布的《节能中长期专项规划》所确定的节能工作指导思想和原则，以优惠贷款和其他方式的有偿资金使用等多种工具，在提高能效和节能方面，支持相关项目的开发和实施。

针对第 4 项促进可再生能源的开发和利用业务规划，基金将依据《中华人民共和国可再生能源法》及相关配套政策和措施，以优惠贷款和其他方式的有偿资金使用等多种工具，在可再生能源的开发利用方面，促进市场开发，促进技术转让、发展和应用，支持相关项目的开发和实施。

针对第 5 项促进其他具有显著减缓气候变化效益的活动业务规划，基金以优惠贷款和其他方式的有偿资金使用等多种工具，有选择地支持国家在这些方面的工作，包括促进技术转让、鼓励相关技术和措施的发展和应用，以及支持相关项目的开发和实施。

针对第 6 项促进对气候变化的适应业务规划，基金以优惠贷款和其他方式的有偿资金使用等多种工具，推进重点区域、重点领域适应气候变化行动，强化监测预警和防灾减灾能力，强化气候变化影响观测评估，提升应对气候变化支撑水平。

针对第 7 项基金投资业务中的金融活动业务规划，基金投资业务中的金融活动应面向服务于国家的可持续发展战略，选择适当的金融产品进行投资。在早期，基金的金融投资资金的使用范围限于银行存款和在一级市场购买国债，待时机成熟时考虑适当扩大基金的金融投资资金的使用范围，投资于其他金融产品。

3. CDMF 的国际合作

中国清洁发展机制基金将积极支持和参与气候变化国际合作，直接服务于基金宗旨的实现，为国家应对气候变化行动的开展和国家社会经济的发展赢得更多的国际支持，争取更大的发展空间。

中国政府建立中国清洁发展机制基金的举措，在国际社会引起强烈反响，已有包括世界银行、亚洲开发银行在内的近 20 个国际金融组织、国际发展组织和外国政府机构，以及一些外国私营企业，对与基金开展合作表示了浓厚兴趣和强烈愿望。具体包括世界银行、亚洲开发银行、联合国开发计划署、联合国环境规划署、联合国工业发展组织、联合国亚太经社理事会、欧盟、英国政府的一些机构、德国政府的一些机构、欧洲投资银行、德国复兴开发银行、德国技术合作公司、日本国际协力银行、日本国际协力机构、荷兰商业银行、气候变化资本集团、CAMCO 国际碳资产公司等。世界银行和亚洲开发银行为基金筹建工作和基金初期运行的能力建设提供了积极的技术援助支持。在与中国的两个 CDM 项目减排量交易中，世界银行向基金提供了 383.5 万欧元预付款。

基金将建立、发展和参与包括国际碳交易在内的、与应对气候变化相关的广泛国际合作。在多边国际合作方面，基金将发展和参与全球性的应对气候变化资本合作和行动合作；在双边国际合作方面，在发达国家减少和停止对我国的官方发展援助的情况下，基金将探索和建立双边国际合作新方式和新途径；在与国际私营部门的合作方面，将建立和发展资金合作和促进技术合作。

(二)中国绿色碳基金(CGCF)

1. CGCF 的建立和发展设想

中国绿色碳基金于 2005 年由国家林业局、中国绿化基金会、中国石油天然气集团公司等共同发起建立，主要目标是为京都和非京都碳市场(自愿市场)、政府和私人部门最需要发展的领域提供资金渠道，而这些领域能够带来生物多样性保护、支持社区发展和减轻气候变化影响等多重利益的项目。该基金设在中国绿化基金会下，作为一个专户进行管理。该基金为企业构建了一个志愿投资造林和森林经营活动、提供储存碳信用的平台。企业通过林业活动所获得的碳汇信用指标将被记入企业社会责任账户，这样既能以较低的成本帮助企业志愿减排，树立企业良好的社会形象，为企业自身的长远发展做出贡献，又能增加森林植被，缓解气候变化，维护国家生态安全。

2. CGCF 的目的和用途

(1)设立目的

我国目前尚有逾 5400 万 hm^2 宜林荒山需要植树造林。虽然近年来我国政府从改善生态环境的角度加大了植树造林的投入，但是单纯依靠政府的力量还远远不能满足中国经济社会发展的日益增长对高质量的生态环境的需求，现代林业的发展面临着机制改革和创新。此外，全球正在经历以变暖为主要特征的气候变化，已严重危害了社会经济的可持续发展。在应对气候变化的行动中林业具有独特而重要的作用，受到多方关注，很多企业、组织和个人愿意通过植树造林积极参与应对气候变化的行动，这些构筑了发展绿色碳基金的制度基础。目前，我国建设森林环境服务市场的呼声日益高涨，从而拓宽了发展绿色碳基金的市场空间。我国林业生态工程的造林条件日益恶劣，要求较高的技术含量和较多的资金投入，从而激发了发展绿色碳基金的公众意识。设立绿色碳基金可以为企业等社会各界参加造林减排活动搭建一个平台，完成企业和个人不能实施的大宗温室气体减排购买交易，促进国内林业碳汇交易自愿市场的形成，进而推动中国乃至亚洲碳汇贸易的发展，将为我国带来更多的国外资金和技术，有力地促进我国林业的可持续发展，也为企业构建了一个自愿投资造林和森林经营活动、提前储存碳信用的平台。

(2) CGCF 的用途

中国绿色碳基金的使用首先应尊重出资方的意愿，并通过中国绿色碳基金执行理事会批准。同时，出资方有权对开展的林业碳汇及相关活动提出具体的作业要求和活动建议，并对碳汇项目的执行过程进行跟踪和监督。基金的主要用途包括：第一，实施林业碳汇造林、植被恢复、森林管理等增加森林碳汇能力的生产活动；第二，林业碳汇造林和计量标准制定，碳汇的计量、监测、碳信用发布等；第三，林业碳汇知识的宣传、举办研讨会和培训班及科普推广。

3. CGCF 的运作与管理

(1) 中国碳基金的运作步骤

中国绿化基金会是 1985 年 9 月经国务院批准，正式在民政部登记注册，并享有"联合国经社理事会特别咨询地位"的公益性基金会。当前，该基金会既是我国林业发展进程中民间绿化资金筹集的主要渠道，也是发动全社会参与林业生态建设和保护的重要桥梁。在中国绿化基金会下设立中国绿色碳基金，具有严格的管理、较低的成本和良好的信誉的优势。

中国绿色碳基金的发展设想分两步走，第一步，当中国绿色碳基金建立起来后，企业、组织和个人以自愿原则捐资到中国绿色碳基金，由国家林草局按照相应的标准和规则组织造林，并进行碳汇的计量、监测和评估，同时将企业投资造林所获得的碳汇在网上设立专门账户进行登记和公布，随着林木的生长，账户内的碳汇量在积累。第二步，在有关条件成熟时，根据具体的政策规定，中国绿色碳基金造林所获得的碳汇有可能产生交易，就成为商业性的项目，从中国绿色碳基金移出进入市场，此时需要有专门的基金管理机构来进行管理。在其运作之下，逐步完成碳汇交易规则市场的建立，如图 4-8 所示。

(2) 中国绿色碳基金的管理

中国绿色碳基金是立足中国、面向世界的支持林业碳汇工作的专项基金，欢迎企业及其他社会组织和个人以自愿捐资的形式加入。根据国务院《基金会管理条例》和《中国绿化基金会专项基金管理规则》，成立由相关人员组成的中国绿色碳基金执行委员会，制定中国绿色碳基金管理办法，明确出资方的权利和责任。中国绿色碳基金的筹集、使用和管理接受国家、社会、舆论的监督，同时将管理情况每年至少向中国绿化基金会监事、中国绿色碳基金理事会及基金捐赠者报告一次，或以公报形式向捐赠者和社会公布，并接受相关部门审计。

4. CGCF 的筹资方式与收益分配

(1) 筹资方式

中国绿色碳基金作为一个开放型的公募性基金，吸收来自国内外企业、政府或组织以

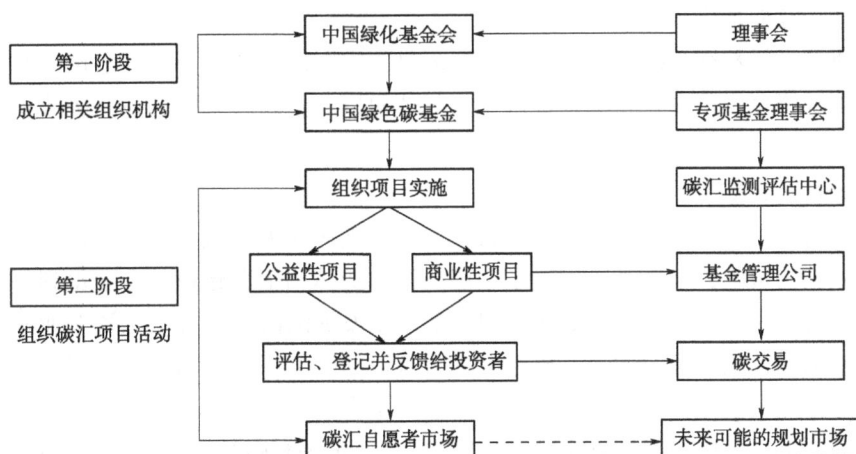

图 4-8　中国绿色碳基金发展设想

及个人的资金，用于减缓温室气体排放的林业碳汇项目，采用多元化融资渠道。

①国家财政出资　借鉴世界银行碳基金的管理和运作，绿色碳基金的资金来源主要是国家财政出资。林业是一项重要的社会公益事业，所需投入较大，投资回报期较长，但产生的环境效益是巨大的。所以，由国家财政出资筹办绿色碳基金，统一管理国内林业碳汇项目，参与国际林业碳汇项目，可以为我国林业建设赢得更多的资金和技术，并能较好地应对市场失灵问题。

②吸收国外资金　2005 年生效的《京都议定书》明确了发达国家温室气体的减排任务，并具有法律效力。为了降低温室气体减排成本，发达国家的一些公司和机构会在发展中国家选择合适的地点实施林业碳汇项目。对于发达国家来说，由于可以通过碳汇项目完成 20% 的减排任务，意味着它们每年可以通过造林碳汇项目完成共约 3500 万 t 的减排额度。按每吨碳 10~15 美元的市场价格计算，发达国家每年将在发展中国家投资 3 亿~5 亿美元开展造林碳汇项目。因此，通过绿色碳基金参与国际林业碳汇项目，可以增强中国在国际碳汇市场的竞争力，为林业发展吸收引进更多的国际资金。

③企业投资和个人出资　吸引企业投资林业碳汇项目，可以加快政府和企业在林业碳汇方面的合作，在充分发挥政府、企业各自优势的同时，让国家和企业共同支持并推进以植树造林、固碳减排为目的的林业碳汇活动。这必将为改善生态环境、缓解全球气候变化做出重要的贡献。随着公众对清洁发展机制认识的提高以及绿色生活方式的普及，公众参与造林增汇活动的热情将会高涨，个人出资将拓宽绿色碳基金的融资渠道。

④征收温室气体排放税　借鉴英国的气候变化税，中国可以对温室气体排放较多的部门征收使用能源排放温室气体导致气候变化的税收。就目前我国的税制来看，只有资源税涉及环境和资源。所以，气候变化税（温室气体排放税）可定义为，对在中国境内从事煤炭、电力、钢铁、水泥、汽车、石油化工、建材等行业的企业，按其产品销售收入征收的一种温室气体排放的税。税收可以按一定比例拨付给中国绿色碳基金管理使用。

⑤发行生态彩票　彩票是一种建立在机会均等基础上的、公平竞争的娱乐性游戏。当前，全社会都意识到了生态环境的重要性，发行生态彩票市场前景广阔，不仅能够筹集到

大量的资金，还能加强人们的生态意识。

综上所述，虽然绿色碳基金的来源主要还是国家财政出资，以及通过国际林业碳汇项目吸收的国外资金，但企业投资、征收温室气体税以及生态彩票筹资也是吸收资金的重要途径。

(2) 企业参与碳基金所获收益

对于参与中国绿色碳基金的企业来讲，其收益既体现为对减少温室气体排放、减缓气候变暖所做出的贡献，又表现为促进了中国的植树造林和生态建设，企业得到了一定的社会效益。同时，企业对基金的贡献也是对企业未来发展的潜在投资。出资企业根据自己的意愿参与中国绿色碳基金，通过实施造林项目获得的碳汇，被专门记录在册，可以看成是企业提前储存的碳信用指标。而中资控股企业所生产的碳汇，如果符合清洁发展机制林业碳汇项目的要求，可以寻找国外买家，实施《京都议定书》规则的林业碳汇项目，也可以进入国际碳汇的自愿市场，如芝加哥气候交易所。

企业加入中国绿色碳基金，至少可以得到以下收益：①获得由林业主管部门签发的，经过计量、核查、登记的碳汇指标，是企业对改善和保护环境的贡献，可在其产品上通过适当方式加以标注；②投资企业可以获得捐赠部分企业所得税减免的优惠和荣誉证书及其他表彰形式；③积累参与碳汇交易活动的经验，增强未来气候变化政策可能给企业带来影响的应对能力；④培养企业内部熟悉环境产品的专业人员，有助于企业拓展产品和市场开发；⑤促进企业绿色经营理念和树立绿色营销形象，增强企业的公众影响力和市场信誉。

(三) 清洁发展基金(CDF)

1. CDF 的建立和宗旨

为积极应对全球气候变化，促进中国环保节能公益事业的发展，中华环境保护基金会于 2010 年 5 月设立"清洁发展基金"。基金的宗旨为"节能减碳，应对气候变化"，旨在提高公众节能减碳、保护环境的意识与能力，倡导"低碳生活"；促进节能环保技术与环保产业的发展与应用，推动"绿色经济"；广泛募集、多方合作，推动节能环保公益事业在我国的繁荣发展。

2. CDF 的运行机制

CDF 严格遵守国务院颁布实施的《基金会管理条例》和中华环境保护基金的相关规定，建立合法、健全的基金管理委员会(以下简称"管委会")、基金管理办公室等部门，组织架构如图 4-9 所示，保证基金合法、安全、有效、公开、透明地运作，实现基金的社会价值和保值、增值。管委会为清洁发展基金的决策机构，负责基金的筹集、管理和使用。具体职责包括制定清洁发展基金管理办法，定期召开会议，研究确定年度公益活动、项目资助、资金筹集等方面的工作计划，审核经费预算、决算与活动、项目执行情况等事宜。基金管理办公室为清洁发展基金的执行机构，负责基金的日常工作，以确保资助管理工作规范有序地开展。基金管理办公室职能及权限主要为制定具体管理办法及工作规范并上报管委会备案，组织项目评审、后续跟踪、项目核销等工作，组织实施项目的运作及项目的管理工作，进行专项项目信息收集、项目计划等策划汇报工作，组织实施资金募集、捐赠等工作。

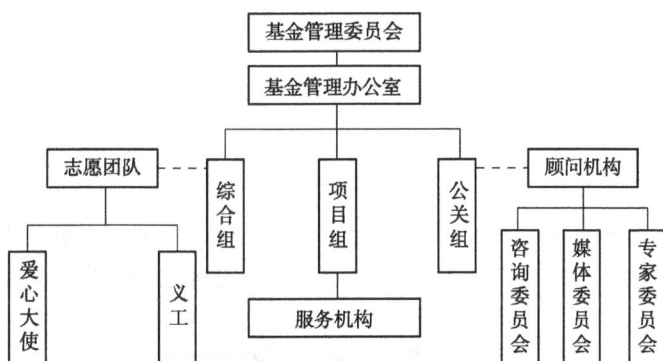

图4-9 清洁发展基金(CDF)组织架构

CDF的资金来源主要有:

(1)接受海内外热心碳减排公益事业的企业、社会组织和个人捐赠。

(2)组织开展专项筹资活动及合作项目募集的资金。

(3)国家政策允许的基金增值等收入。

(4)其他合法收入。

CDF的资金用途主要有:

(1)资助和开展清洁发展的管理、宣传教育、学术交流和培训活动及项目。

(2)支持和资助促进清洁发展事业的科学研究、科技开发和示范应用项目。

(3)开展和资助促进清洁发展事业的国际交流与合作。

(4)资助和开展应对气候变化、促进清洁发展的活动及项目。

(5)鼓励与表彰为中国清洁发展事业做出重要贡献的企业、团体与个人。

(6)开展促进清洁发展事业的专项宣传和筹资活动。

(7)符合中华环境保护基金会宗旨和工作范围的其他项目。

第五章 碳保险

保险业作为金融服务业的重要组成部分，对碳金融的推进与发展起着重要作用。我国碳保险尚处在起步阶段，行业规则和法律规范迫切需要构建和规范。

第一节 碳保险概述

一、碳保险概念界定

国内外文献研究对碳保险的内涵存在较大差别，从"绿色金融——绿色保险"路径切入定义的碳保险内涵相对较为模糊，因为绿色保险当前缺乏准确的定义，并且如果单独摘取碳保险，则其他绿色保险的分类仍无明确的边界。而从碳金融角度切入的碳保险相对清晰，在碳保险是碳金融与其他碳金融细分并列的一个分支这一点上基本达成共识，只是在碳保险的内涵是否需要在碳排放权交付保障的内涵上进行拓展有所分歧，这种分歧还表现在是否把所有与环保低碳有关的行为都认为是碳保险。正如类似杨桂龙（2021）在绿色保险定义中指出的，保险机构本身的低碳运营与其他企业并没有显著差别，不应该纳入绿色保险，类似的情形也不宜纳入碳保险，过于宽泛的内涵定义反而丧失了碳保险应有之义（表5-1）。

表 5-1 碳保险相关定义

提出人	年份	碳保险定义
王倩、李通和王译兴	2010	碳金融是环境金融的一个分支，是旨在减少温室气体排放以及转移碳交易风险的各种金融制度安排和金融交易活动，既包括碳排放权及其衍生品的交易、低碳项目开发的投融资，也包括碳保险、碳基金以及其他相关金融中介活动和碳交易币种的确定等制度安排
张妍	2012	碳保险由碳交易保险、环境污染责任保险、森林碳保险以及其他传统保险升级达到降低碳排放目的的保险构成
李漆	2013	低碳保险是因为低碳技术的科技含量较高，研发过程、研发成果运用存在诸多不确定性，因此引入低碳技术相关行业的科技保险
李阳	2013	碳保险是保险业提供的低碳产品
李媛媛	2015	碳保险是以《联合国气候变化框架公约》和《京都议定书》为前提，基于这两个国际条约对碳排放的安排而存在，或是保护在非京都规则中模拟京都规则而产生的碳金融活动的保险
冯爱青、岳溪柳、巢清尘和王国复	2021	碳保险基于碳排放交易权的衍生发展

参考上述定义，并结合碳保险发展实际，可以认为碳保险是为基于减少碳排放所产生的特定交易、技术和行为提供保障、降低损失风险的一种保险。若所进行的交易、技术和行为主要目的并非减碳，但确有形成减碳效果的，可以采用碳保险附加条款的形式加入传统保险中。

碳保险可分为广义碳保险和狭义碳保险。广义碳保险与低碳保险一致，即指一切有利于环境保护、经济可持续发展、社会和谐统一的保险的统称，包括低碳汽车保险、绿色建筑覆盖保险、企业绿色商业保险、森林碳保险、碳交易政策风险保险、碳排放权信用保险等。狭义碳保险与低碳保险、绿色保险、气候保险等不是一个概念，狭义碳保险是与碳信用、碳配额交易直接相关的金融产品，碳保险是为基于减少碳排放所产生的特定交易、技术和行为提供保障、降低损失风险的一种保险，主要承保碳融资风险和碳交付风险。

二、碳保险主要产品

随着绿色金融和碳交易市场的不断成熟完善，以及高碳企业低碳转型的迫切度不断提升，碳金融领域受到了更多关注。但由于全球碳金融发展时间较短，目前国内外的碳保险在产品与类别、内容与形式、效益与效果等方面都仍处于较为初级的阶段。根据碳保险针对的不同风险，可将碳保险产品划分为两类。一类针对的是交付风险。目前国内外碳保险服务都主要针对交付风险，即对碳排放权交易过程中可能发生的价格波动、信用危机、交易危机进行风险规避和担保。交付风险可以归结为由于各种原因而导致清洁发展机制（CDM）无法交付的风险，包括注册失败、核证、延期等各种原因，还有森林由于各种原因导致的无法实现减排量的风险。另一类针对除交付风险以外的其他风险，如碳捕获保险，即对运用碳捕获技术封存碳而产生的各种风险承保。碳泄露会产生碳信用额度损失、财产损失和人身伤害等损失，而各种受到损失的主体中最弱势的就是自然人，所以这种保险产品的受益人为受到碳泄露影响的自然人。该类险种目前还不成熟，投保方、保险方以及双方的权利和义务都尚待明确。

现存较成熟的碳保险的具体产品总结如下。

（一）碳减排担保保险

1. 交易担保

2006年，瑞士再保险公司（Swiss R）的分支机构——欧洲国际保险公司针对碳信用价格，提供了一种专门管理其价格波动的保险。之后，又与澳大利亚保险公司 Garant 合作，根据待购买的减排协议来开发碳交付保险产品。

2. 信贷担保

信贷担保指碳排放信贷担保及其他新的可再生能源相关的保险产品，重点是让私营公司参与减抵项目和排放交易，如美国国际集团与达信保险经纪公司合作推出碳排放信贷担保与其他新的可再生能源相关的保险产品等。

（二）清洁发展机制（CDM）支付风险保险

CDM 支付风险保险为价格波动和京都议定书项目风险承保，覆盖清洁发展机制和联合履约交易以及低碳项目评估及开发活动中有关的京都议定书列出的固有风险，包括

CDM 项目中产生的项目注册及经核证的减排量（CERS）核证失败或延误等风险，即如果 CDM 项目投资人因 CERS 核证或发放问题而受损，保险公司将提供 CDM 项目投资人预期获得的 CERS 或等值的赔偿。例如瑞士再保险与总部位于纽约的私人投资公司 RNK Capital LLC（RNK）合作，提供碳市场的首个保险产品，用于管理碳信用交易中与京都议定书相关的风险。

（三）碳损失保险

2009 年 9 月澳大利亚承保机构斯蒂伍斯·艾格纽（STEEVES AGNEW）推出全球首份碳损失保险，为因森林大火、雷击、冰雹、飞机坠毁或暴风雨而导致森林无法实现已核证减排量所产生的风险提供保障，在条款事件被触发时根据投保者的要求为其提供等量且经核证的减排量（CERS）。

（四）碳信用保险

1. 碳信用期权保险

企业作为减排指标的生产者，在项目运营过程中主要面临两大类风险，即传统的项目风险（包括技术的不成熟、自然灾害等）和碳信用认证方面的政策风险。通过碳信用保险的方式可以帮助企业转移风险，也可使减排或新能源企业更容易获得事前的项目融资，在客观上起到了企业信用增级的作用。如英国 Kl 保险集团签发的碳信用保险产品，被保对象是一家银行，银行作为碳信用的买方，首先购买"碳期权"，即在约定期限内以约定的价格购买碳信用的权利。在期权可行权期限内，若碳信用价格高于行权价格，则银行将行使购买权，再以市场价出售碳信用。

2. 碳信用交付担保保险

碳信用交付担保保险是指很多大型清洁能源投资项目可以将自己未用完的碳信用出售给需要更多碳信用的企业，但由于新能源项目本身在整个运营过程中面临着各类风险，可能影响到企业碳信用交付的顺利进行。而建立碳信用交付担保保险则可为项目业主或融资方提供担保和承担风险，将风险转移到保险市场。例如，2008 年 3 月 17 日，世界银行集团成员国际金融公司在撒哈拉以南非洲和南亚签署了首个碳信用交付担保保险。该碳金融产品可以通过降低国家和项目风险，让出售碳信用的公司有机会接触更广泛的潜在买家，有助于更好地推动这些地区的碳市场发展。

（五）碳交易信用保险

碳交易信用保险是指以碳排放权交易过程中合同约定的排放权数量为保险标的，对买方或卖方因故不能完成交易时权利人受到的损失提供经济赔偿的一种担保性质的保险。该保险为买卖双方提供了一个良好的信誉平台，有助于激发碳市场的活跃性，如 2004 年联合国环境署、全球可持续发展项目（GSDP）和瑞士再保险公司推出的碳交易信用保险。由保险或再保险机构担任未来核证排减量（CER）的交付担保人，当根据商定的条款和条件当事方不履行核证减排量时，担保人承担担保责任。该保险主要针对合同签订后由于各方不能控制的情况而使合同丧失了订立时的基础进而各方得以免除合同义务的"合同落空"情形，例如政治风险、营业中断。

(六)林业碳汇保险

森林面临火灾、暴雨、暴风、洪水、冰雹、霜冻、暴雪、雨凇、干旱、泥石流、林业有害生物等自然灾害和意外事故风险。同时，自我国碳排放权交易启动以来，林业碳汇交易价格运行一直波动不稳，给碳汇林种植企业和林农的林业碳汇交易收入带来极大的不确定性。针对上述风险，林业碳汇保险产品重点定位于保障林业碳汇保险标的森林生长过程中由于自然灾害和意外事故所面临的风险，以及林木产生的碳汇面临的市场交易价格的下跌造成客户参与碳汇交易的收入下降风险。例如中国人寿财险福建省分公司开发的林业碳汇指数保险产品，该产品运用卫星遥感科技手段与碳汇理论方法学相结合，建立了林业损毁与固碳能力减弱计量的函数模型，并于 2021 年 4 月在福建省龙岩市新罗区开出首单。该保单年度保费 120 万元，在一年中森林累计损失面积达到 232 亩时，视为保险事故产生，起赔金额 100 万元，最高赔偿 2000 万元。林业碳汇保险与森林保险在保险标的、保险责任、功能作用等方面具有显著差异，详见表 5-2 所列。

表 5-2　林业碳汇保险和森林保险产品要素对比

产品	林业碳汇保险	森林保险
保险标的	生长中的碳汇林木或其产生的碳汇量	各类林木(包括生长中和砍伐后)
保险责任	约定的灾害导致碳汇林受损而使碳汇量损失达到一定标准时赔偿	约定的灾害导致林木受损达到一定标准时赔偿
保险金额确定方法	保障金额确定的核心是碳排放量交易的价格和碳汇量	确定保障金额的核心在于林木本身的成本。按林木蓄积量计算，根据单位面积林木蓄积量×面积×木材价格及按营林成本计算出单位面积费用总和来确定保险金额
保费来源	政府的补助和对"三高"企业的惩罚	保费由政府和林权所有者共同承担
受益人	政府和林业主管部门	林权所有者
功能	通过增加二氧化碳的吸收量来达到环境保护的目的	实现林业风险有效转移和分散，提高林农灾后恢复生产能力，稳定林业生产

三、碳保险特征

1. 发展方式集约化与内涵化

低碳保险注重经济、社会、环境三者的和谐发展，将粗放式与外延化的发展转变为集约式与内涵化。

2. 肩负环境与社会责任

作为生态环境的共同体，低碳保险不仅需要担负经济责任，更需关注环境与社会责任的多重责任。

3. 发展方向的可持续性

低碳保险关乎千秋万代，既要满足当代人的需求，满足当前形势下经济环境和经济规模，又不危及后代人满足其需求的能力，实现环境保护和社会和谐、实现保险业和经济的可持续发展。

四、碳保险功能

（一）双重金融功能

碳保险兼具风险化解与资本投资的双重金融功能。中国低碳经济建设起步较晚，存在着巨大的生态环境压力，面临巨大的资金缺口。借鉴发达国家经验，当前只有大力发展风险投资，广泛吸收社会闲置资金，才能有效填补这个缺口。但投资于低碳经济具有一定的风险。同时，由于在发展低碳经济所需技术的开发和应用中不可避免地存在风险，防范和化解这些风险就显得十分必要。碳保险顺应时代而生，具有巨大的金融抵偿与公共风险控制效果，在维持金融、均衡民政、加快进步、造福人民中产生重要的积极影响。它既是政府运用市场方式管理社会风险的重要手段，也是经营主体和社会公众生产、生活风险转移的有效方式，其兼具风险化解与资本投资的双重金融功能，可以通过购买或参与设立风险投资基金、通过在主板或二级市场认购低碳企业发行的股票、债券等形式参与低碳经济的投资，相对传统的非低碳保险具有时代特性和鲜明特征。碳保险契合低碳经济发展要求，碳保险关注金融、民政和生态和谐；在进步方法上，碳保险是内涵式与集约式的进步；在发展环境上，碳保险关注在低碳经济和碳金融下进步并彼此结合；在实现目标上，碳保险把保险业可持续发展作为终极要求。

（二）促进可持续发展

碳保险有助于实现经济和环境的"双赢"。环境污染责任保险是一项国际上普遍采用的能够较为有效地应对环境污染问题的绿色保险，它是公司为可能出现的生态问题风险在保险行业进行投保，让保险企业对环境损失人给予补偿。保险企业对投保者的生态风险采取监管和操控，其监管影响将令公司控制排放水平。碳保险保障投保公司、保险公司以及政府的三方利益。因为投保公司进入了生态破坏义务保险，如果问题出现，由保险公司为损失人进行补偿，公司脱离了危机，政府又控制了公共风险。世界实践显示，一个健全的碳保险模式，不单纯是金融与生态"共赢"的模式，还可以更大范围拉动平台力量与督促生态监督，从而促进了经济、生态和社会的可持续发展。

（三）为企业"减负"

碳保险可降低企业经营负担，减少政府环境压力。企业的正常经营与发展离不开稳定的现金流，而碳排放风险由于赔偿金额巨大、受害人数众多、受害地区广阔的特点，使得污染企业在进行赔付后很难保证完整的现金流，进而影响企业的发展甚至社会的稳定。碳保险则能够很好地解决企业现金流不确定性问题。企业可以用少量的保费来减少未来的不确定性。承保者要想控制赔率，会聘请相关专家对投保公司的碳排放采取管理。承保者能够利用费率震荡、级别区分等手段督促监管投保者进行节能减排行为。投保企业通过保险人的监管间接地降低了自己的风险，在双重作用下，投保企业更有可能将碳排放降到最低，因此发展碳保险能够有效地控制企业对环境的污染程度。

（四）保障生态权益

碳保险可以充分保障人民的生态权益。以中国为例，碳排放的影响损失人大部分都是普通百姓，这些百姓在巨额的法律费用面前难以选择法律诉讼途径，从而得不到应有的赔偿。在受到不公平对待后，受损百姓可能采取极端的做法，从而影响社会稳定。从维护社会公众权益以及社会稳定的方面来看，开办碳保险能够及时赔付受害人进而使公民的环境权益得到有效保障。

（五）为碳交易提供保障

碳交易因其时间长、程序多、运作繁琐的独特性质，令其整个程序具有巨大风险，而碳保险能够为碳交易带来某些方面的保护，这不单纯有助于碳金融平台的深入发展，也有利于保险业拓宽行业广度，增加利润。然而，本土的保险企业较少进行与碳金融有关的保险项目。随着中国相关案例的日益增加，这些保险的购买也在逐步增多，给碳金融的风险确定和费率厘定带来了案例材料，可促进碳保险的效率。

第二节 碳保险起源与发展

一、碳保险起源

近年来全球气候变化导致极端天气发生的频率和强度明显增加，国际社会逐渐对通过减排减碳应对全球气候变化达成共识，并在联合国框架下（1992 年《联合国气候变化框架公约》，1997 年《京都议定书》，2016 年《巴黎协定》）开展相关制度安排和行动计划的谈判。随着我国"双碳"战略的提出，实现"碳中和"基本上从两方面展开：一是通过多种途径进行碳减排，如节能、促进可再生能源发展等；二是增加碳汇，也就是固定空气中的二氧化碳从而减少空气中的碳浓度，包括发展固碳技术或者生物碳汇，如碳捕集、利用与封存技术（CCUS）、植树造林等。考虑到发展工业而制造了大量温室气体的发达国家，在无法通过技术革新降低温室气体排放量达到《京都议定书》和《巴黎协定》对该国家规定的碳排放标准的时候，可以采用在发展中国家投资造林，以增加碳汇，抵消碳排放，从而降低发达国家本身总的碳排量的目标，这就是所谓的"碳汇交易"。

碳汇交易是基于《京都议定书》和《巴黎协定》对各国分配二氧化碳排放指标的规定而创设出来的一种虚拟交易。其具体做法是：首先，政府确定碳市场覆盖的行业、温室气体范围和企业门槛，并设定出各行业所允许排放温室气体的最大值。总量控制一旦确定，政府在控排企业中分配碳配额，这些配额可以在企业之间自由交易。每一轮交易期（例如一年）结束后，控排企业需要向政府缴纳与其实际碳排放等量的碳配额，以完成履约。企业可以通过减少自身排放、向其他企业购买额外配额，或者使用经核证的国内外碳抵消项目产生的抵消单位，来完成碳市场设定的管控任务。

保险作为风险管理的重要金融工具，可以有效规避碳交易市场中的碳资产损失风险，对支持林业碳汇发展意义重大。目前实施的森林综合保险仅用于苗木种植的直接物化成本投入，导致林业碳汇发展面临无险可保的困境，碳汇保险的实施可以有效补充包括人工投入成本及碳汇富余价值在内的有关成本，通过技术手段对投保区域内碳汇量进行计量和监测，更好地保障碳汇资源的培育过程和林木固碳能力的价值核定。

二、国际碳保险发展现状

国外的发展以低碳保险为主，低碳保险产品根据保险的对象和领域可分为两大类，第一类是根据低碳和环保相关特征而制定的不同费率的保险产品，第二类是专门为清洁技术和减排活动而设计的产品。随着低碳保险的发展，保护生态环境的呼声越来越高，各大保险公司相继推出以低碳为目标的碳保险产品，以此满足碳金融寻求规避气候变化造成的不良影响的需求。同时，在碳交易过程中存在政策风险、信用风险、整体经济态势、变动风险、预先付款风险、价格被动风险、交付风险以及特定监管体制下碳信用是否合格等，碳保险可以为投资者可能承担的风险损失提供补偿。由于保险机构的长期参与，不仅减少了长期碳市场中的不确定性，还降低了减排成本、增强了气候变化的适应性。

(一)美国低碳保险的创新实践

美国注重低碳保险产品的经营和推广，在法律中进行了明确的规定。1970 年颁布的《清水法》规定，所有进入美国的船只必须投保责任保险，以保障该法规定的由于石油污染海洋而应负担的责任。美国联邦环保局在有关危险废物储存、处理、处置的法规中也做出了强制保险的规定，要求管理者应为在这些设施的运行期间内因危险废物的管理和操作所造成的对他人人身或者财产的损害购买保险。所有管理者都必须为突发性或事故性事件购买第三者责任保险。

美国的环境污染责任保险又称污染法律责任保险，是以被保险人因污染水、土地或空气，依法应承担的环境赔偿或治理责任为标的的责任保险。主要包括两个方面：一是明确被保险人因污染水、土地或空气等依法承担的环境损害责任保险；二是明确自有场地治理责任保险。前者承担被保险人因其污染环境造成邻近土地上的任何第三人的人身损害或财务损失而发生的赔偿责任，后者承担被保险人因其污染自有或者使用的场地而依法支付的治理费用。

美国保险公司为气候改变推出了新的险种，如"碳排放信用保险""碳交易保险"等。在碳金融交易中，通过签订带有罚则条款的 CDM 项目合约，排放权卖方在到期没有达成减排额度时需要承担一定的赔偿责任。这种责任风险由排放权买方部分地转移到排放权卖方。保险公司为分担该类风险，对此进行承保。碳交易保险是指项目交易中存在的价格波动、不能按时交付以及不能通过监管部门的认证等风险，都可能给投资者或贷款人带来损失。因此需要保险或担保机构的介入，进行必要的风险分散，提供类似担保的服务，以促进项目的流动性。碳交易保险可以同时为碳资产的买卖双方提供保险。如果买方在购买保险后不能如期获得交易合同中约定数量的 CER，保险公司将会按照约定提供赔偿。如果卖方在购买保险后，无法顺利完成减排项目开发以交付约定销售数量的碳减排量，那么将获得保险公司因项目开发失败而理赔的款项。

加利福尼亚消防员基金(保险公司)开发了绿色建筑置换及升级产品。这个产品为顾客提供保险，以确保他们在新型高能效和水资源利用率住宅及现有建筑翻新方面的投资。包括使用以下绿色器材进行重建：Energy Star 评级的电力系统、达到 LED 或 Green Globe 要求的内部灯光系统、水资源利用率的内部管道以及符合标准的屋顶及隔离材料等。

(二)法国低碳保险的创新实践

法国在低碳保险方面一直采取的是渐进方式，以自愿保险为主、强制保险为辅。在一般情况下，由企业自主决定是否就环境污染责任投保，但法律规定必须投保的，则应依法投保。如法国是 1969 年《国际油污损害赔偿民事责任公约》和 1971 年《设立国际油污损害赔偿基金国际公约》的成员国，因此，在油污损害赔偿方面采用强制责任保险制度，并将此写入了 1998 年颁布的《法国环境法》。根据规定，在法国港口注册、运输 2000 t 以上散装货物船舶之船主，如果无法证明遵守上述公约规定为其船舶办理了足额保险或经济担保，不得容许其船舶从事商贸活动。

(三)德国低碳保险的创新实践

德国的环境污染责任保险采取强制责任保险与财务保证或担保相结合的制度。德国《环境责任法》规定，存在重大环境责任风险的"特定设施"的所有人，必须采取一定的预先保障义务履行的措施，包括与保险公司签订损害赔偿保险合同，或由州、联邦政府和金融机构提供财务保证或担保。该法直接以附件方式列举了"特定设施"，不管规模和容量如何，都要求其所有者投保环境责任保险。德国保险公司的赔偿范围只包括企业生产运营的意外事故导致的责任，且被害人必须提出索赔。对那些明知相关法律法规而不遵守，因而造成环境损害的不在赔偿范围内。德国的绿色保险制度对那些不关心环境的企业即使投保也无法得到经济补偿。如德国安联保险公司在欧洲推出专门针对全球变暖和可再生能源投资的保险产品，其中"绿色汽车保险"把客户一年的行驶公里数作为核定下一年保费的一个决定因素。

(四)瑞士低碳保险的创新实践

针对减排交易、低碳项目评估和开发活动中存在的许多内在风险，瑞士的一些金融机构提供相应保险产品来帮助应对碳的价格波动。瑞士再保险公司提供一种以减排购买协议合同为基础的实物交易碳保险产品，AIG 和 Marsh 提供覆盖所有传统风险及《京都议定书》相关风险的产品。瑞士再保险还创造了"具备或有上限的减排交易远期"，该保险产品覆盖了 EU 排放权买家所面临的对手及交付风险，以确保碳交易在一定的成本限度内完成。

(五)日本低碳保险的创新实践

东京海上日动保险股份有限公司从 1999 年开始推出了致力于恢复印度和东南亚国家红树林的环保保险项目，目前已接近其恢复 8200 hm² 红树林的目标，这些红树林的恢复有效减少了沿海风暴所带来的损失，增加了世界固碳含量。

三、我国碳保险发展现状

我国碳保险市场起步较晚，2018 年之前主要以低碳保险产品为主，直至 2021 年，全国才大规模开展碳汇保险试点工作。

2015 年，人保财险开发光伏产品质量保证保险产品，承保被保险人在保险单载明的期间内生产、销售并投保的产品。由于原材料缺陷、制造缺陷、工艺不善等导致产品质量和产品功率两类损失，保险人根据保险合同责任进行赔偿。2018 年，人保财险开展太阳能发电量收入保险，承保电站由于太阳辐射因素导致的发电量短缺。当投保人所投保的太阳能电站，因投保地点在保险期间内的太阳光照量不足，导致发电量不足，造成被保险人在保险期间内的实际发电收入低于预期发电收入时，保险人按照本合同的约定承担赔偿责任。在这个阶段，我国低碳保险发展存在诸多问题：①光伏产品质量保证保险还是简单的产品质量和产品责任保险；②太阳能电站营业收入保证保险承保营业收入风险，没有保障碳融资和碳交付的功能，并且仍然是处于碳金融市场"生产线"的最底端。这主要是因为国内碳排放量规定限额的各省试点才刚刚开始，所以对节能环保产品的需求薄弱。这些产品多出口国外，由于出现投资过热的问题，形成了买方市场，国外买方对于产品质量及产品责任的要求水涨船高，同时由于销量大，随着时间推移累积的风险也大，正在逐渐暴露出来，而国内生产商还处于光伏产品生产的早期，对于风险还不具备独立应对的能力，而保险费率又较高。

为了解决低碳保险发展中出现的问题，我国 2016 年起开展碳保险试点工作。首先是碳排放权保险。通过与保险公司合作，对重点排放企业新投入的减排设备提供减排保险，或者对 CCER 项目买卖双方的 CCER 产生量提供保险。全国首个碳保险产品设计方案由湖北碳交易中心与平安保险湖北分公司出台，华新水泥股份有限公司与平安保险湖北分公司达成保险事宜，保险公司将为华新水泥投入新设备后的减排量进行保底，一旦超过排放配额，将给予赔偿。其次是碳汇保险。2021 年人保财险和人寿财险等多家保险公司联合政府部门积极开展保险试点工作，先后在福建、江西和广东等地进行了林业碳汇保险的试点。从本质上看，林业碳汇保险是以碳资产为标的的保险产品，可以对碳排放权交易过程中的价格波动和碳汇生产过程中的碳汇损失进行风险规避和担保。

四、碳保险存在主要问题

（一）法律政策支持力度不足

法律、政策等制度对创新型保险产品发展有极大的推动作用，但从我国碳保险的立法现状来看，仅《中华人民共和国环境保护法》将"鼓励投保环境污染责任保险"列入了立法内容，其他碳保险产品缺少国家层面的法律支撑，未对相关企业是否投保形成制度约束，因此地方部门出台相关的试点推行办法或规章缺乏法律依据，开展碳保险试点工作面临无法可依的困境。此外，虽然目前有个别省份出台了指导意见或发展规划支持碳保险发展，但大部分停留在探索试点层面，仅对投保企业给予保费补贴，缺乏给予税收优惠、建立专项基金等深层次的支持措施。

（二）交易市场有效需求不足

我国虽然已出台强制性减排法规，但碳排放权交易的各种机制建设仍有待完善。现阶段我国碳排放权交易以现值交易为主，极少远期交易，因此市场缺乏相关的风险保障需求。现值交易则集中发生在履约期内，在短期内市场交易量和交易价格迅速提升，而在非履约期内交易量极低，总体来看碳排放权交易市场规模较小。保险遵循大数法则，是集合多数风险单位提供风险保障的金融工具，当前碳排放权交易形式单一，交易量较低，市场对于碳保险有效需求不足，难以驱动碳保险快速发展。

(三)风险管理能力建设不足

碳保险涉及碳交易与环境风险评估、管理、损害鉴定等专业领域，而保险公司在这方面的专业化水平有所欠缺。一方面，环境风险评估缺乏统一标准，技术方面存在空白。尽管生态环境部已经发布了《企业环境风险评估指南》，但主要适用于环境应急管理中的风险评估，而许多碳保险产品更关注环境侵权损害带来的法律责任风险，因此保险公司在查勘定损与责任认定上存在困难。另一方面，保险行业存在信息壁垒，承保风险大。同一般的保险产品相比，碳保险作为创新型险种，对风险管理和控制有很高的要求，而现阶段我国还未形成完备的环境信息披露机制，保险公司无法取得足够的数据和信息进行风险精算，加大了承保难度和降低了保险效率。

(四)保险公司产品供给不足

与传统的保险产品相比，碳保险发展时间较短，损失风险难以管控，进而导致碳保险在产品开发、费率厘定等方面存在缺陷，需要进一步完善。以环境污染责任保险费率为例，与传统的火灾公众责任保险相比，两者在保险责任、签单数量和单均保额方面均较为接近，但在亩均保费、平均费率方面，环境污染责任保险均明显高于火灾公众责任保险。2016—2021年，火灾公众责任保险的费率较为稳定，而环境污染责任保险的平均费率一直在下降，也说明了以环境污染责任保险为代表的碳保险产品不够完善，保险费率仍有调整的空间。

第三节　碳保险运行机制

一、当前碳保险运行机制

当前，气候变化逐渐加剧、资源消耗日益增多已成为全人类共同面对的严峻问题，对此，我国提出了"发展循环经济"的解决对策。2021年7月，国家发展改革委发布的《"十四五"循环经济发展规划》明确指出"大力发展循环经济，推进资源节约集约利用，构建资源循环型产业体系和废旧物资循环利用体系，对保障国家资源安全，推动实现碳达峰、碳中和，促进生态文明建设具有重大意义"。发展循环经济有3项基本原则，即资源利用"减量化"、生产商品"再使用"和生产废弃物"再循环"，其中，"减量化"原则是最基本的，其要求在社会生产和消费过程中提升资源利用效率和可再生资源利用水平，即通过技术改造等途径尽量减少资源消耗和废物产生。然而，在建设资源循环型产业体系的过程中，必然会存在各种各样的风险和阻碍。

根据《碳排放权交易管理办法(试行)》，当一家企业被列入温室气体重点排放单位目录后，就应当"控制温室气体排放，报告碳排放数据，清缴碳排放配额，公开交易及相关活动信息，并接受生态环境主管部门的监督管理"。在这一系列活动中，企业及相关主体由于活动阶段、自身情况不同将面临多种风险。例如，企业在应用新型生产技术时，可能因生产设备的意外毁损而无法按时通过监管部门的认证；在参与碳排放权市场交易时，可能因交易对手违约无法按时向监管部门交付配额，也可能因碳排放权价格波动增加自身财务支出。在以碳排放权作为抵押物向银行融资时，不但企业需要面临上述风险，银行也将承担相应的后果。正是由于风险的客观存在，温室气体排放单位就有必要通过购买碳保险产品分散风险。碳保险是一种特殊的风险管理方式，可以有效保障各相关行业在助力经济循环发展过程中面临的风险，为我国持续发展绿色低碳循环经济体系保驾护航。

碳保险的作用机制可以归纳为以下4项。一是预防机制。保险公司会联动专业的第三方公司为客户提供风险防控服务，实时监控投保企业的温室气体排放水平，以预防和减少风险事故发生。二是赔偿机制。风险事故发生后，保险公司会向受益人赔偿保险金或者等价的碳排放权，帮助投保人控制减排成本，增强财务稳定性。三是激励机制。在续保时，保险公司会根据上一保险期间内企业的风险状况，采取差异化的承保策略，如向未出险的客户提供费率优惠或附件权益，以提升企业的履约积极性，激励企业加快向低碳经济发展模式转型。四是增信机制。保险公司从经济制度上为碳排放权的交易、融资等活动提供风险保障，实质上起到了增强排放单位信用等级的作用。

二、未来碳保险创新方向

碳保险以《联合国气候变化框架公约》和《京都议定书》为前提，以资源环境价格形成机制下的碳排放权为基础，保护碳排放权核证交付、市场化交易。在碳排放权交易中，碳保险主要承保核证交付风险、交易信用风险、质押融资风险和价格波动风险。目前在国内，人保财险、平安财险已经针对碳排放权的核证交付、质押融资创新推出"碳保险服务协议"和贷款保证保险并成功落地。未来，针对碳排放权交易过程中的信用风险和价格波动风险，我国可逐步探索相应的信用/保证保险和价格指数保险机制，以确保交易企业的基本运营不因碳交易市场波动而产生重大影响。随着气候变化的不断加剧，未来将有越来越多的国家意识到保护环境和发展低碳循环经济的重要性，《联合国气候变化框架公约》对各个国家设置的温室气体减排目标也将随之升高，届时碳排放权的交易双方将不仅局限于国内的减排主体，而是世界上多个签署《京都议定书》的国家（地区）主体，因此，碳保险的承保地域范围也可扩展至全球多个国家（地区）。在承保形式上，除了将碳保险作为主要险种外，保险公司也可以通过其他险种的附加条款的形式承保。

（一）碳排放权交易信用/保证保险

为了按时向监管部门交付配额，企业会采取多种方法减少碳排放，但是由于技术设备、资金、经营策略等因素，总会存在一些企业无法达到碳排放标准，也会有一些企业的碳排放额度未用完，这时前者就可以通过购买后者超额的减排量降低自身的碳排放，碳排放权的市场化交易应运而生。

我国自2013年起就陆续设立了8个碳排放权交易试点地区，截至2020年年末，各试点地区已累计成交碳排放权4.23亿t，成交额达到98.1亿元。2021年7月16日，全国碳排放权交易市场正式上线交易，截至10月29日已累计成交碳排放权2020.2万t，成交额达到9.08亿元。我国碳排放权交易情况如表5-3和表5-4所示。在如此巨额的市场交易过程中，难免存在信用风险，买卖双方都有可能因故无法完成交易，以此为契机，保险公司可以利用信用/保证保险机制为交易双方提供担保和承担风险。当有一方违约时，由保险公司代为赔偿另一方的损失，之后再向违约方追偿，这样不仅保证了碳排放权顺利交付，同时也降低了违约对生产经营造成的不良影响。

表 5-3　2013—2020 年中国碳排放交易试点地区情况

试点地区	累计成交额（亿元）	累计成交量（百万 t）	历史均价（元/t）
广东	31.7	153.3	20.7
湖北	19.6	90.1	21.8
北京	16.7	40.1	41.6
深圳	13.8	58.0	23.8
上海	10.8	45.7	23.6
天津	3.4	17.6	19.3
福建	2.0	9.1	22.0
重庆	0.1	9.0	1.1
合计	98.1	422.9	23.2

注：广东的数据不包括深圳市。

表 5-4　2021 年 7 月 16 日至 10 月 29 日全国碳排放交易市场情况

	累计成交额（万元）	累计成交量（百万 t）	历史均价（元/t）
挂牌协议交易	30 759.93	603.82	50.94
大宗协议交易	60 055.57	1416.38	42.40
合计	90 815.50	2020.20	44.95

（二）碳排放权价格指数"保险+期货"

在碳排放权交易市场中，由不同因素造成的配额供需关系对碳交易价格的影响极大，因此存在较大的价格波动风险。不同试点地区在不同的时间段的成交价格存在明显的差异性。例如，北京在大部分时间内的成交价格都要高于其他试点地区，深圳曾在 2013 年 10 月 17 日达到 122.97 元/t 的最高日均价，而重庆则在 2017 年 5 月 3 日达到 1 元/t 的最低日均价。从全国碳排放权交易市场行情来看，自 2021 年 7 月 16 日上线交易以来，碳排放权价格先涨后跌，同样出现了价格波动，最高于 2021 年 7 月 23 日达到 61.07 元/t 的成交价，最低于 2021 年 10 月 27 日达到 38.5 元/t 的成交价。不断变化的价格加大了相关企业对碳排放权交易的担忧与疑虑，不利于市场的健康发展，交易主体需要相应的金融工具管理碳排放权价格波动风险。

保险公司可以利用期货套期保值、发现价格的优点，构建"保险+期货"模式对冲碳排放权价格波动风险，具体运作过程：相关排放单位向保险公司投保碳排放权价格指数保险，保单约定在保险期间内，当碳排放权平均成交价格高于/低于设定的价格指数时，由保险公司按照合同约定给予赔偿。保险公司向期货公司购买碳排放看涨/看跌期权，获得在特定期间内按照约定价格购买一定数量的碳排放权的权利。当风险事故发生时，排放单位会获得保险公司的赔偿，弥补因价格波动导致的损失，保险公司可以行使所持权利以约定价格买入/卖出碳排放权，避免自身的损失。当风险不发生时，排放单位虽然不会获得赔偿，但是其损失也是相当有限的，保险公司不需要赔偿，并且获得了一定的收益（收益＝保险费－期权费）。

"保险＋期货"模式实质上将碳排放权价格波动风险从排放单位转移到期货投资市场，可以有效帮助相关交易主体稳定价格预期，提升参与市场交易的积极性，最终形成多方主体共同受益的交易闭环。2021年9月，中共中央、国务院印发《关于深化生态保护补偿制度改革的意见》，指出"研究发展基于水权、排污权、碳排放权等各类资源环境权益的融资工具，建立绿色股票指数，发展碳排放权期货交易"，"鼓励保险机构开发创新绿色保险产品参与生态保护补偿"，意味着我国已经迈出了构建"保险＋期货"模式的第一步。

（三）国际碳排放权交易保险

碳排放权交易市场是在国家政策对碳排放的约束下，基于人为制度设计而存在的市场，而一个国家的气候政策可能由于战争、社会动荡、政权交替等多种因素导致变革，例如美国曾于2019年宣布退出《巴黎气候协定》。这种政策的不确定性给国际碳排放权交易市场的发展带来了巨大的政治风险，此外，在国际交易中同样存在着信用风险和价格波动风险，总体风险巨大且难以评估，因此，针对国际交易领域的碳保险在中国至今空缺。不过随着未来国际间碳排放权交易的逐渐频繁，数据积累逐渐增多，我国保险公司可适时进入该领域探索承保路径。

（四）碳保险附加条款

在传统的企业财产保险中，当企业的厂房建筑、机器设备、生产商品发生意外事故时，保险公司会赔偿事故直接导致的财产损失。但当碳排放权成为一种资产后，意外事故将会给企业带来更大的损失。企业的财产，尤其是存放温室气体的容器或者交通工具（如运输车、船等）发生突发事件（如火灾、爆炸、雷击等），会造成温室气体短时间内高排放，这些突然增加的温室气体排放额将由企业"买单"。为了降低意外事故对企业造成的影响，保证企业的正常运作，保险公司可以向重点排放单位的企业财产保险提供碳保险附加条款，承保由保险合同载明的意外事故导致的碳排放权损失，并由投保人选择是否投保，以保证此保险责任的特殊性和投保的灵活性。森林保险也是同样的道理，保险公司可以提供碳保险附加条款，承保因森林大火、雷击或暴风雨而导致森林无法形成碳汇、实现已核定减排量所产生的风险。因此在除碳交易环节以外的大部分保险是对原有保险的改造或特殊归类，适用于增加碳保险附加条款的形式。

第四节　碳保险产品设计与定价

参照绿色保险定价方法研究，碳保险常用定价方法涵括两种，保险精算定价和金融定价。保险精算定价方法依其标的差异分为非寿险精算与寿险精算，金融定价方法依据是否包含利润，分为资本资产定价和Black-Scholes期权定价。各方法的运用既存在假设前提，又具有运用局限。本节旨在分析每种方法的差异性以及对绿色保险的适用性，研究不同适用条件下定价方法的最优选择。

一、保险定价方法

保险精算定价方法是运用数学、统计、法律和会计等知识进行风险评估或财务安排的保险定价方法。依据绿色保险本身特点，适宜使用非寿险精算定价。

(一)基于分类风险的非寿险精算定价方法

在非寿险业务方面，被保险人更多的时候根据个人的风险特征进行分类，然后在确定分类基础上厘定各风险类别的费率。对于碳保险来说，碳保险可分为各种责任保险，被保险人大多是各个行业各种规模的企业。因此可以按照企业所属行业或者企业生产规模等将企业划分出不同的等级，从而对每一等级企业以前的投保数据进行整理得到损失数据，或者可以采集某个行业所发生的事故的损失金额。根据所得数据设置一个合适的区间，对每个区间内发生次数进行统计，可以得到各损失区间的事故次数。

(二)基于个体风险的非寿险精算定价方法

同种风险类别不可能完全同质，特别是对绿色保险来说，其风险异质性高，需根据个体风险损失经验对分类费率进行个性化调整。但一般的分类风险的定价方法，通常具有风险类别内个体同质性的假设，同一风险类别内，个体费率相同。

但是上述两种非寿险精算定价方法具有一定的差异性，见表5-5所列。

表5-5 两种非寿险精算定价方法的优缺点

方法	优点	缺点
分类法	节约成本、数据较容易获得、具有现实可操作性	无法获得准确的风险评估数据
个体法	风险评估更加精准、所得费率更加准确	成本过高、不具有现实可操作性

综上所述，如果使用个体法，在风险评估时需要大量资金、技术、人员支持，这不仅浪费财力、物力和时间，甚至不具备现实可操作性，而采用分类法可以确保其碳保险的实施具有现实性，并且节约成本。

二、金融定价方法

20世纪末，保险与金融经济相互融合，非寿险精算模型存在明显的缺陷，对其的质疑主要集中在两点，一是非寿险精算模型站在产品供给方的角度制定产品的价格，忽略了市场因素；二是没有考虑到资金的时间价值，因占用投保人的资金而去投资产生的利润没有算在利润中。在国际保险委员会倡导下，计算利润时考虑所有的收入情况，保险精算人员加速保险产品金融定价模型的研究。20世纪80年代后，伴随着金融工程在全球范围的兴起，金融定价方法也在保险领域得到了广泛应用。保险产品的金融定价方法是指在合理考虑影响保险产品定价的影响因素的基础上，结合金融产品进行非传统定价的方法。其中最主要的两种方法即资本资产定价模型和期权定价模型。

(一)资本资产定价模型

资本资产定价模型(CAPM)主要运用在两个方面，第一，研究风险与证券市场预期收益率之间相关关系；第二，通过均值方差的均衡建立最优组合。CAPM指出了保险公司承保期望收益率与市场组合、无风险利率、风险保费利率之间存在的相关关系，为保险定价与资产经营决策提供依据。根据 CAPM，资产的期望收益率均可写成：

$$R_i = R_f + \beta_i(R_m - R_f)$$

式中　$\beta = \dfrac{\mathrm{Cov}(R_i, R_m)}{\delta_m^2}$——第 i 种证券系数；

$\qquad\qquad R_i$——第 i 种证券预期收益率；

$\qquad\qquad R_f$——无风险利率；

$\qquad\qquad R_m$——市场证券组合的预期收益率。

在实际应用中，CAPM 的 β 系数和市场组合风险利率存在确定困难，故在保险产品定价中，尤其是责任保险产品的定价研究中较难真正实现。

（二）Black-Scholes 期权定价

Black-Scholes 期权定价为 1973 年提出的欧式期权定价模型。理论上认为，期权与保险极具相似性，期权合约类似于保险合同，保费类似于买入期权的价格。故而，Black-Scholes 期权定价模型可求出期权费，也便能得到保险定价。期权定价法在绿色保险定价方面的适用性分析如下。

1. 绿色保险的期权特征

期权与保险均为规避风险的重要金融工具，两者存在天然联系。买方有在其权利到期时执行或放弃其权利，而出卖人只能接受买方的选择，承担合同规定义务。投保人支付保险费给保险公司，以补偿在保险期内投保人标的资产的减值损失。保险合同实质上是由投保人和保险公司签署的期权合同。

投保人购买绿色保险，相当于购买以赔偿责任为保险标的资产卖权。在保险存续期内发生保险事故对第三方造成损害，投保人将受损标的以事先约定的价格卖给保险人，保险人须按保险合同约定价格赔付投保人。投保人所获赔付可看作期权收益，若保险到期未发生保险事故，投保人仅损失保费，保险公司将获得这部分保费收益，保费就相当于是期权的价格。绿色保险承保期限可以看作是期权的有效期，而赔付时间可以看作是期权的交割日期。

2. Black-Scholes 期权定价模型的假设条件

期权定价模型存在较多应用假设。假设一：有效期内，无风险利率 r 恒定，为一常数。假设二：标的资产价格遵循几何布朗运动，即和为常数。假设三：到期日前不存在任何收益支付。假设四：欧式期权在到期日执行。假设五：无交易成本，买卖标的资产无交易费用。假设六：证券市场不存在无风险套利机会。假设七：允许标的资产卖空。其中假设二是得出正确结论的重要因素，即检查当前市场价格是否遵循几何布朗运动规律。为进一步确定两种方法的适用性，表 5-6 比较了两者的优缺点。

表 5-6　两种金融定价方法的优缺点

方法	优点	缺点
资本资产定价	可判断市场中存在的各种风险，从而得到较为准确的投资收益	贝塔系数及市场风险利率难确定、计算操作复杂

（续）

方法	优点	缺点
Black-Scholes 期权定价	理论研究成熟、方法应用广泛、将保险与金融投资联系起来	模型假设过于理想、理论分析上做了近似，降低了定价的准确性

综上分析，碳保险采用非寿险精算定价方法、期权定价方法进行定价较为适宜。

第五节　碳保险主要模式与典型案例

一、主要模式

（一）林业碳汇价格保险

2021 年 5 月 17 日，人保财险福建南平分公司顺昌支公司与顺昌县国有林场签下林业碳汇价格保险合同，提供 2100 万元的风险保障，承保的林业碳汇项目面积达 6.9 万亩，总减排量可达 25.7 万 t，开创了"林业碳汇质押+远期碳汇融资+林业保险"的模式，是一个以林业碳汇作为质押物、以远期碳汇产品为标的物的约定回购融资项目。人保财险联合兴业银行和海峡股权交易中心，共同为碳汇质押贷款增信，有效解决林业碳汇项目因普遍存在的签发周期长、生态价值实现难等问题而融资手段不足的问题。根据人保财险提供的保险条款可知，林业碳汇价格保险的具体内容见表 5-7 所列。

表 5-7　林业碳汇价格保险产品要素

保险人	人保财险福建南平分公司顺昌支公司
被保险人	福建省顺昌县国有林场
保险标的	满足相应条件的林业碳汇项目的碳汇林产生的碳汇[1]
保险责任	在保险期间内，由于市场价格波动造成保险碳汇的实际价格低于目标价格时，视为保险事故发生，保险人按照本保险合同的约定负责赔偿
保险金额	根据不同树种的年平均固碳储值、碳汇目标价格和投保面积确定[2]
赔偿处理	保险事故发生时，根据碳汇实际价格和目标价格差额的不同，划定不同的赔偿比例，并结合保险产量和保险面积确定[3]
保险期限	一年，具体以保险单载明为准

注：1. 林业碳汇项目的碳汇林需满足以下 3 点条件：①自 2005 年 2 月 16 日之后开工建设，林业碳汇项目要求 2005 年 2 月 16 日后抛荒一年以上的林地。②林业碳汇项目业主必须具备独立法人资质，并且林地权属清晰，具有林地权属证书。③林业碳汇项目活动参照国家发展改革委或福建省碳排放权交易工作协调小组办公室备案的方法学。

2. 保险金额=杉木单位保险金额（元/t）×杉木保险面积（亩）+马尾松单位保险金额（元/t）×马尾松保险面积（亩）+阔叶树单位保险金额（元/t）×阔叶树保险面积（亩）+毛竹单位保险金额（元/t）×毛竹保险面积（亩）。

单位保险金额=目标价格（元/t）×不同树种树龄对应每亩保险产量（t/亩）

3. 赔偿金额=（$P_0 - P_1$）×对应赔偿比例×保险产量（t/亩）×保险面积（亩）。

P_0：目标价格（元/t）；

P_1：保险期间内的市场发生交易金额交易日收盘价的年平均价格（元/t）。

（二）林业碳汇指数保险

人寿财险福建分公司在全国首创开发了林业碳汇指数保险产品，2021年4月26日在福建省龙岩市新罗区签单落地，覆盖300多万亩林地，通过2000万元的保额，保障近100万 t 碳汇量，开创了"林业碳汇指数保险+灾后直接赔付"模式，借助指数保险在灾后赔付时特有的"出险——赔付"流程，省去了中间的核损过程，可在灾后迅速将赔款支付到位，为灾后减损、固碳能力修复争取宝贵时间，为其他林业碳汇保险灾后理赔提供新思路。根据林全德等（2021）对林业碳汇指数保险的介绍以及保险公司提供的保险条款，林业碳汇指数保险的具体内容见表5-8所列。

表5-8　林业碳汇指数保险产品要素

保险人	中国人寿财险福建分公司
被保险人	福建省龙岩市新罗区政府
保险标的	新罗区境内生长正常且管理规范的生态林和商品林[1]
保险责任	在保险期间内，当投保地理区域内遭遇自然灾害直接造成保险林木不可恢复性的完全损毁，损毁面积所监测换算的固碳量减少大于一定标准时，视为林木碳汇能力减弱事故发生，对于被保险人因保险事故而需要对当地林木碳汇资源进行救助、植被恢复等与林业碳汇富余价值生产活动有关的灾后费用的支出[2]
保险金额	2000万元[3]
赔偿处理	灾情发生后，保险公司与龙岩市林业主管部门灾后共同查勘，对保险责任原因引起的完全损毁且不可恢复的森林面积进行认定，并将其对应的碳汇能力减弱进行吨数换算，最后根据指数保险灾害水平的分档确定对应的赔付比例
保险费率	6%
保险期限	一年[4]

注：1. 保险标的不含无立木林地林木和龙岩市梅花山自然保护区林木。

2. 自然灾害主要包括火灾、泥石流、山体滑坡、空中飞行物体坠落等意外事故、台风、洪水（政府行蓄洪除外）、冻灾、雪灾、雨淞、雪淞、旱灾等。

3. 对于需要对当地林业碳汇资源进行救助、植被恢复等与林业碳汇富余价值生产活动有关的灾后费用的支出设定相应保险金额。

4. 保险期间为一年。同时，按照2020年财政部、农业农村部《关于加强政策性农业保险承保机构遴选管理工作的通知》中"对于承保机构在当地首创的农业保险产品，可给予首创承保机构不少于3年的创新保护期，保护期内由首创承保机构独家经营"的相关规定，福建省龙岩市地方财政补贴型林业碳汇指数保险项目得到当地政府相关部门给予的一定期限的创新保护。

（三）林业碳汇价值保险

2021年6月4日，人保财险抚州市黎川支公司签出全省首个碳汇林价值保险保单，为黎川县林业工业公司岩泉林场位于樟溪乡的370亩碳汇林提供37万元风险保障，开创了"林业碳汇价值保险+国有企业参与+林业碳汇融资"模式。通过引入国有企业对其拥有的国有林场进行投保，为其他国有企业积极参与林业碳汇产品做出示范作用，并在未来通过江西省刚成立的南方林业产权交易所生态产品（抚州）运营中心开发林业碳汇融资产品，扩展企业拥有的林业碳汇的质押权和可能的融资贷款手段，作为全国生态产品价值实现机制试点地区，探索林业碳汇等生态产品价值的市场化实现机制。根据抚州市政府公布的资料，林业碳汇价值保险的具体内容见表 5-9 所列。

表 5-9　林业碳汇价值保险产品要素

保险人	人保财险抚州市黎川支公司
被保险人	江西省黎川县林业工业公司岩泉林场林业
保险标的	岩泉林场林业碳汇项目的碳汇林木
保险责任	在保险期间内，因火灾、暴雨、风灾、洪水、泥石流等因自然灾害造成的林木损失达到一定标准时，对林木碳汇价值进行赔偿
保险金额	37 万元[1]
保险期限	1 年

注：1. 根据碳汇林的碳含量和碳容量计算出固碳量，从而设定保险金额。

(四) 林业碳汇综合价值保险

2021 年 6 月 30 日，人保财险广东分公司与广东省云浮市国有大云雾林场签下全国首单林业碳汇价值综合保险合同，为其碳汇造林项目提供 112 万元的风险保障，开创了"林业碳汇综合价值保险+碳排放交易所认定价值"模式。主要特点在于人保财险广东省分公司联合广州碳排放权交易所（以下简称广碳所）共同设计了林业碳汇价值综合保险方案，广碳所发挥了碳交易权威定价平台的角色，为碳汇造林项目出具了林木碳汇价值认定结论，解决了碳汇价值确定难的问题。根据云浮市政府发布的公告可知，林业碳汇综合价值保险的具体内容见表 5-10 所列。

表 5-10　林业碳汇综合价值保险产品要素

保险人	人保财险广东省分公司
被保险人	广东省云浮市国有大云雾林场
保险标的	云浮市国有大云雾林场碳汇造林项目林木
保险责任	将因火灾、暴风、暴雨等自然灾害造成的保险林木流失、被掩埋、主干折断、倒伏或死亡，按照约定标准对林木价值和碳汇价值的损失进行赔偿[1]
保险金额	112 万元[2]
保险期限	1 年

注：1. 既为森林的生态修复提供风险保障，也为森林所产生的碳汇恢复期间耗损、固碳能力修复成本以及碳排放权交易价值提供保障，相当于为碳汇林项目的林业价值和碳汇价值提供双重风险保障。

2. 在保额确定方法中，除碳汇自身价值外，广碳所还创新将碳汇造林项目的其他生态效益（如水土保持、水源涵养、放氧功能、净化空气）以调节系数的形式体现在碳汇最终价值的核定方法中，有效地衡量了包括林木经济价值、碳汇价值与生态价值在内的林业碳汇综合价值。

二、碳汇保险模式比较与特征分析

通过分析 4 种模式的保险产品不难发现，作为区域经济社会发展状况截然不同的 4 个试点地区，其保险产品在保险标的、投保主体、保险责任、保险金额、保险费率和赔偿方式方面存在明显差异，见表5-11所列。

表5-11 我国林业碳汇保险产品的比较

产品	林业碳汇价格保险	林业碳汇指数保险	林业碳汇价值保险	林业碳汇价值综合保险
保险标的	碳汇	林木	碳汇林木	碳汇林木
投保主体	国有林场	区政府	国有企业	国有林场
保险责任	碳汇实际价格低于目标价格	固碳量损失指数达到一定标准	林木损失达到一定标准	综合价值损失达到一定标准
保险金额(元/亩)	304	6	1000	220
赔偿处理	根据碳汇目标与实际价格差额划定不同赔偿比例	根据碳汇减弱量确定赔偿比例	根据固碳量损失价值确定赔偿金额	根据核定方法计算出的综合损失确定赔偿金额

1. 保险标的

在开展碳汇保险试点的地区中保险标的可分为两类，福建顺昌模式中是碳汇，聚焦于碳汇交易市场中的碳汇价格。另外3种模式中是碳汇林木，聚焦于碳汇生产过程中的林木价值和碳汇价值。

2. 投保主体

根据投保碳汇林所属不同，投保主体(被保险人)分为国有林场、地方政府和国有企业。国有林场和国有企业作为被保险人更有利于碳汇融资，满足企业融资贷款的需求；地方政府作为被保险人更有利于查勘定损，满足防灾防损的需求。

3. 保险责任

不同的保险标的必然会引发不同类型的保险责任。福建顺昌模式主要关注碳汇交易时的价格波动风险，当碳排放权交易市场中的碳汇实际价格低于目标价格时进行赔偿。福建龙岩模式、江西黎川模式和广东云浮模式则主要关注林木在生长过程中可能发生的碳汇价值减弱风险，当合同约定的指标到达一定标准时进行赔偿。三者的区别在于如何确定约定的标准，福建龙岩模式将林木损失换算成固碳量减少指数指标，江西黎川模式是林木损失指标，广东云浮是综合价值损失指标。

4. 保险金额

福建顺昌模式的保险金额偏高，主要是因为除碳汇林年平均固碳储值外，将碳汇交易价格也纳入计算方法中，从而确定出不同树种的单位保险金额；福建龙岩模式保险金额最低，是根据灾后费用支出确定的，这也与其投保主体是地方政府有关，投保目的主要侧重于灾后补偿；江西黎川模式保险金额最高，是在传统森林保险基础上，进一步补充了碳汇价值保障；广东云浮模式中在考虑固碳量的基础上，加入了碳汇林生态价值的调节系数，使保险金额的确定方法更加科学有效。

5. 赔偿处理

福建顺昌模式中的风险主要发生在碳排放权交易市场中，所以根据碳汇目标价格与实际价格的差额划定不同赔偿比例进行赔偿。福建龙岩模式采取"出险—赔付"的方法，通过指数保险灾害水平的分档划定赔偿比例。江西黎川模式和广东云浮模式则是将林木损毁面积分别换算成固碳量损失和综合损失进行赔偿。相较而言，福建龙岩模式的赔付更加直接，缩减了一定的查勘定损时间，更有利于发挥灾后风险补偿作用。

三、林业碳汇保险存在问题与制约因素

(一)保险标的不够明确，林业碳汇交易市场尚未恢复

在碳交易市场中有两类基础产品，一类是企业分配到的减排量，即配额；另一类就是CCER(国家核证自愿减排量)，是企业实施项目削减温室气体而获得的减排凭证。由于CCER审批项目自2017年3月被暂停，目前仍尚未重新启动，所以在交易市场中无法形成新的碳汇资产，这也直接导致目前开展的林业碳汇保险试点中保险产品主要以森林林木或者碳汇储蓄量作为保险标的，无法直接将碳汇作为一种资产进行投保，这在一定程度上阻碍了碳汇保险进行抵押贷款融资，不利于林业碳汇保险的发展。

(二)保险责任范围有限，投保主体实际需求未能满足

我国开展林业碳汇保险试点的地区普遍林业资源丰富，气象灾害频发，林木受灾以自然灾害为主，但现行保险方案中普遍承保的是受灾后完全损毁或是不可再生的林木，保险责任中尚未涵盖不完全损毁或损毁后一定程度上可以恢复再生的林木资源。由于保险责任的缺失，林木资源的固碳量难以准确测量，无法核定真实的受灾损失，从而影响后续的保险赔付。另外参与林业碳汇的投保主体十分有限，主要为有减排需求的企业、拥有国有林场碳汇造林项目的国有企业或者地方政府。碳汇造林的地方属于集体经营的土地，林农作为林业经营主体，分户经营的现状与碳汇交易的规模需求存在较大矛盾，加之信息不对称的劣势也使林农无法充分有效地参与保险试点中。

(三)保险金额难以测算，林业碳汇资产无法准确计量

目前开展的林业碳汇保险试点中存在保险金额难以测算与衡量、确定损失量方法不明确等问题。在福建龙岩开展的林业碳汇指数保险中具体表现为以下几方面：一是保险金额由政策统一规定，不足以区分各地域的风险水平差异和灾害的实际损失成本。由于不同地域森林固碳能力具有差异性，在测算平均固碳能力时势必造成基差较为明显，无法反映各地域真实的固碳能力。二是投保植被的固碳能力影响因素的衡量不够全面和明确。林木的净固碳能力除了受自身树种、树龄、胸径和密度等因素影响，还受到区域年度日照时长的影响，因此进一步完善影响因子有利于全面客观地确定保险金额。

(四)费率厘定不够科学，碳汇保险定价机制有待完善

科学厘定保险费率是确保林业碳汇保险经营稳定的重要前提，关系到投保主体对林业碳汇保险的有效需求，也关系到政府保费补贴的支出程度。如果保险费率偏高，使投保主体认为高昂的保费无法有效覆盖受灾损失，那么其投保积极性会下降，不利于保险业务的发展；如果费率偏低，使保险公司的偿付能力受到影响，理赔活动无法有效开展，那么也会损害投保主体的利益。以福建龙岩开展的林业碳汇指数保险为例，将保险费率统一规定为6%，缺乏费率动态调整机制。另外根据测算各树种的年净固碳量和每单位平均年净固

碳量来确定保险费率，无法反映同一树种不同地区的固碳量差异，未根据保险标的的实际成本与风险状况科学厘定费率。

（五）理赔方式比较复杂，风险补偿作用未能有效发挥

从目前实施的保险方案中可以看出，第一，现行的保险险种未根据灾害的种类与分布进行分区，保险费率在不同树种和不同地区间也缺乏差异，这势必会导致低风险区需缴纳同样多的保费，造成整体赔付率低下，无法充分发挥林业碳汇保险的风险补偿作用。第二，理赔流程繁杂，理赔效率低下。在灾情发生后，对受灾林木需要有 3 ~ 6 个月的观察期，理赔过程中需要进行大量的查勘定损工作，理赔时间长、程序复杂，导致收集受灾资料较为困难，理赔工作难以开展，也影响了赔付资金的发放。第三，在以林木为标的的试点方案中，普遍要将林木受灾面积与固碳能力减弱挂钩，通过一定的指数进行换算从而确定对应的赔付比例，而这种换算方法的合理性和有效性还需要时间进行检验，根据后续实际情况进行调整。

第六章 碳期货

第一节 碳期货概述

一、碳期货概念界定

(一)碳期货的概念

碳期货与碳现货相对应，是在碳排放权远期交易的基础上发展起来的一种以碳买卖市场的交易为基础并以二氧化碳为标的物而衍生出的碳金融衍生产品。买卖碳期货的合同或者协议叫做碳期货合约，一般可分为碳配额期货标准化合约与核证减排量期货标准化合约。常见的碳期货合约包括以下要素，交易品种、交易单位、报价单位及最小变动单位、每日价格最大波动限制、交易保证金比例、交割方式和交割日期等。买卖碳期货的场所叫做碳期货市场，这个市场当中集中了大量的供求信息，投资者可以在碳期货市场当中对碳期货进行投资或投机，主要参与者是对二氧化碳排放量有需求的控排企业。同时，碳市场或者碳交易所也对碳期货标准化合约制定了详尽的交易规则和流程。市场主体进行碳期货交易的主要目的并不在于碳排放权的交割，而在于利用碳期货进行与碳现货市场"方向相反，数量相等"的反向操作从而转移价格风险或赚取风险利润。

(二)碳期货与碳现货的比较

国际上碳现货与碳期货既联系紧密，又有区别。联系紧密之处在于以下3点。一是碳期货市场与碳现货市场二者互为补充，相伴而生而又共同发展，构成了多层次的碳市场体系。碳期货根源于碳现货，并服务于现货市场。《京都议定书》生效后欧洲市场同年就同时推出碳期货和碳现货，且目前碳期货市场规模已超过碳现货市场。二是碳期货和碳现货在同一个交易平台开展交易，欧洲很多主要交易所都采用同一交易系统开展碳现货与期货交易，如欧洲气候交易所、欧洲能源交易所。三是从国际碳市场的立法和监管看，碳现货市场有比照碳期货市场纳入金融监管的趋势。

碳期货交易与碳现货交易的区别见表6-1所列。第一，交易对象不同。碳现货交易采取碳资产买卖，而碳期货交易的对象是标准化合约。第二，交易目的不同。碳现货交易的目的是获得或出售碳资产，以完成定量碳排放计划，平衡利益，避免高额罚款；碳期货交易则是为了转移碳现货市场价格波动的风险，投机或者套期保值。第三，交易进行的场所与方式不同。碳现货交易不受交易规则、交易场所、交易方式的限制，可以进行场外交易，交易条款可由双方商议达成，而碳期货交易必须在固定的碳期货交易所以公开竞价的方式进行。第四，结算方式不同。碳现货交易一般采用一次性结算，而碳期货交易采用的是保证金结算方式。第五，交割时间不同。碳现货交易当中，碳资产所有权转移与交易在同一时间达成，而碳期货交易中碳资产实物转移滞后于期货合约的达成。

表 6-1 碳期货与碳现货的比较

比较内容	碳期货	碳现货
交易对象	标准化期货合约	碳排放权
交易目的	转移碳现货市场价格波动的风险	完成定量碳排放计划
交易场所	场内交易	不受交易规则、交易场所及交易方式的限制
结算方式	少量保证金结算	采用一次性结算全部资金
交割时间	碳资产实物转移滞后于期货合约	同一时间，交易达成则所有权转移

(三)碳期货与碳远期的比较

碳期货交易与碳远期交易的比较见表 6-2 所列。二者之间有着一定的联系，都属于基于合约下的规定碳资产未来买卖数量与价格的交易方式，但两者也有着明显的不同。碳期货交易更加趋于规范化、标准化，属场内交易管理。碳期货交易采用实物交割与对冲平仓两种履约方式，以保证金制度为基础，实行每日无负债结算制度，信用风险相对较低。碳远期交易实际上则是一种现货交易延续的方式，合约并未标准化，可以中途转让，已签订合约的最终履约方式是实物交割。通常，清洁发展机制(CDM)项目产生的核证减排量(CERs)多采用碳远期进行交易，项目启动之前，双方签订合约，规定碳额度或碳单位的未来交易价格、交易数量以及交易时间，为非标准化合约，一般不在交易所内进行交易，而是在场外市场进行协商达成交易。由于监管较为松散，碳远期交易面临较大的违约风险。

表 6-2 碳期货与碳远期比较

比较内容	碳期货	碳远期
功能	为企业规避、转移价格波动风险，价格公开、透明、可信度高	流动性低、分散风险的作用相对较弱
交易对象	标准化期货合约	非标准化合同
交易场所	场内交易	场外交易
履约方式	实物交割与平仓	实物交割
风险特征	信用风险低	信用风险高
保证金制度	比例保证金和定额保证金	双方商议

二、碳期货作用与功能

碳期货是一种高杠杆性、高风险性、高收益性的金融产品，其运作方式有别于一般的金融工具，正是这些特殊的交易制度和机制引领了碳排放权衍生品在全球不断发展。首先，碳期货交易是一种低成本运作模式。碳期货交易一般实行保证金交易，也就是买卖不用交纳成交额的所有资金，而只需要按照交易所规定的比例缴足保证金即可。从成本角度分析，碳期货交易是以承诺、保证金为纽带，规定交易双方当事人的行为，即使最终不能履约，损失也是有限的。其次，碳期货交易具有长链条组合——资产高度虚拟化。碳期货产品本身就是在碳排放权资产的基础上派生出来的，这些资产的好坏直接决定了碳期货产品的价值。碳期货的推出，有助于激活碳排放权交易市场，扩大交易量，丰富交易品种，进一步增加投资手段，助推全球碳交易与低碳经济发展。但同时也带来了更大范围风险因素扩散、诱发巨额盈亏的可能。总体上，其积极作用主要表现为价格发现作用。碳期货是基于碳现货的一种交易合约。在碳期货市场中集中了大量的市场供求信息，不同的人会从不同角度对各种信息做出不同的解读。碳期货交易过程实质上就是供求双方基于各自解释市场信息的能力，对未来某个时点供求关系变化和价格形态做出预测。这种价格信息具有公开性、连续性和预期性的特点，有利于增加市场透明度，提高资源配置效率。另外，通过碳期货交易可以达到规避风险的目的。碳期货交易的产生，为碳现货市场提供了一个规避价格风险的平台，其主要原理是利用碳期货和现货两个市场进行套期保值交易。不容否认的是，作为一种高杠杆化交易的衍生产品，碳期货也隐含了许多消极因素，主要表现为，碳期货市场还是一个新兴的市场，许多方面还很不完善，容易受到偶发因素的冲击使得碳期货价格的波动性比普通商品大很多。

具体而言，碳期货市场的主要功能包括，价格发现、套期保值、增强市场活跃度、降低交易成本、规避和转移价格风险、减缓价格波动、增强所在国家(地区)气候谈判的话语权。

(一)价格发现功能

在碳期货市场中，众多的市场参与者代表供求双方的力量，他们通过公开竞价的方式达成买卖协议，协议价格能充分反映出市场参与者对目前以及未来碳排放权的供求关系、市场价格的综合预期和真实意愿，在相当程度上体现出碳资产未来价格的走势，碳期货价格的波动能够体现出碳资产的供求状况及碳信用价格的变动趋势，因此，碳期货具有价格发现功能。

碳期货交易是以碳现货交易为基础的，碳期货价格与碳现货价格之间存在着高度的相关性。碳期货的价格会随着碳现货的价格变动而变动，同时，又为碳现货的价格提供重要的参考。形成合理的市场价格通常需要一系列条件，例如，供求的集中、公开、公平、公正的竞争，市场的秩序化，充分的流动性等，期货交易所提供的一系列严格的运行机制为这些条件提供了保障，能够形成权威的且具有预期性的价格。此外，碳期货交易所集中了众多的市场参与者，使决定价格的信息成本大大降低。

价格发现功能的作用在于加强市场竞争的同时，修正市场的不正确定价。在市场经济中，价格机制是调节资源配置的重要手段，价格变化影响着供求的变动。被碳期货市场发现的价格随时随地通过各种方式传播出去，为广大的生产企业和投资者提供价格信号，作为他们制定和调整自己生产经营计划和投资决策的重要依据。

(二)套期保值功能

碳现货市场的价格波动大，对于碳交易市场的参与者来说，不稳定性强，具有很大的不可预见性。碳期货市场正好能够提供套期保值的基本功能，为碳现货交易提供了新的风险管理手段，将市场中分散的风险集中在碳期货产品上，即将风险进行冲销或者重新分配，从而更好地满足不同风险偏好类型投资者的需要。例如，当生产企业都是风险厌恶型的投资者，他们期望尽可能固定未来的交易价格，避免价格波动，获得预期的稳定利润。

碳期货市场能够为他们提供这样的场所，实现规避风险的功能。套期保值就是利用碳期货市场的对冲功能实现对碳现货的保值。当预测碳资产的价格将上涨时，就买入碳期货合约；当预测碳资产的价格将下跌时，就卖出碳期货合约。换句话说，当生产企业在碳现货市场买进或卖出碳资产的同时，在碳期货市场进行相反方向的操作，对同种碳标的资产进行卖出或买进，数量与碳现货市场交易的数量相同，这样，无论将来碳资产的价格如何波动，最终的结果都将会是在碳现货和碳期货市场上一个有赢利而另一个有亏损，赢利与亏损相抵消，从而有效地转移或分散因现货市场价格不利变动而产生的风险，实现套期保值的目的。

(三) 增强碳交易市场的活跃度

碳期货市场上投机者的交易目的是获取投机利润，依据自己对碳期货市场未来碳排放权价格走势的判断进行买卖操作。如果碳期货市场价格的实际走势与判断相同，则平仓手中持有的碳期货合约，赚取投机收益；如果实际走势与判断相反，则平仓碳期货合约后亏损。在投机过程中，投机者主动承担碳期货市场的风险，而他们的操作准则正好与套期保值者相反，自动成为套期保值者的碳期货合约交易的对手方。市场正是由于投机者的加入和频繁的买卖交易，才为广大生产企业进行套期保值提供了机会，使他们能够达到规避风险的目的。因此，投机者的存在能增强碳期货市场的流动性和活跃度，增加碳期货市场的交易量。

投机者是碳期货市场上主动承担最终风险的人，能够促进市场买卖交易的顺利达成，同时也能减少市场参与者频繁买卖所引起的价格大幅度波动。投机者频繁进行交易，对冲手中的碳期货合约，增加了碳期货市场的交易量，极大地鼓舞市场参与者的积极性。而对于碳期货市场本身来说，投机者的交易能够阻止碳资产价格的单方向无限波动，因为一旦超出正常的价格范围，投机者就会进行反方向的投机操作，有效地阻止价格的进一步偏离。

(四) 降低交易成本

首先，在碳交易现货市场当中，往往由于信息的不对称或透明度低而导致企业的交易成本增加，而碳期货交易是以一系列标准化的碳期货合约为交易对象，除价格以外的主要条款都是固定的，交易的双方无需对每笔交易的合同条款进行协商，如损失责任、风险分担、利益分配等条款。依据标准的碳期货合约的规定进行交割，因此交易双方可以达到信息对称，与碳现货交易相比，能够降低许多交易成本，提高市场效率。其次，碳期货市场的参与者众多，市场交易量大，市场交易活跃，能够有效地降低参与者搜寻市场信息的成本。最后，碳期货市场采取统一的保证金交易制度和逐日盯市的结算方式，市场上的交易者绝大多数采取对冲手中多余的碳期货合约头寸的方式结束交易，节约交易成本。

(五) 规避和转移价格风险

转移碳价格风险是碳期货市场重要的功能之一。作为一个对管制高度依赖的市场，碳金融市场存在诸多缺陷，其运行面临着诸多风险。各国在减排目标、监管体系以及市场建设方面的差异，导致了市场分割、政策风险以及高昂交易成本的产生，进而使得碳现货价格产生剧烈波动。这些风险因素如下：

(1)政策、制度和政治风险

碳排放作为典型的负效用产品，其市场完全依赖于法律的强制实施来保证有效运行。任何相关的政策和制度变化，以及影响政策和制度的潜在间接因素都会对市场产生至关重要的影响。①从政策风险看，国际公约的延续性问题是产生市场未来发展的最大不确定性。《京都议定书》在2008年正式实施，在一定程度上改善了国际碳金融市场高度分割的现状，但是，《京都议定书》的实施期仅涵盖2008—2012年，各国对其有关规定仍存有广泛争议。哥本哈根会议未取得有效的法律协议，目前所制定的各项制度尤其是CDM机制面临较大的改革挑战，其具体目标和条款还依赖后续的国际谈判。今后全球性的气候约定会如何变化，碳排放大国美国对《京都议定书》的态度到目前尚未明确。所有这类政策的不确定性对碳金融市场的统一和发展都产生了不利影响。②从制度风险看，由于欧盟在EU ETS第一阶段分配的EUA供过于求以及随后也未出台补救措施，导致两次碳市场价格巨幅波动，使得欧盟讨论是否需要进行市场干预，现已准备好价格控制的预案，在必要的时候投放排放权储备以平抑价格波动。欧盟计划在2012年依赖于国际社会的谈判结果而做出调整的碳减排量、对碳排放权初次分配引入拍卖及具体的占比以及2012年将航空业纳入碳交易体系，这些都对碳市场产生了影响。③从政治风险看，南美、北非和东欧的原油和天然气输出国和运输国的政局不稳，这些国家的政治事件通过能源影响碳市场。如委内瑞拉和利比亚国内政治事件对原油市场造成冲击，俄罗斯与乌克兰的天然气纠纷对欧洲16个国家的供气造成严重影响，政治事件透过能源市场也对碳市场产生重要影响。

(2)经济风险

宏观经济周期波动显著影响企业的生产扩张和收缩，也间接影响能源消耗和碳排放总量。繁荣期企业开工率高，能源消耗和碳排放量高，对碳排放单位的大量需求推高了碳价格。经济衰退期则正好相反，如2008年金融危机使得大部分地区的企业削减产量、停工甚至倒闭，导致碳需求量萎缩。在东欧，某些企业甚至由碳排放量的需求方转为供给方，进一步加剧了供过于求的状况，导致了碳价格进一步下跌。

(3)市场风险

碳交易绝大多数集中于国家或区域内部，统一的国际市场尚未形成。开展碳金融交易的市场多种多样，在交易机制、市场管制、地域范围、交易品种以及不同国家或地区在相关制度安排上存在很大的差异，导致不同市场之间难以进行直接的跨市场交易，形成了高度分割的国际碳金融市场。此外，碳价格与能源价格紧密联系，其中石油和天然气的价格对碳价格有重要的先导影响，石油和天然气价格的暴涨暴跌，对碳价格的单向溢出影响非常显著。

(4)流动性风险

流动性风险是国际碳排放市场面临的最大问题之一，广义上是指商业银行无法应对资产增长或者到期债务的潜在风险，也可以说给市场参与主体产生的额外的交易成本从而造成的潜在价值损失即为流动性风险。总体来说，市场的运转以具有流动性的交易所为中心，这在于市场本身的商品化程度、参与主体的数量以及产品种类多样性，如果市场的发展导致流动性分散，缺乏流动性妨碍了参与者自由交易，就会打击市场交易信心。流动性成本加上未知的变动给市场参与主体带来了潜在经济损失，使得碳金融市场流动性风险进一步加强。如 CDM 项目中产品持有方不能在指定时间、预期价格与需求方交易某一碳金融资产，便会遭受损失，给市场参与主体造成的隐藏的价值的丢失即为流动性风险。

（5）技术风险

低碳技术包括风能、太阳能、生物能源、二氧化碳的捕获和储存（CCS）等技术，属于高新技术范畴，目前处于研发阶段，尚未成熟，其发展的不确定性较高。技术变化与减排成本密切相关，低碳技术发展不仅影响发达国家的减排成本，也影响发展中国家 CDM 项目的实施成本，而减排成本又是影响碳价格的关键因素。低碳技术的不确定性是低碳经济和碳金融发展最本质和不可控的风险。

（6）道德风险

目前，在国际碳金融市场中，尤其是基于项目的市场中，涉及较多的跨国监管机构和注册机构对 CDM 项目报批和技术认证，决定了项目的成败。由于目前缺乏对中介机构的监管和专业技术的封闭性，造成信息不对称导致的道德风险，比如中介机构在材料准备和核查中提供虚假信息。

（7）交付风险

在项目市场的原始减排单位的交易中，交付风险（Delivery Risk）即减排项目无法获得预期的核证减排单位是最主要的风险。由于核证减排单位的发放需要由专门的监管部门按既定的标准和程序来进行认证，因此即使项目获得了成功，其能否通过认证而获得预期的核证减排单位仍然具有不确定性。从过去的经历来看，由于技术发展的不稳定以及政策意图的变化，有关认定标准和程序一直都处于变化当中。此外，由于项目交易通常要涉及两个以上的国家（包括认证减排单位的国家和具体项目所在的国家），减排单位除了需要符合认证要求外还需要满足项目东道国的政策和法律限制。

上述这些风险因素都是通过影响碳排放权的供需而引起现货价格的波动。对于碳排放权的供需企业及纯粹的市场中介来说，用期货的形式转移这种风险就显得尤为必要。期货市场能够帮助企业规避现货价格风险。企业利用 EUA 期货或 CER 期货交易进行套期保值，即在期货市场上做一笔与现货交易品种相同、数量相等、方向相反的期货合约，以规避现货市场价格波动的风险。

期货交易能实现套期保值，主要有两个原因。第一，同种碳资产的期货价格走势与现货价格走势基本一致。碳现货与碳期货价格会受到相同经济因素的影响，变动趋势逐步趋于一致。套期保值实际上是利用在两类市场中相反的操作，以收益抵消亏损，达到锁定成本的目的。第二，随着碳期货合约到期，碳现货与碳期货价格趋同。由于碳期货合约到期时，交易者必须进行实物交割或对冲平仓。一般而言，如果碳期货价格低于碳现货，套利者会买入碳期货，并在现货市场高价卖出，实现不同市场套利交易，直至两类市场价格趋于一致。

（六）减缓碳价格波动

碳期货交易中，套期保值者利用碳期货进行与现货相反的操作，有利于减缓碳现货市场的价格波动。同时，适度的碳期货投机也能够减缓价格波动。投机者可以利用同一种商品或同类商品在不同时间、不同交易所之间的差价变动进行套利交易。碳期货的投机交易对市场的稳定发展有积极的意义，其不仅提供了风险对冲的机会，也有助于合理价格水平的形成。然而，碳期货投机交易发挥减缓价格波动作用需要两大前提。第一，投机者需要理性操作，违背市场规律操作的投机者最终会被淘汰出碳期货市场；第二，投机过度、操纵市场等过度投机行为不仅不能减缓价格的波动，而且还会人为地拉大供求缺口，破坏供求关系，加剧价格波动，增大市场风险，使得碳期货市场丧失正常的功能。

(七)增强所在国家(地区)气候谈判的话语权

在国际气候谈判中的话语权关系到一国(地区)在国际减排行动中的实际利益，而碳交易定价权的有无决定了话语权的强弱。现在最为成熟的碳排放权交易体系 EU-ETS 的运作已经成为很多在这方面刚刚起步的国家效仿的对象，在欧洲气候交易所(ECX)和欧洲能源交易所(EEX)中所形成的碳排放权的价格也成为多国的重要参考。在未来国际碳排放权市场进一步发展的过程中，已经有着期货定价机制的国家(地区)将成为国际规则制定的主导力量。

三、碳期货主要特征

(一)碳期货交易最大的特点是其价格的衍生性和财务杠杆性

价格的衍生性是指碳期货的价格随着碳现货价格的变化而变化。由于碳衍生产品派生于碳现货产品，其价格自然受碳现货价格变动的影响。因为它的价格是基础商品价格变动的函数，所以碳期货产品比碳现货产品对价格的变动更为敏感，波幅也更大。财务杠杆性是由于碳期货交易所要求的初始净投资很少，只缴纳相对于交易金额而言非常少量的保证金，能取得以小博大的效果，因此保证金"四两拨千斤"的杠杆作用也把市场交易风险成倍地放大了。

(二)碳期货合约的标的是碳排放交易权，兼具虚拟性与权益性

传统的金融期货都是以实物为标的物，例如黄金、石油、农产品等。而碳期货合约的标的物是一种碳排放的权利，不再是现实当中的实物，不需要考虑生产与存储的成本。同时，正是由于标的物的特殊性，碳期货价格的影响因素更加复杂，会受到能源价格、天气状况、经济发展等因素的影响。此外，由于碳期货市场是在碳排放权交易市场基础上发展来的，而碳排放权交易是通过制度的约定来实现的，因此碳期货市场受到政策的影响比较严重。

(三)碳期货风险更加多元化

除了传统上有的宏观层面的风险，还具有自身特定的技术风险和交付风险。技术风险和交付风险主要存在于 CDM 项目中，发展中国家通过和发达国家合作，以 CDM 的方式售卖碳排放减排额度。因此，CDM 项目需要有专门的机构按照标准化的程序来执行，在这个过程中会存在一定的技术和交付风险。最后，碳期货市场作为一种新兴的碳金融市场，市场运行时间相对比较短，价格波动的风险相对较大。

(四)碳期货价格与碳现货价格的波动周期相符程度高

据 Blue Next 统计，从长期来看，碳期货价格与碳现货价格的运动趋势基本一致，但

波动幅度有别，碳期货合约距到期日越近，其价格越收敛于碳现货价格。碳期货价格与现货价格的动态关联性反映了碳期货市场的运行效率。一旦碳期货和碳现货价格间存在套利机会，大量投机者会迅速进行操作，最终使得两者价格趋于一致。碳期货交易成本低、流动性高、信息透明、竞价连续高效等特点使之能迅速反映市场信息，使碳期货价格变动趋势领先于碳现货价格变动，从而碳期货价格对碳现货价格具有引导作用。

（五）碳期货手续费的高低与所在地区、期货公司实力、客户资金量、成交量都有较大的相关性

碳期货交易一般面临多门类的手续费（例如管理费、交易费和清算费等）和佣金，如 BlueNext 交易所的管理费为 7500 欧元/年，场内和场外交易费分别为 0.002 欧元/t、0.0015 欧元/t，欧洲气候交易所的碳期货交易佣金为 0.04 欧元/t，欧洲能源交易所的碳期货交易佣金为 2.5 欧元/份。碳期货交易手续费可按单向和双向两种方式收取，其中开平仓交易的手续费多为双边收取，其实际金额为碳期货成交后合约总价值的一定比例。

（六）碳期货的价格对碳期权本身价格以及期权合约的交割价格有重要的影响

目前碳期货作为碳期权唯一的基础资产，碳期权履约时，买卖双方可取得相应碳期货合约。碳期权交割价格是以碳期货合约确定的远期买卖同类商品交割价为基础确定，而权利金的大小由两者价格差确定。碳期货买卖双方权利与义务是对称的，其合约的标的资产是碳排放权。碳期货市场的价格波动，将随时影响碳期权合约的交割价格。

第二节　碳期货起源与发展

一、碳期货起源

碳现货的存在为碳期货的产生提供了可能，而碳现货交易迅猛发展，导致各种风险逐渐暴露，使碳期货的形成有了必要。

由于日本、新西兰等国退出了《京都议定书》，此举导致之后的欧盟碳排放配额（EUA）、CER 和 ERU 价格持续下行的趋势显著。显然，碳现货交易价格波动的不确定性导致碳权交易风险日益暴露，因此碳现货持有者对分散现货持有风险、提高市场流动性有迫切需求。而且现货市场配额数量即使足以满足市场需求，也无法解决刚需的政策产品在交易中的根本问题，即价格发现与风险规避。为此，各个碳金融市场相继推出了碳期货合约，交易者可利用碳期货发现价格，对冲风险，增加碳市场的流动性并且实现套期保值。

2005 年 4 月，欧洲期货交易所推出了第一只 EUA 期货，并在伦敦国际石油交易所（ICE）的电子期货交易平台上运作。芝加哥气候交易所、欧洲能源交易所都相继推出了核证减排量（CER）期货合约，其中位于伦敦的洲际交易所是最大的碳期货交易平台。碳期货合约一经推出，就得到众多投资者的追捧，交易量迅速增长，例如欧洲气候交易所在 2008 年 3 月推出 CER 期货合约后，第一个月交易量就高达 1600 万 t 二氧化碳。目前，全球碳金融市场上主要的碳期货产品有欧洲气候交易所碳金融合约（ECX CFI）、碳排放指标期货（EUA Futures）、经核证的减排量期货（CER Futures）、芝加哥气候交易所碳交易金融期货合约（CCX CFI Futures）。CCX CFI Futures 采用自愿减排会员制，以排放总量为基准线，以补偿减排项目下补偿量相配合，一份碳金融合约对应 100 t 的二氧化碳当量。此外，欧洲气候交易所还推出了基于 CER、EUA 基差的期货合约，以调整两类碳资产价格波动。随着碳期货市场的发展与完善，全球碳期货交易量已经远超碳现货交易量。

碳期货的诞生与发展推动市场逐步成熟。作为基础的碳金融衍生产品，碳期货是对碳金融市场的有效补充，且对碳金融发展产生了深远的影响。

二、国外主要碳期货市场的发展现状及特点

国际碳排放权期货市场是制度的产物，其历史演变也与国际减排合作的时间安排相对应。根据《联合国气候变化框架公约》以及《京都议定书》，缔约国第一个承诺期为 2008—2012 年。欧盟为了积累经验，设定 2005—2007 年作为碳排放权交易的第一个阶段。随着 EU ETS 开始运行，在 2005 年前后世界多地纷纷建立起碳排放权衍生品市场，相继推出碳期货、碳期权产品，具体衍生品及推出时间见表 6-3 所列。

表 6-3　世界主要碳交易所的主要碳衍生品及推出时间

碳交易所	碳衍生品	推出时间
ECX	EUA 期货	2005 年 4 月
	EUA 期权	2006 年 10 月
	CER 期货	2007 年 9 月
	CER 期权	2008 年 5 月
Nord Pool	EUA 远期合约	2005 年 2 月
	CER 远期合约	2007 年 6 月
EEX	EUA 期货	2007 年 12 月
	CER 期货	2008 年 3 月
Blue Next	EUA 期货	2008 年 4 月
	CER 期货	2008 年 6 月
CCFE	VER 期货	2008 年 8 月
MCX	CER 期货	2008 年 3 月
NCDEX	CER 期货	2008 年 4 月

（一）欧盟碳期货市场的发展现状及特点

欧盟的碳排放权期货市场的发展与 EU ETS 的长期发展规划相契合，在 EU ETS 的第二阶段开始的 2005 年，就开始进行碳排放权期货的交易。两家主要的期货交易所分别是 ECX 和 EEX。

EEX 成立于 2002 年，总部位于德国莱比锡，前身是位于莱比锡和法兰克福的德国能源交易所，在 2005 年开始交易碳排放权期货，主要标的物包括 EUAs、CERs，现在已经成

为欧洲重要的碳排放权交易平台。ECX 成立于 2005 年，是 CCX 在欧洲的分支，主要交易碳排放权衍生品。在 ECX 中交易期货品种的主要是 EUAs 和 CERs 的期货合约。ECX 是全球最成熟、最具流动性也是成交量最大的碳排放权期货市场。ECX 实行会员制，包括巴克利银行、英国石油公司、摩根士丹利和壳牌在内的 100 多家公司成为 ECX 的交易商会员。2006 年，ECX 随着 Climate Exchange 并入 ICE。EU ETS 有着全球最大的碳排放权交易体系，而且有着多国相互协调减排的经验，EU ETS 的碳排放权期货市场作为其体系的一部分，是值得其他国家研究的典型市场。

欧盟碳期货交易市场从最初的建立到现在的发展完善经历了相当长的时间，才达到现如今的规模，它的运作方式、配额分配、机制建立以及对于市场的把控都得到了成熟的发展，形成了一系列的完善流程。在发展的历程当中，其表现出了以下的特点。

1. 市场发展规划清晰

自《京都议定书》协议生效后，欧盟在碳减排方面进行了积极的探索。EU ETS 在欧盟议会组织下于 2005 年正式启动，实行总量控制体系，是迄今为止全球规模最大、最为成熟的碳排放交易市场，覆盖多种行业，市场内部机制设计科学，有着良好的运行秩序和公平的竞争环境，在配额分配、碳信用评级和信息披露系统中有着明确的规定，为全球碳排放体系未来的发展指明了方向。EU ETS 自成立到现在大体来说可分为 4 个阶段。第一减排阶段（2005—2007 年）为试验性阶段，主要对基础设施进行建设，包含德国、意大利、英国、波兰等 24 个成员国，交易额占全球 3/4 以上，但是存在企业减排配额偏高、价格极端波动等不良状况。第二减排阶段（2008—2012 年）为攻坚阶段，五年的承诺期，扩大成员国覆盖范围，包括欧盟等 27 个国家，同时调整了碳配额 6.5%，碳排放配额从全部免费过渡为部分付费。第三减排阶段（2013—2020 年）为推广减排阶段。在这阶段中 EU ETS 取消了各成员国独立分配的方案，预计到 2020 年减排 20% 以上，减少免费配额发放，逐步转变为配额拍卖的模式运作，且在第三阶段开始之初即所有排污企业停止三氟甲烷气体的排放，与某些特定行业先行开展合作，达到碳减排的绿色目标。覆盖范围增加航空、石化产业、NO 等污染气体。第四减排阶段（2021—2030 年）的配额总量削减比例将从 1.74% 增至 2.20%，进而加速减排进程，这将对控排企业的节能减排行为施加更大的压力。在不同的发展阶段，EU ETS 在分配方式、供求关系与控排对象等方面均有一定差异，采用拍卖方式分配的配额比例大。

2. 碳期货与碳现货市场协同推进

EU ETS 在建设碳排放权市场的同时开展碳排放权期货和现货交易。在第一阶段开始的 2005 年，ECX 和 EEX 就同时开展了碳排放权现货及期货产品的交易。其中 ECX 的交易品种包括 EUAs 和 CERs 的现货合约和 EUAs、CERs、EUAAs、ERUs 期货合约，EEX 交易品种包括 EUAs 和 EUAAs 的现货合约和 EUAs、EUAAs、CERs、ERUs 的期货合约。EU ETS 将碳排放权期货交易与现货市场的协同推进，使碳排放权交易市场在运行之初就具有一个较为完整的结构体系，为之后的运行夯实了基础。

3. 会员类型丰富

欧盟碳期货市场原是芝加哥气候交易所（CCX）的一个全资子公司，采用会员制，CCX

拥有其超过 1/2 的股份，后来被美国气候交易所收购，是针对温室气体排放建立的首个欧洲交易所，为碳排放用户和投资银行等金融投机机构提供交易服务。整个 ECX 的合约交易量占到欧洲市场的 98%，在交易规模上碳期货市场取得了长足进步。截至 2010 年大约有 100 个商业组织注册会员并在 ECX 里进行碳金融的交易，其中不乏一些规模较大的跨国公司。全球著名的投资银行，如巴克莱、摩根士丹利、摩根大通、汇丰、花旗、高盛集团、美林、富通等，都积极参与碳衍生产品的投资，并促进了碳金融服务产业的飞速发展。欧洲的碳排放权期货市场从创立后发展迅速且交易规模巨大，已经成为世界上最为成熟的期货市场之一。截至 2011 年，ECX 进行电子结算交割的 553 亿 t 碳信用中，ECX 在洲际交易所已占 80% 以上。可见，ECX 在世界整个碳排放权期货市场中占据了主导地位。

（二）美国碳期货市场的发展现状及特点

美国的碳排放权期货交易市场是在 CCX 自愿交易平台的框架下展开的，期货交易所有 CCFE、NASDAQ-OMX、NYMEX，其中 CCX 是主要的交易平台。

CCX 开始筹备于 2000 年，于 2003 年开始正式运营，实行会员制。它是全球第一个具有法律约束力的自愿减排交易平台，也是全球唯一的同时经营 6 种温室气体的交易平台。CCX 不仅承担着美国碳排放权现货市场的交易任务，而且作为美国自愿减排交易平台的主体，发挥着配额发放、监督和管理的职能。

芝加哥气候交易所（CCFE）成立于 2005 年，是美国商品期货交易委员会（CFTC）指定的碳期货市场，专门负责 CCX 体系中期货合约的交易，期货合约标的物不仅包括二氧化碳还包括硫氧化物和氮氧化物。2006 年，CCX 的创始人成立的 Climate Exchange 在伦敦股票交易所上市，CCX、CCFE、ECX 都成为其子公司。2010 年，母公司 Climate Exchange 被 ICE 所收购，相应的 CCFE 中的 CERs、EUAs、ERUs 等期货合约也被转移至 ICE 进行交易。

美国虽然已经于 2001 年退出了《京都议定书》，但是美国国内的区域性减排一直在进行中，而且凭借美国国内强大的金融体系，碳排放权期货市场在全球具有一定的影响力。以芝加哥气候交易所为典型代表的美国碳期货市场在发展中呈现出了以下显著特点。

1. 碳排放权期货品种多样

CCX 在交易品种上有诸多创新，交易品种包括基于美国环保署酸雨项目二氧化硫排放配额的 SFI 期货合约、基于美国环保署氮氧化物排放配额的 NFI 期货合约、基于 RGGI 的区域温室气体减排行动二氧化碳排放配额的 RGGI 期货合约、基于 CCX 总量交易体系发行的温室气体排放现货合约的 CFI 期货合约、基于美国联邦政府温室气体总量交易体系发行的温室气体排放配额的 US-CFI 期货合约、基于加利福尼亚气候行动登记抵消项目气候储备的 CCAR-CRT 期货合约、基于《京都议定书》的联合国发行的温室气体减排信用额的 CER 期货合约。CCX 中交易的期货合约的标的物不仅覆盖了在美国国内主要的现货品种，而且包括了 SFI、NFI、CFI 等创新的品种。这种做法不仅使所有现货品种都具有套期保值的渠道，而且可以提高碳排放权期货市场交易品种的多样性，提高投资者积极性，活跃市场，从而使市场发现价格的功能得以充分发挥。

2. 交易系统公开透明

CCX 的交易系统由三部分组成，即登记系统、结算系统、网络交易系统。登记系统记录各个交易主体的账户信息，结算系统对交易结果进行清算，网络交易系统通过电子交易平台对买卖信息进行撮合，促成交易。CCX 网络交易系统是一个透明的系统，从而防止私下交易的进行，使价格真正反映市场供需状况，维护价格的权威性。此外，公开透明的交易系统也是提高投资者参与市场交易积极性的因素之一。

3. 区域发展，全球布局

以 CCX 为主体的美国碳排放权期货市场通过在全球布局来扩大自己的影响力。2004年，CCX 在欧洲成立了分支机构，即其全资子公司 ECX，这是欧洲第一个温室气体排放交易市场。2005 年，CCX 成立了专门从事排放权衍生品交易的 CCFE。2006 年 7 月，在加拿大与蒙特利尔交易所共同建立了 MCeX，在中国与中油资产管理有限公司、天津产权交易中心共同出资成立了天津排放权交易所。CCX 在全球碳排放权交易市场的扩张，进一步增强了其制定规则的能力和对全球碳排放权期货市场的影响力。在环境问题日益严重和全球碳排放权交易市场尚处于探索期的阶段，CCX 在全球的布局必将带来丰厚的回报。

(三)印度碳期货市场的发展现状及特点

印度的碳排放权期货市场是在国内无相应现货市场的情况下运行的，主要借助于国内两家主要的期货交易所，MCX 和 NCDEX。

MCX 成立于 2003 年 11 月，是印度主要的商品期货交易市场，交易品种涉及金属、能源、油料作物、纺织品等。印度曾是 CDM 仅次于中国的卖方，有大量的清洁能源项目已经获得签发或者正在建设中。2005 年之后，MCX 开始进行碳排放权产品的期货交易，将CERs 期货合约进行交易，试图以此促进国内项目的开发。NCDEX 成立于 2003 年，是印度国家色彩浓厚的一家交易所，不仅实力雄厚，而且在资金、政策、技术等方面受到国家的特别支持。主要交易品种包括农产品、钢铁、能源、高分子材料等。2008 年，又陆续推出了几种不同期限的 CERs 期货合约。

通过多年的发展，印度的碳期货交易已经在发展中国家走在了前列，且呈现出以下特点。

1. 开展无现货交易的碳排放权期货交易

印度属于非附件Ⅰ国家，暂不承担减排任务，因此国内并没有碳排放权现货市场，但是在印度却有 CERs 的期货交易，这些 CERs 的来源是印度国内的单边项目。不同于其他发展中国家的双边项目(项目建设之初由国内机构和国际投资者共同出资，共同承担项目开发风险，共同分享项目收益，国际投资者一般会压低价格作为风险补偿)，印度的单边项目由国内机构开发，待项目由联合国签发之后再进行出售。因此，开展 CERs 期货交易不仅可以为国内 CDM 项目的开发者提供资金支持，而且可以形成一定的项目储备，避免国际投资者打压价格，从而在 CDM 项目开发中获得相应利润，进一步促进国内项目的开发。

2. 采用低成本交易平台建设方案

印度在碳排放权期货市场建设方面的灵活性不仅体现在国内开展无现货交易的碳排放权期货交易，还体现在其低成本的交易平台。印度并没有建设新的交易所，而是选取了国内两家主要的期货交易所，即 MCX 和 NCDEX，忽略碳排放权期货合约标的物作为一种权益的特殊性，将 CERs 期货合约加入已有的期货品种名单中，借助原有平台直接进行交易，降低了成本。

3. 发挥金融机构的推动作用

印度的 CERs 期货交易之所以能在国内进行，与国内金融机构和民间组织对减排事业的认同和推动不无关系。进行 CERs 期货交易的合约来自其国内的单边项目，而单边项目实施的主要阻碍因素之一是资金短缺。以银行为代表的金融机构出资和企业共同开发项目，共担风险，将 CDM 项目签发之后出售的收益作为还款的来源。相比于双边项目，一般通过单边项目开发并签发的 CERs 售价有约 2 美元/t 的溢价，金融机构获益，从而进一步投资，形成良性循环，推动低碳减排事业发展。

4. 采取开放态度接受国际投资

印度的 MCX 接受了花旗银行、CCX 等国际机构的注资。碳减排离不开国际合作，区域性碳排放权交易市场在逐渐进行更大格局上的统一。相较于其他发展中国家，印度以更加开放姿态与国际机构合作，获得资金和先进的管理经验。但是，开放并不代表一味地接受，应在开放与保持独立性、借鉴国际经验与考虑自身实际之间寻求平衡。

三、我国碳期货市场的发展现状

当前阶段，我国并没有设计出真正意义上的碳期货产品，但在碳远期产品上迈出了坚实的一步。湖北、上海两个碳交易试点设计出了标准化的碳远期产品，这类产品皆为标准化合约且均采用线上交易的模式，因此，其与标准化的期货合约相差无几。这些标准化的碳远期产品为之后碳期货产品的开发提供了经验上的支持。

碳远期产品可为市场上的控排企业提供避险手段。企业若担心未来碳价格上涨，可提前买入现货远期产品。当价格上涨时，卖出现货远期产品获得的收益，将弥补现货市场价格上涨带来的成本增加，此时，配额的买入成本将被锁定，避免了履约期现货市场价格大幅上涨带来履约成本增加。

2016 年 4 月 27 日湖北碳排放权交易中心推出全国首个碳现货远期产品。当日交易量达到 680 万 t，成交金额达到 1.5 亿元，此后日均成交量几乎是现货交易量的 10 倍以上。该产品同时面向控排企业和个人投资者开放。2017 年 1 月 12 日，经中国人民银行批准，上海清算所正式推出上海碳配额远期交易中央对手清算业务。这是我国碳金融市场的重要尝试，也是绿色金融的又一次重大创新。上海碳排放远期产品标的为由上海市碳排放配额登记注册系统登记的上海碳排放配额，是由上海环境能源交易所与银行间市场清算所股份有限公司(上海清算所)共同合作开发，上海环境能源交易所负责碳排放远期产品的交易和交割，上海清算所作为中央对手方进行清算和风险控制。此外，广州期货交易所在积极稳妥地推进，以充分发挥资本市场机制作用，全力推动碳金融的发展。

四、我国建设碳期货市场的前景与潜力

(一)我国发展碳期货的可行性

1. 标的物易于标准化

我国的碳排放权交易是指对排放配额和国家核证自愿减排量的交易。根据各个试点省份的交易规定,排放配额目前由省级碳排放权交易主管部门(试点省市发展和改革委)核发,国家核证自愿减排量(CCERs)是核证机构核定,并在国家发展和改革委备案的项目,二者都易于标准化。

2. 我国碳交易市场潜力巨大

后京都时代,我国面临巨大的减排压力。在这场绿色经济革命中,我国要抓住发展的机遇,争取政治、经济上的话语权。同时我国环境污染也亟待治理,碳排放权交易不仅能缓解环境问题,也能兼顾经济发展。我国已成为CDM项目一级市场的最大供应国,但是国际上一级市场在萎缩,所以我们有需求大力开发CDM二级市场和CER期货交易。我国碳排放权交易制度的不断完善,不断出台相关政策,而且在一定自愿交易的基础上,我国已建立了8个试点和一个全国性市场,实施总量控制和配额分配的交易,市场参与者会越来越多,市场规模会逐渐加大,运行机制会逐渐完善,因此,我国有巨大的交易潜力。

3. 标的物价格波动剧烈且频繁

从时间上来看,在我国各个试点省份交易的各地配额价格波动十分剧烈,特别是在企业履约期前后,由于履约前有些企业超额排放,市场上又没有足够多的配额出售,形成配额的卖方市场,价格往往很高,但是在履约期后的一段时间内,交易冷淡,价格下跌,而在此期间,往往由于一些市场中的大户的买卖操作,市场价格波动非常剧烈。以广东省碳排放权配额(GDEA)为例,在履约期之前的2014年6月26日,价格高达71元/t;2014年7月23日,价格为39.76元/t;2014年7月31日,价格升至71.09元/t;之后呈下跌趋势,至2014年12月2日,价格已经跌至20.55元/t。从不同试点的价格来看,价格差异比较大,2014年全年,天津的配额价格一直低于北京的配额价格,差价在几元每吨至几十元每吨不等,其他试点的价格也有明显的差异。不同试点的市场面临统一,在由多种价格统一为单一价格的过程中,多地的价格调整在所难免,价格将会更加剧烈波动。

4. 标的物供应量大

我国每年对碳减排量需求约为6亿~7亿t,在国内碳排放权市场统一之后,我国已经成为世界第一大碳排放权交易市场。交易品种的主体为国家统一发放、全国统一的碳排放权配额,期货市场的标的物之一碳排放权配额的供应量巨大。此外,我国曾是CDM项目全球最大的卖方,但是在2012年之后,EU ETS规定可用的CERs必须来自最不发达国家,并且联合国协助将CERs转变为国内的CCERs。此外,国内还有按照我国推出的标准产生的减排量。因此,可以预见,在国内市场统一之后,期货市场的另一种标的物CCERs供应充足。

5. 国际实践提供了丰富经验

美国、欧盟和印度的碳排放权期货市场各有特点,在我国的碳排放权期货市场的建设

过程中提供了丰富的借鉴。总结起来就是，在宏观上，及时参与国际减排从而参与国际规则的制定，掌握主动权。在微观上，根据碳排放权这种标的物的特点，相应地制定比较灵活的交易规则，目的还是活跃市场交易，使更多的企业和个人参与到交易中来，通过市场机制解决环境问题。

6. 中国已有期货交易机制和监管体制

中国已经有三家商品期货交易所(上海期货交易所、郑州商品交易所、大连商品交易所)和一家金融期货交易所(中国金融期货交易所)，经过多年的摸索与发展，金融期货市场已经日趋成熟，形成了期货交易领域的专业人才储备、完善的交易平台、成熟的管理模式，并且基本形成了一套适合我国国情的健全的期货交易体系。这些都为碳排放权期货市场的建立夯实了基础。碳市场的监管职责主要由主管部门、交易机构、核查机构等主体承担，行政法律责任主要涉及控排企业、核查机构、交易机构等主体。中国已经形成了中国期货业协会、国家金融监督管理总局、各地监管局、期货交易所、中期货保证金监控中心"五位一体"的比较成熟的监管体系。法律法规上，当前我国碳市场的全国性主要法规文件有《温室气体自愿减排交易管理暂行办法》《"十二五"控制温室气体排放工作方案》和《关于开展碳排放权交易试点工作的通知》，同时，我国地方试点存在不同层级的地方性法规、政府规章和规则，可分为政府规范性文件、交易所规则和操作性文件。国家核证减排量和地区碳配额的监督管理根据国家法律法规和地方性法规、规章执行。这一监管体系以及相应的监督经验与法律法规将为碳排放权期货市场的健康运营提供保障。

(二)我国发展碳期货的必要性

发展碳期货市场是碳金融体系的客观要求。碳金融主要包括3个层面，碳交易市场体系，机构投资者参与的投融资活动，金融机构参与的各项金融创新。碳金融活动的兴起能活跃以碳排放权为核心的各种市场行为，推动节能减排。因为碳期货是碳市场体系运行机制的核心，而碳交易市场体系又是碳金融兴盛的基础，因此建设碳期货市场也是碳金融体系发展的客观要求。国际上已经聚集了一系列金融服务机构，例如碳资产管理公司、碳信用评级机构、碳审计服务机构，还有相关的法律服务机构、信息服务机构、碳交易保险服务机构等。

发展碳期货是国内碳排放权市场发展的需要。我国经济呈现高碳特征，作为发展中国家我们承担了经济发展压力和环境资源与可持续发展的压力。碳排放既是经济问题也是政治问题，低碳是解决这一矛盾的必然战略选择，建设碳期货市场是这种必然战略的需要。面对我国碳排放权市场发展中出现的问题，发展碳期货市场可以完善碳排放权交易体系，摆脱我国陷于 CDM 项目上的困境。由于碳期货具有价格发现、套期保值、规避风险等功能，是我国完善碳市场运行体系的必然要求。碳排放权交易市场作为一个新兴市场，具有较大的不确定性，期货市场虽然有杠杆，但是主要服务于实体经济，通过合理的交易机制的设计，如限仓制度、保证金率提高等可以降低杠杆，因此碳期货市场的利大于弊。同时国际市场上也趋于期现货融合，也是想充分发挥期货套期保值和价格发现的功能。

发展碳期货是国际发展战略的需要。标准化的合约交易，为期货交易成为全球无差别的交易方式提供了条件，而且期货交易具有公开、公平、公正的特点，市场透明度高，形成的价格是国际贸易中的基准价格，可以成为各个国家合理配置资源的基础。在我国建立碳期货市场有利于在合约和价格上与国际接轨，规范我国碳合约标准，增强我国在国际上的碳交易议价能力，利用碳期货市场能够把碳交易国际、国内两个市场联系起来，促进我国经济的国际化发展。目前不同国家和地区的碳交易市场逐渐建立了交易连接，全球的市场联系越来越密切。很多国家正争夺碳交易市场的主导地位，希望提升本国货币的国际地位。目前，欧元是碳现货和碳衍生品交易的主要计价和结算货币，ECX 和 EEX 分别掌握着 EUA 期货的定价权和 EUA 现货的定价权。而日本、美国也为日元和美元争取碳交易计价结算的第二货币，紧跟其后的是澳元。目前各个国家或地区都以碳期货为主流交易产品，而我国如果想要在这场竞争中不落败，我们也应积极发展碳期货等碳金融衍生品。而且在碳排放权市场建设的适当时期推出碳期货，对碳市场交易机制的完善和碳交易的发展都有很大帮助。

(三) 我国碳排放权期货市场的发展思路

中国是排放大国，碳排放权交易市场规模巨大，特别是处于国际碳排放权市场逐渐恢复活力的关键时点上，我国应该抓住机遇，练好内功，完善国内市场，建设碳排放权期货市场。根据中国的实际情况，在推进碳排放权期货市场建设过程中，需要坚持以下原则。

1. 碳排放权期货市场建设以国内现货市场统一为前提

现货市场是期货市场的基础，现阶段相互隔绝的试点市场无法提供足够规模的现货市场。只有建立和发展国内统一的市场，才能为碳排放权期货市场提供足够多的参与者和标的物。

2. 在进行碳排放权期货市场建设的过程中，要加强监管

期货产品本身风险大，而且碳排放权产品受诸多因素影响，如政策变动、宏观经济、能源价格、配额供给等，需要完备的监管制度来避免盲目投机行为带来的不良后果。碳排放权期货市场的特殊性对其监管者提出了很高的要求，不仅需要对金融市场监管有一定的经验，还需要熟悉国际和国内碳排放权交易的政策和规则。

3. 注意国内市场与国际市场的衔接

碳减排是一个全球性的行动，少数国家努力的效果会因为其他国家的不配合而抵消。碳排放权交易市场也需要国家之间的联通机制。我国的碳排放权期货市场需要在制度、平台等方面与国际市场衔接，逐渐取消对国外投资机构和个人的限制，才能形成更权威的价格，赢得碳排放权定价的主动权。

第三节　碳期货市场结构与品种

一、碳期货参与主体

碳排放权期货市场中的参与者与一般期货市场的参与者既有相同之处，也有不同之处。相同之处在于，参与的企业和个人都是由套期保值者和投机者组成；不同之处在于，在碳排放权期货市场中的企业有一些承担着减排义务，而且在生产过程中无法完成减排时，必须通过市场交易才能履约。此外，不同国家（地区）的碳排放权期货市场的组成也会略有不同，主要体现在参与市场的企业方面。例如，在美国CCX的自愿减排交易体系中，企业自愿参与减排，但是参与的企业受到减排的约束；而在欧盟的EU ETS中凡是纳入减排范围中的企业都必须强制减排；在印度就不存在自愿减排或者强制减排的企业在市场中，这就导致在不同国家（地区）的碳排放权期货市场中企业面临的境况有所不同。

碳期货市场的交易主体通常主要包括各国政府、减排企业、金融机构以及其他交易主体等。

(一) 政府

政府在碳期货市场中发挥至关重要的作用。政府的职能是构建碳期货交易机制和交易场所，并且实行风险监督管理。政府是低碳经济发展战略的实施者，不断为碳期货交易提供良好的经济基础和外部环境，为低碳金融发展提供政策支持。下面以美国和欧盟国家的政府为例说明。为了实行碳减排，美国政府在2009年提出了绿色经济转型的政策纲要，从绿色能源、能源效率、温室气体排放和低碳经济转型4个方面分别实施。美国政府要求二氧化碳排放量在25 000 t以上的石油公司、电力企业等企事业单位按照市场导向，实施碳排放交易制度。美国政府每年拍卖碳排放交易配额，且逐年减少。超额排放的企事业单位可按每抵消4t排放量提交5t抵消排放权的方式从其他渠道获取，每年碳抵消总量不得超过20亿t。不仅如此，美国政府鼓励出口低碳技术，向拥有实质性减排目标的发展中国家推广碳减排项目。欧盟区域已形成统一的碳交易市场，为管辖区域内各国制定碳减排目标，积极推进碳税和碳排放权交易制度，促进低碳技术的投资与创新。欧盟气候变化委员会在2010年发布《气候变化与能源一揽子法案》，从立法上坚持发展低碳经济。政府以有偿拍卖或无偿分配的方式作为碳排放权供给者。拥有剩余碳配额的发达国家可以将其碳排放权直接贸易转移给其他发达国家，政府直接获得收益。依据是否具有减排义务，政府可分类为缔约方国家和非缔约方国家。非缔约方国家可参与CDM项目，从发达国家获得碳减排的资金和技术支持。非缔约方国家在较长周期的CDM项目中获得CER，为了规避CER价格下行的风险，可利用一定数量的CER期货实现套期保值功能。在CDM项目中，缔约方国家的企业可从CER一级交易市场中以低价购买的核证减排量，直接用以冲抵本国的碳减排义务，无形中逃避减排任务。因此，欧盟碳排放体系规定EUA才是最终的交易商品，企业不能完全依靠购买CER转换。碳现货价格剧烈波动导致政府难以及时调整预算，用于投入低碳技术和相关能源行业的资金扶持都会受到影响。政府在市场机制下，要承担平抑剧烈价格波动的责任，同时避免碳排放价格下行带来的负面影响。所以，各缔约方国政府也会购买相关碳期货产品，实现套期保值。

(二) 减排企业

减排企业作为排放源，一般受到强制减排机制或自愿减排机制的约束，年排放额度必须低于最高排放上限。欧盟碳排放交易体系拥有主要产业类别中的超过6000家企业及法人机构参与，涵盖水泥、陶瓷、钢铁、天然气、纸浆与造纸、电力、炼油等行业。这些企业基于现货的持有风险或现货供需矛盾，可利用碳期货交易进行套期保值或投机操作，在满足减排目标的同时追求投资收益。欧洲气候交易所的协助会员，即零售商业、旅游服务、技术科研、文化娱乐等行业中生产活动间接排放温室气体的企业，可购买碳期货合约，以锁定每年间接排放量的成本或剩余额度的收益。部分企业也可以作为项目市场的参与者，通过清洁发展机制和联合履约机制，获取具有法律效力的减排信用即经核准的减排量（CERs）和减排单位（ERU）。CDM 项目中企业作为碳抵消项目供应商、投资交易商和减排项目集成商，买卖 CER 期货，控制风险。

（三）金融机构

参与碳期货交易的金融机构包括各大商业银行、碳基金、投资银行、碳资产管理公司等。国际金融机构充当直接买家或是中介机构，通过对碳排放权金融产品的不断创新，在国际碳排放权交易市场进行交易并获得巨额利润。例如欧洲投资银行（EIB）、国际金融公司（IFC）等大型机构都在参与碳期货投资。

商业银行广泛参与 CDM 项目融资活动，为碳减排项目开发商提供信用担保，并提供 CDM 项目结算、财务与法律咨询顾问等业务。商业银行拓展碳期货自营、经纪、做市商、理财服务等业务，有利于分散市场风险，为未来开展多层次金融衍生品业务奠定基础。碳期货交易中保证金存款和资金结算业务也是商业银行的业务领域。由于碳资产具有政策导向性和风险较高的特点，商业银行适当配置碳资产，可优化资产质量，增加中间业务收入来源。2006 年，巴克莱银行开发了场外交易的标准化碳排放权期货。2007 年，德国德累斯顿银行与荷兰银行共同推出挂钩碳配额期货的零售理财产品。荷兰银行利用信息、资金优势，为碳期货市场的交易者提供交易平台、中间代理业务，同时开展碳期货自营业务。欧洲商业银行如爱尔兰银行、拉博银行和汇丰银行也广泛参与其中。

投资银行在碳期货交易市场中可作为交易商、做市商、经纪商，发挥着重要的作用。在 CDM 项目中，投资银行为开发商提供项目融资与信息咨询，并获取部分项目核准产生的 CER 作为收益。投资银行选择适当客户开展碳期货交易的资产管理业务，审慎评估客户的诚信状况、客户对产品的认知水平和风险承受能力，向客户进行充分的风险揭示，保证风险可测、可控、可承受，并获取中介费用。投资银行还可以推进资产证券化业务，为市场提供多样化的避险工具。某些国家的监管机构规定投资银行自营碳期货业务需要以套期保值为目的，基于其他目的的交易必须上报批准。

碳资产管理公司致力于碳交易、碳咨询和碳金融业务，以专业判断和服务经验参与碳资产开发、碳资产管理、能源审计等领域，例如雷克碳资产有限公司。在碳资产开发业务中，碳资产管理公司负责识别优质 CDM 项目，协助企业与跨国机构进行谈判，协助 DOE 完成项目审核，在计划期内帮助企业完成检测报告，使项目顺利通过核证实现减排。作为 CDM 项目合作方，碳资产管理公司帮助碳排放管控企业顺利与跨国性机构对接，同时可以合法托管碳配额，利用市场交易机制实现保值增值。此外，碳资产管理公司不仅能帮助企业寻找 CER 买家，还可以自主经营，低价收购 CER 现货，进行不同市场间的套利交易。实际上，碳资产管理公司持有大量碳配额，以现货交易和期货交易为平台，为多家企业完成套期保值、提高管理效率、降低企业交易成本。

（四）其他交易主体

碳期货交易市场的其他交易主体包括各类私募股权投资基金、对冲基金、投机商等。

私募股权投资基金通过参与投资 CDM 或 JI 项目、购买碳信用和碳衍生品、与技术合作伙伴共同开发可再生能源项目、投资涉足绿色产业的企业，以获取高额的收益满足排放管制企业的需求，促进碳金融的发展。气候变化资本集团（Climate Change Capital）管理着 2 亿欧元的私募股权基金，主要从事清洁电力、清洁交通、能效、废弃物回收利用和水处理领域工作。对冲基金运用碳期货及其他金融衍生工具进行买多卖空、风险对冲，化解投资风险。例如 RNK 资本公司是专注于碳排放市场的对冲基金。Alpha 资本公司与荷兰银行合作开发上市碳市场的对冲基金。休斯敦对冲基金在二氧化硫市场上进行套利交易获得丰厚收益。对冲基金还在不断加大绿色能源技术和环境修复技术方面的资本支持。碳增长资本是在英国伦敦创建的对冲基金，广泛投资于碳衍生品，并利用 CER、EUA 期货对冲头寸。投机商试图预测未来价格的波动，买卖碳期货合约以获利。

二、碳期货产品种类

目前，全球碳期货产品主要包括碳金融期货合约（CFI Futures）、区域温室气体排放配额期货（RGGI Futures）、加利福尼亚限额期货（CCA Futures）、排放指标期货（EUA Futures）、欧盟航空配额期货（EUAA Futures）、经核证的减排量期货（CER Futures）、减排单位期货（ERU Futures）。从产品交易上看，EUA 期货合约较普遍，而 CER 较多为远期合约。通常，碳期货采取 T+3 交易制，部分产品增设日期货（Daily Futures），采取 T+2 的交易方式，价格波动与现货相似度较高。碳金融期货合约主要在芝加哥气候交易所、芝加哥气候期货交易所、欧洲气候交易所上市交易。CFI 是基于配额下的碳信用，每单位 CFI 代表 100 t 二氧化碳当量，CFI 现货可在芝加哥气候交易所交易。欧洲气候交易所碳金融期货合约（ECX CFI Futures）是由欧洲气候交易所开发的标准化现金交割的期货合约，在欧洲 ICE 期货电子交易平台上市交易，由伦敦结算公司（LCH）提供清算服务，并可作为欧盟排放交易计划下的高级的、低成本的金融担保工具。碳金融工具美国补偿项目（CFI-US-0）期货合约的标的资产是可交付碳金融票据，用于交付的抵消项目包括农业沼气收集和燃烧、对草地土壤碳封闭的连续储藏耕种和转化、可持续管理范围的土壤碳封闭以及林区碳封闭。碳金融工具 CFI-EA 期货合约以 CFI 合同为标的，有利于实体企业转移美国产业的直接减排量，一份 CCX CFI 合同包含 100 t 二氧化碳当量（相当于 10 个 CCX CEI 合同）。

区域温室气体排放配额现货（RGGI Futures）在芝加哥气候期货交易所、美国绿色交易所、ICE 交易所等上市交易，为多家碳排放管制下电厂和投资商提供套期保值的工具。2003 年美国区域温室气体减排行动创建，此后美国东部十州强制性碳减排市场逐步成立。区域温室气体排放配额期货在 2008 年开始交易，芝加哥气候交易所的 RGGI 期货交易量占整个市场的 98% 左右。

加利福尼亚限额期货是以加州政府限定碳配 CCA 为标的，对未来出售或买入的配额进行保值的金融产品。加利福尼亚在 2006 年颁布《全球气候变暖应对法案》，2010 年通过加州温室气体总量控制与排放交易制度，初期 90% 的按产量分配的配额免费发放。2013 年碳交易正式实行，二级市场碳衍生品逐步丰富。

排放指标期货（EUA Futures）是由碳交易所统一制定、实行集中买卖、规定在将来某一时间和地点交割一定数量的 EUA 的标准化期货合约，其价格在交易所内以公开竞价方式达成。

2012 年欧盟航空配额期货（EU Aviation Allowances Futures，EUAA Futures）在洲际交易所上市，目前已在 ECX、EEX 等多家交易所交易。2012 年 1 月后所有起降欧盟机场的航空公司都被纳入欧盟碳交易计划，航空公司必须提交相当数量的碳排放许可，以抵消航班的碳排放。在政策的强制约束下，欧盟限定 2012 年航空碳排放为 2.15 亿 t，其中 1.83 亿 t（占 85%）的欧盟航空配额于 2 月底免费分配给航空公司，剩余的配额则通过拍卖的方式予以出售。由此航空业成为继电力行业后第二大集中的买家市场，各航空公司对欧盟航空配额期货产品的需求也逐步增加。

经核证的减排量期货（CER Futures）是为了适应不断增长的 CER 市场的需要，在多家碳期货交易所上市交易。经核证减排量期货合约可以避免 CER 价格大幅度波动所带来的风险。清洁发展机制下，由发达国家提供资金和技术支持，在发展中国家投资开发 CDM 项目，实现经核证的减排量（CERs）。

减排单位期货（ERU Futures）是联合履行机制（JI）下，以发达国家之间联合开发的项目所产生减排单位（ERU）为标的的期货合约。减排单位可以转让给另一个发达家缔约方，同时在转让方的分配数量（AAU）配额上扣减相应额度。项目双方为了规避 EUA 价格波动的风险，通常运用减排单位期货进行对冲。

其他与碳期货相关的产品包括清洁能源指数期货（ECO-Index）、IFEX 相关事件期货 IFEX-ELF、区域温室气体倡议期货、硫金融工具（SFI）期货以及氮金融工具——臭氧季节期货 NFI-SO 等。

碳期货产品具有跨期性、杠杆性、高风险性、政策导向性的特征。碳期货产品的交割时间通常滞后于购入时间，因而具有跨期性。由于采取保证金交易，会员可以支付一定比例保证金，以小博大，获取未来以固定价格买入或卖出相关资产的权利，具有高杠杆性。作为衍生工具，碳期货产品风险高，如果预测价格波动方向相反会带来较大的亏损。碳期货受《京都议定书》等政策的约束和政府配额分配政策的影响，具有政策导向的特征。

三、碳期货交易制度

碳期货市场的交易制度是市场有效运行的基础。碳期货市场的交易制度包括，保证金制度、逐日结算制度、持仓限额制度、大户报告制度、强行平仓制度、涨跌停板制度、信息披露制度等。

（一）保证金制度

保证金制度是碳期货交易安全的重要保证，其建立和实施由结算机构负责。在碳期货交易当中，交易者缴纳占合约价值的一定比例的保证金，作为履约的财力保证。保证金交易为碳期货交易提供杠杆效应，其风险明显高于碳现货交易。

按结算机构的要求，每一位结算会员都开立一个保证金账户，每笔交易都必须按规定交纳一定数额的保证金。非结算会员可以向会员交纳相应保证金。保证金可以现金缴纳，也可以提供其他有价证券。根据价格波动幅度和会员借贷信用情况，结算机构会利用净额保证金法和总额保证金法对保证金水平及时做出调整。净额保证金法以买入卖出合约价差后仓位净额为基础计算，而总额保证金法采用买入与卖出合约加总后仓位总额进行计算。为了避免保证金缺乏，及时调整可能带来的违约风险，欧洲期货交易所的结算机构每年从盈余中提拨一定金额作为违约损失准备。

保证金的支付可分为客户向会员支付保证金和会员向结算公司支付保证金两个步骤。碳期货交易会员为了交易结算在交易所专用结算账户中预先准备的资金是结算准备金。交易保证金是指客户在碳期货交易中持有碳期货合约而需要支付的保证金，包括初始保证金和追加保证金。初始保证金，也称为原始保证金，一般由碳期货交易所规定，交易者在达成碳期货交易、建立交易头寸后交纳占交易合约价值 5%～10%，但不超过持仓额 20% 的保证金。初始保证金提供了足够的资金来弥补强行平仓造成的损失。在特殊情况下，结算机构还可自行决定要求会员追加初始保证金。保证金率是按能够防范当期由合约价格剧烈变动引起的价格风险而设定。初始保证金率由清算所与交易所共同设定，由结算机构的风险委员会根据各项政策、市场季节性、政治性因素等进行调整。洲际交易所美国清算所规定初始保证金为历史波动范围价格的 97%。一般结算会员为 500 万欧元，直接结算会员为 100 万欧元。初始保证金要求的最主要依据是每天的价格变动。一般来说，初始保证金应能覆盖可观察到的每日价格变动的 90%～98%，同时也要参考其他市场指标，通常占合约价值的 0.1%～10%。追加保证金是指碳期货交易者在保证资金账户的余额不足时向结算机构交纳的保证金，通常包括两种情况：第一，结算会员向结算机构交纳追加保证金；第二，客户向结算会员交纳追加保证金。为了保证交易正常进行，结算机构会向结算会员的保证金账户采取逐日盯市制度，每日核算盈亏，对于亏损账户及时补足保证金，防止亏损严重的会员违约。结算机构每个交易日将盈利的交易者保证金转出账户，同时向亏损的会员发出追加保证金申请，要求会员及时补足。结算会员并不存在负债，对于发出委托的非会员客户，也需要及时收取保证金。

结算会员通常按交易情况向客户要求追加保证金。客户保持在保证金账户的最低履约保证金余额是维持保证金。在客户的保证金账户余额低于维持保证金水平时，结算会员会立即发出追加保证金通知。如果结算会员或客户发生亏损，并不交纳追加保证金，那么结算机构或结算会员有权强行平仓，暂停其交易行为，亏损金额由剩余保证金或其他方式补偿。

(二)逐日结算制度

逐日结算制度是指期货交易所对会员进行每日盈亏结算，调整保证金金额。在每日交易结束时，结算机构根据结算价格对投资者未结清的合约进行计算，调整保证金账户余额，反映交易者盈亏情况。结算价格由碳期货交易所制定，可以是交易日加权平均价，也可以是收盘价。

以欧洲期货交易所为例，客户经由期货商连线终端机下单并取得实时委托、成交等交易信息。交易过程中的下单委托、报价、撮合、成交回报以及仓位与保证金结算都通过计算机系统完成。欧洲期货交易所结算子公司 EUREX Clearing AG 专责办理结算业务。交易所收取会员资格许可费 50 000 欧元，年费 25 000 欧元，每月最低交易费用 750 欧元。结算会员的保证金未在当日规定时间内缴足时，最迟应在下一交易日上午 9：45 前将保证金差额以现金方式直接存入 EUREX Clearing AG 开设在结算银行 LZB 的保证金账户内，否则无法进行交易。保证金可用现金或有价证券缴纳。以有价证券抵缴结算保证金时，EUREX Clearing AG 对不同的有价证券规定不同的可抵缴乘数，见表 6-4 所列。EUREX Clearing AG 的风险管理部门每日计算预期最大的价格波动幅度，作为计算保证金的参数，此参数一般在 7% ~11%。此外，欧洲期货交易所规定违约损失赔偿次序为：违约结算会员的结算保证金、违约结算会员的结算保证基金、EUREX Clearing AG 提拨的违约损失准备、其他结算会员的结算保证基金。根据 EUREX Clearing AG 规定，结算保证基金动用后，应于 10 个交易日内拨补至原来金额。结算会员资格丧失时，结算会员可领回其结算保证基金的余额。

表 6-4　欧洲期货交易所有价证券缴纳保证金可抵缴乘数

有价证券名称	可抵缴证券
期权的标的股票	100%
固定收益债券、瑞士政府公债	90%
瑞士政府公债	85%
德国银行债券、有担保公司债	75%
德国 DAX 指数凭证、SMI 指数成分股	50%

（三）持仓限额制度

持仓限额制度是指碳期货交易所为了防范操纵市场行为和市场风险过度集中，规定会员及投资者单边计算的最大持仓数量。持仓限额制度与大户报告制度紧密联系。

在国际碳期货市场，持仓限额呈现以下特点。第一，交易所可以根据合约具体情况、不同期货品种和市场风险情况调整持仓限额。第二，一般月份合约持仓限额通常设置较高，临近交割时持仓限额标准降低。第三，持仓限额往往只针对一般机构头寸，而套期保值头寸、套利头寸及风险管理头寸可以通过向交易所申请豁免。

持仓限额制度的执行可借助投资者交易编码中的客户号管理。同一个投资者尽管可以在不同的会员处开户，从而拥有多个交易编码，但在不同的交易编码中客户号应当相同。因此，同一客户的总持仓额可按客户号对持仓量进行加总计算。如果投资者的持仓达到或者超过持仓限额，则不得同方向开仓交易，即多头持仓超限时不得进行新的买入开仓，空头持仓超限时不得进行新的卖出开仓；并且，在下一交易日结束前该投资者必须自行平仓以满足持仓限额的要求，否则将会被强行平仓。

（四）大户报告制度

大户报告制度指当交易会员或客户某种期货合约持仓量达到一定数量时，会员或客户应向交易所报告其资金和头寸等，防止大户操纵市场。通过大户报告制度，碳期货交易所可以了解大户持仓者的开户情况、交易记录、资金来源、交易动机等，审查大户是否存在过度投机和操纵市场的行为。

1922 年美国《谷物期货法案》确立了联邦政府对商品期货的监管之后，大户报告制度由此开始实施。大户报告制度一方面有利于期货市场监管机构快速处理操纵市场价格的大户交易，另一方面可以帮助期货交易所分析市场的有效信息，如投资者的类型、特定种类投资者持有的头寸等。不仅如此，大户报告制度还可较好地衡量监管机构对市场的阻碍作用和力度。期货交易所自主设定大户报告制度的标准，主要考虑特定市场的总空盘量、市场交易者所持有的头寸大小、监察历史、实物交割市场的库存数量。据统计，大户报告的头寸数量一般占市场总持仓量的70%～80%。同时，期货交易所一般要求交易所清算会员、期货经纪（综合账户管理方）和外国经纪商每日对任何达到报告标准的客户进行报告。

（五）强行平仓制度

通常，交易者持仓至最后交易日之前的任何交易时刻均有权自行平仓，其主动权完全在于交易者。随着现代期货交易保证金制度的出现和完善，以及期货市场风险控制的需要，逐步衍生出"强行平仓"的概念。强行平仓制度是指非来自交易者自身意愿，而由第三方实施的平仓行为。第三方主要包括期货监管机构、期货交易所和期货经纪公司。出现如下条件之一就可能被强行平仓。第一，会员交易保证金不足并且没有在规定时间内补足；第二，持仓量超过其限仓数量；第三，违规操作；第四，在交易所规定的紧急状况发生时；第五，其他需要。强行平仓通常对违反持仓限额、大户报告等交易制度的会员或客户采取。大户报告制度要求会员或客户在其某期货产品持仓合约的投机头寸达到交易所对其规定的头寸持仓限量80%以上时，向交易所报告其资金和头寸等情况。紧急情况下的强行平仓制度通常是因期货监管机构政策变化或交易所行使紧急情况处置权、临时调整交易规则而实施。

（六）涨跌停板制度

涨跌停板制度是指每日碳期货价格波动限定在一定范围内，防止价格剧烈波动出现会员违约，保证市场稳定。印度碳期货交易所规定日内4%、6%和9%的阶梯式限制。欧洲期货交易所关于价格的波动并无限制，但其结算机构在市场处于极端状况时有权利采取暂时性的交易限制。在价格限制上，当期货合约的最近一次成交价格超过交易所制定的价格限制范围，该合约及相关期权合约的交易将暂停撮合一段时间后，再重新恢复撮合。涨跌停板制度有利于平抑过度的价格波动，防止投机过度和价格操纵行为，引导市场正常运行。

（七）信息披露制度

市场交易信息的披露会对碳期货市场的有效性产生较大影响。碳期货交易所必须按规定定期公布期货交易信息，包含即时、每日、每月的交易信息。例如，欧洲气候交易所要求碳期货市场交易信息按月报方式对外公布，每月披露期货的交易量、交易金额、交易价格、价格波动幅度等信息以及市场买卖双方历史供需数量。信息披露机制对于保持市场透明、提高市场效率和确保市场公平具有重要意义。一般而言，信息披露是期货交易所基于法律法规要求和确保市场发展的要求进行的。在信息披露制度下，所有市场交易主体都能有机会公平地获得期货交易的信息，从而使期货市场中价格发现功能得到实现。

第四节　碳期货产品设计

一、碳期货合约要素

碳期货合约是由交易双方签署的、规定双方权利义务的凭证，通常由以下要素构成，交易品种名称与代码、交易单位、报价单位和最小变动价位、涨跌停板幅度、合约交割月份、到期日、交易系统、交易模式、交易时间、清算价格、增值税及其他税项、交割方式、清算及合约保证以及保证金。

(一)交易品种名称与代码

对合约交易品种的名称进行界定，并以符号作为代表方式。国际上现有的相关碳期货品种名称与联合国清洁发展机制在术语规范上保持了严格的一致，均称为核证减排量期货。欧洲气候交易所、芝加哥气候期货交易所、纳斯达克商品事业部、美国绿色交易所、印度泛商品交易所等推出的与京都机制相联系的期货品种均称为核证减排量期货。

(二)交易单位

交易单位即每张碳期货合约交易的碳资产的数量。例如欧洲期货交易所规定，一张EUA期货合约的交易单位为1t，即一单位欧盟碳配额等同于1t二氧化碳排放权。一般而言，碳期货标的碳资产市场规模越大，交易者资金额度越高，期货合约的交易单位越大。在国际上，除了印度泛商品交易所的CER期货使用了每手250 t CER交易单位以外，其他诸如欧洲气候交易所、芝加哥气候期货交易所、纳斯达克商品事业部、美国绿色交易所的交易单位均为每手1000个CER单位。国际上同类碳期货交易单位要求均以欧洲气候交易所的要求为准，该交易所要求可供交割的核证减排量必须是由联合国清洁发展机制理事会签发，但拒绝其中装机容量超过20MW的水电项目、土地利用变更和森林(LULUCF)项目、核电项目。

(三)报价单位

碳期货交易主要采用公开集中竞价，在此过程中对期货合约采用的报价单位一般根据交易所属地来确定，如芝加哥气候期货交易所以美元为报价单位，印度泛商品交易所以卢比为报价单位，其他诸如欧洲气候交易所、纳斯达克商品事业部和美国绿色交易所的报价单位均为欧元。

(四)最小变动价位

最小变动价位是指碳期货合约每次变动报价的最小幅度。国际上各交易所的最小变动价位分别是欧洲气候交易所的0.01欧元/t、芝加哥气候期货交易所的0.01美元/t、纳斯达克商品事业部的0.01欧元/t、美国绿色交易所的0.01欧元/t、印度泛商品交易所的50派士/t。

(五)涨跌停板幅度

对于碳期货市场最大波动的限制较为宽松，欧美核证减排量期货不限制每日价格波动范围，印度则执行了日内4%、6%、9%的阶梯式限制。

(六)合约交割月份

碳期货合约并不是每个月都可以交割，通常会在合约中做具体规定。例如欧洲期货交易所、芝加哥气候期货交易所、美国绿色交易所、纳斯达克商品事业部 EUA 期货合约交割月份为季度合约月份(3 月、6 月、9 月及 12 月)。通常碳期货合约的交割月份可以由交易者选择，而较少合约进行实物交割。印度泛商品交易所核证减排量期货的合约交割月份设定为 2 月、5 月、8 月和 11 月。

(七)到期日

到期日是指碳期货合约可交易月份中的最后一个星期一，即最后交易日。欧美交易所普遍设计到期日为最后一个星期一(若该日是非交易日，那么最后交易日为上一个星期一)，印度泛商品交易所则把交割月的 25 日作为最后交易日(如果该日为非交易日，那么最后交易日为上一个交易日)。如果最后的一个星期一为非营业日，那么最后交易日为倒数第二个星期一。超过最后交易日未平仓期货合约的交易者，必须进行实物交割。

(八)交割方式

有两种：现金交割和实物交割。若采取实物交割，欧美、印度的同类碳期货必须以官方排放贸易登记处的核证减排量或碳配额"过户"为标记，交易所仍然扮演买卖双方履约对手的角色。现金交割是指对到期未平仓的碳期货合约，以结算价计算盈亏，用现金支付期货合约。

(九)保证金

最低交易保证金有比例保证金和定额保证金两种形式。欧美碳期货交易保证金的规定采用确定金额，例如美国绿色交易所投机客户的开仓保证金是 743 欧元，维持保证金是 675 欧元，套期保值客户开仓保证金和维持保证金均为 675 欧元。

(十)交易系统

不同的碳期货合约会使用不同的交易系统。ECX 的 EUA 期货合约通过 ICE 欧洲期货电子交易平台进行交易。芝加哥气候期货交易所的交易系统分为 3 部分：交易登记注册系统、交易平台、结算平台，三者相互联系，有机结合进行运作。交易平台是碳期货交易中使用的系统，以 Internet 连接用户，执行用户交易指令，成交确认并公布交易结果信息，以完全电子化平台和匿名的方式记录买卖碳期货合约的报价和交易流量。

表 6-5 与表 6-6 分别展示了欧洲气候交易所的 EUA 碳期货合约与芝加哥气候期货交易所的 CER 碳期货合约。

表 6-5 ECX 的 EUA 碳期货合约

交易品种	EUA
交易单位	一手为 1000 t 二氧化碳排放量
最小交易量	一手
报价单位	欧元/t
最小变动价位	0.01 欧元/t
交易时间	7：00~17：00(GMT)周一至周五

（续）

每日价格最大波动限制	不限制
合约期限	第一阶段：2006—2007 年 第二阶段：2008—2012 年 第三阶段：2013—2020 年
合约交割月份	3 月、6 月、9 月、12 月
到期日	合约交割月份的最后一个星期一
交易系统	洲际交易所期货电子交易平台
交易费用	实行双向收费制：对于会员，每手收取 2 欧元的费用；非会员则每手收取 2.5 欧元的费用
交割日	最后交易日后 3 天
交易模式	"T+0"，即交易时间内可连续交易
交割方式	实物交割
清算及合约保证	洲际交易所欧洲清算所对所有交易充当中央对手，担保以其会员名义注册的洲际交易所期货合约的履约状况
交易保证金	一般保证金与维持保证金

表 6-6　芝加哥气候期货交易所 CER 碳期货合约

交易品种	CER
交易单位	1 单位 CER 代表 1000 t 二氧化碳当量
报价单位	美元/t 二氧化碳
最小变动价位	0.01 美元/t 二氧化碳
最小增量单位	每单位 0.1 美元，每份合约 10 美元
交易时间	美国中部时间 7：00～15：00
交易系统	芝加哥气候期货交易所电子交易平台
合约交割月份	3 月、6 月、9 月、12 月
到期日	合约交割月份的最后一个星期一
第一个交易日	一个标准周期合约的第一个交易日在一个标准周期合约到期日之后的首个营业日
最后交易日	4 月的最后一个交易日为该月倒数第 5 个营业日，其他月的合约最后交易日为到期日月份的倒数第 3 个营业日
每日最大价格波动限制	无限制
可报告的头寸限制	25 份合约，等于 25 000 单位的 CER
最近到期月份的投机头寸限制	1000 份合约，等于 1 000 000 单位 CER
交易模式	成交后次日交割(T+1 模式)
交割方式	现金交割
合约清算	美国清算公司(Clearing Corporation)
交易保证金	交易标的价值的 10%

二、碳期货合约价格影响因素

碳期货价格波动虽然与供给需求有关，但很大程度上受到宏观经济因素、气候变化因素、政策因素等影响。欧盟碳期货一般采取保证金交易制度，且保证金率很低，价格波动会产生成熟效益加剧风险的发生，且价格波动往往具有随机性。

(一)宏观经济因素

碳期货品种市场价格波动将对投资者造成潜在损失。从长远发展来看，宏观经济影响社会需求，进而影响碳价。当经济处于高潮期，不断释放新的产能，为了满足社会的需求导致企业碳排放大量飙升。因此，企业需要更多的配额供给，市场大环境的变化导致了碳价升高，在一定程度上影响价格走势；当处在经济低潮期，经济低迷导致社会资源存在大量剩余，很多企业发生破产或者倒闭使得碳配额供给远远大于需求，从而使得碳价滑落，在欧盟第二减排期，EUA 期货合约价居高不下，2008 年经济危机爆发之前，EUA 的高达 30 欧元，然而在次贷危机的影响下，市场下行压力变大导致碳价暴跌，至次年 2 月碳价格跌幅达 60%，降到 10 欧元以下。我国政府限价策略对碳价亦产生一定影响。CER 价格在项目计划方面必须由国家发展改革委审批，在某种程度上，政府宏观价格干预可能会使碳价波动剧烈，并不能真实反映供给需求量。因此碳交易市场受到宏观经济的发展状况的影响，体现在碳价上则十分明显。

(二)气候变化异常是引发碳价波动的一个主要外在因素

在 2014 年 IPCC 研究显示，在过去的 130 年间，大气温度上升了近 1℃，地表温度的不断上升导致极端天气的时常发生，因此，温室气体排放能够在一定时期内影响碳价非正常波动；同时气候环境变化导致能源的短缺，对能源价格产生影响，尤其是煤、石油、天然气等。而欧盟为提高工业生产的竞争力，免费发放大量碳配额，由于企业能源价格的成本有所不同，则碳需求也会有差异性，如干旱和少雨等极端天气使得一些地区不能应用水力发电，导致世界上某些地区为保证电能的正常供应，推动工业能源消费，使其价格上涨。我国未来为了实现减排节能，大力推行可再生能源，其产业有着广泛的涉猎领域，能有效带动相关产业发展，这也对宏观经济发展有着积极的影响。

(三)政策因素

欧盟按照一定的准则，根据各国的实际情况和经济发展水平不同将碳排放配额分配给各成员国，但是当国家分配发生改变时，分配方式使得成员国下发得到的总量也发生变化，结合企业实际情况及可能对环境造成污染的严重程度等，会使不同的企业得到其特定的配额总量。当企业碳排放量低于配额时，则会使企业滥用配额，不需进行减排就可以达到预设目标，推动碳价下降，碳排放权就不存在稀缺性，反之，碳价就会上升。因此碳配额的分配机制决定了二级市场上企业对碳配额的需求量，而需求量反映在价格上。在欧盟排放交易机制的执行前期，各国的碳配额指标出现了一种过剩现象，实际上欧盟所分配的配额是企业实际排放的 3.5 倍，免费配额比例较高，企业消化不了多余的碳配额，往往并没有起到控制企业节能减排的目标，他们将多余的碳配额在次级市场上进行拍卖和自由交易，需要碳配额的企业可以进行购买，有效缓解了配额分配过量的问题。未来政府需要向市场传递碳配额将从紧的信号，从而提高能源效率并有效管理碳资产。

三、我国潜在的碳期货产品设计

（一）交易所建设

交易所是进行期货合约交易的场所，是期货市场的载体和核心。我国在交易所建设方面面临两种方案：一是将两种碳排放权期货合约放到已有的期货交易所中进行交易，二是建立一家独立的期货交易所进行碳排放权期货合约的交易。从我国的情况来看，现有的 4 家期货交易所的交易品种各有侧重，郑州商品交易所以交易农产品为主，上海期货交易所以交易金属及金属制品为主，大连商品交易所以大豆及大豆制品和化工原料为主，中国金融期货交易所交易品种为沪深 300 指数期货和五年期国债期货。我国尚无交易品种较为齐全的大型期货交易所，而且我国的碳排放权现货交易都是在独立的交易所进行交易，因此，我国应该安排独立的期货交易所（如广州期货交易所），对碳排放权期货合约进行交易。

（二）期货合约设计

在进行中国的碳排放权期货设计时，需要兼顾国际惯例和国内实际。

1. 交易品种

选取了 CCERs 和 CEAs 进行了期货合约设计，其中 CEAs 是我国碳排放权市场统一之后，国家统一发放中国碳排放配额，CCERs 是我国现阶段主要的替代配额的减排工具。

2. 交易单位

根据国际碳排放权期货市场的规定，一般为 1000 t/手，但是国内的试点省份现货交易的规则一般设置 10 t/手或者 1 t/手。考虑到在国内市场统一之后，市场规模扩大，而且 CCERs 作为 CEAs 的辅助工具，CEAs 和 CCERs 的交易单位分别设置为 100 t/手和 50 t/手较为合适。

3. 最低交易保证金

国际上一般设置为 6%，而国内的期货交易所一般设置为 5%～15%，为了留出市场运行之后调整的空间，可设计为 10%。

4. 其他条款

其他条款的设计在各国之间有所差别，为适应我国投资者的交易习惯，应根据我国已有期货交易所的规定进行条款的设计。CCERs 与 CEAs 期货合约见表 6-7 与表 6-8 所列。

表 6-7 CCERs 期货合约

交易品种	CCERs
交易单位	50 t/手
报价单位元	元（人民币）/t，整数后保留两位小数点
最小变动价位	0.05 元/t
涨跌停板幅度	上一交易日结算价 5%
合约月份	1～12 月

（续）

交易时间	周一至周五（国家法定节假日除外）上午 9：00～11：00 下午 1：00～3：00
最后交易日	合约月份的最后一个周一。如果最后一个周一是非营业日或者在最后一个周一之后接下来的四天中有一个以上的非营业日，最后交易日则是交割月份的倒数第二个周一
最后交割日	最后交易日后 3 天
最低交易保证金	合约价值的 10%
交割方式	实物交割（通过国家自愿减排交易登记簿对 CCERs 所有权进行变更）
交易代码	CCER
交易所	广州期货交易所

表 6-8　CEAs 期货合约

交易品种	CEAs
交易单位	100 t/手
报价单位	元（人民币）/t，整数后保留两位小数点
最小变动价位	0.05 元/t
涨跌停板幅度	上一交易日结算价 5%
合约月份	1～12 月
交易时间	周一至周五（国家法定节假日除外）上午 9：00～11：00 下午 1：00～3：00
最后交易日	合约月份的最后一个周一。如果最后一个周一是非营业日或者在最后一个周一之后接下来的四天中有一个以上的非营业日，最后交易日则是交割月份的倒数第二个周一
最后交割日	最后交易日后 3 天
最低交易保证金	合约价值的 10%
交割方式	实物交割
交易代码	CEA
交易所	广州期货交易所

（三）制度建设

碳排放权期货市场的特殊之处在于其交易的合约标的物是一种权利，大众认知度较低。加上产品价格与国内政策、国际环境密切相关，市场不够成熟等问题，其运营依赖于健全的制度。除了在合约设计中提到的涨跌停板制度和保证金制度之外，还包括以下几项合约条款之外的制度。这些制度的制定和实施都是一种事后性的措施，只能控制风险的发生和弥补风险造成的损失，不能完全消除风险。

1. 当日无负债结算制度

又称逐日盯市制度，是期货结算业务的核心制度之一。每个交易日结束之后，交易所的结算机构对当日盈亏、保证金、税金、费用进行清算和资金划转。在结算过程中，结算机构充当中央对手方的角色，即同时为"卖方的买方"和"买方的卖方"，在其中一方违约时，结算机构充当担保者，代为承担违约责任。当日无负债制度并不能消除违约情况的发生，而是将违约风险及时控制在发生的交易日当天，防止违约的进一步发生。

2. 持仓限额和大户持仓报告制度

持仓限额制度又称头寸限制，期货交易所规定客户或者会员对某一期货合约持有量不得高于一定额度。以印度为例，大宗商品交易所（MCX）规定个人 CERs 期货合约交易的最大持仓量为 5 000 000 t（20 000 手），会员最大持仓量为 25 000 000 t（100 000 手）与市场开仓总量的 25% 两者之间的较高者。国家商品及衍生品交易所（NCDEX）对规定个人最大持仓量为 5 500 000 t（11 000 手），会员最大持仓量为 33 000 000 t（66 000 手）与市场开仓总量的 15% 两者之间的较高者，但是对套期保值者不受以上条款约束。

大户持仓报告制度是指交易所会员或者客户对某一期货合约的持有量达到某一额度时，必须向交易所报告相关情况。持仓限额制度和大户持仓报告制度的建立目的是打击操纵市场的行为，当某一会员或者客户的持仓达到某种程度时，其买进卖出操作会对市场造成巨大影响，这就使操纵市场成为可能，而大户持仓报告制度可以将操纵市场的行为消除在萌芽状态。一般来说，由于市场持仓总量不同，交易所会根据不同期货品种的具体情况，设置持仓限额标准，然后将持仓限额的一定比例（如 80%）设置为大户持仓报告的标准。碳排放权期货作为一种新生品种，期货市场规模尚无法确定，在持仓限额标准设置上也应根据市场规模适时设置。

3. 强行平仓制度

这是指在规定的特殊情况下，比如会员或客户违反持仓限额制度、会员或客户保证金不足、会员或客户违法违规受到交易所处罚、交易所紧急措施等，交易所对会员或者期货公司对客户进行平仓的强制措施，是对违反当日无负债结算制度、持仓限额、保证金制度等行为的处罚性制度，也是以上几种制度的一种制度性保障。

第五节 碳期货主要模式及典型案例

一、欧盟碳期货运行模式

欧盟排放权交易体系（EU ETS）于 2005 年 1 月 1 日正式启动，该体系包括欧洲气候交易所（ECX）、欧洲能源交易所（EEX）、洲际交易所（ICE）、法国电力交易所（Powernext）、北欧电力交易所（Nord Pool）、欧洲环境交易所（Bluenext）以及奥地利能源交易所（EXAA）。EU ETS 最主要的交易产品为欧盟碳排放配额（EUAs）与核证减排（CERs），其中前者占据全球碳排放权益市场的 72%，后者则占据 26%。在进行碳现货交易的同时，EU ETS 也开发出了二者相应的期货产品。在所有交易所当中，ECX 的碳期货交易最为活跃，交易量最大且主要品种为 EUA 期货，因此，ECX 的 EUA 碳期货产品的运行模式和合约设计可以很好地代表 EU ETS。ECX 的具体运行模式如图6-1 所示。

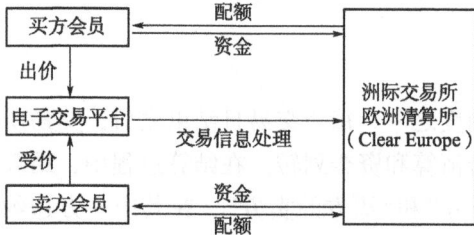

图6-1 欧洲气候交易所运行模式

(一)微观运行层面

交易主体层面，该交易所内实行会员制，客户需要首先注册成为其会员或者成为洲际交易所(ICE)的清算成员方可进行碳期货交易。ECX 的市场交易者结构丰富，基金、私营企业与政府各自约占34%、58%与8%，成为固定会员的机构法人包括高盛、摩根士丹利、巴克莱银行、壳牌、汇丰银行等能源和金融领域的大型机构法人。这些大型机构的存在确保了欧洲气候交易所 ECX 碳期货稳定且持续的交易量，可以增强市场的活跃度及流动性，也使得欧洲气候交易所 ECX 期货交易的市场规模不断扩大。之后，交易各方在洲际交易所的期货电子交易平台 WebICE 上申报买卖信息并由洲际交易所欧洲清算所(ICE Clear Europe)进行信息处理以完成交易。在碳期货的交易当中，承担清算职能的欧洲清算所在规避违约风险上扮演了重要的角色：欧洲清算所在每一次交易当中都充当交易对手或中介的角色，即对于期货合约出售方其充当购买者，反之则充当出售者。同时欧洲清算所也制定了严格的保证金制度，在原有一般初始保证金的基础上，追加了以日为基础、与每日价格同步变动的维持保证金。最后，欧洲气候交易所 ECX 的碳期货合约均采用实物交割，且必须要等到到期日才能进行交割而无法提前实现交割。交割过程中欧盟碳排放配额从卖方会员所在的注册系统的个人持有账户转移到欧洲清算所注册系统的个人持有账户，之后再转移到买方会员所在系统的个人持有账户。具体而言，在最后交易日当天，交易会员需提前准备好自己的交易头寸；最后交易日的后 1 日，买方会员向欧洲清算所提交所需款项，同时卖方会员向伦敦清算所转交其碳配额；最后交易日后 2 日，欧洲清算所将前一日的碳配额转交给买方，并向卖方支付款项。整个交割需要在最后交易日后 3 日内完成。

(二)宏观政府支持层面

欧盟逐渐收紧免费配额的措施为碳期货市场创造了发展条件，使得其得以不断扩大，也使得欧盟碳期货市场呈现出有条不紊、合理规划的特点。EU ETS 目前已经进入了第四个阶段。欧洲气候交易所碳期货市场非常透明。欧盟委员会要求其每月对外公布 EUA 期货的交易量、交易金额、价格波动状况及整个市场的历史供需量使得碳期货市场的参与者及时了解碳期货市场的信息。同时，欧盟也建立了碳期货市场风险管控机制，采用欧洲交易志(EUTL)记录每笔碳期货交易，有效降低市场人为操作造成的风险，实现自上而下的管理。

二、美国碳期货运行模式

美国的碳排放权期货交易市场是在芝加哥气候交易所(CCX)自愿交易平台的框架下展开的，期货交易所有芝加哥气候期货交易所 CCFE、纳斯达克 OMX 交易所 NASDAQ-OMX、纽约商品交易所 NYMEX，其中芝加哥气候交易所 CCX 是主要的交易平台。CCX 开始筹备于 2000 年，于 2003 年开始正式运营，实行会员制。它是全球第一个具有法律约束力的自愿减排交易平台，也是全球唯一的同时经营 6 种温室气体的交易平台。CCX 不仅承担着美国碳排放权现货市场的交易任务，而且作为美国自愿减排交易平台的主体，发挥着配额发放、监督和管理的职能。其运行模式或流程如下。

1. 开户

投资主体在进入市场交易之前，首先要进行注册和开户。此处的开户是选择期货佣金商（FCM），FCM 负责传递交易信息并对投资者账户的交易信息进行记录，在提供服务的同时收取一定的佣金，FCM 的角色类似于我国国内的期货经纪公司。

2. 交易信息传递和处理

不同的交易者向 CCFE 的电子交易平台申报买卖信息，电子交易平台获得信息之后并不进行处理，而是直接发送到清算机构，由清算机构进行信息处理和交易撮合。之后，清算机构将成交信息通过 FCM 传递给投资者。参与 CCFE 结算的机构不止一家，有包括巴克莱资本、高盛资本、摩根大通期货等 20 家机构为其提供结算服务并收取佣金。清算机构在交易过程中作为交易双方的中央对手方，承担履约风险。

3. 交割

在成交之后，由清算公司对投资者的账户资产进行相应的清算和划拨。政府监管层面，在美国，普通的期货市场一般受 CFTC 和 NFA 的监管。CFTC 是美国国内期货市场最主要的监督管理机构。它通过监管市场行为促进透明、竞争的市场的形成，从而保护投资者的利益。CFTC 的职能主要包括以下几个方面。第一，以完备的期货市场信息采集方案全面获取市场信息。这些信息不仅包括市场监管的基本信息（价格、成交量等），还包括一些商业机密信息，如大户交易情况。第二，高度透明的市场信息披露。CFTC 拥有一套独立的市场信息发布系统，面向所有的期货市场参与者发布市场信息，确保市场信息的公开透明。第三，对动态交易信息实时监测，对交易中可能产生的风险及时发现，及早控制。NFA 是一个独立的、非盈利的对美国衍生品市场进行监管的自律组织，包括 FCM 和清算机构在内的碳排放权期货市场参与机构都要受到 NFA 所制定的行为准则的制约，但需要说明的是，NFA 也接受 CFTC 的监管。NFA 的职能主要包括以下 3 个方面。第一，制定期货从业人员行为规范以及道德标准；第二，对期货从业人员的行为进行监督，对违反行为准则和道德标准的从业者进行处罚；第三，通过执行仲裁程序对期货交易中出现的纠纷进行处理。

CCFE 的规则制定和运行受 CFTC、NFA 和 CCX 的三重监管，体现出了碳排放权期货市场和普通期货市场的区别。CCX 对 CCFE 的监管主要体现在对碳排放权期货合约价格的调节，在被过高的投机情绪导致价格过高或者在需求较少的情况下导致价格低迷的情况下，通过调节现货市场供应机制来调节价格，控制市场风险并保持市场活力。CFTC 的监管侧重于对碳排放权期货市场的数据信息进行监测和分析；NFA 侧重于对从业人员的管理；CCX 侧重于对市场整体风险的控制和价格调节。3 个监管主体的职能各有侧重，相互配合对 CCFE 市场进行全面的监管和调节。CCFE 的交易流程与监管情况如图 6-2 所示。

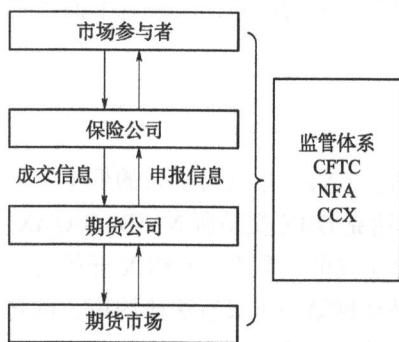

图 6-2　芝加哥气候期货的运行模式

第七章　碳期权

第一节　碳期权概述

一、碳期权概念界定

碳期权(carbon option)是21世纪发展起来的新兴金融衍生金融产品，它是指在某一确定的时期内按事先约定的价格买进或卖出某一碳期货合约的权利。与传统的期权合约不同，现存的碳期权实际是碳期货期权，即在碳期货基础上产生的一种碳金融衍生品。碳期权的价格依赖于碳期货价格，而碳期货价格又与基础碳资产的价格密切相关。

碳期权交易是一种买卖碳期权合约权利的交易。碳期权的买方在支付权利金后便取得履行或不履行买卖期权合约的选择权，而不必承担义务；碳期权的卖方在收取买方的期权金之后，在期权合约规定的特定时间内，只要期权买方要求执行期权，期权卖方必须按照事先确定的执行价格向买方买进或卖出一定数量的碳期货合约。卖出期权合约的一方称期权卖方，卖出期权未平仓者称为期权空头；买入期权合约的一方称期权买方，买入期权未平仓者称为期权多头。

二、碳期权主要分类

由于期权交易方式、方向、标的物等方面的不同，产生了众多的期权品种，而碳期权也同样遵循这样的分类。

(一)看涨期权与看跌期权

根据买方权利不同，碳期权可以分为看涨期权(call option)和看跌期权(put option)。碳期权合约中规定固定的到期日和执行价格。期权的购买者能够通过区别购买看涨期权或者看跌期权，锁定收益水平。看涨期权是指碳期权持有者在将来一定时刻以一定价格买入碳资产的权利；看跌期权是指碳期权持有者在将来一定时刻以一定价格卖出碳资产的权利。以EUA期权为例，在预测未来EUA价格上涨时，EUA的卖方会购买看涨期权对冲未来价格上升的风险，如果未来EUA价格上升，通过行使看涨期权EUA获得收益。通常，当到期日碳资产价格高于执行价格时，碳期权持有人就应行使看涨期权。对于标的资产为期货合约的碳期权，看涨期权持有者获得碳期货合约的买权，以及碳期货价格超出执行价格的现金额；看跌期权持有者获得碳期货合约的卖权，以及执行价格超出期货价格的现金额。

为了建立温室气体长期减排机制，政府出售长期看跌期权，鼓励实体企业对碳减排项目进行长期投资，保障碳信用供给方从碳减排项目中获得稳定的碳排放投资价值。在碳市场发展初期，碳信用价格呈现剧烈波动，碳信用供需双方无法准确预测未来投资价值。政府可以尝试出售长期看跌碳期权合约，承诺未来特定时间以约定价格买入一定数量的碳信用，促进碳信用长期价格稳定，为碳减排项目业主降低投资风险。出售长期看跌碳期权有利于政府实现长期碳减排目标，并获取经济收益。

(二)美式期权与欧式期权

根据买方执行期权的时间不同，碳期权可以分为碳美式期权(american option)和碳欧式期权(european option)。一般来说，碳期权的到期日是交割月份的最后3个交易日。碳美式期权可在到期日之前的任何时刻行使，交易更为灵活，交易量相对更高。而碳欧式期权只能在到期日才能行使，且不超过最后交易日。碳欧式期权的最后交易日是期货合约到期日之前的第二个工作日，且实值期权在最后交易日会被自动平仓。

(三)实值期权、虚值期权、平值期权

根据碳期权执行价格与标的资产市场价格关系的不同可以分为实值期权(in the money)、虚值期权(out of the money)、平值期权(at the money)。只有实值期权具有内在价值。当看涨期权标的资产市场价格大于执行价格，或者看跌期权的标的资产市场价格小于执行价格，则表示买方执行碳期权均会获利，此项碳期权为实值期权。虚值期权的内在价值小于零，它是指如果碳期权立即执行，买方发生亏损的期权。当看涨期权或看跌期权的执行价格等于标的资产的市场价格时，该碳期权为平值期权。随着时间变化，标的资产价格出现波动，同一碳期权在不同时点会出现不同状态。

(四)路径相关期权

路径相关期权(path-dependent option)是最终收益与整个期权有效期内原生资产价格的变化都有关的一种特殊期权。

按照其最终收益对原生资产价格路径的依赖程度可将路径相关期权分为两大类，一类是最终收益与有效期内原生资产价格是否达到某个或某几个约定水平有关的期权，称为弱路径相关期权；另一类是最终收益依赖于原生资产的价格在整个有效期内信息的期权，称为强路径期权。

弱路径相关期权中最典型的一种是关卡期权(barrier option)。严格意义上讲，美式期权也是一种弱路径相关期权。强路径相关期权主要有两种，亚式期权(asian option)和回望期权(lookback option)。亚式期权在到期日的收益依赖于整个期权有效期内原生资产经历的价格的平均值，又因平均值意义不同分为算术平均亚式期权和几何平均亚式期权。回望期权的最终收益则依赖于有效期内原生资产价格的最大(小)值，持有人可以"回望"整个价格演变过程，选取其最大(小)值作为敲定价格。

(五)交易所交易碳期权与柜台交易碳期权

根据交易场所的不同，碳期权可以分类为交易所交易碳期权和柜台交易碳期权。交易所交易碳期权为场内交易，具有标准化合约和集中公开竞价机制，交易所指定碳期权合约的交易单位、执行价格、到期日、交易时间等条款。交易所交易碳期权采取做市商制度，由实力雄厚的交易所报出买价和卖价，促成碳期权交易，并从中赚取买卖价差。同时，交易所会设定买卖价差的上限要求，并由独立结算机构进行清算。做市商确保买卖指令在某一价格执行，增强市场流动性。柜台交易碳期权通常采用场外交易，其交易合约并不是标

准化的，且流动性较差，部分交易指令由于缺乏交易对手而无法成交。柜台交易碳期权交易依赖双方信用，风险较高，但交易程序简洁方便。由于柜台交易由买卖双方达成，交易者不需要公开有关信息。

三、碳期权功能和特征

(一)碳期权的功能

碳期权的出现，将碳排放投资决策中无法用传统方法解决的问题运用实物期权定价的方法解决了，减少了投资决策中面临这些实际问题时可能产生的盲目性，同时解决了实际问题，主要是指企业乃至国家进行碳排放投资决策时如何更好地确定投资决策中碳排放期权所具有的价值，以及由此体现的最优期权价格。

(二)碳期权的特征

与其他金融衍生品相比，碳期权具有明显的特征。

第一，碳期权合约的基础资产是碳期货合约，所以碳期货合约价格对期权价格以及期权合约中交割价格的确定均具有重要影响。碳期货价格与碳期权价格的周期波动一致，具有"涨时同涨，落时同落"特征。

第二，碳期权交易具有很强的时间性。期权合约只有在规定的时间内才有效，或执行期权，或放弃转让期权。超过规定的有效期，期权合约自动失效，期权购买者所拥有的权利随之消失。买方只能在期权到期日向对方宣布执行或不执行期权合约。

第三，碳期权投资具有极强的杠杆效应。期权可以以小博大，即支付一定的权利金就可获得无限盈利的机会。例如，欧洲 A 公司在碳市场买入 EUA 看涨期权的协定价为 9 欧元/t，支付的期权费为 0.6 欧元/t，购买标准化合约 100 000 手。当合约到期，如果市场 EUA 期货价格为 12 欧元/t 时，行使期权每吨可获利 3 欧元，扣除期权费 0.6 欧元/t，购买者的纯利润为每吨 2.4 欧元，共获利为 2.4×100 000＝240 000（欧元），可见投资者只付出 60 000 欧元，即可获净利 240 000 欧元，充分说明了期权投资的杠杆效应。

第四，碳期权交易是非线性盈亏状态。碳期权买方的收益随市场价格的波动而波动，其最大亏损只限于购买期权的权利金；卖方的亏损也随着市场价格的波动而波动，最大收益(即买方的最大损失)是权利金。而碳期货的交易是线性的盈亏状态，交易双方都面临着无限的盈利和无止境的亏损。正是期权的非线性的损益结构，才使期权在风险管理、组合投资方面具有了明显的优势。通过不同期权、期权与其他投资工具的组合，投资者可以构造出不同风险收益状况的投资组合。

第二节　碳期权起源与发展

一、碳期权起源

2006 年 10 月欧洲气候交易所(ECX)推出第一只 EUA 期权，作为公认的工业基准合约在 ICE 欧洲期货交易所(原伦敦国际石油交易所)上市。在 2008 年 5 月，欧洲气候交易所上市以 CER 期货为标的的 CER 期货期权合约(ICE ECX CER Options),通过 ICE 电子期货平台(Web ICE)交易,最初为执行价格为 14 欧元的看跌期权,数量相当于 25 万 t CER 交易单位。欧洲气候交易所与 ICE 欧洲期货交易所达成协议,由欧洲气候交易所负责产品设计与产品推广,后者提供电子化的交易平台,所有合约由 ICE 欧洲清算所(ICE Clear Europe)清算,并由英国金融服务监督局(FSA)监管。2010 年美国绿色交易所(Green X)在纽约商品交易所上市的环境减排产品,月交易总额 4375.3 万 t,较 2010 年增长 137%,其中最高月交易 CER 期权 1270 万 t,EUA 期权持仓量月增加额达到 1100 万 t。2009 年芝加哥商业交易所推出即期交割月份的 EUA 期权和 CER 期权,基本设定为欧式期权,提前标的期货合约 3 个交易日到期,原有的 EUA 和 CER 期货期权合约没有按月到期而可长期交易,直至碳排放权自身失效。

二、碳期权发展现状

目前,碳期权市场呈现出交易规模上升、交易品种多样化,但交易结构不平衡、价格持续低迷的状况。

1. 交易规模上升

尽管全球经济增速在 2008 年放缓,碳排放市场规模仍扩大至 1260 亿美元,较 2007 年增长一倍。2011 年全球碳排放交易市场规模 1760 亿美元,与 2005 年正式引入碳排放交易制度时的 108 亿美元相比,6 年间全球碳排放交易市场规模增长了 15 倍以上。金融危机后,市场对避险需求提升,金融衍生品碳期权交易额呈现大幅增长。2009 年碳期权市场成交额超过 107 亿美元,交易量超过 5 亿 t 二氧化碳,同期 EUA 期权交易量为 4.17 亿 t。2011 年 EUA 期货交易额高达 1308 亿美元,占 EUA 相关产品交易比例超过 88%,同期 EUA 期权的交易额为 142 亿美元,较 2008 年增加了 136 亿美元。

2. 交易品种多样化

碳期权交易品种趋于多样化,其标的产品包括排放配额期货合约(EUA Futures)、经核证减排量期货合约(CER Futures)、区域温室气体排放配额期货合约(RGGI Futures)、核发碳抵换额度期货合约(CCAR CRT Futures)、碳金融期货合约(CFI Futures)等。作为二级碳市场,金融机构、中间商、能源企业、工业客户等逐渐成为碳期权交易中活跃的参与者。例如美国银行、花旗银行、国际商业机器公司(IBM)、美国联合技术公司(United Technologies Corporation)、福特、霍尼韦尔国际公司(Honeywell International Inc.)、国际纸业(International Paper)等都参与碳期权交易。金融机构通过推出碳期权、碳信用掉期等避险产品,促进市场快速发展。中间商接受委托,代表小客户、工业客户等参与碳市场的交易,增强市场流动性;发电厂商、能源供应商和纵向一体化的公用事业是现货市场上主要的流动性提供方,而大量使用能源的工业客户作为避险者参与其中。

3. 交易结构不平衡、价格持续低迷

碳期权交易结构中,EUA 期权价格、交易额均高于 CER 期权,且 EUA 流动性较好。2009 年欧盟碳排放 EUA 期权成交 89 亿美元,份额占比 83%,CER 期权成交额仅 18 亿美元。2008 年金融危机后,CER 价格跌至 8 欧元/t,最大跌幅达到 65%,价格见底后不断

攀高，CER 卖方为了规避未来价格上涨的风险增持 CER 看涨期权，使得 CER 看涨期权的占比较高。2009 年 CER 看涨期权占比达到 56%，看涨期权的执行价格也高于看跌期权。与此同时，EUA 看涨期权的购买比例却有所下滑，但从历史数据来看，EUA 看涨期权的购买比例仍始终超过看跌期权。EUA 看涨期权在碳期权总额中的市场份额，从 2006 年的 89% 跌至 2009 年的 59%。2010 年第一季度，EUA 看涨期权的市场份额进一步跌至 54%。在 EU ETS 第二阶段（2008—2012）政策确定之前，由于参与方都在管理价格走低风险，EUA 看跌期权的市场份额还会持续上扬。《京都议定书》第一承诺期要求 37 个发达国家在 2008—2012 年实现温室气体排放量较 1990 年平均降低 5.2% 的减排目标，后来由于美国没有批准这项协议导致实际减排要求降低至 4.2%。随着第一承诺期的结束，2011 年一级经核证减排量（CERs）、减排单位（ERU）和排放配额（AAU）市场市值再度下降。2011 年 12 月，加拿大宣布退出该协议，CER 价格由 2011 年的 12 欧元/t 下跌至 2013 年初的 0.35 欧元/t。《京都议定书》第二承诺期于 2013 年开始执行。2013 年，全球碳市场交易总量 104.2 亿 t，交易总额约为 549.8 亿美元，较 2012 年交易总额缩水近 36.18%。2013 年 CER 价格持续低位运行，在 0.03~0.72 欧元/t 之间，而 EUA 价格也一路下跌至 2 欧元/t 以下，ERU 更是大幅缩水，暴跌至 0.5 欧元/t。欧盟碳市场的供求关系未从根本上得到改善，供过于求使碳价仍持续走低。在价格持续下跌的趋势下，看跌期权的需求量增加。2012 年 6 月至 2014 年 7 月碳期货交易量均高于相应碳期权交易量，并且 EUA 期权交易量高于 CER 期权。

第三节　碳期权市场结构与运行机制

一、碳期权市场结构

碳期权市场结构包括市场主体、市场客体、中介机构和辅助机构。碳期权市场主体是碳期权交易的参与者，是市场微观基础。碳期权市场客体主要是指交易产品，可细分为排放配额期权（EUA Options）、经核证减排量期权（CER Options）、区域温室气体排放配额期权（RGGI Options）、碳金融期权合约（CFI Options）等。中介与辅助机构通常包括经纪商、碳期权交易所、碳期权结算公司、碳资产管理公司、指定经营实体、多边金融机构、碳会计服务机构、碳法律服务机构、碳信用评级机构等。

（一）碳期权市场主体

碳期权市场主体包括各国政府、减排企业、项目开发商、金融机构等。

1. 各国政府

为避免承诺减排义务支付巨额的履约成本，各国政府可通过配置一定数量的碳期权，对冲剧烈的价格波动风险，锁定预算成本。政府机构通过购买碳期权，规避未来配额拍卖收入降低的风险，与碳期货产品组合使用，以少量期权费为成本，有效实现套期保值。在国际战略布局下，发展中国家政府接受发达国家的资金和技术支持，主动采取节能减排措施，增强国际政治地位与碳信用议价能力。发展中国家不断推动碳产业的发展，促进本国碳交易市场的发展，完善碳期权交易机制，健全监管与法律约束，激励机构投资者广泛参与碳期权、碳期货等碳信用衍生品投资。

2. 减排企业

参与碳减排的企业涉及电力、制造业、农产品、化工、造纸加工等行业，包括福特、百特（Baxter）、西夫韦（Safeway）、斯道拉恩索（Storaenso）、美国国家铁路（Amtrak）、劳斯莱斯（Rolls-Royce）、国际纸业（International Paper）等国际性企业集团。减排企业是碳配额的供需方，可运用不同交易策略买卖碳期权产品实现套期保值、对冲、投机。据联合国环境规划署统计，三菱（Mitsubishi）、德国莱茵威斯特法伦电力股份公司（RWE）、艾格色特（AgCert）、能源贸易公司维托尔是全球前十大碳买家，碳衍生品交易量也非常大。

3. 项目开发商

项目开发商参与 CDM、JI 项目，自主承担了融资风险、技术应用风险、社会和环境风险、方法学与监测核查风险、东道国政策风险以及额外性风险。目前形势下，项目开发商可积极参与碳期权交易，采用碳期权与碳现货、碳期货的适当组合，改变风险暴露头寸，规避市场价格不利变化形成的损失。

4. 金融机构

参与碳期权交易的金融机构包括商业银行、投资银行、基金公司、保险公司等。金融机构是资金实力雄厚、抗风险能力较强的专业投资机构，能够活跃市场，完善市场交易结构。

商业银行作为传统金融机构，在碳金融领域提供了相关服务与产品，包括绿色信贷、碳资产管理、低碳理财产品、碳咨询服务、碳结算业务等，增加中间业务收入。德意志银行在 2007 年推出挂钩"德银 DWS 环球气候变化基金"结构性投资产品，该基金是创新环保主题基金，广泛投资于清污技术、环境管理和能源效益领域的技术型企业，以应对环境变化。荷兰银行研发"气候变化与环境指数"，追踪解决气候变化及环境问题相关业务的上市公司业绩表现，并推出一系列与"气候变化与环境指数"和"水资源指数"等挂钩的环保理财产品，广泛投资低碳型企业、碳现货与碳衍生品等。

投资银行是从事证券发行与承销、交易，企业重组、兼并与收购，投资分析、风险投资、项目融资等业务的非银行金融机构，是碳期权市场的活跃参与者。投资银行在碳金融领域的业务包括做市商与自营业务、私募股权投资、CDM 项目融资等。例如，摩根大通（JP Morgan）以 1.98 亿美元收购全球第一大碳买家英国益可环境国际金融集团（Eco-Securities Group），参与 CDM 项目开发，在欧洲碳交易中开展自营和做市商业务；巴克莱资本（Barclays Capital）早在 2006 年推出了标准化的场外交易核证减排期货合同（SCERFA），2010 年收购全球第二大碳买家瑞典碳资产管理（Tricorona），从而大批量买入碳指标，开发出标准化的金融投资产品，零售给企业或投资者。投资银行可代理公司客户买卖碳指标、自营交易以及投资 CDM 机制下的碳买家，获取利润。例如，富通银行（Fortis Bank Netherlands）向 CDM 项目开发商提供项目融资，购买碳信用及碳衍生产品，为欧盟碳排放市场提供做市商；法国兴业银行（Societe Generale）参与 CDM 项目开发，开展 Rhodia CDM 碳补偿经纪业务，并推出 SGI 全球碳指数（SGIXOCCT）。

碳基金是全球最大的 CDM 项目和 JI 项目购买商，是碳金融领域主要资金来源之一。碳基金作为碳信用产品购买机构，多次在二级市场配置碳期权、碳期货等衍生品，控制风险，增加潜在收益。1999 年世界银行建立原型碳基金，此后碳基金规模迅速增长。根据资金来源不同，碳基金可由政府或多边机构的资金设立，也可以由私人资本设立。主要开展碳信用转售业务，在二级市场赚取差价，或者为项目提供融资获取收益。

保险公司为碳金融领域提供风险规避工具，例如美国国际集团(AIG)、慕尼黑再保险集团、瑞士再保险公司等相继展开了相关业务。保险公司不仅致力于自然灾害和气候变化潜在风险评估，提供碳信用保险产品，也多次参与可再生能源、碳衍生品投资等。

(二)碳期权市场客体

碳期权市场客体是指碳期权市场上的交易产品，目前全球主要碳期权产品如下所示。

(1)排放配额期权(EUA Options)

排放配额期权是以欧盟碳排放体系下 EUA 期货合约为标的，持有者可在到期日或之前履行该权利。

(2)经核证减排量期权(CER Options)

通过清洁生产机制产生的 CER 的看涨期权或看跌期权。由于国际碳减排单位一致且认证标准及配额管理规范相同，市场衍生出了 CER 和 EUA 期货的价差期权(Spread Option)。

(3)减排单位期权(ERU Options)

在联合履行机制(JI)下，以发达国家之间项目开发产生减排单位(ERU)期货为标的的期权合约。

(4)区域温室气体排放配额期权(RGGI Options)

美国区域温室气体应对行动计划下，以二氧化碳排放配额期货合约为标的的期权合约。RGGI 期权合约为美式期权，期权将在 RGGI 期货合约到期前第三个月交易日期满。最小波动值为每排放配额 0.01 美元。RGGI 期权合约于 2008 年开始在 NYMEX 场内进行交易。

(5)碳金融期权合约(CFI Options)

以 CFI 期货为标的的期权合约。例如碳排放权金融工具——美国期权(CFI-US Options)，以届满期开始于 2013 年的温室气体排放期货合约为标的，该温室气体排放限额必须符合一个潜在准予的联邦美国温室气体总量控制和排放交易项目。

(6)加利福尼亚限额期权(CCA Options)

以加州政府限定碳配额 CCA 期货合约为标的的期权。

(7)核发碳抵换额度期(CCAR-CRT options)

以 CRT 期货合约为标的的期权。气候储备(CRTs)是由气候行动储备权宣布基于项目的排放减少和加利福尼亚气候行动登记的抵消项目减量额度。

(三)中介机构与辅助机构

1. 经纪商

根据组织形式的不同，碳期权经纪商包括期权经纪公司和经纪人。期权经纪公司负责接受客户委托，按照客户要求，代理客户买卖碳期权合约的业务并收取佣金。碳期权经纪业务是随着集中交易制度的实行而产生和发展起来的。由于在期权交易所内交易的产品种类繁多，数额巨大，而交易厅内席位有限，一般投资者不能直接进入期权交易所进行交易，所以只能通过特许的碳期权经纪商作中介来代理进行合约买卖。碳期权经纪人通常为交易所会员，具备资格进行期权合约买卖。会员与客户之间必须保证开立独立的期权资金账户。客户在会员处开立资金账户，用于权利金的交收、行权资金的交收、期权保证金的存放。交易会员应当建立独立的衍生品交易、业务管理、风险控制等系统，确保前、中、后台业务分开，以及期权与现货业务分开。

2. 碳期权交易所

碳期权交易所是从事标准化碳期权合约买卖的专业场所，负责设计在场内集中交易的标准化期权合约，保障交易价格透明与匿名交易，消除交易对手的信用风险，为交易者提供杠杆利益。1973 年 4 月世界上第一个期权交易所芝加哥期权交易所成立。随着经济发展，各国期权交易规模逐步扩大，在 2006 年后交易所陆续推出碳期权业务。碳期权交易所提供了公开公平的交易平台，便于交易双方及时准确获取信息，提高交易效率，节约交易成本。全球主要开展碳期权业务的期权交易所有：欧洲气候交易所(ECX)、欧洲能源交易所(EEX)、BlueNext 交易所、北欧电力库(NP)、荷兰气候交易所(Climex)、美国绿色交易所(green exchange)、芝加哥气候交易所(CCX)、芝加哥商品交易所(CME)、芝加哥期货交易所(CBOT)、蒙特利尔气候交易所(MCeX)、ICE 交易所、纽约商品期货交易所(NYMEX)、印度碳交易所(MCX 和 NCDEX)、澳大利亚金融及能源交易所(FEX)、新加坡贸易交易所(SMX)。

碳期权交易所的最高权力机构是会员大会，由选举产生的理事会是其执行机构，具体事物由下设的委员会负责。碳期权交易所委员会一般可以分成 4 种类型，见表 7-1 所列。

表 7-1　碳期权交易所委员会

委员会名称	职能
常务委员会	由理事会任命，负责处理碳期权交易所日常管理事务
上诉委员会	负责对理事会决定或交易行为委员会决定存在争议的上诉案件，进行调解 会员成员由会员大会任命，非会员成员由理事会任命
交易行为委员会	负责处理交易所会员违反相关规则的案件
斡旋委员会	负责处理个人投资者对交易所会员行为的诉讼案件

碳期权交易所与结算机构相同，都采取会员制，两者会员分别为交易会员和结算会员。碳期权交易所会员必须持有至少一股的股份才有资格获得交易席位。按照职能的不同，碳期权交易所会员可分为两类，其一是场内经纪人，另一类是场内交易商。场内经纪人作为交易中介，接受客户委托从事交易活动。场内交易商又称为做市商，以自己的账户接受代理交易业务。根据其业务资格的不同，碳期权交易所会员可以分类为现场交易商、非现场交易商、大厅经纪商、特种经纪商、市场经营商、场外交易所和清算交割商，见表 7-2 所列。

表7-2 碳期权交易所会员分类与主要职能

会员名称	主要职能
现场交易商 （public order member）	常驻固定交易所，可接受非会员投资者的申报竞价指令或自行参与， 通过大厅经纪人完成交易
非现场交易商 （public order correspondent member）	驻各地办事机构，有权接受非会员投资者申报竞价指令， 通过现场交易商中介进行交易
大厅经纪商（floor broker）	代理委托人执行交易指令，为交易者进行买卖交易
特种经纪商 （floor broker specialist）	按照投资者委托指令交易，或直接参与交易， 持有限价委托书，保障行情稳定
市场经营商 （market maker）	在场外交易市场代理客户公开报价，并维持特定买、卖方报价， 通过大厅经纪人在市场经营商账户下完成交易
场外交易商 （off-floor trader）	场外交易中，有权接受客户委托代理买卖，通过大厅经纪人在场外交易 商账户下完成交易，且场外委托先于场内委托执行
清算交割商（clearing member）	担保交易履约，实施合约清算交割

为了规避风险，碳期权交易所严格要求会员交纳的资本金，并采取一定的风险管理监督措施以及财务管理措施。财务管理措施包括共同保证制度、违约损失赔偿制度以及结算保证基金的拨补制度。部分结算机构从属于交易所，结算会员向期权交易所缴纳结算保证金与结算机构每年从盈余拨一定的违约损失准备金共同保证交易秩序正常运转。碳期权交易所对于违约损失赔偿的先后顺序为违约结算会员的结算保证金、违约结算会员的结算保证基金、结算中心提拨的违约损失准备金、其他结算会员的结算保证基金。

碳期权交易所的交易费用各不相同。以欧洲能源交易所为例，其费用见表7-3所列。

表7-3 欧洲能源交易所碳交易费用

收费标的	收费标准（欧元）	备注
碳期货合同	3.5/份（会员）	每份1000 t配额
	4.0/份（非会员）	
碳期权合同	3.5/份（会员）	
	4.0/份（非会员）	
拍卖合同	0.375/手	每手500 t配额

3. 碳期权结算公司

碳期权结算公司的职能与碳期货结算公司类似，保证期权碳金融一方按照合约规定履行义务，交易者无须担心卖方的信用风险，同时结算公司需要记录交易信息。期权结算公司拥有实时计算损益系统，依据碳期权仓位的每日结算市场价格，计算各结算会员的仓位损益，依此损益金额办理各结算会员变动保证金款项的收付。期权结算中心的结算会员可完成结算工作。结算会员负有担保期权交易人履约的责任，而期权结算公司负有管理结算会员许可资格的义务，包括结算会员资格管理、保证金需求及风险管理、提拨交易所保留盈余、结算会员保证基金的收取与管理。买入碳期权时，买方必须在第二个交易日上午支付期权费用，资金存入期权结算公司。期权结算公司的结算会员需编制财务、业务等有关报告，并定期或随时向期权交易所报告资本充足情况。碳期权结算公司对结算会员的营运与财务活动做稽核，并建立风险管理系统，以便事先监测，避免结算会员的违约。期权出售方必须在经纪人处开设保证金账户，经纪人负责在结算会员处维持一定的保证金账户。

若碳期权结算公司在必要时动用所有结算会员的结算保证基金以弥补违约事件下的亏损时，其方式是按照各会员当时的未平仓合约数的比例分摊。若在动用其他会员的结算保证基金后，违约会员再提供担保品，则结算公司应按原动用的比例摊还给其他结算会员。以上制度属于结算保证基金共同联保制。在任何紧急状况发生时，碳期权结算公司有权在配合政策下，将结算程序纳入紧急应变措施中。

以欧洲期权交易所结算公司 EUREX Clearing AG 的结算程序为例。其具体程序如下。

（1）成交回报及仓位归户

委托成交后，结算会员与 EUREX Clearing AG 联网的计算机系统接收成交回报，并列印成交资料，同时成交仓位会分别归户至结算会员的客户账户、自有账户及做市商账户中。

（2）仓位查询

结算会员可查询某一特定产品的仓位明细，包括前日仓位余额、本日交易仓位数额及目前仓位余额等资料。

（3）仓位调整

EUREX 计算机系统提供以下 4 种功能的仓位调整作业。①交易分割，将一笔交易分割为数个较小的交易，此功能仅适用于将仓位归户至客户账户的交易。②开仓/平仓交易调整，将开仓交易转为平仓交易，将平仓交易转为开仓交易。③交易账户的仓位移转，将交易账户的仓位移转至另一账户。④结算会员的仓位移转，将交易仓位由某一结算会员移转至另一结算会员。

（4）行权与分配

由于碳期权的持有者（买方）可以买进或卖出合约标的物，或转换成期货仓位，或经由现金结算程序收取现金，所以结算会员可经由计算机联网输入以行使权利，EUREX Clearing AG 在后面批次处理中以随机方式分配给持有卖出仓位者，结算会员在下一交易日经由计算机联网的窗口查询分配结果及数量。

（5）通知交割与分配

期权空头的持有者必须提出交割通知给结算会员，结算会员则通过计算机联网将交割通知告知 EUREX Clearing AG，该公司接着将交割通知上的标的物分配给期权多头仓位的持有者，所有的交割步骤均依规定执行。

（6）期权与期货合约的结算

期权合约的行使与分配均在结算中心的监督下，在结算会员间进行。结算会员负责整个结算过程中有关非结算会员和交易人交割款项和标的物的正确性。整个结算过程，也就是交割与付款，结算会员均可通过计算机联网查询并列印相关资料。

(7)权利金、变动保证金与费用的处理

结算中心对于每一结算会员均设有权利金账户，在晚间的批次处理中，EUREX Clearing AG会计算净权利金金额并登载至结算会员的权利金专户中。EUREX Clearing AG也会计算各结算会员的各项费用金额，按月累计后自结算会员的账户中扣取。

4. 碳资产管理公司

碳资产管理公司利用专业化优势实施项目咨询、项目融资、项目开发和碳信用经纪服务。据联合国环境规划署（UNEP）统计，2012年近1/3的CDM项目买家是碳资产管理公司。全球知名碳资产管理公司多为跨国企业，例如英国益可环境国际金融集团（Eco-Securities Group）、法国电力贸易公司（EDF Trading）、瑞典碳资产管理公司（Tricorona）等。碳资产管理公司在场内交易中作为经纪商开设账户提供给买卖双方交易，在场外交易中为交易双方进行撮合。

瑞典碳资产管理公司（Tricorona）是为欧洲工业提供成本有效减排方案和碳资产管理服务的领先供应商。企业的核心业务是在全球范围内收购清洁发展机制（CDM）和联合履约（JI）项目产生的减排量，投资温室气体减排项目。该企业向欧洲碳排放交易商和排放权最终用户提供基于温室气体减排需求的现货、远期合约和金融衍生商品服务。

益可环境国际金融集团（Eco-Securities Group）是全球碳信贷寻购、开发和交易业务的主导者，以减排量买家、项目投资者和碳咨询顾问等多种角色与项目业主进行合作，策划和引导温室气体减排项目顺利通过《京都议定书》所规定的全部流程，直到最终实现其经济价值。该企业在伦敦股票交易市场上市，同发展中国家和工业化国家的企业广泛开展合作，从减少温室气体排放的项目中开发并购买碳信贷。

5. 指定经营实体

指定经营实体的职能是确认推荐的CDM/JI项目合格性及项目登记、验证登记的CDM/JI项目减排活动，出具CER/ERU证明。项目能否成功注册、产生的温室气体减排量能否获得签发以及签发量都由指定经营实体决定。全球主要指定经营实体包括挪威船级社（DNV）、南德意志集团工业服务有限公司（TUV SUD）、日本质量保证机构（JQA）、瑞士SGS集团、劳氏质量认证有限公司（LRQA）、中国质量认证中心（CQC）、德勒认证评估机构（TECO）、西班牙标准化组织（AENOR）、法国国际质量认证公司（BV）等。

6. 多边经营机构

多边金融机构是指3个或以上国家政府设立的国际性金融机构，包括多边开发银行、国际货币基金组织（IMF）和联合国气候基金等。世界银行为CDM和JI项目的实施建立了公平的市场机制，为成员国提供项目识别与开发的技术支持，使碳减排效率高的实体在其中获得收益。世界银行成立多项碳基金，为东道国提供咨询建议，解决监管、项目评估标准等实际操作问题。世界银行在2010年参与方法学研究，只有具备合适的方法学建设，才能推进CDM项目覆盖更多行业。国际金融公司（IFC）是世界银行集团的下属机构之一，提供CDM项目融资10JM，参与项目并提供担保，增强交易对手方的信心。

二、碳期权交易制度

碳期权的交易制度是在期权交易机制基础上设计的，其目的主要是对碳市场风险进行控制和管理。主要包括保证金制度、持仓与履约限额制度、大户持仓报告制度、强行平仓制度。

（一）保证金制度

在碳期权交易中，期权购买方必须全额支付权利金。与期货交易不同，考虑到以保证金方式购买碳期权会使杠杆提高到不可接受的水平，因而不允许使用保证金购买碳期权。碳期权买方不需要支付一定保证金，而碳期权卖方必须在保证金账户存入一定比例的履约保证金，确保期权执行。保证金的计算方法一般使用国际认可的风险标准组合分析（SPAN）或理论性市场保证金（TIM）方式。传统保证金计算方法可以分类为：Delta 制度、传统制度、标准组合风险分析系统。Delta 系数是指标的资产价格每变动 1 单位，权利金所变动的数值。保证金等于期权的 Delta 系数乘以期货保证金加上权利金之和。传统制度与标准组合风险分析系统比较常用，但标准组合风险分析系统需在计算机上输入标的资产的数量、日期、执行价格等变量以计算保证金数额。

碳期权的卖方可分类为持有有保护期权和持有无保护期权。碳期权卖方拥有对冲期权头寸风险的标的资产，称为持有有保护期权或非裸露期权；反之，则为持有无保护期权或裸露期权。例如，投资者在卖出看涨期权时持有标的资产碳期货合约。对于卖出有保护期权，卖方所持有的标的资产碳期货合约可作为保证金，不再被要求缴纳。为了规避行权时交易者违约的风险，期权交易所对卖出无保护期权规定了严格的保证金要求。投资者开仓卖出期权，需要交纳初始保证金；持仓期间卖出期权，投资者需要维持一定的保证金比例，即交纳维持保证金。若交易者无法按要求及时补足保证金，期权交易所或结算机构有权实施全部或部分强行平仓。美国芝加哥期货交易所（CBOT）计算卖出无保护期权初始保证金要求的计算公式如下。

$$看涨期权初始保证金 = max[C+0.2F-max(0, K-F), C+0.1F] \tag{7-1}$$

$$看跌期权初始保证金 = max[P+0.2F-max(0, F-K), P+0.1F] \tag{7-2}$$

式中　C——看涨期权的权利金；

　　　P——看跌期权的权利金；

　　　K——期权的执行价格；

　　　F——标的资产期货合约的市场价格。

结算机构向交易者收取保证金可分类为结算准备金和维持保证金，并且以分级方式收取。结算准备金是指交易者在保证金账户中为了碳期权交易结算预先准备的资金，是未被合约占用的保证金，且设定最低余额。维持保证金是指交易者存入保证金账户用于确保合约履行的资金，是已被合约占用的保证金。在交易者结算准备金低于最低限额时，交易所禁止其开新仓位。如果结算准备金余额小于零且不能在规定时间内补足，交易所和结算机构会对其合约强行平仓。

对于不同类别碳期权，保证金交纳数额不同。碳期权买方不存在不履约的风险，因而不会对经纪公司或交易所带来任何损失。碳期权卖方交纳保证金要求是关注的重点。期权经纪公司对不同信誉客户、不同标的资产收取不同水平的保证金。保证金计算以"净值"为基础，这就使保证金直接与交易会员头寸内在风险成比例。每日交易结束时所有的持仓合约要重新登记，或按当日收盘价重新计价，结算机构每日调整保证金数额，及时对碳期权卖方进行追加保证金。由结算产生的借记和贷记，每日都要登录在交易会员的账户上。如果账户保证金不足，结算公司在上午 8：30 以前通过保护性支付系统通知会员的开户银行。在价格异常波动时，结算公司要求会员追加变动保证金。

(二)持仓与履约限额制度

持仓限额制度是指碳期权经营机构或投资者对某一碳期权合约的同向持仓数量达到或者高于规定持仓限额的，不得同方向开仓交易。碳期权交易方向为多头或空头，多头持仓数量等于买入看涨期权的持仓量与卖出看跌期权的持仓量之和，空头持仓数量等于买入看跌期权的持仓量与卖出看涨期权的持仓量之和。美国证券交易委员会规定，"任何采取一致行动的个体和组织不得在同一标的证券市场中单边持有超过 8000 份期权合约"。期权经营机构因套期保值、套利交易、做市商等需要增大持仓限额，一般须向交易所提交申请材料，包括申请人信息、合约信息、提高持仓限额种类和数量以及用途、相关资产证明及交易情况等。

为确保交易顺利进行、避免影响现货市场，欧洲期货交易所对交易会员及客户账户所持有的仓位制定上限，防止人为炒作与操控市场。现阶段仅股票期权设有仓位限制，一般持有仓位上限为在外流通资本的 1%，做市商的仓位限制则可为上述数量的三倍。

(三)大户持仓报告制度

碳期权交易所实行大户持仓报告制度，与碳期货类似，碳期权经营机构和投资者持仓数量达到规定的报告标准，应在下一个交易日向碳期权交易所报告。碳期权交易所有权要求碳期权经营机构和投资者补充报告。报告内容包括期权经营机构名称、客户名称和客户衍生品合约账户、持仓量最大的 3 个合约持仓信息(合约编码、持仓量等)、维持保证金、可动用资金、资金来源说明、开户资料及单日结算单据、持仓意向等。大户报告制度下，碳期权交易所监督实时交易信息，防范大户操纵市场价格，控制市场风险。

(四)强行平仓制度

在交易会员或投资者结算准备金小于零，且未能在规定时间内补足或者自行平仓，或者碳期权经营机构或其客户账户持仓数量超出其持仓限额，且未能在规定时限内自行平仓，或者违规或违约时，碳期权交易所会实行强行平仓，防止风险扩大。碳期权交易所强行平仓按照以下程序执行：第一，发送强行平仓通知书；第二，执行及确认，强行平仓结果随当日成交记录发送给碳期权经营机构。通常，碳期权经营机构应当在期权经纪合同中与客户约定强行平仓的具体事项。

三、碳期权交易流程

碳期权交易流程包括下单委托、报价、撮合、成交。交易者主要以电子交易为主，通过计算机终端机连线集中竞价买卖。碳期权交易所客户经由交易会员连线终端机下单并取得实时的委托、成交等交易信息。通常，期权交易所拥有电子交易系统与交易大厅形成的公开喊价市场同时运作，如芝加哥期权交易所、ICE 交易所。

(一)下单委托

碳期权交易客户下单委托是指通过向经纪公司发出指令，要求买入或卖出一份或多份期权合约。经纪公司接收指令后立即传递给交易大厅进行执行。碳期权指令发出后，投资者应承担相应的法律责任和义务。指令内容包括：买入或卖出、合约编号、标的资产、合约到期月份、执行价格、权利金限额、期权种类(看涨期权或看跌期权)、有保护或无保护(卖空时)以及客户身份信息。指令类型可以分为限价委托、市价委托、停损委托以及组合式委托。限价委托是指以优于或等于其指定的价格进行撮合，市价委托是在即时最优价格尽快成交，而停损委托则于市场达限定价格时，该笔委托将以市价委托方式处理。限价委托除一般限价单外，还可附加限制条件，包括立即成交否则取消委托(immediate-or-cancel，IOC)及须立即全数成交否则取消委托(fill-or-kill，FOK)，其中全数成交否则取消委托仅适用于碳期权交易。附加限制条件的委托仅在交易时段中输入。此外，撮合原则仅采用价格优先的原则，其市价单必须附加 IOC 条件。未加条件限制的限价委托需进一步限制其委托期限，包括取消前有效委托(good-till-cancelled，GTC)、指定有效日委托(good-till-date，GTD)。未说明上述委托期限的委托，在当日交易时间结束后无效。组合式委托是指同时交易两个不同月份的相同标的的期货合约或进行跨产品的期货组合式交易或不同序列期权合约。组合式委托所涵盖的两个合约必须同时成交，该笔组合式委托才成交。根据其性质，其价格的申报以两个合约价格之差或之和方式输入委托。碳期权交易因设有独立的组合式报价簿，因此其组合式委托输入时，须说明该委托是与组合式报价簿中的报价撮合成交，或是与一般单式委托簿的委托或报价成交。此外，部分产品包含跨产品价差委托、Delta 中性复式产品委托以及碳期权交易策略委托的设计。这部分委托设有独立的委托簿，新进委托仅与该委托簿中的委托撮合，并不会与一般委托簿中的委托或报价进行撮合。

下单委托后，投资者需要支付一定的手续费即佣金。碳期权手续费计算较复杂，并且不同经纪公司和不同经纪人收取的手续费存在差异。折扣经纪人的佣金比全面服务经纪人低，并且费用等于固定额加上交易额的百分比。在冲销交易结清时，投资者必须再次支付佣金。执行碳期权时，交易者通常交纳手续费，其费用为交易单位的 1% ~2%。平仓需要支付一次手续费，且低于执行碳期权的手续费，通常，交易所倾向于让投资者平仓碳期权而非执行。

(二)报价

在碳期权交易中，市场上如要求报价时，该产品的做市商须执行报价委托。担任该项合约的做市商通过交易窗口可收到市场的询价信息，并且必须立即进行买卖双边报价。根据规定，期权交易所必须规定其买、卖报价间的最大差额，以确保报价的合理性。由于其调节市场功能，做市商适用较低的交易费用标准，并能够使用交易系统中一些特殊功能，例如报价信息更新窗口，该窗口使做市商能够迅速输入、变更及取消多项报价。在碳期权交易中，仅做市商进行报价；而在碳期货交易中，所有交易会员都可输入报价，包括仅进行买价或卖价单边报价、买卖双边报价、组合式报价。

（三）撮合

碳期权交易委托的撮合是以价格优先、时间优先的顺序进行。这表示价格较优的委托优先于价格较差的委托，若价格相同，则优先执行输入系统时间较早者。然而，部分产品的撮合，则仅以价格优先为原则，也就是说，若价格相同，留在委托簿中的委托或报价将依比例分配成交，而非依时间顺序。未能依比例分配时，则以随机方式撮合成交。如果交易者委托数量减少，原委托的时间顺序仍然不变；如果价格变更或增加委托数量时，则视为重新委托。一般，碳期权市价委托的撮合优先于限价委托。如果同时接收有多份市价委托，则依输入的时间顺序执行。在开盘时段，市价委托将以开盘价撮合。因此，碳期权交易的市价委托是以委托簿中现行最佳价格至最差的报价间的价格成交。如果未能成交，则该委托将进入委托簿中，待下一报价或限价委托输入，等待区间内的限价委托输入另一新成交价产生，进行竞价撮合。除 FOK 委托外，委托交易的数量未能一次成交者，则为部分成交；除 IOC 委托外，其余数量仍将维持在委托簿中，继续参与竞价撮合。

（四）成交

在经过下单委托、报价、撮合步骤后，交易正式成交，并伴随着仓位和保证金结算。若投资者通知经纪人执行期权时，经纪人需要通知期权结算公司负责结算的会员执行。期权结算公司随机选择持有相同碳期权的短头寸会员，按程序确定出售该项期权的投资者，达成交易。在碳期权被执行后，未平仓账户数量减 1。在期权到期日执行期权对客户有利时，部分经纪人会替代客户自动执行期权，无其他变化实值期权会被执行。

碳期权执行有 3 种方式，对冲平仓、执行期权和自动失效。对冲平仓是指在碳期权到期之前，投资者交易一个与初始交易头寸相反的期权头寸，盈亏状况取决于权利金的差价。购买碳期权的投资者可以发出冲销指令结清头寸。例如，某碳期权承约者可以发出购买相同期权的冲销指令结清头寸。如果投资者决定执行期权，可以通知经纪人，经纪人告知结算机构会员，结算公司收到指令，按程序买卖双方交割碳期权。如果期权的标的资产是碳期货，期权多头执行期权可获得一定数量的碳期货头寸。看涨期权的多头和空头分别取得多头和空头的碳期货头寸，而看跌期权的多头和空头分别取得空头和多头碳期货头寸。碳期权到期时，交易者无收益，即内在价值较低或小于执行期权的费用，碳期权买方会放弃行权，期权自动失效。放弃行权一般不需要提交申请，失效后双方碳期权头寸消失。通常，碳期权合约以对冲平仓进行了结，较少会执行或自动失效。

第四节　碳期权合约内容与定价

一、碳期权合约基本要素

碳期权合约包括 4 个基本要素，分别是执行价格、到期日、标的资产、权利金。

（一）执行价格

执行价格是指碳期权合约规定期权买方在执行期权时买入或卖出标的资产的价格。执行价格是确定的，无论碳期权合约的标的物价格上涨或下跌至任何程度，在有效期内，购买者都有权按照执行价格行权，出售者必须以此价格履行义务。

（二）到期日

碳期权到期日是指期权合约所规定的，期权购买者可以实际执行该期权的最后日期。期权到期日与最后交易日的概念并不同，以标的期货到期月而不是期权到期月份识别。ICE ECX EUA 期权合约规定，到期日为标的 EUA 期货合约交付日之前的 3 个交易日。

（三）标的资产

期权的标的资产是期权合约中约定的交易资产。根据标的资产的不同，期权可分类为商品期权和金融期权，或者即期期权和期货期权。碳期权属于期货期权，标的资产是碳期货合约。在大多数情况下，期货合约比现货资产流动性更强，价格更透明，投资者更愿意选择期货期权。碳期权的行使并不一定会触发标的资产的交割，标的碳期货合约往往在到期日之前被平仓。通常碳期权采用现金结算，看涨期权行权时，持有者获得期货长头寸加上碳期货价格高于执行价格的现金差额；看跌期权行权时，持有者获得期货短头寸加上碳期货价格低于执行价格的现金差额。

（四）权利金

权利金是期权合约的期权费，即碳期权买方为获得碳期权合约必须向卖方支付一定的费用。权利金可以分为两个部分，其一是内在价值，即碳期权立即执行的盈利额，由碳期权合约执行价格与标的物价格的关系决定的；其二是时间价值，可表示为权利金大于内在价值的部分，期权的买方和卖方依据对未来时间内期权价值增减趋势的不同判断互相竞价而产生的。权利金是双方竞价的结果，是买卖力量均衡下统一形成的，其大小取决于碳期权价值。对于碳期权买方，权利金锁定损失最大额度，对于碳期权卖方，拥有权利金的时间价值，卖出期权合约可立即获得权利金，而一段时间后才进行标的资产交割。权利金 ＝ 期权标价×合约数量。

二、碳期权合约主要条款

碳期权合约标准化条款表明交易产品的特性。

①交易名称与代码　由于碳期权是基于碳期货合约而设立，所以交易品种的名称根据期货合约的不同而不同。正如上文所提到的，碳期货的通用名称为核证减量期货，故而全球各大交易所推出的与京都机制相联系的期权品种均称为核证减量期货期权。

②标的资产　指经批准进入期权市场的碳期货合约。

③交易单位　指每张碳期权合约代表的标的资产数量。交易所一般以手作交易单位，以 CER 期权为例，每手代表的核证减排量有所不同，除了印度泛商品交易所使用了每手 250 个核证减排单位以外，其他主要交易所的交易单位均为每 1000 个核证减排单位。一般而言，市场规模越大，交易资金数额越大，期权合约的交易单位就越大。

④报价单位　指碳期权交易所报价采用的单位。芝加哥气候期货交易所以美元为报价单位，印度泛商品交易所以卢比为报价单位，而欧洲气候交易所、纳斯达克商品事业部和美国绿色交易所的报价单位均为欧元。

⑤最小变动单位　指碳期权合约公开竞价过程中，合约报价的最小变动单位。欧洲气

候交易所 0.01 欧元/t、芝加哥气候期货交易所 0.01 美元/t、纳斯达克商品事业部 0.01 欧元/t、美国绿色交易所 0.01 欧元/t、印度泛商品交易所 50 派士/t。

⑥每日价格波动幅度限制 碳期权价格每日价格波动幅度受到限制,波动幅度大于一定数额时暂停交易,因而可被称为涨跌停板制度。国际上对于碳期权每日价格最大波动限制较为宽松,欧美核证减排量期权不限制每日价格波动范围,印度碳期权交易实行日内 4%、6% 和 9% 的阶梯式限制。

⑦交割月份 交割月份是指合约到期需要交割的月份,通常包括每个月、单 3 月、双月、季月、滚动月份等种类。通常,碳期权合约分为季度合约和月度合约。在季度合约中,欧洲气候交易所、芝加哥气候期货交易所、美国绿色交易所、纳斯达克商品事业部的合约月份都是 3 月、6 月、9 月和 12 月,而印度泛商品交易所核证减排量期货合约的交割月份设定为 2 月、5 月、8 月和 11 月。

⑧行权价格 碳期权合约中提前规定以确定价格买进或卖出标的资产,该确定价格可作为履约价格或执行价格,也称为敲定价格。

⑨交易时间与最后交易日 碳期权合约在场内交易时间是固定的,在每个交易所交易时间都有严格规定。交易时间在各地区不同,伦敦洲际交易所交易时间为 7:00~17:00,碳期权合约的最后交易日是指合约交割月份中的最后一个交易日,此后必须停止交易。

⑩交割方式 碳期权交割方式分为现金交割和实物交割。欧美、印度碳期权主要交割最终以标的期货所有权转移,这种方式是实物交割。现金交割则是由交易双方根据价格进行现金盈亏结算。

值得指出的是,碳期货与碳期权合约是有差异的,碳期货与碳期权的合约条款区别主要体现在交易单位、到期日、合约月份等方面。

三、碳期权定价原则与影响因素

期权价格(option price)指每份期权合约的市场交易价,也可以理解为,在期权交易过程中,并设认购期权仓位的持有者(Holder)向开设认沽期权仓位的立权者(Writer)支付的保证金成权利金。期权价格通常由期权交易双方在交易所内通过竞价方式达成。在同一品种的期权交易行市中表现为不同的敲定价格对应不同的期权价格。

碳期权的符号规定如下:

F_0:期初标的资产碳期货的市场价格;

F_T:碳期权合约到期时标的资产的价格;

K:碳期权的执行价格;

r:无风险利率;

T:碳期权合约的期限(以年计);

F:期初期权的价格;

P:看跌期权的价值;

C:看涨期权的价值。

(一)碳期权定价的基本原则

与其他期权定价所蕴含的风险中性定价原则和无套利定价原则类似,碳期权定价也遵循这两项基本原则。

1. 风险中性定价原则

风险中性定价原则是 1976 年约翰·考克斯（John C. Cox）和斯蒂芬·罗斯（Stephen A. Ross）在推导期权定价公式时建立的原则。风险中性理论是指在市场不存在任何套利机会的条件下，如果衍生证券的价格依赖于可交易的基础证券，那么衍生证券的价格与投资者的风险态度无关。理性投资者一般是风险厌恶型，在投资过程中均要求风险补偿或风险报酬，于是风险资产的预期收益率中包含风险补偿风险厌恶程度越高，投资者要求的风险补偿越大。如果市场中资产价格与投资者的风险偏好无关，那么不存在风险补偿问题，因此风险中性假设下无需考虑风险补偿。假定风险中性成立，此时所有证券的预期收益率都等于无风险利率，所有现金流都可以通过无风险利率进行贴现求得现值。风险中性理论在一定程度上简化了衍生证券的定价分析。利用无风险利率贴现的风险中性定价过程是鞅（martingle），现值的风险中性定价方法是鞅定价方法（martingale pricing technique）。

由于不存在任何风险补偿或风险报酬，市场的贴现率等于无风险利率。期权未来现金流可通过无风险利率贴现计算现值。交易者也可按照无风险利率无限制借贷资金。风险中性定价原则简化了期权定价的计算过程，支持了期权平价模型的推导，为二项式模型和 Black-Scholes 期权定价模型的建立奠定了良好基础。

2. 无套利定价原则

无套利定价原则是指交易市场上，金融资产的价格趋于均衡，不存在套利机会。无套利成立的前提是市场是有效的，不存在摩擦，即交易不需要成本。一旦存在套利机会，投资者就可以获得无风险报酬，使得市场失衡。不同交易市场上，同种金融资产的价格差异会吸引投资者进行跨市场套利，低价买进高价卖出，赚取差价。有效的交易市场则能够使投资者迅速发现同种产品在不同市场价差的信息，从而及时采取大量买卖操作，迅速消除套利机会，产品价格回归理性水平。

在无套利市场上，隐含着两大基本假设。第一，允许交易者在市场上进行卖空，可利用资金进行做多或做空，不需要从其他渠道融通资金；第二，期初投资者可利用历史价格信息，以相同的投资成本购买不同产品，未来这些产品的持有成本和利润基本一致，无套利机会。总的来说，金融资产的合理定价尤为重要。在期权定价过程中，为了规避套利交易行为，看涨期权和看跌期权存在价格限制，通常被称为"无风险套利限制"。无风险套利限制期权定价理论前提是不存在无风险套利机会。不满足此条件，期权价格的计算与推导没有意义。基于无风险套利限制，看涨期权和看跌期权的价格上下限必然受到约束。

（二）碳期权价格的构成

根据持有成本理论，碳期权理论价格由标的资产价格和持有成本构成。期权执行价格与标的资产市场价格的关系可用内在价值表示，与未来标的资产价格的关系可用时间价值表示。因此，碳期权价格等于期权的内在价值加上时间价值。

1. 期权内在价值

期权的内在价值（intrinsic value）是指多方行使期权时可以获得的收益的现值。看涨期权中，内在价值＝标的资产市场价格－合约执行价格；看跌期权中，内在价值＝合约执行价格-标的资产市场价格。实值期权的内在价值大于零，而虚值期权和平值期权的内在价值等于零。例如，假设 EUA 期货期权合约市场价格为 8 欧元/t，则执行价格为 7 欧元/t 的看涨期权的内在价值为 1 欧元/t；执行价格为 9 欧元/t 的看涨期权是虚值期权，内在价值为 0；执行价格为 8 欧元/t 的看涨期权，内在价值也为 0。

对于美式期权，看涨期权和看跌期权的内在价值可用标的资产的市场价格与期权合同的执行价格表示。

$$CI_A = \max(0, F_t - K) \tag{7-3}$$

$$PI_A = \max(0, K - F_t) \tag{7-4}$$

式中　F_t——t 时刻标的资产碳期货的市场价格；

　　CI_A——美式看涨期权的内在价值；

　　PI_A——美式看跌期权的内在价值。

对于欧式期权，碳期权的执行日期为到期日。碳期权持有期限为 T，考虑货币的时间价值，期权的执行价格需要折现为当前时刻，通常以无风险利率进行计算期权执行价格的折现值。欧式看涨期权和欧式看跌期权的内在价值可表示如下：

$$CI_E = \max(0, F_0 - Ke^{-rT}) \tag{7-5}$$

$$PI_E = \max(0, Ke^{-rT} - F_0) \tag{7-6}$$

式中　CI_E——欧式看涨期权的内在价值；

　　PI_E——欧式看跌期权的内在价值。

2. 碳期权的时间价值

碳期权的时间价值是指当期权的多头方希望随着时间的延长，标的资产价格便可能使期权合约价格增值时所愿意支付高于内在价值的权利金，期权合约剩余效期越长，时间价值也就越高，呈现正向变动关系，但不是正比例关系。碳期权时间价值与标的资产市场价格变动趋势成正比，与标的资产市场价格反复波动的程度成正比。时间价值是确定碳期权交易策略的关键。相同执行价格的碳期权，有效期越长则权利金越高，到期时时间价值为零。

例如，假设 EUA 期货的市场价格为 7 欧元/t，执行价格为 5 欧元/t 的 EUA 货看涨期权的价值为 3 欧元/t，其中内在价值为 2 欧元/t，时间价值为 1 欧元/t。1 欧元/t 的时间价值是剩余期限下看涨期权投资者相机抉择的价值。看涨期权的购买方可根据市场信息，预测未来碳期货价格走势，判断涨跌方向，从而决定是否执行权利。一旦碳期货市场价格上涨，碳期权的内在价值会上升，随着时间推移未来碳期权的价值具有不确定性。比较执行价格为 6 欧元/t 的看跌期权，其内在价值为零，但距离到期仍然有一定时间间隔，碳期货的市场价格可能跌至 6 欧元/t 以下，因此其时间价值大于零，因而此看跌期权仍具有价值。

3. 内在价值、时间价值与期权价格的关系

标的资产的市场价格直接影响权利金的大小，并决定执行价格的选择，从而影响内在价值。标的资产市场价格的波动，导致碳期权作为实值期权和虚值期权的可能性。碳期权合约的执行价格影响内在价值和时间价值。同一品种且具有相同到期日的两份碳期权合

约，执行价格不同，一般平值期权存在向其他类型期权转化的可能性，风险较高，时间价值也就较大。如果执行价格偏离市场价格过远，碳期权的时间价值很小，几乎为零。在执行价格已被确定时，标的资产的市场价格决定内在价值；在市场价格已被确定时，执行价格决定内在价值。通常，执行价格与市场价格差距越大，时间价值越低，反之亦然。

（三）影响期权价值的因素

碳期权的价值受到以下 5 个因素的影响。

1. 相关标的资产的市场价格

碳期权的标的资产为碳期货，标的资产的价格对碳期权的价格产生直接影响。在其他条件不变时，标的资产价格上升，看涨期权价格随之增加，而看跌期权价格随之下降。例如，以 CER 为标的的碳期权，其价值受到 CER 价格波动的影响，而 CER 价格与经济发展水平、气候变化、能源价格波动相关。经济发展水平越高，极端异常天气越多，原油价格上升，CER 需求越多，则 CER 价格越高，带来看涨期权价格提升。

2. 执行价格

在看涨期权中，执行价格越高，投资者在未来愿意以更高的价格购买标的资产，只有在标的资产价格提高至一定水平时，碳期权持有者才能获得收益。在看跌期权中，执行价格越高，碳期权价值越高。

3. 距离到期时间

在欧式看涨期权中，碳期权到期时间对其价值影响较大。看涨期权距离到期时间越长，标的资产的价格波动可能性越大，碳期权持有者承担风险越高（包含短期看涨期权的投资机会），相应的潜在收益越大。相反，看涨期权距离到期时间越短，标的资产价格变动幅度越小，持有者获利可能性越小。

在美式看涨期权中，持有者在合约到期日或之前都能执行碳期权，碳期权价值与距离到期期限成正相关，距离到期时间越长，碳期权价值越高。

在欧式看跌期权中，碳期权的价值与距离到期时间的关系比较复杂。若不存在其他收益（例如股利、利息），根据买权——卖权平价公式：

$$C+Ke^{-rT}-F_0e^{-rT}=P \tag{7-7}$$

欧式看跌期权距离到期时间越长，即 T 越大，C 越高，而 $(K-F_0)e^{-rT}$ 越小。总而言之，距离到期时间长短对欧式看跌期权价值的影响不确定。

在美式看跌期权中，同样有买权——卖权平价公式：

$$C-F_0+Ke^{-rT}<P<C-F_0e^{-rT}+K \tag{7-8}$$

T 与 P 之间的关系并不能确定。碳期权的期限长短与美式看跌期权的价值关系不确定。

4. 标的资产价格稳定性与风险大小

碳期权的标的资产价格波动幅度越大，碳期权避险需求越强烈，期权价值越高。此外，看涨期权最大损失为期权费，但收益是无上限的，因而标的资产价格越稳定，碳期权价值越低。看跌期权随碳期货市场价格上涨出现损失是有限的，而价格下跌导致收益较大，标的资产价格波动越大，看跌期权价值越大。与碳现货交易不同，碳现货价格波动幅度越大，其资产价值越低，而碳期权恰好相反，这反映出碳期权对于现货价格剧烈波动的规避作用。

对于 CDM 项目，因其周期长、技术水平要求高，且面临运营风险、政策风险、融资风险等，发展中国家作为 CER 供给方议价能力低，且市场中越来越多的企业加入 CDM 项目中，供过于求导致 CER 价格偏低，发展中国家隐形损失较高。以 CER 或 CER 期货为标的的碳期权，面对标的资产的高风险性，其投资者获得收益的可能性也较大。因此，标的资产风险性越高，其碳期权价值越高。

5. 无风险利率

碳期权的投资者在购买时需要支付一定的权利金，然而权利金进行投资后可以从无风险利率获得收益。显而易见，无风险利率可以作为购买碳期权付出的机会成本。在看涨期权中，无风险利率越高，机会成本越高，投资者未来可获得收益越大。其他条件不变时，无风险利率与看涨期权的价值成正相关。然而，在看跌期权中，无风险利率与看跌期权的价值成负相关。

(四)看涨期权与看跌期权的平价关系

研究表明，看涨期权与看跌期权之间存在平价关系。为了简化推导过程，基于欧式期权进行研究。假设 F_0 为期初碳期货的价格，F_T 为到期日碳期货的价格。

组合 1：一项欧式看涨期货期权加上数额为 Ke^{-rT} 的现金。

组合 2：一笔数额为 F_0e^{-rT} 的现金加上一份期货合约，以及一项欧式看跌期货期权。

期权到期日，组合 1 的价值为：

$$\max(F_T-K,\ 0)+K=\max(F_T,\ K) \tag{7-9}$$

期权到期日，组合 2 的价值为：

$$F_0+(F_T-F_0)+\max(K-F_T,\ 0)=\max(F_T,\ K) \tag{7-10}$$

欧式期权到期时，两组合价值相等。由于欧式期权不能提前行权，其期初价值也相等，期初期货合约价值为 0，推导可得出平价公式：

$$C+Ke^{-rT}=P+F_0e^{-rT} \tag{7-11}$$

对于美式期货期权，看涨–看跌期权的平价公式为：

$$F_0e^{-rT}-K<C-P<F_0-Ke^{-rT} \tag{7-12}$$

四、碳期权定价主要模型

碳期权定价的主要模型包括 black-scholes 期权定价模型、二项式期权定价模型、风险中性期权定价以及鞅定价模型。

(一)Black-Scholes 期权定价模型

1973 年费谢尔·布莱克(Fisher Black)在《政治经济学杂志》中发表了一篇《期权定价与公司债务》的文章，阐述了期权定价模型，后期逐步发展成为布莱克——克斯尔斯(Black-Scholes)期权定价模型。该模型是一个基于套期组合策略下关于股票看涨期权的定价模型，广泛应用于金融理论、商业实践和经济运行及其他相关领域。

1. Black-Scholes 期权定价模型假设条件

①期权标的资产的价格服从对数正态分布。

②期权有效期内、除价格变动产生资本损益外，不存在其他收益(如股息、利总等)。

③期权交易中税收和交易成本为0。

④标的资产收益率的方差和无风险利率为常数。

⑤期权为欧式期权。

⑥交易者可自由借贷资金，且借贷利率相等。

⑦标的资产的卖空无限制，卖空所得资金可自由使用。

2. Black-Scholes 期权定价模型变量

Black-Scholes 期权定价模型中涉及了 5 个影响变量，分别为即期标的资产市场价格 S、期权的执行价格 K、期权合约的期限 T、无风险利率 r 以及标的资产收益的波动率 σ。这 5 个变量与期权的价格存在内在相关性。即期标的资产的市场价格、期权的有效期、无风险利率和标的资产收益的波动率与看涨期权的价格成正相关，执行价格与看涨期权的价格成负相关。即期标的资产的市场价格、无风险利率与看跌期权的价格成负相关，执行价格、期权的有效期和标的资产收益的波动率与看跌期权的价格成正相关。

以上 5 个变量主要基于定性分析和风险角度定量分析，影响期权价格的因素是保值率 δ、期权保值率 δ 较标的资产价格的变化速率 γ、期权价值的下降速率 θ、期权价格对标的资产的敏感度 υ、期权价格对无风险利率变动的敏感度 ρ 以及其他敏感性与杠杆效应指标。

①保值率 δ　表示期权价格对于标的资产价格变化的敏感程度。针对无分红派息的标的资产看涨期权，Black-Scholes 期权定价模型中 $C = e^{-rT}[F_0 N(d_1) - KN(d_2)]$，求关于即期标的资产市场价格 F_0 的偏导数，得到欧式看涨期货期权 δ_{call} 的表达式：

$$\delta_{call} = \frac{\partial C}{\partial F_0} = N(d_1) e^{-rT} > 0 \tag{7-13}$$

欧式看跌期货期权，δ_{put} 可表示为：

$$\delta_{put} = \frac{\partial P}{\partial F_0} = -N(d_1) e^{-rT} < 0 \tag{7-14}$$

在无风险资产组合中，由 δ 份额标的资产多头和一单位看涨期权的空头头寸构成，δ 表示套期保值率。公式表明标的资产的市场价格每变动 1 单位，看涨期权的价格也会变动 δ。δ 越大，期权价格对于标的资产价格变化的敏感程度越高。δ 取值在 $-1 \sim 1$。随着标的资产价格的上升，看涨期权的 δ 逐步由 0 上升至 1，看跌期权的 δ 逐步由 -1 上升至 0。当期权的价格等于内在价值时，$\delta = 1$。

②γ　表示 δ 对标的资产价格的敏感程度。在 Black-Scholes 期权定价模型中，为了保持风险中性，投资者不断调整头寸比例。一旦时间或价格出现变化，δ 也会相应改变，构造新的套期保值，即动态套利：

$$\gamma = \frac{\partial \delta}{\partial F_0} = \frac{\partial^2 C}{\partial F_0^2} = \frac{\partial^2 P}{\partial F_0^2} > 0 \tag{7-15}$$

γ 可用于动态套利，γ 值与 δ 的敏感程度呈正相关。其他条件不变时，γ 越大，δ 对标的资产价格变化的敏感程度越高，保证投资组合中性头寸越困难。如果标的资产的价格接近执行价格，那么 δ 和 γ 都接近于 0。虚值看涨期权不具有内在价值，执行价格高于标的资产市场价格，δ 越接近于 0，γ 越接近 0；实值看涨期权具有内在价值，执行价格低于标的资产市场价格，δ 越接近于 1，γ 越接近 0；平值看涨期权，执行价格等于标的资产市场价格，此时 γ 达到最大值。

③θ　表示其他条件不变，随着时间推移，期权有效期缩短，期权时间价值下降，期权价值对期权有效期限缩短的敏感程度，即期权价值下降的速率。只要期权未到期，就存在一定的时间价值。在时间变化幅度很小时，θ 才是有效的。根据 Black-Scholes 期权定价模型，θ 可表示为期权价值对 T 的偏导数。

无分红派息的欧式看涨期权，θ_{call}、θ_{put} 表示为：

$$\theta_{call} = -\frac{\partial C}{\partial T} \tag{7-16}$$

$$\theta_{put} = -\frac{\partial P}{\partial T} \tag{7-17}$$

④υ　期权价格对标的资产价格波动的敏感程度，即交易组合价值变化与标的资产波动率变化的比率，可表示为 Black-Scholes 期权定价模型中期权价格对 σ 的偏导数。

$$\upsilon = \frac{\partial C}{\partial \sigma} = \frac{\partial P}{\partial \sigma} > 0 \tag{7-18}$$

其他条件不变，标的资产价格波动性越大，期权的价格越高。期权的存在规避了标的资产价格波动的风险，但在标的资产的价格波动过于剧烈时，期权就无法正常交易，市场中涨跌停板限制对此进行了一定约束。

⑤ρ　期权价格对无风险利率变动的敏感程度，可表示为 Black-Scholes 期权定价模型中期权价格对无风险利率的偏导数。

$$\rho_{call} = \frac{\partial C}{\partial r} = -Te^{-rT}[F_0 N(d_1) - KN(d_2)] < 0 \tag{7-19}$$

$$\rho_{put} = \frac{\partial P}{\partial r} = -Te^{-rT}[KN(-d_2) - F_0 N(-d_1)] < 0 \tag{7-20}$$

其他条件不变，无风险利率越高，看涨期权和看跌期权的价格都越小。利用 Black-Scholes 微分方程，建立由期权和标的资产组成的无风险交易组合，推导 Black-Scholes 期权定价模型。假设标的资产碳期货每变动 ΔF，引起欧式看涨期权价格变动 ΔC，且存在关系式 $\Delta C = 0.6\Delta F$。那么，无风险交易组合为 0.6 份标的资产和一个看涨期权的短头寸，标的资产价格每增加 1 单位，看涨期权价格增加 0.6 单位，标的资产的收益恰好等于期权交易的损失。无风险交易组合的构建基于瞬间平衡，而无风险交易组合的收益率恒等于无风险利率。此模型建立在风险中性定价原则的基础上，方程中回报期望 μ 必须与投资者的风险选择无关，标的资产的期望收益率为无风险利率，并且可用无风险利率对收益期望进行贴现。碳期货价格的漂移率为 0。

根据维纳过程与蒙特卡罗模拟，标的资产碳期货的价格满足方程：

$$dF = \sigma F dz \tag{7-21}$$

式中   dz——服从标准维纳过程；

σ——常数。

假设 f 为期初期权的价格，碳期货的价格满足微分方程：

$$\frac{\partial f}{\partial t}+\frac{1}{2}\frac{\partial^2 f}{\partial F^2}\sigma^2 F^2 = rf \tag{7-22}$$

由边界条件可知，欧式看涨期权满足 $C \geqslant \max(F_0 e^{-rT} - K e^{-rT},\ 0)$；欧式看跌期权满足 $P \geqslant \max(K e^{-rT} - F_0 e^{-rT},\ 0)$。

上述微分方程可以化简推导得到 Black-Scholes 微分方程。

3. 欧式看涨期货期权

欧式看涨期权的定价公式可表示如下：

$$C = e^{-rT}[F_0 N(d_1) - K N(d_2)] \tag{7-23}$$

$$d_1 = \frac{\ln\left(\dfrac{F_0}{K}\right) + \dfrac{\sigma^2 T}{2}}{\sigma\sqrt{T}} \tag{7-24}$$

$$d_2 = \frac{\ln\left(\dfrac{F_0}{K}\right) - \dfrac{\sigma^2 T}{2}}{\sigma\sqrt{T}} = d_1 - \sigma\sqrt{T} \tag{7-25}$$

式中   σ——标的资产收益率的标准差或碳期货价格的波动率；

$N(x)$——在 x 处累积的正态分布函数或累积的正态分布概率。

在 Black-Scholes 期权定价模型的 5 个变量中，F_0、K、T 容易获取，无风险利率 r 可以根据政府债券利率确定，而标的资产收益率的标准差 σ 是唯一不可观测的估计量。波动率体现了市场信息。交易者对未来标的资产价格走势的不确定性进行决策，波动率越大表明市场对价格走势判断越困难。

⚙ 专栏 7-1

某期货交易所 Dec-12 CER 期货市场价格为 24 欧元/t。以 Dec-12CER CER 期货为标的资产的欧式看涨期权的执行价格为 20 欧元/t，期权合约的期限为 6 个月(0.5 年)。已知此期货的价格波动率为 25%（年率），无风险利率为 8%。

该 CER 期货期权的价格计算过程如下：

$$F_0 = 24,\ K = 20,\ r = 0.08,\ T = 0.5,\ \sigma = 0.25$$

$$d_1 = \frac{\ln\left(\dfrac{F_0}{K}\right) + \dfrac{\sigma^2 T}{2}}{\sigma\sqrt{T}} = 1.2081$$

$$d_2 = d_1 - \sigma\sqrt{T} = 1.0314$$

查正态分布下累计概率分布表求得

$$N(d_1) = N(1.2081) = 0.8881$$

$$N(d_2) = N(1.0314) = 0.8488$$

$$C = e^{-rT}[F_0 N(d_1) - K N(d_2)] = \exp(-0.08\times 0.5)\times(24\times 0.8881 - 20\times 0.8488) = 4.17$$

计算出该 CER 期货期权价格为 4.17 欧元。

4. 欧式看跌期货期权

根据看涨期货期权与看跌期货期权的平价(Put-call Parity)关系,可推导得到欧式看跌期货期权的 Black-Scholes 定价模型。

$$P = e^{-rT}[KN(-d_2) - F_0 N(-d_1)] \tag{7-26}$$

$$d_1 = \frac{\ln\left(\dfrac{F_0}{K}\right) + \dfrac{\sigma^2 T}{2}}{\sigma \sqrt{T}} \tag{7-27}$$

$$d_2 = \frac{\ln\left(\dfrac{F_0}{K}\right) - \dfrac{\sigma^2 T}{2}}{\sigma \sqrt{T}} = d_1 - \sigma \sqrt{T} \tag{7-28}$$

(二)二项式期权定价模型

1979 年约翰·考克斯(John C. Cox)、罗斯(S. A. Ross)和马克·鲁宾斯泰因(Mark Rubinstein)共同提出了二项式期权定价模型。二项式模型又被称为"二叉树模型"。通常,二项式模型是由多个期限下未来每期现金流或标的资产价格波动构建的模型。

1. 二项式模型的假设条件

①没有分红派息的欧式看涨期权;

②市场是完全竞争的,市场具有效率;

③不存在交易成本和税收;

④交易者可以无风险利率无限制借贷资金,利率在有效期内保持不变,不存在信用风险或违约风险。

2. 单期二项式期权定价模型

单期二项式期权定价模型是离散型模型,假设任意单位时间内的资产的价格变动取值为两个。为了构造无风险对冲,考虑一个碳期权短头寸与 δ 份碳期货长头寸组成的交易组合。如图 7-1 所示,期初碳期货价格为 F_0,在时间段 T 以后,标的资产碳期货价格可能上涨至 $F_0 u$ 或下跌至 $F_0 d$,u 和 d 分别表示变量数值的上升和下降,为原数值的倍数,且满足 $u>1$,$0<d<1$。碳期权的初始价值为 C,执行价格为 E,下一期看涨期权的价值可能上涨为 C_u 或下跌为 C_d。到期日,当碳期货价格上涨时,碳期权的收益为 f_u;当碳期货价格下跌时,碳期权的收益为 f_d。

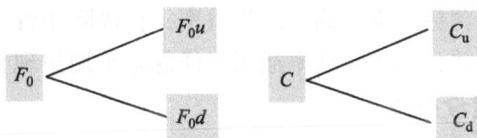

图 7-1 单期标的资产价格与期权价值的变动图

3. 两期二项式期权定价模型

碳期货合约的长头寸或短头寸交替时,投资者没有支付费用。风险中性假设中,碳期货的增长率期望应为 0。假设 q 为碳期货价格上涨的概率,u 为价格上涨的比率,d 为价格下跌的比率。碳期货的初始价值为 F_0，那么，第一步 Δt 时间后碳期货的价格期望值仍然为 F_0。

$$qF_0u+(1-q)F_0d=F_0 \qquad (7\text{-}29)$$

由此可计算得到 q

$$q=\frac{1-d}{u-d} \qquad (7\text{-}30)$$

根据风险中性假设，期货价格上涨与下跌的参数满足：

$$u=\mathrm{e}^{\sigma\sqrt{\Delta t}} \qquad (7\text{-}31)$$

$$d=\mathrm{e}^{-\sigma\sqrt{\Delta t}} \qquad (7\text{-}32)$$

式中　Δt——步长。

期初看涨期权的价值或价格 C_0 是基于风险中性与无套利定价原则下推导完成的。两期模型中，q^2、$2q(1-q)$、$(1-q)^2$ 可解释为欧式看涨期权在到期日价值在 3 个不同（高、中、低）水平可能值的概率；e^{-rT} 表示对期权在到期日的期望值连续两期贴现的结果。

欧式看跌期权与欧式看涨期权不同，到期日价值等于执行价格减去标的资产的市场价格，同样可运用两期二项式模型为其定价。推导中，P_{uu}、P_{ud}、P_{dd} 表示看跌期权在第二期价值的 3 种可能性，与看涨期权的数值不同。看跌期权的期初价值计算如下：

$$q=\frac{1-d}{u-d} \qquad (7\text{-}33)$$

$$P_u=\mathrm{e}^{-r\Delta t}\left[q\times P_{uu}+(1-q)\times P_{ud}\right] \qquad (7\text{-}34)$$

$$P_d=\mathrm{e}^{-r\Delta t}\left[q\times P_{ud}+(1-q)\times P_{dd}\right] \qquad (7\text{-}35)$$

$$P=\mathrm{e}^{-rT}\left[q\times P_u+(1-q)P_d\right] \qquad (7\text{-}36)$$
$$=\mathrm{e}^{-2r\Delta t}\left[q^2P_{uu}+2q(1-q)P_{ud}+(1-q)^2P_{dd}\right]$$

（三）风险中性期权定价模型

1. 风险中性定价原理

风险中性定价是利用风险中性假设的分析方法进行金融产品的定价，其核心是构造风险中性概率。风险中性假设是指资产价格波动与投资者的风险偏好无关，排除风险厌恶与风险偏好的可能性，投资者对其承担的风险并不要求风险补偿，因而，其预期收益率就等于无风险利率。利用风险中性假设，期权等衍生品的定价可得到简化。这表示以标的资产价格的函数表示期权的价格时，投资者的风险偏好对于碳期权的价值没有影响，因此，碳期权的定价公式中并不包含标的资产的预期收益率。在风险中性环境中，所有资产的期望收益率均是无风险利率，并且无风险利率适用于任意未来期望现金流的折现。

2. 风险中性定价的假设条件

①在风险中性环境中，所有证券的预期收益率都等于无风险利率 r；

②用无风险利率对投资者的期望收益进行贴现，可以得到任何现金流的现值。

风险中性概率测度利用风险中性假设对金融行生品定价的核心环节是构造出风险中性概率，然后按照风险中性概率算出未来收益的预期值，再以无风险利率折现。无套利和风险中性概率之间存在相互依存的关系，所以风险中性定价原理和无套利均衡定价原理有密切的关系。在一定假设条件下，风险中性期权定价与无风险套利定价模型等价。

在有效期 T 内，碳期货的价格可能上升为 F_u，或者下降至 F_d。当碳期货价格上升为 F_u 时，假设碳期权的收益为 f_u；当碳期货的价格下降到 F_d 时，碳期权的收益为 f_d。在风险中性世界中，碳期货价格的上升概率为 p，下降的概率为 $1-p$。由于碳期货未来价格期望值按无风险利率贴现的现值必须等于该碳期货目前的价格，故风险中性概率可通过下式求得：

$$F_0 = e^{-rT}[F_u p + F_d(1-p)] \tag{7-37}$$

$$p = \frac{e^{rT}-d}{u-d} \tag{7-38}$$

碳期权的即期价格可表示为：

$$f = e^{-rT}[f_u p + f_d(1-p)] \tag{7-39}$$

(四)鞅定价模型

1. 鞅定义

鞅是一类特殊的随机过程，是关于金融资产价格的最古老的模型。"鞅"源于法文 martingale 的意译，原意指马的笼套或船的索具。在数学领域，鞅是对公平赌博过程的数学描述。即在赌博过程中，如果赌徒到最后既未赢钱也未输钱，其财产是一个鞅。将鞅引入数学建模得益于法国的概率学家列维(Levy)，而美国数学家多布(Doob)对鞅基本收敛定理的证明是鞅论发展过程中的一个重要的里程碑。

Harrison J M 和 Kreps D M(1979)及 Harrison 和 Pliska S R(1981)这两篇经典论文开拓了将鞅引入资产定价的先河：当且仅当金融市场上不存在免费午餐时，所有金融资产的贴现价格都是一个鞅。利用等价鞅测度将随机过程转化成鞅后，就可以直接采用求数学期望的方法求出金融衍生产品的价格，由此开启了鞅在金融资产定价中的应用。

若价格随机过程 $|P(t+1)|$ 满足下述条件：

$$E[P(t+1) \mid P(t), P(t-1), \cdots] = P(t) \tag{7-40}$$

$$E[P(t+1)-P(t) \mid P(t), P(t-1), \cdots] = 0 \tag{7-41}$$

则称价格随机过程 $|P(t)|$ 为鞅。

或者也可以这样描述：若一个随机变量的时间序列没有表现出任何可辨认的趋势或者周期性就称之为鞅。每一个鞅既是下鞅又是上鞅，反过来任何既是下鞅又是上鞅的随机过程是鞅。

我们考虑赌徒的例子。若硬币正面向上，赌徒赢得 1 美元，若硬币反面向上，赌徒输掉 1 美元。设硬币正面向上的概率为 p。

若 $p=1/2$，平均起来，赌徒既未赢钱也未输钱，则随着时间的流逝，赌徒的财产是一个鞅。

若 $p<1/2$，平均起来，赌徒输钱，则随着时间的流逝，赌徒的财产是一个上鞅。

若 $p>1/2$，平均起来，赌徒赢了钱，则随着时间的流逝，赌徒的财产是一个下鞅。

2. 鞅的特性

鞅的主要特性包括：

首先，存在一个概率空间 $\{\Omega,\ \varphi,\ P\}$，其 σ-代数中 φ 是 P 完备的，是指对于任何 $A\in\varphi$ 且 $P(A)=0$，对于所有的 $N\in A$ 都有 $N\in\varphi$。

其次，随机过程 $\{S_n,\ n\in Z_+\}$，如果对于所有的 $n\geq0$，S_n 的值都包含在 φ_n 中，则称 S_n 是 φ_n 中可测的，或说 S_n 是 φ_n 适应的。

最后，用 φ_n 来预测 S_n 未来的运动形式，存在条件：

$$E[S_N]=E[S_N\mid\varphi_n],\ n<N$$

3. 离散鞅与连续鞅

随机过程 $\{S_n,\ n\in Z_+\}$ 是概率空间 $\{\Omega,\ \varphi,\ P\}$ 上的一个 φ_n 的适应过程，如果满足 $E[S_{n+1}\mid\varphi_n]=S_n$，且 $E[S_n]<+\infty$，$\forall n\in Z_+$，则称 $\{S_n,\ n\in Z_+\}$ 为离散时间鞅（简称离散鞅）。

如果 $E[S_{n+1}\mid\varphi_n]>S_n$，$\forall n\in Z_+$，则称 $\{S_n,\ n\in Z_+\}$ 为下鞅；

如果 $E[S_{n+1}\mid\varphi_n]<S_n$，$\forall n\in Z_+$，则称 $\{S_n,\ n\in Z_+\}$ 为上鞅。

随机过程 $\{S_t,\ t\in[0,\ +\infty)\}$ 是概率空间 $\{\Omega,\ \varphi,\ P\}$ 上的适应过程，如果 $E(S_t)<\infty$，$t\in[0,\ +\infty)$ 且 $E_t[S_T\mid\varphi_t]=S_t$，$\forall T>t$，则称 $\{S_t,\ t\in[0,\ +\infty)\}$ 为连续时间鞅（简称连续鞅）。

如果 $E_t[S_T\mid\varphi_t]>S_t$，$\forall T>t$，则称 $\{S_t,\ t\in[0,\ +\infty)\}$ 为下鞅；

如果 $E_t[S_T\mid\varphi_t]<S_t$，$\forall T>t$，则称 $\{S_t,\ t\in[0,\ +\infty)\}$ 为上鞅。

4. 欧式看涨碳期权的鞅定价

假设标的碳单位的价格服从几何布朗运动，则在等价鞅测度下，碳单位的贴现价格过程为一个鞅过程，由鞅过程的性质可以推出碳期权的价格，这便是碳期权的鞅定价方法。

欧洲看涨期权的价格为：

$$C=\mathrm{e}^{-rT}E^P[\max(S_T-K,\ 0)] \tag{7-42}$$

设 $A=\{S_T\mid S_T>K\}$，则

$$C=\mathrm{e}^{-rT}E^P[S_T,\ I_A]-Ke^{-rT}E^P[I_A] \tag{7-43}$$

假设碳期权标的碳单位的价格过程为：$dS=\mu Sdt+\sigma SdW^R$，其中 dW^R 代表在风险环境下的概率测度 R 下的布朗运动。根据 Girsanov 定理，进行测度变换：$dW^R=dW^P+\left(\dfrac{\mu-r}{\sigma}\right)dt$，该价格过程可转换为风险中性下的价格随机过程：$dS=rSdt+\sigma SdW^P$，其中 dW^P 是风险中性下的概率测度 P 下的布朗运动。由 Ito 定理可得：$d\ln S_t=\left(r-\dfrac{\sigma^2}{2}\right)dt+\sigma\Delta W_t^p$。则在 P 测度下，标的碳单位价格的动态过程为：

$$S_T=S\exp\left[\left(r-\frac{\sigma^2}{2}\right)T+\sigma\Delta W_t^p\right] \tag{7-44}$$

式中　$\Delta W_t^p=W_t^p-\Delta W_0^p$，$\Delta W_t^p\sim N^P(0,\ T)$。

利用 Girsanov 定理再次进行测度变换：$dW^P=dW^P+\sigma dt$，则在风险中性测度 Q 下，标的碳单位的价格过程为：$dS=(r+\sigma^2)Sdt+\sigma SdW^Q$。同样利用 Ito 定理可得：$d\ln S_t=\left(r+\dfrac{\sigma^2}{2}\right)dt+$

$\sigma\Delta W_t^Q$。则由此可得 Q 测度下，标的碳单位价格的动态过程为：

$$S_T = S\exp\left[\left(r+\frac{\sigma^2}{2}\right)T+\sigma\Delta W_t^Q\right] \tag{7-45}$$

其中，$\Delta W_T^Q \sim N^Q(0, T)$。为求出期望值 $E^P[S_T, S_T>K]$，由式（7-45）可得：$\ln S_T = \ln S + \left(r+\frac{\sigma^2}{2}\right)T+\sigma\Delta W_T^Q$，结合 $\ln S_T>\ln K$，可得出：

$$-\frac{\Delta W_T^Q}{\sqrt{T}} \leqslant \frac{\ln\left(\dfrac{S}{K}\right)+\left(r+\dfrac{\sigma^2}{2}\right)T}{\sigma\sqrt{T}}$$

由于 $\Delta W_T^Q \sim N^Q(0, T)$，所以 $-\dfrac{\Delta W_T^Q}{\sqrt{T}} \sim N(0, 1)$，期望值：

$$E^P[S_T \mid S_T>K] = Se^{rT}P_r^Q\left(-\frac{\Delta W_T^Q}{\sqrt{T}} \leqslant d_1\right) = Se^{rT}N(d_1) \tag{7-46}$$

式中 $E^P[I_A] = P_r^P(S_T>K) = P_r^P(\ln S_T<\ln K)$，同理利用 P 测度下的标的碳单位分格的动态过程可得出：

$$E^P[I_A] = P_r^P\left(-\frac{\Delta W_T^Q}{\sqrt{T}} \leqslant \frac{\ln\left(\dfrac{S}{K}\right)+\left(r+\dfrac{\sigma^2}{2}\right)T}{\sigma\sqrt{T}}\right) = N(d_2) \tag{7-47}$$

式中 $d_2 = \dfrac{\ln\left(\dfrac{S}{K}\right)+\left(r+\dfrac{\sigma^2}{2}\right)T}{\sigma\sqrt{T}}$

所以由此可得出欧式看涨期权的价格为：

$$C = SN(d_1)-Ke^{-rT}N(d_2) \tag{7-48}$$

5. 欧式看跌碳期权的鞅定价

欧式看跌期权的价格为：

$$P = e^{-rT}E^P[\max(K-S_T, 0)] \tag{7-49}$$

设 $B = \{S_T \mid S_T<K\}$，其示性函数

$$I_B = \begin{cases} 1, & B \text{ 发生} \\ 0, & B \text{ 不发生} \end{cases}$$

则：

$$P = Ke^{-rT}E^P[I_B]-e^{-rT}E^P[S_T, I_A] \tag{7-50}$$

欧式看跌期权的标的碳单位的价格过程和欧式看涨期权下的相同。为求出期望值 $E^P[S_T \mid S_T<K]$，由 $\ln S_T = \ln S+\left(r+\dfrac{\sigma^2}{2}\right)T+\sigma\Delta W_T^Q$，其中 $\Delta W_T^Q \sim N^Q(0, T)$，结合 $\ln S_T<\ln K$，可得出：

$$-\frac{\Delta W_T^Q}{\sqrt{T}} \geqslant \frac{\ln\left(\dfrac{S}{K}\right)+\left(r+\dfrac{\sigma^2}{2}\right)T}{\sigma\sqrt{T}} = d_1$$

所以可得：

$$E^P[S_T \mid S_T < K] = Se^{rT}N(-d_1) \tag{7-51}$$

式中

$$N(-d_1) = \int_{d_1}^{+\infty} \frac{1}{\sqrt{2\pi}} e^{-\frac{x^2}{2}} dx$$

$E^P[I_B] = P_r^P(\ln S_T < \ln K)$，同理利用 P 测度下的标的碳单位分格的动态过程可得出：

$$E^P[I_B] = N(-d_2) \tag{7-52}$$

式中

$$N(-d_2) = \int_{d_2}^{+\infty} \frac{1}{\sqrt{2\pi}} e^{-\frac{x^2}{2}} dx$$

由此可得出欧式看涨期权的价格为：

$$P = Ke^{-rT}N(d_2) - SN(-d_1) \tag{7-53}$$

第五节 碳期权典型案例

一、国外主要碳期权

(一)排放配额/指标期权(EUA options)

2005 年 EXC 推出的 EUA 期权是世界上首只碳期权，源于全球金融市场动荡所带来的避险需求，以排放配额期货合约(EUA Futures)为标的，指欧盟排放配额期权赋予持有方/买方在期权到期日或者之前选择履行该合约的权利，相对方/卖方则具有履行该合约的义务。

(二)经核证的减排量期权(CER options)

CER 期权是以经核证减排量期货合约(CER Futures)为标的的期权合约，其发行通过清洁生产机制获得的 CER 看涨或者看跌期权(表 7-4)。

表 7-4 CER 期权产品说明表

产品描述	ICE ECX CER 期权合约是以 ECX CER 期货合约为标的的期权，在到期日，一份 ECX CER 期权交易一份 ECX CER 期货。ECX CER 期权是在到期日自动执行价内期权的欧式期权
交易单位	一份 ICE ECX CER 期货期权合约
最小交易量	1 份
报价	欧元和欧分每吨
敲定价格	敲定价格的范围是€1.00 ~ €55.00，价格间隔€0.5，每个合同月的敲定价格按这 109 个价格自动列出。交易所在必要时会增加一个或多个离上一价格最近的敲定价格
最小价格变动	€0.01
最大价格变动	无限制
合同系列	有 8 个合同月在每季度末(3、6、9、12 月)，中有 3 个新的合同月是 12 月

（续）

标的合同	标的合同是相近年份的 12 月期货合同。例如，2010 年 3 月期权的标的合约是 2010 年 12 月到期的期货合约
期权类型	欧式
期权合约价	交易期权是支付的费用
持仓限额	无限制
到期日	相应 3、6、9、12 合同月的 ICE ECX CER 期货合约到期日的前 3 个交易所交易日
合同保证	ICE Clear Europe Limited（美国洲际交易所子公司）保证所以其会员名义注册的 ICE 期货合约的财务状况
每日保证金	所有开放合约均逐日盯市
交易系统	采用 ICE 期货电子交易平台交易
交易模型	整个交易时间都采用连续交易模型
结算价	对每日指定结算期间内执行的交易价格进行加权平均
结算	ICE Clear Europe Limited 将对所有交易扮演对手方角色

（三）洲际交易所的 4 种环境期权（Intercontinental Exchange）（NYSE：ICE）

2014 年 6 月 9 日，洲际交易所（Intercontinental Exchange）旗下全资子公司 ICE Futures U. S.（TM）新推出 4 种环境期权，分别为 RGGI 2015 年配额（Vintage 2015）、2016 年配额（Vintage 2016）以及加州碳排放期权（Option on California Carbon Allowance Futures）2017 年配额（Vintage 2017）和 2018 年配额（Vintage 2018）。

二、国内碳期权主要实践

2016 年 6 月 16 日全国碳排放配额首笔期权交易在广东达成。深圳招银国金投资有限公司、北京京能源创碳资产管理有限公司、北京环境交易所正式签署了国内首笔碳配额场外期权合约，交易量为 2 万 t。交易双方以书面合同形式开展期权交易，并委托北京环境交易所负责监管权利金与合约执行工作。碳配额场外期权交易为碳市场交易参与人提供了一个提前锁定交易价格、防范价格风险、开展套期保值的手段，是碳金融领域的重要创新。一方面，期权交易为交易双方提供了多样化的风险规避手段，有利于碳市场活跃度的提升和稳定健康发展；另一方面，场外期权交易的开展也可为未来开展碳期货等创新交易摸索经验。此次交易是碳市场又一个重要的金融创新尝试，也是北京市碳排放权交易试点建设过程中的重要里程碑。

第八章 碳信托

第一节 碳信托概述

一、碳信托概念界定

碳信托属于碳金融的一个细分领域，同样也是绿色信托的重要组成部分，是碳金融和绿色信托融合产生的新业务模式。其主要运行模式是信托公司通过开展碳金融相关的信托业务，用于限制以二氧化碳为主的温室气体排放等技术和项目的碳权交易、直接投融资和银行贷款等金融活动。就具体业务实践而言，信托公司在开展碳信托业务时考虑主要从3个角度出发，引导社会资金参与碳资产交易，提供碳信托账户托管服务，向控排企业提供金融服务，助力企业稳定发展。

二、碳信托基本特征

碳信托是绿色信托中专业投向碳资产相关的碳减排细分领域的信托类型，在投向运营方面更加细致、精准、高效，有利于提升碳资产管理的重要性，提升企业的低碳竞争力，推动企业的可持续发展。相对于传统信托业务，碳信托在信托目标、投资对象等方面有所不同。信托目标方面，碳信托作为《京都议定书》所确立的排放权贸易机制的市场运作形式，必须服从国际条约的相应约束，即信托目标为减少温室气体的排放；投资对象方面，碳信托起初的投资对象是符合清洁发展机制或联合履约机制中规定的特定行业领域中的具体公司项目。随着碳排放权市场的发展，投资对象逐渐延伸至碳排放权。碳排放权从法律上来说属于广义财产权范畴，具有确定性、可估价性和一定流通性。此外，也具有排他性、支配性的特点，是具有物权性的财产权。

三、碳信托业务模式分类

碳排放权交易市场对碳资产的"价格发现"功能，为各类碳金融产品的设立提供了理论基础。在此基础上，碳信托可研究发展碳资产抵/质押融资类信托、碳资产交易投资信托、碳足迹/收益挂钩的股权投资信托、碳资产托管服务类信托、配置绿色产业相关股票、债券、基金产品的创新型投资信托及绿色公益慈善信托等业务。

具体而言，信托公司可以结合自身融资类信托业务的经验，探索尝试以碳资产买入返售信托、碳资产抵/质押贷款信托等融资类信托为短期发力点，以碳资产托管服务信托、碳资产投资信托及绿色公益慈善信托作为后续业务发展方向，循序渐进开展相关业务，成为信托公司业务开展突破点的同时，激活行业发展新动能，有力推动"碳达峰、碳中和"目标顺利达成。

（一）减碳低碳企业融资类信托

该碳信托模式主要包含碳资产抵/质押贷款信托、碳资产买入反售信托等业务模式。其中，碳资产抵/质押贷款信托的业务模式与碳资产抵/质押贷款相近，均是通过设立信托计划，以碳排放配额或 CCER 为抵/质押，向对应的控排企业提供相应的贷款，用以支持绿色企业减碳低碳运营发展。其基本业务模式如图 8-1 所示。

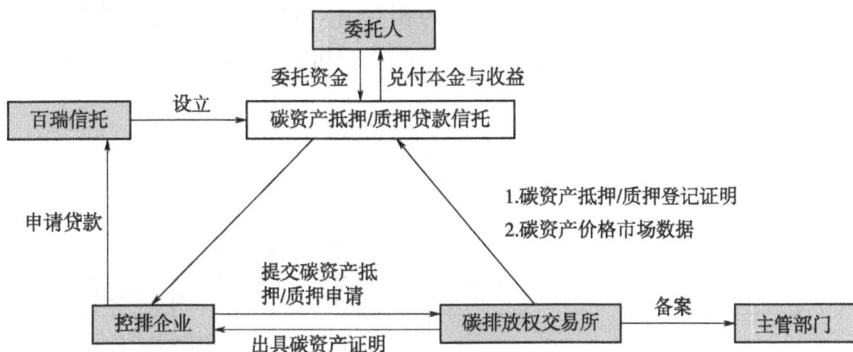

图 8-1 碳资产抵押/质押贷款信托基本业务模式

碳资产买入返售信托是通过设立信托计划，将资金用于向控排企业购买碳资产，并且相互约定回售期限及回售价格，在期限内向企业回售碳资产，进而向企业提供资金融通。除了专门设立信托计划进行买入返售这一介入方式以外，信托公司通过认购资管企业和基金份额的方式也同样可以实现碳资产买入返售收益的目标。其基本业务模式如图 8-2 所示。

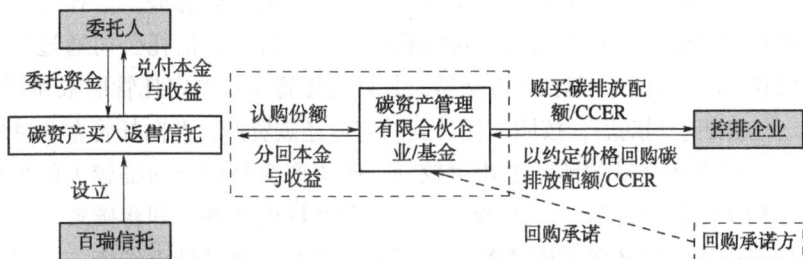

图 8-2 碳资产买入返售信托基本业务模式

（二）减碳低碳行业产业基金信托

该碳信托模式主要包含两种运营方向，一是通过设立信托计划，将信托资金以股权、债权及参与定增等形式利用行业产业基金投资绿色产业碳足迹相关的减排企业，以及可以产生国家核证自愿减排量（CCER）的项目，参与分享企业正常生产经营的收益以及企业标准化碳资产的交易收益；二是通过投向碳排放配额 CCER 等碳资产，根据碳排放权交易市场的碳资产价格走势，利用碳资产的二级市场及其衍生品市场进行交易获取收益，业务模式与碳基金相似。

具体来说，低碳产业基金投资类碳信托项目可参与碳基金、碳资产拆借、碳金融衍生产品交易等业务。其中，碳资产拆借业务、碳信托可参考碳资产借出方出借操作，与借入方约定期限后由其返还碳资产并获取约定收益。并可结合碳金融衍生产品交易业务，进行碳金融衍生产品碳期权、碳期货投资，对冲价格波动风险及获取一定利润。

(三)碳资产投资信托

借鉴碳基金的业务模式，信托公司可设立碳资产投资信托。信托资金主要用于参与碳排放权交易所的碳资产交易，在把握碳资产价格波动趋势的基础上获得碳资产交易的收益。对大部分信托公司来说，碳资产交易均为相对陌生的领域。因此，在碳资产投资信托的起步发展阶段，可考虑引入一家专业的碳资产管理机构作为信托计划的投资顾问。其基本业务模式如图 8-3 所示。

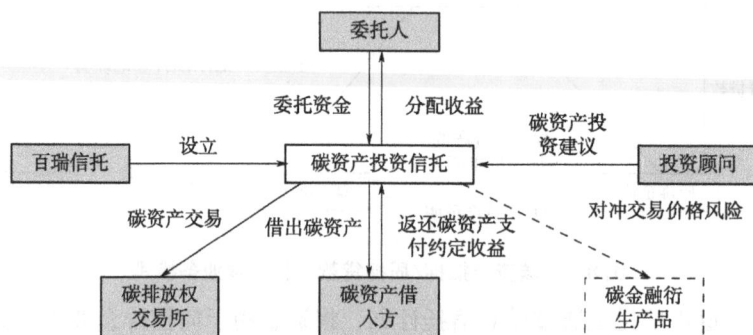

图 8-3　碳资产投资信托基本业务模式

(四)碳资产事务管理类信托

该碳信托模式主要包括碳资产托管服务信托业务。信托产品具有财产独立、风险隔离的产品特点，使得信托公司开展资产托管服务具有天然的行业优势。信托公司通过设立碳资产托管服务信托计划，对托管企业交付的碳资产代为持有。信托公司通过信托计划代表托管企业进行碳资产的集中管理和处置交易，并且与托管企业约定托管期限和到期应兑付的收益。在约定托管期限到期后，按照信托计划约定返还碳资产，并向托管企业兑付收益。

目前，我国碳资产交易的活跃度相对较低，碳资产交易可能面临较大的价格风险。信托资金在初期购买碳资产之后，也可考虑开展碳资产拆借业务，即将碳资产借出，同时约定在一定的期限内借入返还等额碳资产、支付约定收益。通过借出碳资产，可为碳资产投资信托获得较稳定的收益。未来，待我国碳金融衍生产品进一步发展之后，碳资产投资信托可考虑将一部分资金用于购买碳期货、碳期权，以此来对冲碳资产价格波动的风险。其基本业务模式如图 8-4 所示。

(五)碳排放权资产证券化信托业务

碳排放权是指企业依照相关法律法规取得向大气排放以二氧化碳为主的温室气体的权利，包括可供和可需两种碳排放权。对于减排困难的企业而言，通过购买碳排放权，可以完成一定的减排任务。对于减排容易的企业而言，通过出售多余的碳排放权，也可以从中获得收益。碳排放权由此成为一种具有价值的资产，可以在碳排放权交易市场进行交易。

碳排放权资产证券化信托业务主要运营模式为减排企业将碳排放权集中转让给作为特殊目的机构的信托公司，信托公司将其汇集成资产池，进行资产池信用增级，并以该资产

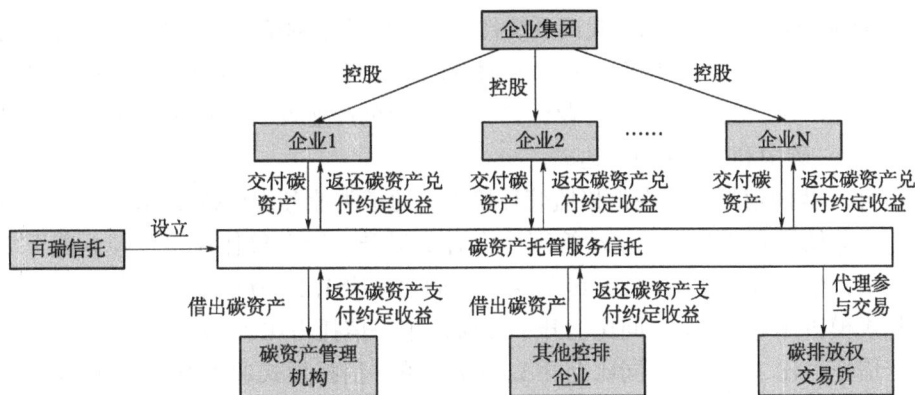

图 8-4 碳资产托管服务信托基本业务模式

池的预期现金流作为底层资产在金融市场发行有价证券进行融资，最后通过收取碳排放权交易产生的现金流来支付投资者收益及清偿所发行的有价证券。具体见表 8-1 所列。

表 8-1 碳金融及碳信托业务模式分类

碳金融	碳信托	信托业务分类	信托业务运营模式
碳资产抵押/质押贷款	碳资产抵押/质押贷款	减碳低碳融资类信托	设立信托计划，以碳排放配额或 CCER 为抵、质押物，向控排企业提供贷款，业务模式与碳资产抵押/质押贷款相近
碳资产售出回购	碳资产买入返售信托		设立信托计划，资金用于向控排企业购买碳资产。同时约定回售期限与价格，在期限内按照约定价格回售碳资产
碳资产拆借碳基金碳金融衍生产品	碳资产投资信托	减碳低碳行业基金信托	设立信托计划，资金主要将用于参与碳排放权交易所的碳资产及其衍生品的交易。在把握碳资产价格波动趋势的基础上获得碳资产交易的收益
碳资产托管	碳资产托管服务信托	减碳低碳事务类信托	企业将资产托管至信托公司专项信托计划，约定信托计划的期限及到期返还的碳资产和兑付收益
			信托公司对碳资产进行管理，可参与碳资产交易及出借碳资产等业务
碳金融资产证券化	碳排放权资产证券化信托	碳排放权资产证券化信托业务	减排企业将碳排放权转让给信托公司，信托公司进行资产池信用增级。在市场上发行有价证券进行融资，最后通过收取碳排放权交易产生的现金流来支付投资者收益及清偿所发行的有价证券

第二节 碳信托起源与发展

一、碳信托发展历程

2016 年中国人民银行、财政部等七部委联合印发《关于构建绿色金融体系的指导意见》(以下简称《意见》),标志着我国系统性绿色金融政策框架建立。《意见》也给绿色信托发展带来了新的奋斗思路,以信托产品和服务的金融形式引导、鼓励社会资本更广泛、深入地支持绿色产业,更好地发挥行业优势,推动绿色产业发展及传统产业绿色升级改造,助力"碳达峰、碳中和"目标顺利达成。

2020年,我国信托行业在严格监管环境下,通道类业务规模持续回落,融资类信托不断压缩,业务结构有所改善,主动管理能力有所提升,行业整体风险可控。截至2020年第四季度末,信托资产规模为20.49万亿元,同比减少1.12万亿元,下降5.17%。其中,集合信托规模占比49.65%,同比上升3.72%。单一信托占比29.94%,同比下降7.16%。管理财产信托占比20.41%,同比上升3.44%。单一信托形式通道类业务持续减少,主动管理能力不断提高,资金来源结构持续优化。行业经营方面,2020年行业实现营业收入1228.05亿元,同比增长2.33%。其中,行业利润为583.18亿元,同比下降19.79%。据《2019—2020中国信托业社会责任报告》显示,截至2019年末,我国信托业直接投入实体经济领域的信托资产占比70%以上,几乎覆盖了实体经济的各个领域,我国信托业对于实体经济的发展保持较强支撑力度,逐步实现信托业与实体经济的良好互动和协调发展。

绿色信托方面,2019年绿色信托存续资产规模为3354.6亿元,同比增长152.94%,新增绿色信托资产规模为1383.52亿元;绿色信托存续项目数量为832个,同比增长101.45%,新增绿色信托项目313个。这与2014年555.7亿元的存续资产规模相比,规模增长超5倍。2013—2019年绿色信托规模及数量如图8-5所示。标准化建设方面,2019年,首部绿色信托自律公约——《绿色信托指引》审议通过并发布,绿色信托标准化发展进程更进一步。绿色信托深入绿色产业及细分领域,积极参与环保能效提升、生态环境修复、大气污染治理、资源循环利用等各类绿色项目,不断支持国家产业结构优化、能源结构低碳化与交通结构低碳化,为我国绿色经济发展持续提质增效。

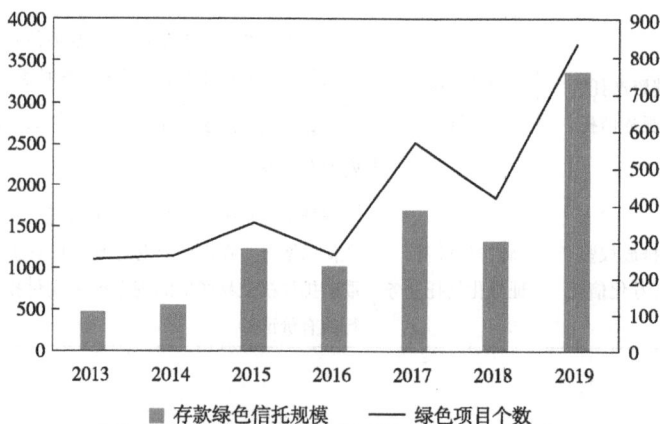

图8-5 2013—2019年绿色信托规模及数量变化

信托产品由于其自身特殊的行业属性,可以多元化、跨市场化运用信托资金,能够更加贴合企业需求进行信托产品设计,从而为企业提供更有效的业务支持。目前国内的绿色信托种类主要有绿色信贷、绿色股权投资、绿色资产证券化、绿色供应链、绿色产业基金、碳资产交易、绿色公益慈善信托等模式，随着信托公司的不断探索，绿色信托模式的持续完善，新的业务模式也在不断涌现，更加多元化、全面化为绿色企业提供金融服务。

二、碳信托未来发展

随着我国30·60双碳目标的提出以及国家加快推进"碳达峰、碳中和"顶层设计路线图的规划与启动，绿色信托向碳信托迭代创新发展迎来新机遇，碳信托也将拓展绿色信托功能，丰富绿色信托展业模式，为信托公司深化转型、回归信托本源业务提供新理念、新动能和新路径。

(一)碳信托是丰富绿色信托功能的内容创新

碳信托是绿色信托的功能延展和服务细分领域，以碳资产的价值发现与实现为核心，拓展了信托制度功能的边界。

1. 碳资产丰富了信托财产的类型

我国《信托法》对信托财产的合法性和确定性作了明确规定，包括财产及财产权利，而对信托财产具体类型未作限制性规定。根据现行信托监管规定及信托业务实践，信托财产类型较为广泛灵活，既可以包括股票、债券、物品、土地、房屋和银行存款等有形财产，也可以包括专利权商标、商誉等无形财产，以及保险受益权等财产性权益。碳资产本质上是一种具有经济价值的财产性权益，因此可以纳入信托财产的范畴，在满足合法性和确定性的前提下，成为碳信托服务的标的。

2021年1月，《碳排放权交易管理办法(试行)》正式出台，相应的配套规则《碳排放权登记管理规则(试行)》《碳排放权交易管理规则(试行)》和《碳排放权结算管理规则(试行)》也于同年5月由生态环境部正式发布。全国碳排放权交易市场也已经于7月正式上线运行。随着碳定价机制的逐步完善，碳资产交易将迎来千亿级市场的重大发展机遇，为碳信托服务提供广阔的市场前景。

鉴于信托财产的独立性原则，用于设立碳信托的碳资产可以独立于碳排放企业主体的其他财产，充分实现资产隔离的法律效果，体现为独立的资产流转与交易价值，成为适合的投融资标的和金融受托服务对象。

2. 碳信托深化了受托责任的内涵

根据信托原理，受托人须为受益人最大利益服务，履行忠实义务和注意义务。在碳信托制度安排下，由于碳交易机制本身是将碳排放权成本化和商品化，并按照一定的定价机制实现经济价值，因此受益人的信托利益就不仅包括经济利益，还有环境利益和社会利益，受托人履行受信义务的职责内涵相应地也需要纳入环境效益的因素考虑，即对受益人最大利益的内涵理解应当重新权衡，体现为综合考量的经济利益与环境效益的利益最大化。由此，碳信托的受托责任内涵将更加丰富。与之类似，开展ESG投资的受托人也面临同样的问题，由于ESG投资策略纳入了非财务指标的投资因素，受托人的审慎投资义务就超越了单纯考虑营利性的单一目标，因此，对于受益人最大利益的理解也须综合考量环境与经济的双重目标，实际理解为最佳利益更为妥适。

(二)碳信托是彰显信托本源特色的服务创新

碳资产作为一种财产性权益，是无形资产，需要体现于信托账户作为载体。由此，针对碳信托账户开展的受托服务，例如碳资产的托管与权益分配，以及企业及个人碳足迹的受托管理与服务，则均可成为信托公司开展服务信托和公益慈善信托业务的创新场景。

实践中，个人或企业的碳足迹核算与管理可以通过碳信托账户的受托服务方式实现。例如，信托公司可以与具有碳核算和碳核查的第三方专业技术平台合作，开展针对个人或企业碳足迹的碳核算或碳核查受托服务。委托人将其个人或企业碳足迹的核算数值作为碳资产设立碳信托，纳入独立的碳信托账户，独立于个人或企业的其他财产，成为其自身创造形成的碳资产，交由受托人托管并按照委托人意愿，参与碳中和及碳交易，也可以通过公益慈善信托的方式，基于特定的公益慈善目的，向不特定的受益人分配及转让碳资产。

由此，基于碳账户的受托服务业务是信托公司开展服务信托及公益慈善信托的创新业务，是受托人对碳资产的主动受托管理，业务核心是向受益人提供非投融资目的的受托服务，通过严格履行审慎管理的受信义务，实现服务信托或慈善信托的信托目的。

(三)碳信托是依托数字化能力建设的管理创新

碳资产所表征的碳排放权需要折算为二氧化碳当量值，即度量温室效应的基本单位作为计量的标准和依据，从形式上体现为数字资产，可以说，碳资产本身就是一种数字资产，需要运用数字化手段管理与运行，由此也对碳信托的数字化管理能力提出了新要求。围绕碳资产的定价、托管、分配及流转交易均需要以数字化平台系统为基础，可见，建立依托数字化管理的系统及技术基础设施，培育全流程的碳资产数字化能力是信托公司开展碳信托业务的能力基础。这种能力明显有别于传统信托业务的资金管理和项目管理能力，对于信托公司而言是全新的专业化能力考验及竞争，需要信托公司提早布局，在系统建设和能力建设两个维度提升碳信托的数字化管理及运营能力。

从数字化管理及服务方式而言，虽然碳排放权本身是无形资产，具有资产价值属性方面的独立性，但是从权利产生和行使角度仍然无法脱离碳排放权所依托的实体企业或自然人，因此，对碳资产的管理与运营仍须与实体企业及自然人相关联，只有借助区块链、物联网、云计算等金融科技的综合运用，受托人才能真正有效地管理碳资产，实现碳信托的信托利益。

2021 年 8 月，首批绿色金融标准《金融机构环境信息披露指南》(JR/T 0227—2021)及《环境权益融资工具》(JR/T 0228—2021)同时发布。两项标准为信托公司参与生态环境建设和完善信托公司自身公司治理提供了标准指引，有利于在信托产品运行各阶段披露相关环境信息，有助于监管机构对信托产品的全程监控，也促使信托公司管理信托产品尤其是绿色信托和碳信托产品与服务更加透明和规范。

(四)碳信托是促进信托可持续发展的转型创新

自我国《信托法》颁布以来，信托行业已经过了 20 年的快速发展，实现了 20 万亿元的资产管理规模。创新始终是支持行业持续发展的源动力，在不断完善监管规范与持续探索的市场实践共同作用下，信托业正处于回归本源的深化转型阶段。在 30·60 双碳目标约束的新发展格局下，信托业未来发展也将面临新的机遇与挑战。在绿色信托发展取得阶段性成果基础上，向碳信托迭代发展是信托公司未来可持续发展的重要创新方向。

根据清华大学的相关研究测算，在与我国设立的30·60双碳目标最接近的2℃情景下，2020—2050年间中国能源供应、工业、建筑和交通部门等合计新增投资规模接近130万亿元。在新发展理念指导下，绿色生产、绿色消费、绿色生活将不断涌现出新场景，信托服务实体经济和社会民生的内涵与边界均会得以拓展，聚焦碳资产的碳信托创新也将迎来巨大的市场机遇，无论是资金信托、服务信托还是慈善信托均可以在碳信托业务实践中探索新的服务模式。在"双碳"目标指导下，碳信托服务领域将更加聚焦与碳资产相关的碳减排细分领域，通过转型金融服务帮助高碳企业节能减排降碳，深化绿色金融服务为低碳企业提供多元金融综合服务，提高低碳企业竞争力，推动企业可持续发展。

实践中，部分信托公司已经开展了碳信托的有益创新。例如，中航信托通过成立碳中和主题的绿色信托计划，募集碳基金以投资经专业筛选的优质碳资产，助力碳资产合理定价与有效流转，为受益人实现最佳信托利益。

根据生态环境部的相关测算，鉴于中国碳市场覆盖排放量超过40亿t，我国将成为全球覆盖温室气体排放量规模最大的碳市场，碳金融将成为服务碳市场健康发展的重要力量。碳信托、碳基金、碳保险等多种碳金融产品与业务将催生并形成新的碳金融合作生态，基于共识的碳资产核算与核查技术标准和管理规范，发挥差异化的金融工具运用与服务优势，综合均衡考虑碳市场、碳税、碳定价之间的协调性，发挥金融工具对碳定价的互动协调作用，碳金融合作新生态也将以更加市场化的方式，引导更广泛的社会资本参与碳资产服务与交易活动，引导投资者参与到低碳经济建设中，有效助力实现我国"双碳"目标早日实现。

第三节　碳信托未来优化路径

在信托业管理资产规模下降，行业进入转型关键期的大背景下，碳金融业务有望成为信托公司重要的业务创新点，为信托公司开辟新的业务领域。信托公司应积极拥抱碳金融创新业务，通过探索开展碳金融业务助力业务转型，并为我国实现碳达峰、碳中和战略目标提供金融支持。

但由于碳信托业务在我国开展时间较晚，因此目前在碳信托业务的开展中仍然存在着较多问题。首先，我国多数信托公司对碳资产价格的历史变动缺乏深入研究，极大地制约各类碳金融业务的落地。另外，开展碳金融业务应争取后台评审团队对碳资产价值的认同，以碳资产抵/质押贷款业务为例，该业务本质上仍为融资类业务，但仅以碳资产为抵押物或质押物。如果前台业务部门与后台评审团队对碳资产市场价值具有不同的观点，将影响到抵押率或质押率的确定。此外，在碳资产抵/质押贷款、碳资产买入返售、碳资产投资等业务中，均需对接资金端。碳金融业务对委托人来说，同样具有极强的创新性。委托人短期内是否能够接受各类碳金融产品，也是信托公司开展碳金融业务应提前考虑的问题。对此，本节提出以下优化路径，为我国碳信托业务的后期发展提供有效参考。

一、短期内找到业务突破点

短期内以碳资产抵/质押贷款信托和碳资产买入返售信托为业务突破点。这两类业务均为融资类信托，信托公司前台业务部门、后台评审团队对业务模式都相对熟悉，业务开展的难度相对较低。在开展这两类业务的过程中，信托公司前台业务部门、后台评审团队都将逐步建立起对碳资产价格的认知，为后续开展其他业务奠定基础。

二、将碳资产托管服务信托作为重要的业务发展方向

对于碳资产托管业务，湖北、深圳、广州、福建的碳排放权交易所均已制定相应的业务规则。信托公司以碳资产托管服务信托的形式开展该类业务，可在现有业务规则的框架下进行，业务开展相对有章可循。并且，碳资产托管服务信托属于典型的服务信托，符合监管导向。

三、将碳资产投资信托作为长期业务探索方向

开展碳资产投资信托对信托公司碳资产价格的投研能力提出了较高的要求。目前我国碳金融衍生产品的发展仍处于初级阶段，碳资产投资缺乏丰富的碳期货、碳期权等工具来对冲价格波动风险。因此，碳资产投资本身具有较高的风险。未来，待我国全国性碳排放权交易市场建设完善、碳金融衍生产品充分发展时，碳资产投资业务仍有较好的发展前景，信托公司可将其作为长期业务探索方向。

第四节　碳信托典型案例

一、碳信托国外典型案例

英国利兹市——为城市设定科学的碳目标（SBTs）。

碳信托支持英国利兹市"地方企业伙伴关系（LEP）"制定了到2036年利兹城市区域能源战略和实施计划，并确定了未来10年的重点投资和创新目标。利兹市是伦敦以外英国最大的城市经济体之一，英国重要的能源和创新中心，利兹市经济产值超过640亿英镑，占英国经济总量的5%，其发电量占英国的12%。此外，这里也是未来H21项目试点的所在地，该项目旨在将目前的天然气网络转化为氢能。

（一）低碳目标

利兹市是英国传统的能源生产区域，为其引领英国低碳转型提供了基础。利兹市提出了具有雄心的目标——将利兹城市区域打造为零碳能源经济体。为使减排量与巴黎气候协定的长期目标相一致，利兹市到2036年碳排放量需减少53%，那么，城市区域年经济产出将增加110亿欧元，增加10万个就业机会。英国商业、能源和工业战略部（BEIS）为各地地方企业合作关系提供资金，支持区域能源战略的开发。

（二）碳信托参与

碳信托支持地方企业合作伙伴关系制定到2036年的能源战略和实施计划，并确定未

来 10 年的重点投资和创新目标。具体包括广泛的利益相关方调研、详细的基线评估、技术选择评估、基于科学的目标设定、能源系统情景模型，以及实施计划的制订，以帮助利兹市实现其富有雄心的科学碳减排目标。此外，利兹市也开了先河，成为英国第一个设定科学碳目标的地区，将各部门的减排路径与《巴黎协定》(Paris Agreement) 的长期目标保持一致。最终的能源战略和实施计划将这些要素整合为一份战略文件，为利兹市低碳转型提供了路线图。

（三）重点战略

（1）资源节约型商业和工业即增加支持以帮助企业降低能源成本和碳排放；

（2）新能源发电即建立低成本和低碳的能源网络为居民和企业提供本地生产的电力，包括区域供热网络和具有里程碑意义的 H21 氢能项目；

（3）提高能源效率，降低家庭用能负担即帮助家庭提高能效，降低能源支出；

（4）智能电网系统集成即发展技术和基础设施，使能源使用更加智能化；

（5）高效和综合交通系统即聚焦投资领域并着力影响交通运营商以发展可持续的交通网络，包括提高电动和氢动力汽车的比例，增加骑行和步行的机会。

（四）主要挑战

（1）该地区目前的能源结构仍主要依赖化石燃料，可再生能源仅占能源消费总量的 8.8%（2018 年英国平均水平为 33%）；

（2）预计未来 20 年能源需求将增长 13%；

（3）城市区域仍有 12.5% 的家庭难以负担燃料费用；

（4）仍需要确保利兹城市区域的能源密集型产业保持较高产量和全球竞争力；

（5）保持企业和家庭的能源成本可控；

（6）减少碳排放以达到国家和国际目标。

（五）项目成果

（1）各部门利益相关方参与并支持愿景和能源战略，并承诺实施该战略和行动计划；

（2）充分了解利兹市城市区域目前和预测的能源情况，以及实施行动的经济效益；

（3）支持利兹市成为英国第一个制定科学碳目标的地区，并承诺采取必要措施实现这一目标；

（4）重点项目列表和实施计划，识别出有助于实现碳减排目标的项目（例如，能源加速器和当地能源中心）；

（5）一份有助于经济发展、包容性增长和温室气体减排的能源战略和实施计划。

二、碳信托国内典型案例

（一）湖北签署全国首单碳资产托管协议

2014 年 12 月，我国首单碳资产托管业务在湖北碳排放权交易中心落地。湖北兴发化工集团股份有限公司将 100 万 t 碳排放权交由武汉钢实中新碳资源管理有限公司和武汉中新绿碳投资管理有限公司 2 家机构托管。

1. 基本业务模式

碳资产托管业务本身的投融资属性较弱，其事务管理属性更强。控排企业将其碳资产交付托管机构，托管机构接受控排企业的委托，代为持有碳资产，并以自身名义对碳资产进行集中管理和交易。控排企业与托管机构一般应事先约定托管目标。在托管期结束后，托管机构将返还碳资产，并按托管目标的约定向控排企业支付收益。其基本业务模式可归纳如图8-6所示。

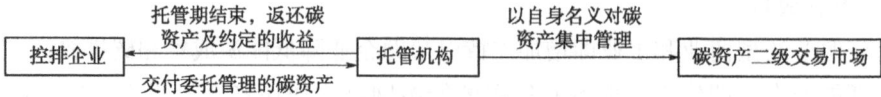

图 8-6 碳资产托管基本业务模式

2. 业务模式的实践

在2014年出现我国首单碳资产托管业务之后，深圳排放权交易所、广州碳排放权交易所、福建海峡股权交易中心在2015—2017年间也均有业务落地。目前，已落地业务的湖北、深圳、广州、福建的碳排放权交易所均已制定相应的业务规则（表8-2）。深圳排放权交易所将会员划分为交易类、服务类，其中交易类会员下的托管会员开展碳资产托管业务。福建海峡股权交易中心将碳资产管理业务类型分为碳排放配额托管、碳排放权产品委托买入和碳排放权产品委托卖出3类，并制定了《碳资产管理业务细则（试行）》。

表 8-2 碳资产托管的主要业务实践

碳排放交易所	控排企业	托管机构	业务规则
湖北碳排放权交易中心	湖北兴发化工集团	武汉钢实中新碳资源管理公司、武汉中新绿碳投资管理公司	配额托管业务实施细则（试行）
广州碳排放权交易所	深圳能源集团、深能合和电力（河源）有限公司、深圳市广深沙角B电力有限公司	广州微谈投资有限公司	广东省碳排放配额托管业务指引
深圳排放权交易所	深圳芭田生态工程公司	超越东创碳资产管理公司	托管会员管理细则（暂行）
福建海峡股权交易中心	福建省三钢（集团）有限公司	广州微谈投资有限公司	碳资产管理业务细则（试行）
	福建三安钢铁有限公司	中碳未来（北京）资产管理有限公司	

3. 各交易所业务规则的对比

各家碳排放权交易所均规定，开展碳资产托管业务应申请业务资格或会员资格。在托管的碳资产种类方面，以碳排放配额为主，但福建交易所的规定中纳入了FFCER（福建林业碳汇项目）。各家碳排放权交易所均设置了业务保证金制度，但缴纳比例和方式略有差异。湖北、广州交易所规定的缴纳方式为托管配额总市值的20%，而福建交易所规定的缴纳比例为托管配额总市值的30%。广州、福建交易所还规定托管方可用碳排放配额作为保证金的替代。深圳交易所规定的保证金缴纳方式比较特殊，可一次性缴纳300万元现金或按照托管的配额数量乘以5元/t来计算。这些主要规定见表8-3所列。

表8-3 碳资产托管业务规则的主要规定

	湖北	广州	深圳	福建
业务资格	托管机构应申请备案，由湖北碳排放权交易中心认证资质	应向广碳所申请托管业务资质	应申请托管会员资格	应申请碳资产管理业务资格
托管碳资产种类	碳排放配额、CCER	碳排放配额	碳排放配额	碳排放配额、CCER、FFCER
保证金制度	保证金收取标准为托管配额总市值的20%	①初始业务保证金应大于等于托管配额市值的20%；②经委托方同意，托管方可使用自有的等价配额作为抵押物冲抵业务保证金	缴纳风险保证金：①一次性以现金方式缴纳300万元；②按照托管的配额数量乘以5元/t	①初始保证金按托管配额市值的30%计算；②经委托方同意，会员可以碳排放配额冲抵保证金

(二)福建碳市场排放配额托管

2017年5月15日，福建三安钢铁有限公司与中碳未来(北京)资产管理有限公司签订的碳排放配额托管协议在海峡股权交易中心成功备案，这是福建碳市场落地的第三笔碳排放配额托管业务。据了解，此次委托方和托管方经历了长达数月的谈判，针对合同条款进行了多次修改，谈判过程也使得企业对碳排放权交易和碳资产管理有了更加深刻的认识。

中碳未来(北京)资产管理有限公司是海峡股权交易中心的首批碳排放权业务综合会员单位，也是我国较早成立的碳资产管理机构之一，总部位于北京，在上海、广州、武汉、福州、长沙、合肥、呼和浩特、沈阳、贵阳等多地设有办公室，已通过多样的服务方式为几千家重点排放单位提供了优质的碳资产管理服务。

碳排放配额托管是目前国内碳市场上最为普遍的一种碳资产管理方式。目前，广州微碳投资有限公司、环保桥(上海)环境技术有限公司、中碳未来(北京)资产管理有限公司均已在福建碳市场开展了碳排放配额托管业务。

(三)兴业信托成功发行福建省首单碳排放权绿色信托计划

兴业信托成功发行福建省首单碳排放权绿色信托计划——"兴业信托·利丰A016碳权1号集合资金信托计划"。日前，兴业银行联动旗下子公司兴业信托成功发行福建省首单碳排放权绿色信托计划——"兴业信托·利丰A016碳权1号集合资金信托计划"。该信托计划是兴业银行集团在碳金融领域与福建三钢闽光股份有限公司协同推进的一次创新尝试，得到了福建省生态环境厅、三明市生态环境局、海峡股权交易中心的大力支持，旨在积极推进福建省碳排放权交易市场建设，完善碳市场的金融产品体系，是该行创新发展绿色金融、支持实现"碳达峰""碳中和"目标的积极举措。

据了解，该信托计划的信托资金通过受让碳排放权收益权的形式，创新性地将福建省碳排放交易市场公开交易价格作为标的信托财产估价标准，向福建三钢闽光股份有限公司提供融资支持。这标志着福建省碳排放权交易市场在碳金融产品创新方面取得实质性的进展。

兴业银行是国内首家赤道银行，绿色金融领先者。截至2020年12月末，兴业银行累计为 29 829 家企业提供绿色金融融资 11 558 亿元，较年初增长 1351 亿元。同时，该行在碳金融领域与 7 个碳交易国家级试点地区达成合作，实现了与国家交易试点合作的全覆盖，有力地推动了国内碳交易市场建设。

专栏 8-1

华宝信托成立"ESG 系列–碳中和集合资金信托计划"

2021 年 4 月，华宝信托"ESG 系列–碳中和集合资金信托计划"正式发行成立。据华宝信托介绍，该产品是我国宣布双碳目标以来，国内信托行业首批直接参与碳排放配额交易的投资型信托，产品对底层新兴品种采用创新的估值方式，增加国内碳排放权交易市场的流动性。

该信托的信托资金主要投资于国内碳排放权交易所上市交易的碳排放配额及国家核证自愿减排量（CCER）。该产品初期参与地方碳排放权交易市场交易，后期在适当时期加入全国碳排放权交易市场。

华宝信托表示，今年全国碳排放权交易市场将会诞生，部分地方设有试点性的区域碳排放权交易市场，包括上海环境（601200）能源交易所在内的 7 家试点交易所和 2 家备案交易所。本次华宝信托参与的上海碳排放权交易二级市场总成交量居全国前列，CCER 成交量居全国第一。

华宝信托的大股东为中国宝武。不久前，中国宝武公布其"碳达峰、碳中和"时间表，即力争 2023 年实现二氧化碳排放达到峰值，2025 年具备减碳 30% 工艺技术能力，2035 年力争减碳 30%，2050 年实现"碳中和"。因此，华宝信托表示，作为中国宝武旗下产业金融板块成员单位，公司将充分发挥信托制度和跨市场资产配置的优势，持续为中国宝武实现"碳达峰、碳中和"目标助力。

专栏 8-2

中海信托成立"中海蔚蓝 CCER 碳中和服务信托"

2021 年 4 月 21 日，中海信托股份有限公司（简称"中海信托"）与中海油能源发展股份有限公司（简称"海油发展"）举行签约仪式。双方共同宣布，全国首单 CCER 为基础资产的碳中和服务信托——"中海蔚蓝 CCER 碳中和服务信托"成立。其交易结构为：海油发展将其持有的 CCER 作为信托基础资产，交由中海信托设立财产权信托，再将其取得的信托受益权通过信托公司转让信托份额的形式募集资金，最终将募集资金全部投入绿色环保、节能减排产业，从而实现以绿生绿、以绿增绿的绿色能源发展路径。中海信托作为上述信托资产的受托人，在向资产持有人提供资金支持的同时，还负责开展碳资产的管理与交易，利用信托制度与资产管理的优势，为碳中和提供全方位金融服务。

该项目是中海信托首单以碳达峰、碳中和为目标开展的绿色信托业务，在信托基础资产、交易结构设计与资产管理等方面均有创新内涵，为打造绿色资产支持绿色产业提供了解决方案。

为深入贯彻党的十九届五中全会和中央经济工作会议对实现碳达峰、碳中和目标的工作部署，认真落实中国海油碳中和规划，中海信托积极开展研究，围绕碳资产管理、环保项目设施资产证券化等进行探索与研究，力求为绿色产业提供包括项目投融资、资产交易、股权管理的综合性金融服务。在全国性碳排放市场建立在即的背景下，中海信托通过科学的交易结构设计，在为资产持有人提前实现CCER价值的同时，兼顾了碳资产未来升值后的利益共享，真正做到了多方共赢。这一产品的成功推出，为未来信托公司开展碳资产管理业务打开了思路，是信托行业回归本源的有益探索。

根据中国海油"十四五"规划、新能源相关专项规划和绿色发展行动计划，中海信托将秉持可持续发展理念，积极融入产业转型升级和新能源业务布局，通过提供全方位绿色金融服务，提高碳资产使用效率，挖掘碳资产价值，助力集团公司高质量发展，为实现碳达峰、碳中和目标贡献力量。

专栏8-3

中信信托：云南水务碳中和绿色可续期债权投资集合资金信托计划

正在全力建设全国生态文明排头兵的云南的生态产业发展前景吸引了全国各路资本尤其是主流金融资本的高度关注。"中信信托云南水务碳中和绿色可续期债权投资集合资金信托计划"于2020年12月落地，这是中信信托在全国发行的首笔"碳中和绿色可续期债"。该信托融资计划总规模为20亿元，将推动云南千亿级绿色环保产业的骨干企业云南水务进一步扩充市场，加快向城镇环境综合服务商转型，加速高质量发展步伐。

在云南省委、省政府大力支持下，云南水务经过十年快速发展已成为全国一流城镇环境综合服务商。截至2020年12月31日，云南水务总资产约480亿元，拥有水务项目225个，处理规模合计约800万t/日；拥有固体废弃物处理项目23个，处理规模约500万t/年；此外，还拥有BT项目11个，EPC项目13个。在由全国工商联环境商会发布的"2020中国环境企业50强"榜单中排名第13名。近年来，云南水务不断开拓创新，独自研发200余项专利，固废垃圾和污泥低温热解碳化技术全国领先，实现了从云南走向全国的跨越式发展，在供水、污水、膜材料以及固废、医废、危废等领域实现了全产业链布局和项目储备，具备政策支持、市场化经营团队、专业核心技术等自身竞争优势。云南水务立足云南、布局全国，业务已辐射至广东、福建、山东、江苏等东部发达地区等全国26省（自治区、直辖市）。

作为云南康旅集团旗下城市开发板块绿色环保产业核心平台，云南水务主动融入和服务国家"一带一路"建设，积极践行"走出去"战略、开拓东南亚国家蓝海市场。目前，云南水务在"一带一路"国家持有在运营项目4个，在建项目2个，跟踪项目20多个，共计投资约60亿元，共有中外员工约400人，其在泰国、印尼等"一带一路"沿线投资建设的都是长期性经营项目，每一个环保项目的运营期限都是25年以上，深受当地政府和民众的支持，为绿色"一带一路"建设提供了滇企解决方案。云南水务在全球竞争中获得了亚洲最大垃圾热解气化发电项目——印度尼西亚泗水垃圾热解气化发电项目，已经获得印尼政府部门颁发的上网售电许可证，获取电费收入。印尼总统佐科到该项目实地考察后，对云南水务所采用的先进工艺和国际化管理水平予以高度赞扬，要求印尼政府在全国推广该项目模式。

坚定支持绿色环保产业发展，助力国家"碳达峰、碳中和"目标实现的中信集团及中信信托，十分看好云南水务未来发展前景，将通过提供综合金融服务，助力云南水务健康平稳发展。中信信托相关负责人表示，以此次可续期债合作为基础，中信信托拟通过投贷联动、产融结合方式继续推进与云南水务开展广泛的战略合作，助力云南水务优化资本结构、实现产能释放，进一步发挥未来发展潜力。"此次与云南水务的成功合作，是中信信托积极推动绿色金融业务发展、加速绿色金融模式创新、深化自身转型发展的重要体现，也是中信信托主动响应国家政策号召、布局绿色环保产业，紧抓市场机遇和新格局、推动信托业务转型升级的重要实践。"

中信信托的母公司中信集团，已于 2019 年 9 月与省政府签署了全面战略合作协议，明确了双方将在金融服务、基础设施建设及环境治理、"一带一路"重大项目等多领域开展全面战略合作。"云南省在文化旅游、健康养老、绿色环保等领域拥有独特优势，同时作为'一带一路'国家战略面向南亚东南亚的辐射中心，在当前我国建立以国内大循环为主体、国内国际双循环相互促进的新发展格局中面临巨大发展机遇。"中信信托相关负责人说，云南康旅集团是中信信托的长期合作伙伴，双方已建立良好的合作基础。云南康旅集团当前正处于"瘦身健体"、转型发展的关键机遇期，中信信托将持续推进与云南康旅集团及下属企业在绿色环保、文旅康养、城市更新等领域通过可续期债权投资、资产证券化、股权战略投资、资本市场业务等方式深化合作关系、创新合作模式，助力转型、相互支持、携手共赢。

参考文献

邹新阳，2011. 碳金融与农村金融的互动研究——基于碳金融的本土化与农村金融创新的理念[J]. 农业技术经济(06)：70-76.

朱然，顾雪松，秦涛，等，2023. 银保互动对农户增收的作用效果与机制研究——基于鲁、辽、赣、川四省的调查数据[J]. 中国农村观察(01)：96-115.

朱婧，2023. 林业碳汇若干法律问题的理解与适用[J]. 法律适用(01)：141-149.

周泽峰，1999. 建立我国林业基金制度的构想[J]. 林业经济(05)：75-78.

周黎安，2007. 中国地方官员的晋升锦标赛模式研究[J]. 经济研究：36-50.

周耿，阮东喆，范从来，2021. 信息不对称下信贷市场的惜贷与挤出效应[J]. 金融论坛(01)：25-36.

支玲，文冰，王振，等，2009. 中国绿色碳基金发展现状及对策[J]. 世界林业研究(01)：59-62.

张译元，孟生旺，2020. 农业指数保险定价模型的研究进展及改进策略[J]. 统计与信息论坛(01)：30-39.

张艳，漆雁斌，贾阳，2011. 低碳农业与碳金融良性互动机制研究[J]. 农业经济问题(06)：96-102.

张艳，李锋，李援，2021. 碳中和背景下林业碳汇市场及海南发展林业碳汇交易研究[J]. 海南大学学报(人文社会科学版)(03)：35-43.

张旭，2018. 我国碳信用货币化演进过程研究[J]. 当代经济研究(08)：91-96.

张小有，黄冰冰，杨华领，2016. 江西省CDM林业碳汇项目投资探析[J]. 林业经济(12)：46-49.

张文明，张孝德，2019. 生态资源资本化：一个框架性阐述[J]. 改革(01)：122-131.

张文，陈志峰，2022. 我国绿色债券市场保障制度：现状、问题与政策建议[J]. 南方金融(05)：70-78.

张伟，2022. 自然资源使用权收储与碳中和[J]. 经济体制改革(01)：5-11.

张瑞萍，杨肃昌，2013. 林业碳汇交易市场机制路径探析[J]. 兰州大学学报(社会科学版)(06)：138-142.

张楠，储安婷，杨红强，2022. 碳交易机制下林业碳汇产品类别比较与价值核算模型甄别[J]. 中国人口·资源与环境(11)：146-155.

张兰花，许接眉，2016. 林业收储在林权抵押贷款信用风险控制中作用研究[J]. 林业经济问题(02)：139-142.

张静娉，高岚，2016. 我国碳汇林经营风险的识别研究[J]. 中南林业科技大学学报(社会科学版)(02)：14-18.

张冬梅，2015. 林业碳汇权融资担保的法律思考[J]. 福建师范大学学报(哲学社会科学版)(01)：10-17.

尹惠斌，2011. 我国碳金融发展的国际比较及战略路径选择[J]. 统计与决策(10)：134-137.

杨博文，2019. 政策导向下我国农林碳汇交易生态扶贫监管框架研究[J]. 农业经济与管理(03)：51-60.

杨博文, 2021. "资源诅咒"抑或"制度失灵"? ——基于中国林业碳汇交易制度的分析[J]. 中国农村观察(05): 51-70.

杨博文, 2021. 《巴黎协定》后国际碳市场自愿减排标准的适用与规范完善[J]. 国际经贸探索(06): 102-112.

严琼芳, 2010. 国际碳基金发展的现状、问题与前景[J]. 经济纵横(11): 113-117.

许策, 孔凡婕, 韩生生, 2023. 国际生态碳汇参与碳市场交易发展经验及对中国的启示[J]. 自然资源情报(03): 51-57.

徐瑶, 杜莉, 2015. 绿色经济新常态下碳基金的发展[J]. 兰州学刊(12): 152-156.

肖建中, 2009. 林权制度改革与抵押贷款的政策分析——以浙江省丽水市为例[J]. 农业经济问题(10): 79-83.

肖峰, 2017. 国际碳基金制度功能的异质性及对我国的启示[J]. 国际商务(对外经济贸易大学学报)(05): 139-149.

夏玲, 秦涛, 2022. 我国公益林保险发展困境与运行机制优化[J]. 金融理论与实践(04): 109-118.

武曙红, 张小全, 宋维明, 2009. 国际自愿碳汇市场的补偿标准[J]. 林业科学(03): 134-139.

武曙红, 张小全, 2007. CDM林业碳汇项目的非持久性风险分析[J]. 林业科学(08): 123-126.

吴一恒, 马贤磊, 马佳, 等, 2020. 如何提高农地经营权作为抵押品的有效性? ——基于外部治理环境与内部治理结构的分析[J]. 中国农村经济(08): 40-53.

文彩云, 李扬, 王砚时, 等, 2015. 集体林权流转现状、成效及发展趋势[J]. 林业经济(05): 3-6.

王睿, 2023. 金融创新中的非典型担保类型化探讨[J]. 政治与法律(01): 159-176.

王琳飞, 王国兵, 沈玉娟, 等, 2010. 国际碳汇市场的补偿标准体系及我国林业碳汇项目实践进展[J]. 南京林业大学学报(自然科学版)(05): 120-124.

王静, 2019. 我国绿色金融发展驱动因素与进展研究[J]. 经济体制改革(05): 136-142.

汪程程, 2015. 国内碳基金发展概述[J]. 中国人口·资源与环境(S1): 323-325.

田云, 陈池波, 2021. 市场与政府结合视角下的中国农业碳减排补偿机制研究[J]. 农业经济问题(05): 120-136.

田贵良, 盛雨, 卢曦, 2020. 水权交易市场运行对试点地区水资源利用效率影响研究[J]. 中国人口·资源与环境(06): 146-155.

唐小平, 王宏, 朱磊, 等, 2015. 后林改时期南方集体林经营管理的路径选择[J]. 林业资源管理(03): 1-6.

孙宗晟, 杨佳晋, 李全, 2013. 论B-S期权定价模型在环境责任保险中的适用性[J]. 环境保护与循环经济(07): 62-65.

宋烨, 彭红军, 孙铭君, 2021. 碳限额与交易下木质林产品供应链内部融资机制[J]. 南京林业大学学报(自然科学版)(06): 232-238.

宋瑞波, 耿子扬, 赵广志, 2022. "双碳"目标下我国碳资产债券的创新研究[J]. 金融市场研究(11): 48-57.

舒凯彤, 张伟伟, 2017. 完善我国森林碳汇交易的机制设计与措施[J]. 经济纵横(03): 96-100.

盛春光, 朱琦琦, 齐雅萱, 等, 2022. VCS市场运营对中国国家温室气体自愿减排交易市场的启示[J]. 林业科学(12): 141-154.

盛春光, 刘宗烨, 赵晓晴, 2023. 国际核证碳标准林业碳汇项目运行机理、开发现状及经验借鉴

[J]. 世界林业研究(01)：14-19.

邱玲玲，曾维忠，2017. 精准扶贫视角下县域农村收入差距问题研究——基于四川省88个贫困县的分析[J]. 中国农业资源与区划(08)：151-157.

秦涛，田治威，潘焕学，等，2014. 林业信贷与森林保险关联关系与合作模式研究[J]. 中国人口·资源与环境(03)：131-137.

秦涛，李昊，宋蕊，2022. 林业碳汇保险模式比较、制约因素和优化策略[J]. 农村经济(03)：60-66.

秦涛，杜亚婷，陈奕多，等，2023. 林业碳汇质押贷款融资模式比较、现实困境与突破方向[J]. 农业经济问题(01)：120-130.

秦涛，杜亚婷，陈奕多，2022. 碳资产质押贷款模式比较、制约因素与发展策略[J]. 福建论坛(人文社会科学版)(11)：51-63.

钱政霖，马晓明，2012. 国际自愿减排标准比较研究[J]. 生态经济(05)：39-42.

漆雁斌，张艳，贾阳，2014. 我国试点森林碳汇交易运行机制研究[J]. 农业经济问题(04)：73-79.

彭红军，徐笑，俞小平，2022. 林业碳汇产品价值实现路径综述[J]. 南京林业大学学报(自然科学版)(06)：177-186.

莫祝平，童德文，袁胜，等，2015. 广西珠江流域治理再造林项目碳汇监测研究[J]. 南京林业大学学报(自然科学版)(03)：156-160.

马雯雯，赵晟鹭，2020. 金融服务林业碳汇发展及问题研究[J]. 西南金融(06)：46-55.

马建平，庄贵阳，2011. CDM项目开发的风险因素识别与规避对策[J]. 华中科技大学学报(社会科学版)(02)：87-92.

骆嘉琪，杨鑫焱，余方平，等，2021. 基于碳清缴超额保险的企业碳交付风险管理[J]. 管理评论(06)：29-40.

卢峰，顾光同，曹先磊，等，2022. 基于耦合效应的林业碳汇项目风险[J]. 林业科学(05)：161-176.

龙飞，沈月琴，翁贞瑶，等，2013. 基于市场响应的浙江省林业碳汇经营发展趋势模拟研究[J]. 林业资源管理(05)：113-119.

刘祚祥，黄权国，2012. 信息生产能力、农业保险与农村金融市场的信贷配给——基于修正的S-W模型的实证分析[J]. 中国农村经济(05)：53-64.

刘祖军，吴肇光，2012. 基于供求约束的集体林权弱市场化流转研究[J]. 福建论坛(人文社会科学版)(05)：42-45.

刘元，刘洁，熊曦，2016. 林业碳汇市场化融资机制初探[J]. 湖湘论坛(03)：99-103.

刘珉，胡鞍钢，2022. 中国打造世界最大林业碳汇市场(2020-2060年)[J]. 新疆师范大学学报(哲学社会科学版)(04)：89-103.

刘海英，郭文琪，2022. 碳排放权交易政策试点与能源环境效率——来自中国287个地级市的实证检验[J]. 西安交通大学学报(社会科学版)(05)：72-86.

刘国成，陈志宏，2007. 解决林业投资问题的新思路——商品林资产证券化[J]. 林业经济(01)：71-73.

刘冬莉，2017. 国外碳汇林项目融资制度借鉴[J]. 世界农业(03)：103-109.

刘德钦，陈甲，张武，2016. 林权收储问题及对策研究——以云南省为例[J]. 林业经济(09)：27-32.

林凯旋，2020. 农业信贷与保险联动支持农业发展：内在逻辑与改进路径[J]. 保险研究(04)：69-76.

李媛媛，2015. 中国碳保险法律制度的构建[J]. 中国人口·资源与环境(02)：144-151.

李研，张大红，2021. 社会资本对林农获取林业碳汇项目权益的影响[J]. 农村经济(07)：68-78.

李炫榆，2017. 碳金融市场发展的国际经验与启示[J]. 福建金融(02)：8-12.

李慧明，2021. 欧美气候新政：对全球气候治理的影响及其限度[J]. 福建师范大学学报(哲学社会科学版)(05)：29-38.

蓝虹，2012. 论碳基金的发展和风险控制[J]. 中南财经政法大学学报(03)：42-47.

蓝虹，2012. 论碳基金发展中的风险及其治理[J]. 中央财经大学学报(05)：30-35.

孔凡斌，廖文梅，郑云青，2011. 集体林权流转理论和政策研究述评与展望[J]. 农业经济问题(11)：100-105.

揭滢，郗永勤，陈少平，2016. 福建省森林碳汇发展现状与对策探究[J]. 发展研究(02)：36-40.

蒋海，屈家树，时旭辉，等，2002. 市场经济条件下多元化多渠道的林业投融资机制研究——以广东省林业为例[J]. 管理世界(03)：90-95.

姜霞，黄祖辉，2016. 经济新常态下中国林业碳汇潜力分析[J]. 中国农村经济(11)：57-67.

姜冬梅，刘庆强，佟庆，2018. 相似的经历，相同的结局？——以CDM为基础分析我国温室气体自愿减排机制的发展趋势[J]. 生态经济(02)：14-17.

黄润源，2013. 碳基金的法律解读[J]. 学术论坛(06)：115-120.

胡玉可，田治威，2012. 中国林业碳汇交易发展范式及化解途径[J]. 求索(11)：23-25.

洪艳蓉，2022. 论碳达峰碳中和背景下的绿色债券发展模式[J]. 法律科学(西北政法大学学报)(02)：123-137.

何韵，费梓萱，叶新建，等，2022. 天保工程碳汇价值评估及对"碳中和"的意义研究[J]. 公共管理学报(02)：154-163.

何桂梅，王鹏，徐斌，等，2018. 国际林业碳汇交易变化分析及对我国的启示[J]. 世界林业研究(05)：1-6.

郭建峰，傅一玮，2019. 构建全国统一碳市场定价机制的理论探索——基于区域碳交易试点市场数据的分析[J]. 价格理论与实践(03)：60-64.

贯君，曹玉昆，朱震锋，等，2020. 基于B-S期权定价理论的落叶松碳汇造林项目经济价值评估与敏感性分析[J]. 干旱区资源与环境(01)：63-70.

高沁怡，潘春霞，刘强，等，2021. 基于贝叶斯网络的林业碳汇项目风险评价[J]. 南京林业大学学报(自然科学版)(04)：210-218.

高沁怡，金婷，顾光同，等，2019. 林业碳汇项目类型及开发策略分析[J]. 世界林业研究(06)：97-102.

高锦杰，张伟伟，2021. 绿色金融对我国产业结构生态化的影响研究——基于系统GMM模型的实证检验[J]. 经济纵横(02)：105-115.

高传华，2017. 我国农产品目标价格保险面临的困境与对策[J]. 价格理论与实践(05)：113-116.

甘庭宇，2020. 碳汇林业发展中的农户参与[J]. 农村经济(09)：117-122.

付雯潇，汪海粟，2011. 基于信贷配给理论的无形资产质押制约因素研究[J]. 中南财经政法大学学报(05)：90-94.

冯爱青，岳溪柳，巢清尘，等，2021. 中国气候变化风险与碳达峰、碳中和目标下的绿色保险应对[J]. 环境保护(08)：20-24.

杜莉，韩丽娜，2010. 论碳金融体系及其运行架构[J]. 吉林大学社会科学学报(05)：55-61.

董加云，王文烂，林琰，等，2017. 福建顺昌县林权收储担保机制创新与成效研究[J]. 林业经济(12)：56-59.

崔莉，厉新建，程哲，2019. 自然资源资本化实现机制研究——以南平市"生态银行"为例[J]. 管理世界(09)：95-100.

程军国，刘璨，刘浩，等，2023. 担保品竞争：缓解林权抵押约束对农户信贷的影响[J]. 中国农村经济(01)：140-159.

陈幸幸，宋献中，齐宇，2022. 绿色债券与企业技术创新[J]. 管理科学(05)：51-66.

陈晓倩，1999. 市场经济条件下林业融资方式的选择[J]. 林业经济(06)：57-62.

陈骁，张明，2022. 中国的绿色债券市场：特征事实、内生动力与现存挑战[J]. 国际经济评论(01)：104-133.

陈蕊，陈显荣，金璟，2022. "双碳"目标下农业低碳化生产及其成效评价研究——以西部地区为例[J]. 价格理论与实践(12)：183-187.

陈秋月，董晓林，吕沙，2019. 中国政策性农业保险在银保互动中的适用性——基于抵押担保替代视角的分析[J]. 商业研究(12)：107-115.

陈娟丽，2015. 我国林业碳汇存在的障碍及法律对策[J]. 西北农林科技大学学报(社会科学版)(05)：154-160.

陈杰，苏群，2017. 土地流转、土地生产率与规模经营[J]. 农业技术经济(01)：28-36.

陈建成，关海玲，2014. 碳汇市场对林业经济发展的影响研究[J]. 中国人口·资源与环境(S1)：445-448.

曾以禹，吴柏海，周彩贤，等，2014. 碳交易市场设计支持森林生态补偿研究[J]. 农业经济问题(06)：67-76.

曾维忠，张建羽，杨帆，2016. 森林碳汇扶贫：理论探讨与现实思考[J]. 农村经济(05)：17-22.

曾维忠，刘胜，杨帆，等，2017. 扶贫视域下的森林碳汇研究综述[J]. 农业经济问题(02)：102-109.

曹先磊，张颖，石小亮，等，2017. 竹子造林CCER项目碳汇价值动态评估及敏感性分析[J]. 长江流域资源与环境(02)：247-256.

曹先磊，程毅明，吴伟光，2022. 碳中和目标背景下CCER林业碳汇项目开发优先序研究[J]. 统计与信息论坛(05)：52-63.

安国俊，陈泽南，梅德文，2022. "双碳"目标下气候投融资最优路径探讨[J]. 南方金融(02)：3-17.

侯国跃，2023. "双碳"目标下碳排放权担保制度研究[J]. 广东社会科学(02)：254-265.

刘传江，张劭辉，李雪，2023. 绿色信贷对地区绿色全要素生产率的影响研究——基于中国省级面板数据的实证检验[J]. 南京社会科学(03)：28-39.

赵亚雄，王修华，刘锦华，2023. 绿色金融改革创新试验区效果评估——基于绿色经济效率视角[J]. 经济评论(02)：122-138.

张慧，魏佳琪，孟纹羽，2023. 碳金融市场集成风险测度的新方法[J]. 统计与决策，39(03)：55-60.

庞加兰，王薇，袁翠翠，2023. 双碳目标下绿色金融的能源结构优化效应研究[J]. 金融经济学研究，38(01)：129-145.

叶林，邓睿彬，2023. 绿色金融推动实现"双碳"目标的路径探讨——基于政策工具的分析[J]. 地方治理研究(01)：52-64，80.

刘锋，黄苹，唐丹，2022. 绿色金融的碳减排效应及影响渠道研究[J]. 金融经济学研究，37(06)：144-158.

田嘉莉，黄文艳，彭甲超，等，2022. 绿色金融赋能碳中和的传导机制与空间效应[J]. 西部论坛，32(05)：44-62.

程郁泰，肖红叶，2022. 绿色金融政策的经济效应与碳减排效应测度[J]. 统计与决策，38(22)：136-141.

杜建勇，曹文娟，2022."双碳"目标下绿色金融发展对碳排放的影响研究[J]. 学习论坛(06)：114-118.

丁凡琳，2022. 中国数字普惠金融对碳强度的影响[J]. 武汉大学学报(哲学社会科学版)，75(06)：110-120.

金曼，2022. 碳金融背景下碳排放权质押融资的法律风险及其规制[J]. 金融理论与实践(10)：36-44.

樊亚平，周晶，2022."双碳"目标下中国特色绿色金融理论：历史镜鉴与践行指向[J]. 经济问题(09)：1-8.

幸丽霞，王雅炯，2022. 碳排放权证券化路径研究——基础资产和交易结构的视角[J]. 经济体制改革(04)：137-143.

吴力波，马戎，2022. 面向双碳的能源产业和金融政策体系设计思考[J]. 北京理工大学学报(社会科学版)，24(04)：81-92.

季立刚，张天行，2022."双碳"背景下我国绿色证券市场 ESG 责任投资原则构建论[J]. 财经法学(04)：3-20.

吴育辉，田亚男，陈韫妍，等，2022. 绿色债券发行的溢出效应、作用机理及绩效研究[J]. 管理世界，38(06)：176-193.

王遥，任玉洁，2022."双碳"目标下的中国绿色金融体系构建[J]. 当代经济科学，44(05)：1-13，139.

杨青清，2022. 我国碳金融交易价格监管机制设计[J]. 山西财经大学学报，44(S1)：58-60.

巴曙松，彭魏倬加，2022. 英国绿色金融实践：演变历程与比较研究[J]. 行政管理改革(04)：105-115.

安国俊，陈泽南，梅德文，2022."双碳"目标下气候投融资最优路径探讨[J]. 南方金融(02)：3-17.

邱冬阳，吴梦尧，2022."双碳"目标下的我国碳排放权质押贷款：现状、不足及优化路径[J]. 西南金融(03)：68-80.

张思菊，2022. 环保企业绿色债券融资应用研究——以启迪环境为例[J]. 财会通讯(06)：142-146.

李仁真，杨心怡，2022. 亚投行气候融资规则构建的动因、路径及特点[J]. 湖北社会科学(03)：70-79.

张平，郭青华，许玥玥，2022. 我国碳中和债券的实践、挑战与发展路径——基于"下一代欧盟"绿色债券框架的比较研究[J]. 经济纵横(02)：104-110.

孙秋枫，年综潜，2022."双碳"愿景下的绿色金融实践与体系建设[J]. 福建师范大学学报(哲学社会科学版)(01)：71-79.

洪艳蓉，2022. 论碳达峰碳中和背景下的绿色债券发展模式[J]. 法律科学(西北政法大学学报)，

40(02)：123-137.

史代敏，施晓燕，2022. 绿色金融与经济高质量发展：机理、特征与实证研究[J]. 统计研究，39(01)：31-48.

张伟，2022. 自然资源使用权收储与碳中和[J]. 经济体制改革(01)：5-11.

张叶东，2021. "双碳"目标背景下碳金融制度建设：现状、问题与建议[J]. 南方金融(11)：65-74.

陈国进，丁赛杰，赵向琴，等，2021. 中国绿色金融政策、融资成本与企业绿色转型——基于央行担保品政策视角[J]. 金融研究(12)：75-95.

朱向东，周心怡，朱晟君，等，2021. 中国城市绿色金融及其影响因素——以绿色债券为例[J]. 自然资源学报，36(12)：3247-3260.

李明肖，2021. 银行业保险业碳金融实践[J]. 中国金融(22)：51-53.

徐政，江小鹏，2021. 绿色金融支持碳中和：现状、机理与路径[J]. 学术交流(10)：78-87.

陈骁，张明，2022. 中国的绿色债券市场：特征事实、内生动力与现存挑战[J]. 国际经济评论(01)：104-133，7.

张中祥，2021. 碳达峰、碳中和目标下的中国与世界——绿色低碳转型、绿色金融、碳市场与碳边境调节机制[J]. 人民论坛·学术前沿(14)：69-79.

安国俊，2021. 碳中和目标下的绿色金融创新路径探讨[J]. 南方金融(02)：3-12.

王波，董振南，2020. 我国绿色金融制度的完善路径——以绿色债券、绿色信贷与绿色基金为例[J]. 金融与经济(04)：84-90.

黄杰，2020. 碳期货价格波动、相关性及启示研究——以欧盟碳期货市场为例[J]. 经济问题(05)：63-70.

雷鹏飞，孟科学，2019. 碳金融市场发展的概念界定与影响因素研究[J]. 江西社会科学，39(11)：37-44，254.

樊威，陈维韬，2019. 碳金融市场风险形成机理与防范机制研究[J]. 福建论坛(人文社会科学版)(05)：54-64.

张济建，金涛，2019. 供应链碳资产质押融资模式下碳排放权最优定价[J]. 企业经济，38(04)：20-28.

张济建，金涛，朱镕，2018. 协同减排视角下供应链碳资产质押融资模式研究[J]. 生态经济，34(01)：43-48.

杨博文，2017. 绿色金融体系下碳资产质押融资监管的法律进路[J]. 证券市场导报(11)：69-78.

张伟，王加平，李国祥，2016. 基于碳排放权交易的碳配额储备机制探讨[J]. 中国科技论坛(06)：96-101.

张友棠，刘帅，2015. 碳排放权质押贷款运作模式及其估价模型选择研究[J]. 财会月刊(06)：53-57.

高振娟，赵道致，2013. 基于碳交易的供应链碳资产质押融资模式探析[J]. 软科学，27(11)：98-101，106.

王遥，刘倩，2010. 碳金融市场：全球形势、发展前景及中国战略[J]. 国际金融研究(09)：64-70.

王卉彤，2008. 气候变化挑战下的国际金融衍生品市场新动向及其对中国的启示[J]. 财政研究(06)：55-57.

张希良，张达，余润心，2021. 中国特色全国碳市场设计理论与实践[J]. 管理世界，37(08)：

80-95.

王科，李世龙，李思阳，等，2023. 中国碳市场回顾与最优行业纳入顺序展望（2023）[J]. 北京理工大学学报（社会科学版），25(02)：36-44.

彭武元，陈思宇，2020. 中国碳排放试点市场碳交易价格分析及预测[J]. 技术经济，39(03)：102-110.

路正南，罗雨森，2020. 中国碳交易政策的减排有效性分析——双重差分法的应用与检验[J]. 干旱区资源与环境，34(04)：1-7.

杨赫，曾智，米锋，2023. 中国碳交易试点政策对生态福利绩效的影响[J]. 统计与决策，39(04)：163-167.

宋德勇，朱文博，王班班，2021. 中国碳交易试点覆盖企业的微观实证：碳排放权交易、配额分配方法与企业绿色创新[J]. 中国人口·资源与环境，31(01)：37-47.

张云，2018. 中国碳交易价格驱动因素研究——基于市场基本面与政策信息的双重视角[J]. 社会科学辑刊(01)：111-120.

杨越，陈玲，薛澜，2021. 中国蓝碳市场建设的顶层设计与策略选择[J]. 中国人口·资源与环境，31(09)：92-103.

公维凤，王丽萍，王传会，等，2022. 我国碳排放权市场交易价格波动特征研究——对5个碳交易试点的实证分析[J]. 中国软科学(04)：149-160.

张修凡，范德成，2021. 我国碳排放权交易机制和绿色信贷制度支持低碳技术创新的路径研究[J]. 湖北社会科学(11)：71-83.

郑云坚，吴施娟，2022. 我国碳排放权交易管理沿革与发展探析[J]. 中国行政管理(02)：159-160.

刘志洋，马欣顿，解瑶姝，2022. 碳市场、能源市场与金融市场相互影响关系研究——全国碳排放权交易市场推出前后比较视角[J]. 证券市场导报(06)：36-46.

张令荣，徐航，李云风，2023. 碳配额交易背景下双渠道供应链减排决策研究[J]. 管理工程学报，37(02)：90-98.

唐国平，孙洪锋，陈曦，2022. 碳排放权交易制度与企业投资行为[J]. 财经论丛(04)：57-68.

朱金鹤，孙乐，2022. 碳排放权交易政策提高了中国全要素能源利用效率吗[J]. 现代经济探讨(11)：1-13，23.

贾智杰，温师燕，朱润清，2022. 碳排放权交易与全要素碳效率——来自我国碳交易试点的证据[J]. 厦门大学学报（哲学社会科学版），72(02)：21-34.

张涛，吴梦萱，周立宏，2022. 碳排放权交易是否促进企业投资效率？——基于碳排放权交易试点的准实验[J]. 浙江社会科学(01)：39-47，157-158.

郭蕾，肖有智，2022. 碳排放权交易试点是否促进了对外直接投资？[J]. 中国人口·资源与环境，32(01)：42-53.

潘敏，王晨，2022. 碳排放权交易试点阶段企业减排效应研究[J]. 经济纵横(10)：73-81.

陈骁，张明，2022. 碳排放权交易市场：国际经验、中国特色与政策建议[J]. 上海金融(09)：22-33.

张婕，王凯琪，张云，2022. 碳排放权交易机制的减排效果——基于低碳技术创新的中介效应[J]. 软科学，36(05)：102-108.

田超，肖黎明，2023. 碳排放权交易对企业低碳转型的影响——基于碳交易试点市场的准自然实验[J]. 华东经济管理，37(02)：64-74.

蓝虹，陈雅函，2022. 碳交易市场发展及其制度体系的构建[J]. 改革(01)：57-67.

姚星，陈灵杉，张永忠，2022. 碳交易机制与企业绿色创新：基于三重差分模型[J]. 科研管理，43(06)：43-52.

孙振清，谷文姗，成晓斐，2022. 碳交易对绿色全要素生产率的影响机制研究[J]. 华东经济管理，36(04)：89-96.

邵帅，李兴，2022. 市场导向型低碳政策能否推动经济高质量发展？——来自碳排放权交易试点的证据[J]. 广东社会科学(02)：33-45.

刘明明，2019. 论碳排放权交易市场失灵的国家干预机制[J]. 法学论坛，34(04)：62-70.

朱帮助，唐隽捷，江民星，等，2022. 基于系统动力学的碳市场风险模拟与调控研究[J]. 系统工程理论与实践，42(07)：1859-1872.

赵楠，盛昭瀚，严浩，2021. 基于区块链的排污权交易创新机制研究[J]. 中国人口·资源与环境，31(05)：131-140.

丁冠群，王铮，孙翊，2022. 基于多行业DSGE模型的中国碳减排政策效应[J]. 中国人口·资源与环境，32(01)：19-30.

苏丽娟，田丹，2023. 环境权益交易市场能否诱发重污染企业更好的ESG表现——基于碳排放权交易的经验证据[J]. 西北师大学报(社会科学版)，60(03)：134-144.

何可，李凡略，畅华仪，2021. 构建低碳共同体：地方性共识与规模养猪户农业碳交易参与——以农村沼气CCER碳交易项目为例[J]. 中国农村观察(05)：71-91.

文扬，王丽，胡珮琪，等，2022. 高效碳交易市场的机制设计与路径模式[J]. 宏观经济管理(09)：40-46.

刘金培，张了丹，朱家明，等，2023. 非结构性数据驱动的混合分解集成碳交易价格组合预测[J]. 运筹与管理，32(03)：149-154.

叶强，高超越，姜广鑫，2022. 大数据环境下我国未来区块链碳市场体系设计[J]. 管理世界，38(01)：229-249.

曾文革，江莉，2022.《巴黎协定》下我国碳市场机制的发展桎梏与纾困路径[J]. 东岳论丛，43(02)：105-114，192.

王娜，2023. 基于动态多元网络的中国碳价预测[J]. 统计研究，40(01)：49-61.

范丽伟，董欢欢，渐令，2023. 基于滚动时间窗的碳市场价格分解集成预测研究[J]. 中国管理科学，31(01)：277-286.

朱帮助，徐陈欣，王平，等，2021. 内部碳定价机制是否实现了减排与增收双赢[J]. 会计研究(04)：178-192.

陆培丽，彭兰凌，沈嘉琪，等，2022. 实现共同富裕的创新手段：碳转移支付[J]. 中国科学院院刊，37(08)：1132-1142.

李清如，2022. 碳中和目标下日本碳定价机制发展动向分析[J]. 现代日本经济(03)：81-94.

公维凤，王丽萍，王传会，等，2022. 我国碳排放权市场交易价格波动特征研究——对5个碳交易试点的实证分析[J]. 中国软科学(04)：149-160.

ZHIBIN L, SHAN H, 2020. Carbon option price forecasting based on modified fractional Brownian motion optimized by GARCH model in carbon emission trading[J]. The North American Journal of Economics and Finance, (prepublish).

WANG C, NIE P, PNEG D, et al., 2017. Green insurance subsidy for promoting clean production innovation[J]. Journal of Cleaner Production, 148.

VEDENOV D V, BARNETT B J, 2004. Efficiency of Weather Derivatives as Primary Crop Insurance Instruments[J]. Journal of Agricultural and Resource Economics, 29(3).

SYSTEMS P V, 2008. Comparison of carbon offset standards for climate forestation projects participating in the voluntary carbon market[J].

SUBAK S, 2003. Replacing carbon lost from forests: an assessment of insurance, reserves, and expiring credits[J]. Climate Policy, 3(2).

STIGLITX J E, WEISS A, 1981. Credit Rationing in Markets with Imperfect Information [J]. The American Economic Review, 71(3).

SONG Y, PENG H, 2019. Strategies of Forestry Carbon Sink under Forest Insurance and Subsidies[J]. Sustainability, 11(17).

SACCHELLI S, CIPOLLARO M, FABBRIZZI S, 2018. A GIS-based model for multiscale forest insurance analysis: The Italian case study[J]. Forest Policy and Economics, 92.

PESKETT L, SCHRECKENBERG K, BROWN J, 2010. Institutional approaches for carbon financing in the forest sector: learning lessons for REDD+ from forest carbon projects in Uganda[J]. Environmental Science and Policy, 14(2).

HUETTNER M, 2011. Risks and opportunities of REDD+ implementation for environmental integrity and socio-economic compatibility[J]. Environmental Science and Policy, 15(1).

GALIK C S, JACKSON R B, 2009. Risks to forest carbon offset projects in a changing climate[J]. Forest Ecology and Management, 257(11).

COLLIER B, SKEES J, BARNETT B, 2009. Weather Index Insurance and Climate Change: Opportunities and Challenges in Lower Income Countries[J]. The Geneva Papers on Risk and Insurance. Issues and Practice, 34(3).

CHAMBERS R, LEACH M, 1989. Trees as savings and security for the rural poor [J]. World Development, 17(3).

BUMPUS A G, LIVERMAN D M, LOVELL H, 2010. The Rise of Voluntary Carbon Offset Standards: Self-Regulation, Legitimacy and Multi-Scalar Governance[J]. SSRN Electronic Journal.

BRUNETTE M, COUTURE S, PANNEQUIN F, 2017. Is forest insurance a relevant vector to induce adaptation efforts to climate change? [J]. Annals of Forest Science, 74(2).